城市研究系列

Urban Studies

城市研究系列

主　　编　周　宪　［加］罗伯·希尔兹
项目总监　王瑞书
项目执行　任　晖

PLACES ON THE MARGIN

边缘处的地方

现代性的另类地理

ALTERNATIVE GEOGRAPHIES
OF MODERNITY

[加]罗伯·希尔兹（Rob Shields） 著
杨春丽 译

江蘇鳳凰教育出版社
Phoenix Education Publishing, Ltd
ROUTLEDGE

图书在版编目(CIP)数据

边缘处的地方：现代性的另类地理 / (加) 罗伯·希尔兹著；杨春丽译. —南京：江苏凤凰教育出版社，2020.10

ISBN 978-7-5499-8945-4

Ⅰ. ①边… Ⅱ. ①罗… ②杨… Ⅲ. ①文化地理学—研究 Ⅳ. ①K901.6

中国版本图书馆 CIP 数据核字(2020)第 180625 号

Places on the Margin: Alternative Geographies of Modernity (International library of Sociology), 1st Edition
By Rob Shields
ISBN: 9780415080224

书　　名 边缘处的地方：现代性的另类地理
著　　者 [加] 罗伯·希尔兹(Rob Shields)
译　　者 杨春丽
责任编辑 蒋志君 杨赤民
出版发行 凤凰出版传媒股份有限公司
江苏凤凰教育出版社(南京市湖南路 1 号 A 楼 邮编 210009)
苏教网址 http://www.1088.com.cn
照　　排 南京紫藤制版印务中心
印　　刷 江苏凤凰通达印刷有限公司(电话 025-57572508)
厂　　址 南京市六合区冶山镇(邮编 211523)
开　　本 787 毫米×1092 毫米 1/16
印　　张 23.25
版　　次 2020 年 10 月第 1 版
印　　次 2020 年 10 月第 1 次印刷
书　　号 ISBN 978-7-5499-8945-4
定　　价 65.00 元
网店地址 http://jsfhjycbs.tmall.com
公 众 号 苏教服务(微信号:jsfhjyfw)
邮购电话 025-85406265,025-85400774,短信 02585420909
盗版举报 025-83658579

苏教版图书若有印装错误可向承印厂调换
提供盗版线索者给予重奖

出版说明

城市研究领域很深广，涉及多学科内容。经济、政治、文化、环境、资源、规划、可持续发展等主题，都与城市有关。这些主题大致涵盖了实体的物质空间和抽象的文化空间，也许在一定程度上与当代生活有关的问题大多是城市问题。

“城市研究系列”即是对中国城市化进程中可能遭遇的各种问题在理论上的一种回应。“系列”以经典性与前沿性为导向，理论研究与实证研究并重。在内容方面重点关注与城市主题有关的经典性著作、各学术流派的代表作、当代前沿问题研究、城市研究新理论、城市文化现象与发展方向的探讨等。这些内容不仅追溯了城市发展的历史进程中诸多富有影响力的节点，也契合了当前社会的热点和趋势。

“城市研究系列”既重视国外先进的城市研究著作的引入，也重视国内城市研究领域中优秀的原创著作的出版。我国的城市研究起步较晚，引入国外先进的学术理论，其目的是丰富我们认识城市的路径，建立更加科学的观照体系，从而形成并完善我们本土的城市理论系统建构。

作为中国城市化进程的目击者、参与者、解释者、引领者，我们有责任告诉世界这个历史悠久的农业大国在这一巨大的城市化转型中所发生的一切。而城市本身所具有的多样性与复杂性，也值得我们去探究，去呈现，去引领。

我们期待“城市研究系列”这一高水准的中外城市理论研究出版平台所带来的新角度和新方法，所开启的新视野，所探讨的新问题，能为我国新型的城市化进程提供充分的学术支持。

江苏凤凰教育出版社

献给我的父母和“M”

献给我的父母和“M”

我们这个时代的焦虑本质上与空间有关，毫无疑问，我们与空间的关系远胜过与时间的关系。时间之于我们可能只是一种分配式运作，而空间中散播的众多因素，就可能存在林林总总的分配式运作。

米歇尔·福柯(Michel Foucault)，1967 年在柏林的演讲

目　录

第二部分

第三部分

图表目录

图

表

中文版序

为什么研究的是边缘而不是中心？因为我们从边缘处获得研究中心的视角。《边缘处的地方》反思边缘和中心各自的作用以及承载我们生活的那些有距离、有差异、不断变化的空间。本书的问世有助于地理学和社会科学领域的研究者改变对中心和边陲、大城市和休闲胜地的研究方法；它也阐明了地方身份和声誉对于品牌、文化、群体身份的重要性。中文读者会发现，那些看似不甚重要的地方也有了研究的方法。本书从社会学、地理学、历史、哲学和文学汲取多种研究方法，旨在以边缘作为研究的中心，说明外围对主流、大都市的中心和大城市产生的影响。

地方以及地方之间的空间关系是本书方法论的核心。主要论点是，要理解地方的身份必须与其他地方关联起来。不同的地方和区域汇集，构成有争议的、不断重塑的“社会空间化”，“做这件事的地方和做那件事的地方”产生社会行动的间距和定位。地方是一个社会舞台，充满活力的能动者在这里竭尽所能地将文化传统和概念付诸实践。

全球化已经消弭边缘了吗？边缘在策略上至关重要，因为它让人们在思考核心价值或核心文化时获得新视角。边缘处既是实验地带，又是保护传统的区域，服务于中心的复兴。我们只要在本地追随其他地方的流行趋势和变化，就会以某种方式被边缘化。在本地遵循遥远的中心地带的文化标准、传统或风尚，就会遭遇重重困难，这是边缘性的一个标志。然而，这并非象征一个地方有缺陷，而是象征它的具体性和独特性。全球化已将边缘和中心进行重组，并使其多样化。去殖民的、后殖民的以及“南方的”视角（Connell 2007）现在与启蒙运动的欧洲中心主义以及其他来自全球北方的视角相角逐。当下的地缘政治不仅是经济竞争，而且是为了在包含新的地方等级体系的空间化里重构中心和边缘而进行的一场竞赛。当今，中心必须以实体和虚拟双重形式运行，必须在互联网和社交媒体这个虚拟背景下成为参考点。

“边缘”的定义

这里有必要回顾人们对中心和边缘的定义和解读。论述边缘、边境（border）、边陲（frontier）的文献是碎片化的，散落在文学作品、批判地理学、人类学、政治科学和文化研究里。我们可能认为边缘、疆域的边沿（edge）、边陲、边境是类似的区域，但是，每一种语言的术语既然具有多样性，就说明这些术语蕴含重要的差异和历史渊源，有文化和地理上的特殊性。人们常常认为这些差异是自然的、注定的、不可或缺的，但是，这里有反思和研究的空间，对形成边界的领域、有标记功能的边境线、体现差异的区域这些现象，我们可以从社会和文化的视角进行研究。

对边缘的边缘性唯一的定义是：缺乏重要性。中心和边缘属于二元对立。从定义上看，中心是靠边缘界定的，反之亦然。这是一种依据构成成分来界定的关系，因此，边缘和中心是一个审美判断的问题，不是实践理性也不是功能的问题。在中心和边缘这样的表述里，中心具有优势。边缘可以划定中心的边界，但是中心一直是那个决定性的、静止的点，边缘是围绕这个点组织的。从话语上看，我们“了解”边缘并构建其真实性是通过有组织的活动进行的，而这些有组织的活动又建立在单一分析视角这一优势之上。人们依据中心的霸权视角将真理与谬误从认知上互相冲突的观点以及权力/知识的策略中区分开来（参考 Foucault 1980）。

现代性包含核心与外围、中心与边缘这种秩序的二元论，还包含这种二元论短暂的错误和颠倒。文化、政治和经济关系将外围与中心捆绑起来，使这二者凝聚在一系列的二元关系中，不允许它们完全分离。中心是被霸权的知识优化了的地理上的点，而“边缘”成为“中心”否认或压抑的任何事物的能指。边缘就是“他者”，是所有社会和文化实体潜在的条件。即使核心与外围之间的边界（boundary）不清楚也不稳定，但它们的区分在历史上已经与欧洲人/非欧洲人的种族、民族等级体系息息相关。

然而，边缘、边陲、边沿和边境不仅起着包围和界定中心、核心及心脏地带的作用，它们还是动力的源泉，将变化和活力引入核心。因此，要创造中心，就要定义边缘；要改变中心，就要在边缘处创新。要推广边缘处，就要考虑它与中心或大都市相比所具有的独特性。这种身份可在地方和区域相关的意象和神话里找到，在本书所说的支配一切的文化和社会空间化里，地方和区域总是相对于其他地方来界定的。无论文化和社会的空间化是有争议的，或是动态的，它都是共享文化身份、人际交流以及传统的再生产和根基的一个重要方面。

《边缘处的地方》研究了尼亚加拉瀑布（自然圣地）和布莱顿（英国海滩旅游传统）这两个与中心相对的边缘处的地方；还研究了加拿大北方和英国北方这两个边缘或边陲地区。本书的宗旨是说明上述逻辑如何作为更广阔的地缘政治起作用的，而西方大多数研究都对此视而不见。就位置来说，这些地方处于地理上的边缘；就意义和重要性来说，它们又位于文化上的边缘。它们未必是自然的边缘，只是举办了与中心地区截然不同的活动，因而沦落为社会的边缘。

在20世纪90年代和21世纪初，研究边缘的文献增多。在20世纪二三十年代，社会学领域的芝加哥学派认为边缘性意味着移居者向北美社会的迁移(Park 1928)；与之不同的是，20世纪90年代后的文献则认为边缘并非内城的贫民窟。边缘不只是地理上边缘地带的区域，而是遭到边缘化的文化、种族和土著群体以及非霸权的视角和立场。边缘可能源于社会排斥，也可能是经济排斥或者缺乏融合的一种状况(比如，城市里被边缘化的外来者社区或者种族群体，见 Purcell & Tyman 2015:1144)。“边缘性”常常指缺乏世人尊重的穷困的群体，比如被种族化的少数群体(Oikawa 2000; Ilcan 1998)。边缘的这些形式，大多是人为强加给这些群体的。与之相比，其他形式的边缘则是人们发现并付诸实践的，经过进一步发展而成为主流或霸权文化的替代品。边缘可能极力维持自身的他者性和边缘性，本质上采取不似外来批评而更似自我批评的批判性视角。到2020年，“边缘”这个词已经在《社会和文化地理》(*Social and Cultural Geography*)等期刊的文章里反复出现。无论在一页纸还是一片领土的边沿上，边缘都是空间。从定义上看，边缘和中心区域相关、相连。

在20世纪70年代，法国空间理论家亨利·列斐伏尔在著作里把自己对中心的思考与大都市的研究融合起来。他把城市性定义为“社会中心性”(Lefebvre 1974; Shields 1999)。然而，此后几十年里，中心比具体地点(比如城市)更分散，更有文化特色。一个区域可以是一个中心，重要的文化名胜可能位于截然不同的乡村，宗教中心和心灵圣地尤为如此。例如，喜马拉雅山区域与藏传佛教有深远的联系，通常是游客“选择性地、再次确定中心”这一行为的目的地。西方年轻的旅行者休假一年，到他们渴望去的此类地方旅行，事实上是完成现代版的朝圣，建立自己的身份感（Cohen et al 1987）。

腹地和外围

心脏地带（heartland）和腹地（hinterland）在地理上的二元对立，正如核心（core）与外围（periphery）在地缘经济和世界体系中的区分一样，一直是地理学重要的专业概念。1904年，研究英帝国主义的地理学家麦金德论证说，西亚和东欧是全球陆块的中心或心脏地带，这使欧、亚具有宝贵的地缘政治的重要意义（Mackinder 1904）。心脏地带一直是美国政治流行的一个术语，自20世纪30年代至2000年更是如此（见Google 2008）。这个术语指美国中西部内陆沿袭下来的乡村农业传统，也指“诚实”等文化价值观念。颇为讽刺的是，乡村文化“心脏地带”这个概念与洛杉矶、纽约等美国经济中心的重要性形成对照。

在英语环境里，“外围”对历史进程、权力平衡产生的影响一直背负“不重要”“次要”的污名，其弱点在于它对自身的命运缺乏影响和控制。依照外围福特主义（Jessop et al 2008）的理论，资源腹地以及全球资本掌控的中心以外的所有地方虽然都是资本主义不可或缺的一部分，却不能影响全球发展的进程。因此，外围不仅遭到污名化，而且除了局域的研究者之外，外围因几乎无人探索而成为盲点。当前，外围往往延续着欧洲殖民主义陈旧的体制，坎克利尼就曾以墨西哥市为例，分析大都市的当权者以及各种权力，发现了“都市社会理论”中令人困惑之处的根源。他做出了一个论据不足、过分简单的假设：城市中心的权力和财富将决定那些生活在外围和边缘处的乡村人民的未来（Canclini 1995；Connell 2007：216）。

与此同时，外围可能是从中心身份的盲目崇拜和霸权之下逃脱出来的异常区域；也有人提醒说，关注边缘和边境领域（borderland）可能会使“核心身份[中心]安然无恙，使权力强有力的中心不受干涉”显得自然而然（Smith & Katz 1993：78）。人们认为全球外围（即西方资本主义的外围）的民族和知识就是一座博物馆，它展示出的是无益于正确教育的、自恋的落后与原始。然而，这一认知的历史到了21世纪初期，让北美和欧洲中心论认定的全球核心惊讶地发现亚洲一些国家的崛起，尤其是中国、日本、韩国、马来西亚和新加坡。最近，经济移民和气候难民涌向欧洲和美国，全球南方的落后和气候变化成为主要的影响因素，这让西方国家颇为惊骇。

边沿和边境、边陲和边境区域

“边沿”用不可改变性为边界（boundary）和边缘定位。边沿既是一个区域的极限，又是想象的一部分：人们在想象中用清晰明确的边界线来界定某个区域。边沿是明确的界线，是边界。它们涉及测量、勘察、标记的设定。边境不只是实体的，还是人们将实践、话语、文化想象融为一体的制度体系（Paasi 1998；Shields 2017）。边境植根于法律、政治、空间体系和实践里，即植根于社会空间化里；它们作为制度体系使社会经济和政治行动结构化，同时影响文化、符号、教育。正如帕西所问：国家的边界是依赖什么实践、面临什么阻力得以创建并仪式化以至于人们视之为理所当然的？边境的创建不只是强制设立边界并维持边界权力的表达方式，它还起着塑造理念的重要作用，使人们将国家、人民理解为地缘政治实体和社会团体。在数字时代，随着自由贸易区的出现，边境不再像测绘线，它变得更虚拟，常常借着媒体和数字跟踪而延伸到其他民族国家。

在法语里“frontier”一词的意思就是边境，与有领土边境的主权民族国家现存的体制密不可分；这种体制已经明确定义我们如何理解这个世界以及人的身份（Paasi 2003）。相比之下，英语中

“frontier”一词就把边沿扩大成一个区域，逾越大都市的核心或中心的行为准则和规范。弗雷德里克·杰克逊·特纳提出的“边陲论”颇为有名，他认为，美国西北部是一个没有法律的区域，占有这个区域并在此定居是美国的“昭昭天命”(Frederick Jackson Turner 1975)。边陲论是有关“无主土地”的一个学说，描述的就是强行占有而后安居乐业：西方国家的任何一位探险家都有权将空无一物、“未被发现的”空间据为己有。欧洲移民通过任何必要的手段瓜分了美洲土著居民的土地。美国的边陲是一个脱离国家控制的地带，超越了主权施展的范围，《边缘处的地方》称之为向白人移民开放的可探索的自由地带。对土著居民来说，美国的边陲就是一个种族灭绝、土地和财产被征收的地带。斯洛特金(Slotkin 1992)以及其他学者认为，边陲一直是移动的边境，移民或者殖民国家的冒险家在这里战胜了土著“野人”。西方人发动的征收土地和财产的“野蛮战争”是为了推动“文明”的进步，积累“文明”的财富。边缘的风险是：它在更强有力的、自我辩解的、霸权中心的怜悯之下成为腹地(Ostrowetski 1987：21)。

边缘与中心，此二者并存于总体空间化里，然而边缘是具有结构性差异的空间，与中心以及中心对总体空间化的布局格格不入，因此，边缘的地缘政治就此兴起。巴巴论证说，边境文化的政治效果来源于边境远离中心地区的当权者和文化权威人士，边缘处对中心进行怪异的、不完美的“复制”，试图摹拟中心区域的标准口音、都市风格、着装标准和文化，“用模仿、讽刺的招数威胁权威”(Bhabha 1994：2246)。

在1925年查理·卓别林主演的电影《淘金热》中，边境既是一条线，也是一个区域，其中的张力构成电影的喜剧元素：美国这边有警察追赶，墨西哥那边有匪徒等候，主人公沿着美国和墨西哥的边境线蜿蜒而行。这个滑稽的意象具有的某种超现实的力量源自边境线(边沿)的不可居住性。以规范的定义看，人可以“穿越”边境而不是沿边境奔跑。倘若有人沿边境走，边境就变成边沿空间、间质的自由地带、边缘空间。

格洛丽亚·安扎杜瓦（1987：11）等一些研究殖民压迫、仇外心理、移民歧视的评论家也以同样的方式描述边境：边境这条线已经变成在文化上限制移民的一个空间；边境这条线可以穿越，也可以沿着走。

> 美国-墨西哥边境是一个开放性伤口，第三世界在这里和第一世界发生摩擦，并流血。伤口结痂前，它再次流血[原文如此]，这样两个世界生命的血液融合而形成第三个国度，即边境文化。边境的设立旨在清晰区分安全和不安全的地方，分清“我们”和“他们”。边境是一条分界线，是沿着陡峭边沿的一条狭长的地带。边境区域是模糊的、不明确的地方，属于非自然边界的情感积淀。它处于不断变迁的状态。此处禁止居住……紧张关系像病毒一样控制着边境；矛盾、动荡一直存在，死亡并不稀奇。（Anzaldua 1987：3—4）

民族国家内部有重重障碍，对移民、弱势群体、外来者、文化“他者”产生种族化的歧视，流动人口即使无法成功穿越边界也深感自身不被接纳。移居者一直处于边缘化、污名化的状态。这一过程与民族国家加强边境防御、部署警力同时发生（Gürkas 2019）。许多流动人口仅能体会到一定程度的被包容感，这使包容与排斥的现象复杂化。安扎杜瓦认为，对于那些因经济原因在两国之间不断往来的人们来说，边境变成“你随身携带”之物——边缘变成他们的中心区域。边缘性的核心就是这样将主体从大都市中心规范化的身份中分裂出来，对抗的戏剧性就蕴含在其中。其结果就是身份的滑落，一种不“适应”感，“双重意识”的诸多方面产生张力：对中心的文化既认可又颠覆;忽视中心文化的需求,重建它的意义,不完美地呈现它的规范。混合性、挪用和述行性(Butler 2013; Bell 1999; Skågeby 2013),我们需要对这些术语的概念做进一步研究才能知道它们不只是引用的问题,而是它们在结构上与边缘性的条件、地位和权力的形式息息相关。

世界各国自20世纪开始一直竭力将边境标准化,有疆域的民族国家视其为主权工程的一部分,认为在全球传播这一主权形式必不可少。然而,若要把边境视为文化边沿和边境领域这一套宽泛的理念的一部分,我们尚需更进一步的研究。在民族国家的空间化里,边境线转化为边境领域,这意味着边境线变成了两边空间的界面、边陲、临时的自主区域、"之间"地带。边境朝内又朝外,面向两个方向,是一个无法计量的客体。边境即使以一条线固定,它仍然因无法计量而难以定位。

边缘处的地方和全球化

在过去三十年里,全球化已经重组了边缘,并使其多样化。边缘处的地方与更广泛的经济、政治、文化中心密切相关(Eade & Garbin 2007)。读者通常从结构主义和社会建构主义的视角阅读本书的社会空间化理论(Millington 2005),但是,本书的文本呈现了蕴含历史变迁的四个案例,提出了一个更动态的研究方法。这个方法不只是立足于概念的、范畴的结构,它主要依据实际的、客观存在的空间实践。地方已经变成更加动态的空间化的一部分,在空间化里,原本属于外围的地方在全球供应链等级化的网络里可能充当其他地方的中心。在区域的物流中心或者全球公司的子公司所在地,均可找到实例,如加拿大的卡尔加里和印度的班加罗尔。所有这一切都受制于人们围绕地方的意义进行的辩论:正如本书所言,尼亚加拉瀑布这样的旅游胜地可能是当地人以及那些利用它的人有意回避的边缘处,而来自其他文化的人们则络绎不绝地慕名而来。这导致人们在这些地方的管理和开发方面产生矛盾。

研究证明，全球化不是均匀的现象（Grant & Short 2002：10；Ebenau et al. 2015）。它打开了封闭的经济体，为贸易开拓了平稳或更平稳的空间，但是国家的权力之间的差异依旧存在。边缘是在全球化过程中构建的。边缘不仅存在于国与国之间，一些区域整体上也被描绘成遥远的中心的外围。过去的研究没有把全球化视为一个全世界稳定的现代化的发展过程（这是20世纪末的一个理想），而是将重点转向区域分析，旨在为其他地域权力更大的行动者获取利益。这些行动者常常处于由企业力量（不是国家力量）构建的全球网络的关键地点或中心地点。

研究者近期在分析数字通信网络和虚拟交互时强调实体网络的重要性（如海底电缆等）（Plantin et al. 2018；Staroselski 2015），强调光纤“干线”（McMahon et al. 2020；O'Kelly et al. 2018）以及确保云储存和网络功能的服务器群（Bolmer 2016））的重要性。这是乡村地区特别重要的问题。一些区域无法获取信息，不能与更广泛的社会网络进行交流，因而与数字化服务断绝了联系，从而导致边缘化。

边缘愈来愈多样化，因此，根据社会空间化理论，多个中心为获得相对的支配地位而互相竞争。这不只是声誉或品牌问题，而是实体存在和客观实践的问题。我们可以把中国“一带一路”等倡议视为重构地理关系（包括边缘和中心）的工程，这样的工程创建了一个新网络以及港口等基础设施，使一系列全新的空间关系稳定下来。中心和边缘是表示关系的术语，一直是一个美学逻辑，不是一套功能性的术语。当下的地缘政治不仅是一种经济竞争，而是为了在具有等级关系的、新的空间化里重构中心和边缘而进行的一场竞赛。今天，中心必须以实体的形式发挥作用，在互联网虚拟环境里充当参考点。地理中心依然产生影响，但是它们的范围是由光纤等技术、社交媒体和网络的注意力经济界定的。社会空间化这个视角说明，以情境化（在边缘处、在中心、在“之间”地带）的视角去研究包含中心在内的范围更大的整体，还有许多开拓研究的机会。本书推崇这些情境化的研究和视角所具有的价值和尊严。

参考文献

Anzaldua, Gloria. (1987). Borderlands: the new mestiza = La Frontera (San Francisco: Aunt Lute).

Bell, V. (1999). Introduction: Performativity. Theory Culture and Society, 16(2). 1 - 10.

Butler, J. (1993). Bodies that matter: On the discursive limits of "sex." London: Routledge.

Calderon, H. and Sildivar, J. (1991). Criticism in the Borderlands: Studies in Chicano Literature, Culture and Ideology, Durham, N.C.: Duke Univeristy Press.

Canclini, N.G. (1995). Consumers and Citizens: Globalisation and Multicultural Conflicts. Minneapolis: University of Minnesota Press.

Chaplin, C. (1925). The gold rush. [Film]. United Artists.

Cohen, E., Ben-Yehuda, N., & Aviad, J. (1987). Recentering the world: The quest for "elective" centres in a secularised universe. Sociological Review, 35(2), 320 - 346.

Connell, R. (2007). Southern Theory: The global dynamics of knowledge in social science. New York: Allen & Unwin.

Eade, J., & Garbin, D. (2007). Reinterpreting the Relationship Between Centre and Periphery: Pilgrimage and Sacred Spatialisation Among Polish and Congolese Communities in Britain. Mobilities, 2(3), 413 - 424.

Ebenau, M., Bruff, I., & May, C. (Eds.). (2015). New Directions in Comparative Capitalisms Research. London: Palgrave Macmillan.

Flores, J. and Yudice, G. (1990). Living Borders/Buscando America. Social Text 24. 57 - 84.

Google Trends. (2020). "Heartland" (Case-insensitve 1800 - 2008, English 2012 Corpus) Google Books Ngram Viewer.

https://books.google.com/ngrams/graph? year_start = 1800&smoothing = 7&year_end = 2008&case_insensitive = on&content = heartland&corpus = 15&direct_url = t4%3B%2Cheartland%3B%2Cc0%3B%2Cs0%3B%3Bheartland%3B%2Cc0%3B%3BHeartland%3B%2Cc0%3B%3BHEARTLAND%3B%2Cc0t4#t4%3B%2Cheartland%3B%2Cc0%3B%2Cs1%3B%3Bheartland%3B%2Cc0%3B%3BHeartland%3B%2Cc0%3B%3BHEARTLAND%3B%2Cc0t0

Grant, R., & Short, J. R. (Eds.). (2002). Globalisation and the Margins. London: Palgrave Macmillan.

Gürkas, E.T. (2019). Border as "Zone of Indistinction": The State of Exception and the Spectacle of Terror along Turkey's Border With Syria. Space and Culture 21:3 322 - 35.

Hicks, E. (1991). Border Writing / The Multidimensional Text. Minneapolis: University of Minnesota Press.

Ilcan, S. (1998) Occupying the Margins: On Spacing Gender and Gendering Space. Space and Culture: Habitable Spaces 3:5 - 26.

Jacob, J. (1980). Urban Poverty, Children, and the Consumption of Popular Culture: A Perspective on Marginality Theses from a Latin American Squatter Settlement. Human Organisation, 39(3), 233 - 241.

Jessop, B., Brenner, N., & Jones, M. (2008). Theorizing sociospatial relations. Environment and Planning D-Society & Space, 26(3), 389 - 401.

Lefebvre, H. (1974). La Production de l'espace. Paris: Anthropos.

Lugones, M. 1992. On Borderlands. Hypatia. 7(4) (Fall). 31 - 48.

Mackinder, H.J., The Geographical Pivot of History, The Geographical Journal. 23(4), (April 1904), 421 - 437.

Millington, G. (2005). Meaning, materials and melancholia: Understanding the Palace Hotel. Social & Cultural Geography, 6(4), 531 - 549.

O'Kelly, M. E., & Grubesic, T. H. (2002). Backbone topology, access, and the commercial internet, 1997 - 2000. Environment and Planning B: Planning and Design, 29, 533 - 552.

Oikawa, M. (2000). Cartographies of Violence: Women, Memory, and the Subjects of the "Internment." Canadian Journal of Law and Society/ Revue Canadienne de Droit et Société, 15(2), 39 - 69.

Paasi, A. (2003). Boundaries in a Globalizing World. In K. Anderson Domosh, M., Pile, S., Thrift, N. (Eds.), Handbook of Cultural Geography. London: Sage. 464 - 472.

Paasi, A. (1998). Boundaries as social processes: Territoriality in the world of flows. Geopolitics 3(1), 69 - 88.

Park, R. (1928). Human Migration and the Marginal Man. American Journal of Sociology 33. 881 - 93.

Plantin, J.-C., Lagoze, C., Edwards, P. N., & Sandvig, C. (2018). Infrastructure studies meet platform studies in the age of Google and Facebook. New Media & Society, 20(1), 293 - 310.

Purcell, M. & Tyman, S.K. (2015). Cultivating food as a right to the city, Local Environment, 20(10), 1132 - 1147.

Rouse, R. 1991. Mexican Migration and the Social Space of Postmodernism. Diaspora 1:1. 8 - 23.

Sengupta, A. (2009). Heartlands of Eurasia: The Geopolitics of Political Space. New York: Lexington Books.

Shields, R. (1999). Lefebvre: Love and Struggle—Spatial Dialectics. London: Routledge.

Shields, R. (2017). Expanding the borders of The Sociological Imagination: Spatial difference and social inequality. Current Sociology 65(4). 533 - 52.

Skågeby, J. (2013). The Performative Gift: A Feminist Materialist Conceptual Model. Communication +1, 2(7). http://scholarworks.umass.edu/cpo/vol2/iss1/7

Starosielski, N. (2015). The Undersea Network. Duke University Press.

Sundberg, J. (2008). 'Trash-talk' and the production of quotidian geopolitical boundaries in the USA- Mexico borderlands. Social and Cultural Geography 9(3). 871 - 90.

Turner, F.J. (1975). The Frontier in American History. Huntington NY: R.E. Krieger Publishing.

罗伯·希尔兹，2020 年 10 月

致　谢

此书是在我获得英联邦奖学金、于萨塞克斯大学攻读博士学位期间撰写的。我很感谢我的多位同事、审稿人；我在多次研讨会上阐述过本研究的理论基础，在此我要感谢研讨会上耐心的听众。也许我最应该感谢的是彼得·桑德斯(Peter Saunders)，他在三年的时间里处理了不计其数的意见、令人迷惑的看法以及本书每一章里涉及的国外理论，在这个过程中，他阅读、重读源源不断的重审说明，本书才慢慢达到了读者可以理解的状态。还有众多其他人士在重要的时刻为本书做过重要的贡献，我不敢奢望我能充分表达他们应得的谢意。其中就有我的祖母阿格尼丝·佩特森(Agnes Paterson)，她帮我修改了本书的校样。约翰·厄里(John Urry)、迈克·萨维奇(Mike Savage)、凯文·米瑟姆(Kevin Meetham)、楚明来(Myung-Rae Cho)、冈田彩(Aya Okada)、豪尔赫·戴克顿(Joerge Dyrkton)、詹姆斯·巴洛(James Barlow)、阿隆·怀特(Allon White)、德里克·格雷戈里(Derek Gregory)、彼得·狄更斯(Peter Dickens)、约翰·科斯格罗夫(John Cosgrove)和爱德华·苏贾(Ed Soja)，他们都耐心地给我建议，拓展我的视野。我从布莱顿中心文献图书馆和英皇阁博物馆获得了所需资料；尼亚加拉旅游与会议管理局以珊瑚酒店的斯特拉·豪利特(Stella Howlett)和罗莎娜·辛卡里欧(Rosanna Schincariol)的名义向我提供了所需资料。没有这些资料，布莱顿和尼亚加拉这两个案例分析就不可能完成。尼亚加拉图书馆和当地的历史学会允许我阅读一些历史资料，弥补了写作中的空缺。兰卡斯特大学社会学系和女王大学的城市与区域规划学院热情地帮助我，让我在加拿大学术界获得一席之地，我在此向他们表达我衷心的感谢。此外，我还要诚挚地感谢加拿大的同事：米雷娅·福尔克-瑟拉(Mireya Folch-Serra)、布赖恩·奥斯本(Brian Osbourne)、约翰·霍姆斯(John Holmes)、查尔斯·戈登(Charles Gordon)，尤其是玛丽·布里森(Marie Brisson)。

罗伯·希尔兹，1989 年 12 月于兰卡斯特

第一部分

引言　边缘处的地方

> 我们千方百计地去理解人性、文化、社会和历史这些疑难话题，然而，我们总是无法精准地做到言必由衷，言出必行。我们的话语总会偏离我们的数据，滑向我们领悟这些数据时运用的意识结构；同理，我们竭力从数据中塑造一个意象，而数据总是挑战这一意象的逻辑性。
>
> (Hayden White *Tropics of Discourse* 1978：p.1)

边缘和外围

边缘处的地方，那些被现代化前进的步伐抛在后面的城镇和区域总是唤起人们的怀旧之情，令人心驰神往。它们的边缘地位也许源于自身偏僻的地理位置，或者非法的、遭人鄙视的活动在那里发生，或者它们的位置与重要的文化中心截然相反，处在另一极端。下文讨论的地理位置的边缘性在任何情况下都是社会外围的一个标志。也就是说，引起人们关注的边缘处的地方，未必位于地理上的外围。但首要的也是最重要的一点是，人们已经把这些地方置于空间文化体系的外围，因为在空间文化体系里，地方之间的关系是相对的。这些地方都蕴含“边缘性”这一形象和污名，它们的边缘性与以往可能拥有的任何基本的实际身份难以区分开来。从这种文化地位最基本的排序看，这些地方也许最终归于地理学家划分的“中心与外围”体系。本书要探讨的话题就是外围的地点和区域，它们处于这些文化分类的边缘。例如，有着美丽海滩的布莱顿位于不列颠群岛的边缘，在英国南部的海岸线上。然而，布莱顿离伦敦不远，这使它成为社会边缘化活动（欲望的狂欢、骚动的爆发）的一个理想地点。相反，加拿大北部是加拿大神秘的心脏地带，然而它在加拿大文化的空间体系里一直是一个“他者”地带。北部是南部大都市文明的明显对立面。因此，边缘处的地方呈现了“空间化”对文化和民族国家至关重要的作用。

布莱顿的海滩这一具体例子说明，对空间和地方进行文化分类这一现象已相当明显。文化上的边缘性，其发生与发展经历了社会活动和文化工程这样一个复杂的过程，这与地理位置的边缘性大相径庭。过去十年，研究文化分类的文献数量可观，而且高雅与低俗二元对立这一主题尤为显著，体现了欧洲文明各种文化的特征。斯塔利布拉斯和怀特（Stallybrass & White 1986）在他们的著作《越轨的政治学和诗学》（*The Politics and Poetics of Transgression*）中特别提到“高雅与低俗、社会与审美”等文化分类，还有“身体与地理空间的文化类别，都不是截然分开的”。在二元对立的分类过程中，

> 人的身体、精神形式、地理空间和社会形态都构建于高雅与低俗二元对立、互相联系、互相依赖的等级森严的体系中……在这四个具有象征意义的领域中，高雅与低俗的二元对立构成欧洲各种文化内部的排序及意义建构机制的根本。
>
> （Stallybrass & White 1986：2—3）

进一步说，“既然‘上’与‘下’在略带偏见的分类体系中被打上深深的烙印，但这未必能降低问题的复杂性，反而强化了高雅与低俗这一简单化的二元主义，使其他更细致的分类都以二元论为依据”(1986:3)。

中心/边缘构成平行的、地理意义上的二元论，与高雅/低俗之对立保持一致性。边缘处的地方和空间，其社会定义与事物、习俗、观念和社会交往模式的分类紧密相关。从社会定义上看，这些地方和空间属于“低俗文化”，即边缘处的文化，被边缘化的人和物的文化。爱德华·萨义德(Edward Saïd 1978)在他的著作里阐述了东方主义，认为它是欧洲人以沙文主义的视角对中东构建的神话，旨在强调他们自己的文化地位，让自己的帝国野心合理化。萨义德提出了“低俗他者”的定义，同时将边缘性定义为“在文明的边缘上”。

这个象征性的排斥过程中蕴含的政治主要依赖一种策略，萨义德把这种策略称为“地位优越性”，让高雅者在与低俗者之间所有可能的关系中均占上风。这样，低俗或者边缘性便有了一系列模糊的表征，高雅与低俗之间也产生了一系列模糊的关系。斯塔利布拉斯和怀特总结说，“深恶痛绝与心驰神往是同一个过程的两个极端。在这个过程中，政治上的当务之急是排斥、排除使人声名狼藉的‘低俗性’，然而又渴望得到‘他者’，这两者产生强烈的始料未及的冲突”(Stallybrass & White 1986:4—5)。例如：

> “顶层”为了守护名誉和地位竭力排斥、排除“底层”，结果发现“顶层”在某些方面一直依赖低俗的他者……而且，“顶层”在象征意义上囊括了低俗者，低俗性是他们虚幻的生活中最基本的色情化的成分……因此，社会上处于外围的事物往往占据重要的地位，在象征意义上处于中心位置(比如20世纪60年代的长发)。在政治组织和社会人的层面上，“低俗他者”遭人嫌恶和

摒弃，然而，它又是主流文化共享的、想象的全部内容的重要组成部分。

(Stallybrass & White 1986:5)

本书的个案研究会佐证这种重复出现的模式。中心与边缘的关系是本书四个案例的基本特征。在主流文化和中心权力的官方话语中，边缘地带和低俗文化中的社会“他者”遭到嫌弃，甚至谩骂。然而，社会“他者”又是主流文化想象的、情感的全部内容中的组成部分。即使社会分析家能洞悉这样的二元区分，边缘性的构建、低俗者的分类、对“他者”的排斥都不是停滞状态的终点。本书的个案研究说明，边缘性呈现了自己曾经拥有的各种状态。这些边缘处的地方，位于边缘地带，是“他者”拥有的近乎神圣的阈限空间，是人们在礼仪上颠覆官方认可的主流文化时享受狂欢、娱乐的空间。这些边缘处的地方，就在这些角色之间经历各种变迁，成就自己的历史。

本书比较了四个地方或区域，旨在研究地方意象对北美和英国现代性文化的重要意义。这些研究将建立一个概念性的“工具箱”。我们使用这个“工具箱”不仅能讨论地方和区域的意象，还能探讨当代所谓的后现代趋势在现代性的文化和空间组织中产生的影响。地点绝非只是方位，地点是对某个人而言某个事物的位置。意象和神话的文化背景赋予地方守护神一种社会建构层面的意义，即文学经典中“独特的地方感”，据说源自特定地点物质环境的形式。举一个简单的例子，罗马市中心的守护神是七座古老的山丘，古时的主要建筑就坐落于此；后来，教皇西克斯图斯五世重建巴洛克风格的罗马，几条巨大的轴线把这七座山作为节点连在一起。罗马是一座与其他文化大都市、欧洲大城市及意大利各社会地理区域休戚相关的伟大城市，因此我认为，作为罗马守护神的那七座山便获得了使罗马作为伟大城市的这一文化身份。这意味着人们把罗马定位于各种不同的情感地理中，这些情感地理属于从游客到城市居民等不同类型的人；这个地方吸引或排斥某些盛事与活动，由此建立自己的地方形象；它用语言规划自己的功能以及在西方历史文化这一格式塔场域里的中心作用。

上述事例具有神话色彩，而本书个案研究的宗旨是展示空间概念(比如日常生活中的地方意象)的重要性。这些意象和刻板的形象是对地方和空间的一种想象的地理。这些形象显然在实际生活中产生了可以实证的、具体的社会影响，这些影响不仅存在于个人空间关系的层面上(如 20 世纪 60 年代末和 70 年代学者们所讨论的，参见 Hall 1966)，也存在于与空间有关的社会对话里。与空间有关的社会话语助长了空想家和政治家的花言巧语，甚至渗透、颠覆城市规划和区域开发政策的理性话语(Massey 1984；1988)。尤为重要的是，这些空间话语的集体力量与社区感的符号创造(参阅 Cohen 1986)以及民族主义(参阅 B. Anderson 1983)紧密地结合在一起。

本书中讨论的空间实践和意象会说明更多问题。我不仅要阐明空间概念及类别(地方形象和神话只是其中的一个例子)产生的实际影响，还要说明它们的重要性，论证我们如何自始至终使用传统的术语思考世界。用更复杂的术语来说，即空间性在认识论和本体论上具有意义，它是我们理解现实、真理和因果关系的根本所在。我们可以提出一个初始假设：人们对地方和区域的认知、对世界这一"空间"的认知以及我们和这些认知之间的关系构成了空间话语，这对于我们在日常生活中理解现实和我们本身至关重要。

人们对空间的认识，提出的空间概念，都无法脱离他们生活方式的实际结构。倘若二者脱离，就意味着我们可以说文化是由观念和传统构成的，但对人们的生活方式没有影响。然而，在与空间性有关的文化话语中，任何变化都会影响人们具体的、非话语性的实践，这些实践又反过来刺激文化话语的变化。空间和想象的地理这两个纯粹话语性的(即观念的、符号的和语言的)概念转化为活生生的以经验为依据的人的特定日常行为,转化为情感群体的大众化实践和情感社区的行动,转化为机构政策和政治经济活动,一直到民族国家疆域内外"想象的社区"的实践(B. Anderson 1983),进而形成地缘政治联盟、对手以及影响范围。在第一章,我依据米歇尔·福柯的理论,认为这些空间话语中人们的思想和观念在本质上具有支配性、指导性,是上述各种转化的关键因素。这种支配一切的空间秩序以具体的形式得以再生产,同时再确认、再生产作为自身构成成分的空间话语。我将使用"社会空间化"(social spatialization)这一术语指代空间性的这种社会构建,即由话语的以及非话语的因素、实践和过程共同组成。我受法国哲学家亨利·列斐伏尔(Henri Lefebvre)的启发,在探讨空间性时,将其视为一种物质生产的形式,像商品形式那样是一种"具体的抽象物",既是劳动的物质基础,又是资本在国土上以土地价值和财产管理体制为形式进行运作、保持记录的结果(Lefebvre 1981; Harvey 1982)。为了从新的角度进行阐释,我们会借用海德格尔的术语进行特别说明:空间性具有实体的一面,是被遗忘的社会实践信息;与此同时,在那些完全相同的实践中,它又具有本体的一面,它包括我的财产和你的财产、房地产标志、郊区错层式农场庄园前修剪得气派非凡的花圃。我们在日常生活中认为第二面是理所当然的。空间性是对现存的差异和区域以社会构建的方式进行布局,也是所有这些布局的实体媒介。我们会在下一章探讨这其中蕴含的悖论。

这样的悖论也提醒我们:我们必须承认,我们是从物质内部构建概念和理论的,因而我们永远是地理和历史环境的囚徒。在社会和世界之外不存在用以平衡所有力量、使之秩序井然的静止的阿基米德支点。因此,任何自称"客观性"或不受环境限制的说法都具有"疑难的"这一本质,社会理论均具有"情境性"——社会将自身理论化。

我们不能忘记，空间性不只是历史和空间特有的、供我们生存的实际的布局；我们还需注意那些操纵、形成日常空间概念和空间实践的具体的科学技术。只有这样，我们才能构建一个理论基础，以这个基础为出发点去评价那些空间布局，并想象其他布局、其他世界，甚至想象“活的身体”①的各种体验。

这一理论基础使我们能够以比较的眼光去评估人们能够注意却较少深究的那些平庸的空间见解。我们在本书的个案研究中“发现”的问题，人们在别处也经常注意到，只是没有认真对待并加以理会。以前的学者，无论从事历史、文化、经济学、社会学还是政治学研究，倘若他们在更大的程度上认可空间性在研究中的重要地位，他们可能已有所收获。

在这种空间话语里，我们选取了若干“瞬间”，个案有变化，但宗旨在于研究空间和区域陈旧刻板的意象具有的相对稳定性。在加拿大，“真北之邦自由刚强”这一意识形态的理念对民族主义的话语至关重要，这一理念促进这个国家的偏远地区成为一个民族，更具体地说，成为人人共享相同文化幻境的“北国”。这种文化幻境使加拿大人有别于美国人，却凭借在北部边缘与欧洲千丝万缕的联系而类似于北欧人（第四章）。

英国有另外一种北方，蕴藏在政治话语中广为流传的“南北差异”这一理念里。尽管有许多声明说这个理念不适于描述英国“北部”和“南部”不同层次的经济活动，但人们依然使用这个概念。它意味着“北”“南”这两个区域中的经济活动，尤其是日常生活，大相径庭。本书不只是研究大众媒体提出的差异鸿沟，而是研究这些差异

① 法国哲学家梅洛-庞蒂（Merleau-Ponty）受胡塞尔和海德格尔的影响，在他的现象学著作《行为的结构》（*The Structure of Behavior*）中把肉身（the physiological body）和“活的身体”（the lived body）做了清晰的区分。肉身是一个客观的物体，它在世界上，在时空中，在其他客观实体中占一席之地，而“活的身体”是以非客观的形式去体验的身体。——译者注

的类别及其潜在的原因(第五章)。

本书还提出英国布莱顿这一案例。海滩上老少皆宜的休闲活动,陆海之间阈限区域的狂欢活动,好一派英国海边度假胜地的景象(第二章)。加拿大的蜜月胜地——尼亚加拉大瀑布——是一个相对模糊、具有崇高意义的地理图标。它深受当地互相冲突的利益集团推广活动的影响,在历史上经历多次浮沉盛衰(第三章)。本书会开启多个"窗口"去洞悉每一个"瞬间",道破这些个案中蕴藏的奥秘。一部名为《加冕街》(*Coronation Street*)的电视连续剧让我们有机会细致入微地观察英国的北方;"真北之邦自由刚强"这个民族主义的表达方式衍射的意象模式则让我们看见加拿大北方历时已久的落后。

阿多诺(Adorno)、霍克海默(Horkheimer)、马尔库塞(Marcuse)和马特拉(Mattelart)等一系列受马克思主义影响的卓越的社会理论家,常常在理论上自相矛盾地谴责他们也参与实践的大众文化。他们提倡"不快乐教学法",使更深度的文化理解屈尊于更重要的商业力量(Stam 1988)。本书中的案例分析更接近本雅明(Benjamin 1973a)开拓的分析类型,即在通俗文化中寻找进步的潜能。这些案例分析利用统计数据(旅游业的调查、城市区域的社会经济数据),还有最基本的历史资源(比如通俗文学、漫画明信片、电影)。这些资源体现了这些地方"被标签化的"方式,这种方式又如何以当地具体的方式找到表达的途径;在大众日常生活、建成环境、区域政策中,这些地方又如何服务于这个或那个用途。总之,这些历史资源从多个方面呈现了这些地方的风貌。我们在众多文本中确定一个文本进行阐释,利用人口调查或其他社会经济数据"审视"这些资源,从中挖掘与社会空间化可实证的因素有关的线索和相互联系。不过,这些资源不是用来将空间现象界定为可以实证或量化的现象。这种方式看来是研究这一复杂问题的唯一审慎的方法,因为在过去没有哪种语言尝试解释、剖析社会空间化(Shields 1986)。

本书的案例分析为实证研究奠定了基础。倘若要整齐划一地将空间性的重要意义理论化,必不可少的语言和概念就依赖这一基础。本书的结论章做了综合分析,拓展了这些语言和概念。通过这种方式,以案例为基础的分析融入了对“空间化”的各种现代维度所做的更广泛的理论化研究。本书以这样一个稳妥的概念框架为基础,在结束时探讨了不断变化的空间化引起的争论,这些争论是在人们讨论社区、民族主义和现代性的过程中持续涌现的。

这是一部探索性的著作,它重新评估、重新解读人们认为自不待言的现象,涉及许多领域,为空间性在文化上的重要意义描绘一幅切实可行的蓝图。此处的宗旨不在于提供一个全新的、一体化的理论。空间难题不能取代阶层、性别及种族难题。从有限的个案研究中提炼出来的概括性思想,大多都是相对的。事实上,本书的研究重新让我们认识社会生活各方面之间相互作用的复杂性。种族、阶层、性别这些难题倘若从人们日常合作与竞争所依存的结构、布局的复杂网络中脱离出来,就显得枯燥乏味,了无益处。

本书力求在学术话语里创造一个空间,更全面地讨论空间性。严格说来,提出的问题要比能够回答的问题多。这本书不会为任何规划专业进一步拓展空间技术而提出一系列睿智巧妙的指标。本书的结论也许不成熟,但是极其严肃认真地思考了这四个案例。本研究对社会空间性所做的理论阐释一直有意识地保持在简单描绘的层面上,这样就不会影响紧跟在理论章之后的案例分析。案例分析是本书的要务。无论是现代的、后现代的还是其他派别的宏大的理论、浮夸的假设在过去似乎都无济于事。本书所做的思辨性的研究是否能向读者提出新颖的想法,这将是判断它成败的标准。

早期的研究方法：批判性文献综述

我们可从人文地理学、环境心理学和符号学领域的著作里看到早期研究环境意义所使用的方法。本书的研究超越了这些较早的研究方法，但我们必须承认早期的研究所具有的价值，这极为重要。早期的研究包括阐释学、符号学研究，以及20世纪60年代和70年代在社会学和文化学里欠成熟的实证主义的环境意象研究。当然，鉴于本书篇幅有限，只能简单介绍这一学术传统。波科克和赫德森的《城市环境意象》（*Images of the Urban Environment* Pocock & Hudson 1978），以及古尔德和怀特的《心智图》（*Mental Maps* Gould & White 1974；1981年修订）都完美地呈现了这样的传统；当然也有许多其他著作批评这个传统（Jackson & Smith 1984）。社会分类如何空间化而成为地理分类？地方是如何像那些离经叛道的个人一样被贴上标签的？本书的焦点在于重新评估若干具体而典型的实例。有一类习惯在研究中一直被视为病态的、非理性的行为，那就是将重要概念的对立空间化（比如将某一事物放在右边，另一事物放在左边；或者根据人们到来的方向将他们分类为"右边的"或者"轨道错误的一边"）。但是，我们会发现，这类习惯是一种基本的概念上的简约表达法。这些偏见属于一种寻常的知识，对"严肃的"知识感兴趣的学者们一直藐视这些寻常的知识，并置之不理。但是，这种寻常的知识体现了人们认识世界的一种系统化的倾向（参见 Foucault 1980a；1980b；1982），因为人们是在由常识构成的框架里表达他们对世界的认知的。

社会学家、人类学家对文化和社会的空间维度感兴趣，这是一种悠久的传统。涂尔干和莫斯在《原始分类》（*Primitive Classification* Durkheim & Mauss 1963）中用很大的篇幅研究社会空间以及环境感知与定向的社会性质。他们认为，地理空间的领域化（Deleuze &

Guattari 1976)从无差别的“自然”空间转化为“文明”地域有编码的地形图。地理空间的领域化以及分类(比如主要方向和区域)在文化上具有任意性,而且,就他们所研究的社会来说,这种领域化和分类均反映了社会的分类(1963:10—12)。风景按照居民的形象进行划分。这一悠久的研究传统还包括索罗金(Sorokin 1943)、尼德姆(Needham 1973)、瓦尔特·本雅明(1978),时间上距离我们最近的是吉登斯(Giddens 1984)。

“意象”(image)这个通称的出现,是与英语地理文献中的地方紧密相关的。远的可追溯至特罗布里奇(Trowbridge 1912)的著作,他评价过一些城市居民的方向感,而另外一些城市居民“从剧院[和]地铁站一出来即丧失方向感”(1912:889)。有些人大脑中“想象的地图”是以自己家的方位为中心的,因而,一旦来到社区之外的陌生区域,他们就失去方向感;另一些人的地图是以自我为中心的,不是从某一具体地标(比如自己的家)而是从自己的位置看所处的城市,因此,丧失方向感的可能性较低。波科克和赫德森认为,只要对行为感兴趣,就必然会研究环境意象,“呈现并理解空间行为……许多意象研究的(或明或暗的)前提是:环境意象是行为的基础,是一种关键的连接,是环境和环境中的行为这两者之间的中介”(Pocock & Hudson 1978:9)。

事实证明,心理学的研究方法很难归纳。但是,地理学家只要关注行为,便可运用心理学的研究方法研究个人的感知和动机。戴维·洛文塔尔(David Lowenthal)1967 年发表了一篇重要的文章,尝试拓展一种以个人经验和想象力为基础的地理认识论(1967:260)。该文章研究的社会习俗是个人体验的社会习俗。这种方法上的个人主义强调环境经历的独特性和主观性,使环境意象研究担负了重任,需要从个体体验到意义共享的社会体系进行归纳,找到普遍的规律(Jackson & Smith 1984:21)。例如:

尽管私人环境[原文如此]之间和谐一致，和真实的世界之间也是和谐的，但是时间、空间、文化、人群有差异，同一社会群体中有不同的个体，同一个体有孩童时期和成年时期，还会有形形色色的情绪，因此私人环境之间也存在明显的差异。

(Lowenthal 1967：251)

地理学领域的许多研究一直专注于微观世界，即一个人的私人环境，因此与本书的关注点不同。这些研究从 20 世纪 70 年代到 80 年代，一直保持在以洛文塔尔的论文为基准的轨道内，无人挑战这篇论文的假设构成的框架以及它追求的规范。一个特定的情境因个人理解的差异而产生众多意象，因此，对个人周遭环境的理解就出现了实证主义的图式看法(Lowenthal 1967：249)。以自我为中心的意象，其特征就是不断的变化，但又是饱和、固定的，因为个人认为这一具体情境或环境是"自不待言"的。人们依照文化折射的身份给事物分类、命名，因此，对事物的理解类型是由社会构建的。这一现象只好等待以现象学和阐释学为导向的学者来挖掘。行为主义假设大脑的意象可以和人们观察到的外在行为直接联系在一起，研究者们假定外在的行为为研究提供了坚实可证明的事实。如果把行为主义的假设视为研究目标，这样的研究就是最具摧毁性的。大脑的意象只是假设性的建构，它与行为的关系远非简单的、无歧义的因果关系。

列斐伏尔认为，这种典型的直观法只是加强了资本主义的主流逻辑和关系(1981：第三章)，它武断地将个人(被描述为"主体")与他/她的周遭环境(被描述为"客体")区别开来。波科克和赫德森清楚地陈述了这一假设，"环境是指感知者之外的一切，这一切影响或者可能影响感知过程……对环境的意识，与环境的互动，主要是由视觉经验实现的"(1978：19)。这样的本体论产生了直接的结果。将主体(感知者)和客体(被感知者)区分开来的办法方便实用，因此，在实验室做研究时就用照片代替真实环境。但环境和意象并不类似。科斯格罗夫(Cosgrove 1982)说环境是由人来互动的;甚至可以更加极端地强调这一点,说环境是由人来参与的,环境既是理性思考的对象又是那个进行思考的主体赖以存在的容器。这里进行思考的主体与其说是与整个环境互动,还不如说是参与、依赖环境。人体和环境有很强的共谋关系,二者互相渗透交融。因此,该研究中的"意象"一词真正所指的是对一个场景的记忆,它甚少指代对一个经历过的环境的记忆。那时,几乎无人关注本书个案研究中的地方或区域所具有的由社会维持的名声,这种名声正是本书个案研究的焦点。人在存在的意义上参与环境;人通过文化的介入接受环境、地方或区域的表征,这些表征作为"流通中的思想","漂浮于社会中"。研究人对环境的参与还是研究人对环境意象的接纳,这里必须有明确的区分。正是这种区分将本书所做的研究与地理学中实证主义的传统区别开来。

本研究的核心观点是,一个地方所有的"心理意象"都受制于概念体系、社会规范的熏陶以及社会化等因素的协调和干预。这种"文化地理学"(Claval 1980)强调地方感和地域依恋的形成,对认知表征进行了很多研究(Relph 1976a)。特定环境或地方的意象具有参照功能(充当记忆辅助物或事件重现所需的框架),也有预期功能(为人们未来在具体地点或地方的经历充当向导)。"对表征的研究并非聚焦于意象的具体特征,而是说明一个地方本身算不上什么,需要依赖其他地方和习俗而对这个地方赋予意义。这一点与人们的想法恰好相反。"(Bailly 1986:83)

倘若研究集中探讨想象、幻想、愿望在多大程度上以何种方式在环境意象的产生中扮演重要的角色,那么,从本研究的视角看,对环境意象所做的这种研究是最有趣味的。阿普尔亚德的研究讲述了圭亚那市一位欧洲工程师的故事,这位工程师在画图时能轻而易举地勾勒出居民点的布局，但是他在位于内陆的钢铁厂和海港之间插入了一条他渴望存在但并不存在的铁路线（Appleyard 1970a：112）。在这里，想象的计划和幻想"代替了观察，将意象从已知世界的数据扩展到未知领域"（Allen 1976，引自 Pocock & Hudson 1978：63）。地方意象具有约定俗成的性质（Pocock & Hudson 1978：62—63）①。但是，这种预测能力与这个世界或城市结构中人们信以为真的逻辑所依据的文化背景完全吻合（比如在北美的许多铁路城镇里，轨道的"右边"就是"错误的"一边）。17 世纪的欧洲人想当然地以为尼罗河从东向西流，与多瑙河已知的流向保持"对称性地协调统一"（Pocock & Hudson 1978：63）。对新地方的新体验通过这种方式与以往的体验、已知的事实保持一致。

关于人们对地方以及"生活世界"②的体验，现象学在这些方面所做的研究很明显是为了击败主客体二元论，预防实证主义方法对情感意义的轻视。雷尔夫（Relph 1976b）在描绘人们对自己的居住地产生深切的共鸣之情时，吸收了海德格尔的"地方""栖居"概念（Heidegger 1968a）。雷尔夫认为，人们的居住地即使是一个没有地方特性的、隔膜的环境，人们依然能体会到"在家"的感觉，这源于他们主宰世界的态度，源于对环境控制的高度重视。维达尔·德·拉·白兰士（Vidal de la Blanche）提出的"生活方式"这一概念说明了人的生活和他们生活的地方这两者之间的相互关系：扎根于某一特

---

① 简化逻辑伴随着人脑对环境的图式认识。地方意象约定俗成的性质不只是简化逻辑的一部分。受访者对一个地方的大脑图式认知不局限于初次到访时的学习阶段，他们越来越熟悉周遭环境，他们的认知地图愈加精细复杂，"形象清晰"这一趋势也就上升，人的大脑对环境的图式认知也就变得永恒，并具有普遍性（见 Beazley 1949：549—633；Johns 1965）。因此，感知包括某种程度上"不确定性的减少"，试图建立前瞻能力（Gibson 1970）。

② 生活世界（lifeworld）这个术语最早是由胡塞尔在 1936 年撰写的《欧洲科学的危机与超越论的现象学》（*The Crisis of European Sciences and Transcendental Phenomenology*）一书中提出的。生活世界是指我们生活于其中的世界，我们（主体）在每天的生活中进行各种实践，它是一个充满社会实践活动的动感的世界。——译者注

定地域的生活世界。在“全面的无自我意识的互动”关系中，“人和地方不可分割”(Relph 1976a:78)，在持续不断的辩证的交互中遭到淹没或变得模糊不清，因为一个人在竭力和自己的环境产生共鸣，融为一体。

段义孚曾认为，这个先于反思的、直接体验的生活世界是“先于理智的”，是本真的(Yi-Fu Tuan 1977)。人们普遍认为意义来源于词汇的语言集群(Derrida 1974)。倘若如此，在认知的理智层面存在之前，意义如何存在呢？最初的先于反思的体验在具有意义之时，就其本身来说不是充满意义的。它只不过是已接收的感知或经历，然而，因为人通过以语言为媒介的概念去接收感知或经历，这个体验立刻就有了结构。

如果我们着力强调这种人文主义方法中蕴含的个人解读世界时的阐释因素，就会弱化社会监控和“规训”所具有的规范的、不可抗拒的特性(Foucault 1973a:38—46)。哈维抨击人文地理现象学，认为它观念狭隘，无法解读使地方遭到破坏的客观的社会力量(Harvey 1973:24)。但是，海德格尔提出“存在的现象学”这一概念时对这种“经不起推敲的”抨击早有预测，他在历史建构的社会世界这一背景下全力以赴地阐释人类的存在和经验，拒绝寻求由因及果的知识依据(比如“客观的社会力量”)。范·帕森(Van Paassen)认为，对于地理学家来说，存在主义有这样的意义：

> 所谓的空间秩序事实上就是社会秩序，可以单纯地理解为一种社会产品。它源于人的感知、目标、能力、机构原则、与空间中的人和事物相关的物质环境等因素之间复杂的相互作用。
>
> (Van Paassen 1976:333)

因此，人文地理是一个适宜在社会学视域下进行调查研究的领域。雷(Ley)谈起地方的特性时,说它源自主体间经验的一致性。他评论说:“任何一个依照习惯互动的群体都会把一种特征传递给他们居住的地方,这一点外来的人能立刻心知肚明,当然常客因视之为理所当然而不存质疑。”(Ley 1977:508)“主体间性”指的是经验和意义的共同特征。但是,“主体间性”这个概念承认不存在所谓的单一的客观世界,因为“人有多少种态度和意图,就有多少个不同的世界”,严格来说,它假定不同群体的主体经验享有共同的特征(Relph 1970:194)。这种假设对于初步的调查研究来说是合适的,但现在需要通过批评、实证研究进一步完善它,而这么做是值得的。

人们如何共享了这些意义呢?人们是通过社会化来给意义的标准和传统分类吗?或者说通过环境的标签化来实现意义共享?比如人们给一个地方贴了标签,说它是某些活动(比如敬拜当地保佑农作物丰收的神灵)举办的地方。严格说来,这个地方可能获得了那些活动的意义的一部分(收获、园艺的脆弱性),成为一个替代品,成为那些活动的一个“符号”。那么,主体间共有的这些意义是在日常行为和活动的过程中获得的吗(行为主义的假设)?主体经验是个人独有的,无法测量,只有“被迫通过”意义的语言系统框架进行的干预和组织才能获得它的命题形式吗(结构语言学的假设)?

但是,地理现象学轻率地赞成18世纪的观点,认为语言为感官经验的表达提供了一个相对没有争议的媒介。它只是掀起“想当然”的面纱,“仿佛第一次看到真相”。因此,皮克尔斯(Pickles)赞成在地理学里采用纯粹的胡塞尔现象学的观点,假定人类经验有独特的基准,但这一点并未在他的论述中得到证实。他的论述明显违背了当今心理学、语言学、人种志研究中相当重要的结论,而这些结论证明参考框架是具有差异性和多样性这一假设的。规范性的、社会化的力量与参考框架相调和,为我们的经验提供组织和框架(见 Shields 1986)。

就任何主体间的意义来说，语言即使算不上中介，也是一个媒介。语言的重要性让我们去考虑阐释学，因为阐释学构成意义转换的背景研究。人们在分享、交流一些地方或区域逐渐定型的意象时，语言与交流、分享的方式都是息息相关的。人文主义者对空间意义和地方意义的主观阐释感兴趣，阐释学与这一兴趣紧密相关。从阐释学的现代意义上说，它源于狄尔泰摒弃胡塞尔"搁置"①日常经验的方法。狄尔泰有自己崇尚的方法，认为在解读经验世界时，要考虑的事实是：意义依据上下文而定位于这个世界，而不是作为一个超越的实体漂浮于经验之外(Dilthey 1900)。没有哪一种解读是"没有前设的"，任何解读都是在人类以往经验的干预之下发生的，这正如我们解读一本书时，对文本词汇意义的理解也要反思式地参照自己的经验。因此，意义是由读者赋予文本的，作者的意思并非等同于书中蕴含的意义。否则，哪里会出现争议呢？

地方及其意象不是科学的客体(倘若真的存在科学的客体这类事物，哪怕是在自然科学中)。地方的意象以及我们对它们的看法，这二者都是在历史过程中形成的，会遭遇强烈的争议。既然对一处空缺的感知和填补会让人意识到其他的空缺，那么就没有一幅可以"填补"完整的图画。"填补"空缺，这本身就属于一种特定文化工程的一部分，而这种文化工程本身又是我们文化"万花筒"的一部分。"填补"空缺这一问题以全新的面貌出现，它提出了新的问题，比如：我们为何关注空缺填补这一现象？倘若具体的地方意象甚至整个文化都不是可描述的物体，它们也就不是由符号和意义构成的、人人均可一劳永逸地完整解读的一体化的语料库。文化是饱含争议的、暂

① 胡塞尔在现象学里提出的"搁置"(bracketing)法，也称"放入括号""存而不论"。运用此方法时，先把现象与外在之间的一切关系都存而不论，旨在使现象的本质通过意识为人所见。意识是由内而外的动态作用，有意向性，使主体(能思)与对象(所思)同时出现，再由各侧面、各角度去描述此对象，使其本质得以呈现。——译者注

时的、新兴的事物(见 Clifford & Marcus 1986:18—19)。

因此,准确地说,阐释学关注的对象是有目的的生命所构成的充满意义的世界,即关注现象主义者所认为的人们日常经历的“生活世界”(Gregory 1978b:60)。但是,我们可以将理论化视为“意义框架”(Giddens 1976:143)的产生过程,而意义框架是任何类型的理解所依赖的必要条件。因此,观察者的视角不能像在现象学里那样被“搁置”。现象学为了寻求前意识的或直觉的理解层面而将有意识的理解所依据的参考框架束之高阁;与之相反,阐释学则提倡让这两个参考框架享受平等待遇,互相质询(Gregory 1978b:60)。

> 阐释者参与他[原文如此]试图理解的生活世界,并非被这一生活世界所包围……其前提是这两者之间至少有某种共同的基础,即有一个舞台好让这两者相遇……凭借某一个[意义框架]而获得的意义不断地干预源自另一个[意义框架]的意义。
>
> (Gregory 1978b:61)

这是通过主体与客体、观察者与观察者之间的自反性循环实现的——海德格尔称之为两个参照性的意义框架之间的“阐释循环”(1986b)。它是通过实体(真实的经验)和语言(传递的经验)这些媒介发生的。因此,话语的规范就变得极为重要。谁说话?代表谁说话?为什么说话?

如此看来,这个问题涉及的不仅仅是以极审慎的态度表达依然有局限的社会科学观点。这个问题完全是历史主义的,具有自反性。詹姆斯·克利福德(James Clifford)在最近出版的一本文集的“引言”里说,我们可以将这种话语规范视为人种志研究领域里普遍适用的对话趋势来遵守,将它构建为参与者、信息提供者、人种志研究者之间的对话。这就直接走向米哈伊尔·巴赫金开拓性的研究工作

(Mikhail Bakhtin 1981；1984)。巴赫金的对话理论、众声喧哗、狂欢理论这些类别指出了一个多形式的分析方法，超越了教条的、经济主义的、一体化的文化理论：

> 这些对话体小说的功效是，将一个文化文本(一种礼仪、一个机构、一种生命史或任何一种需要描述或阐释的典型行为)转变为一个说话的主体。这个主体眼观六路，处在人们的视线里；他辩论，逃遁，追溯过去……任何描述所指的事物本身不仅是一个被描述的世界；现在它是话语的具体事例……将文化的阐释定位于多种互惠的环境里；它迫使作家找到各种方式将议定的现实描述为多主体的、充满权力的、不协调的现实。由此看来，文化一直存在于各种关系中，它是交流过程的记录；而从历史上看，这些交流过程存在于权力关系中的主体之间。
>
> (Dwyer 1977；Tedlock 1979)

> 理论上说，对话的模式不是自传性的；对话的模式未必是超自我意识或自我专注的先导。巴赫金(1981)指出，在任何以复杂的方式呈现的话语空间里，对话过程大量涌现……多种嘈杂的声音争相自我表达……单声道的权威遭到质疑。事实证明，如果一门学科自诩代表多种文化，它就是单声道的权威。
>
> (Clifford & Marcus 1986：14—15)

这种阐释学的研究模式促成不同的现实构建之间的一次积极的对话。“我们的社会习俗和组织已经植入了前提条件，促进或阻碍我们互相理解。”(Gadamer 1975：315，引自 Gregory 1978b：61)当阐释学使人意识到这些前提条件时，它本身就变成“一把双刃剑……既穿透我们对生活世界的幻想，也穿透我们对自身的幻想”(Gregory

1978b:61)。阐释学并没有自视为优越的科学方法，它只是作为人们解释世界的最基本的模式而被提出来。因此，它最终认为，它超越了自然科学和人文科学的分野。自然科学关注理论与观察之间的对立(Lefebre 1946)；人文科学关注社会科学理论(人向自身描述现实，即对立关系的一个极端)与世界本身(对立关系的另一个极端)这两者之间的双重阐释。

这样，共享的意义这个问题又作为一个中心问题重新出现，我将在下一章探讨这一问题。我们究竟如何以社会生活的方式为我们自己构建现实，从而让意义、充满意义的经验、一个地方的情感影响等得到充分的表达？此处可借鉴人类学家格尔茨(Geertz)的著作，他成就了符号学(Semiology)在北美的一个变体——符号意义学(Semiotics)，搭建了一座通往欧洲符号学的重要桥梁。格尔茨基本上把人类学的研究视为"社会符号意义学"(即研究重要的社会风俗和意义)。他质疑"文化"作为一个独立的变体而存在，着力研究人种志的观察和描述方法。他认为，我们不能简单地把社会情境中人们的各种行为视为一个假设的文化实体或过程的数据。他有一句广为传颂的名言："人们对自己及同胞的所作所为进行建构，而我们称之为数据的东西事实上就是我们对他人的建构的建构。"(1973:9)社会科学中典型的阐释循环即吉登斯(1976:79ff)所言的"双重阐释"，指的是"将行动者自身采用的意义框架输入社会生活的生产中理解这种意义框架，依据分析者专业的概念体系在新的意义框架里重构这些意义框架"(Jackson & Smith 1984:38)。

依据格尔茨的阐释学方法，书写社会话语，记录或记载交际活动，这是人种志研究者的使命。进一步说，也是有志于研究意义构成的所有学者的使命。"转瞬即逝的观察在描绘过程中便具有了新的意义，使一个经得起检验、修改、解读的文本得以产生，这就是阐释学。"社会行动不是功能性的活动，我们必须将它理解为"一个意象、一本小说、一个模型、一个隐喻，它具有‘戏剧化的形状’‘隐喻的内涵’和‘社会环境’”(Geertz 1973，引自 Jackson & Smith 1984：39)。活动既具有功能性，又具有象征意义；活动必须从这两个方面阐释。活动在组织身体和行动的过程中让参与者体会不付代价的、讨人喜爱的“元社会的评论”：他们讲述的是关于自己的故事(Geertz 1973：448；Cohen 1986：10—12)。

但是，格尔茨使用“社会符号意义学”这个术语是不精确的。他在比喻意义上借用阐释这个行为来描述人种志研究者的活动。在下文我们会在符号学这一宽广而活跃的领域里看到人们积极地在方法上更细腻地运用这些术语。在符号学里，探讨社会行动和意义的一整套本体论和认识论的研究在语言学、哲学乃至社会科学之外的学科里都得到了详细的阐述，其影响之大足以挑战并开始取代社会科学研究中占主导地位的实证主义倾向。

再回到克利福德的研究，在他自称的“阐释性社会科学”领域以及社会科学数据的任何阐释领域里，均存在这样的问题：

> 文化的阐释，无论在文本形式中多么微妙或多么有创造性，都是在“弱”与“强”的语言关系中发生的，这些语言掌管着知识在全球的流动。人种志依然是一个单行道……全球霸权的概念可能错过民族与文化交流的自反性和创造性这些维度(所有与逝去的真实性、正在逝去的多样性有关的叙事皆为不证自明的讽喻)。
>
> (Clifford & Marcus 1986：22)

他接着说：

> 理论运动的……一个主要的后果……是强行去除个体和群

> 体在描述其他个体和群体时所依赖的根基。现在，我们把一切搭建在一块移动的土地上。再也没有一处像山顶一样可以纵览全局、描绘人类生活方式的地方，再也没有可供描述世界的阿基米德支点。山脉处于不断的运动中，岛屿亦如此：因为无人能够确凿无疑地占领一个有界的文化世界并从这个世界出发去分析其他文化。人类各种生活方式愈来愈互相影响、控制、模仿、转变、颠覆。文化分析总是陷入差异和权力的全球运动之中。
>
> (Clifford & Marcus 1986:22)

相对于意义的感知过程来说，意义本身或者“环境的指号过程”这一问题是作为“环境符号意义学”[①]的问题来处理的。用这种方式所做的研究，其研究对象总体上看一直是建筑，近期才开始研究建筑环境。该领域的基础是物体的符号学研究。巴特使这一研究方法流行起来，他从符号学的角度阐释了构建雪铁龙经典四轮汽车 Diane 车身优美曲线的各种不同物体的神话，阐释了埃菲尔铁塔的隐含意

① 在建筑符号意义学和环境符号意义学领域，完整的专著很少，仅有零散的文章可供查阅。克兰佩恩（Krampen 1979）建议读者参考甘贝里尼、科尼格和斯卡尔维尼（Gamberini, Koenig & Scalvini）就这个话题用意大利语撰写的开拓性著作，还有唐纳德·普雷齐奥西（Donald Preziosi）的著作《建筑、语言和意义》（*Architecture, Language and Meaning* 1979）、《建筑环境的符号学》（*The Semiotics of the Built Environment* 1981）。这个领域一直在不断发展，不过，研究的重点却是句法的技巧问题而不是至关重要的语义问题。

在英语文献里，主要的著作也是研究建筑的（也许是由于建筑批评中持续的方法真空所带来的机遇），比如杰弗里·布罗德本特（Geoffrey Broadbent 1981）编纂的文集《符号、象征和建筑》（*Signs, Symbols and Architecture*）。但是，在此之后，这个领域里的研究成果迅速枯竭。原因有两个：首先，符号学家只关注意义的构成，不关心各种传播媒介对社会福利的意义，马克思主义的社会理论家对符号学家这种不重视政治的立场提出了批评；其次，北美的社会科学受众及出版商没有欣然接受这个领域内高度专业的、代数结构的话语（这一话语的代表是格雷马斯[Greimas 1976]引领的学术流派），他们做出自己的选择，去追求折中的、反传统的研究前景。当然，这种研究前景源于德里达“解构主义”这一缜密的方法论的普及。“解构主义”这个术语后来几乎成为罗蒂（Rorty 1979）等美国语言学家、语用学家的口号。

义(Barthes 1972)。[①]

自 20 世纪 50 年代末开始，在列维-斯特劳斯的重量级著作(Lévi-Strauss 1958)之后，物体的符号学已成为学者们关注的一个焦点。列维-斯特劳斯认为，具有象征意义的物体、礼仪、神话均可遵循索绪尔开拓的结构语言学模式进行分析。这个体系的核心是，具体的符号或物体所具有的意义并非与自己的本质有关(正如上文所批评的)，而是依赖自己与一系列意义体系之间的关系。一个单独的符号或物体一旦脱离整个体系，就失去了意义。

巴特提出"用途普遍的语义化"概念，即借助于语义化，对某一物体的使用可转变为这一用途的一个符号(1964:106)。物体获得了象征地位，指代它们的功能、运用的环境以及运用这些物体时涉及的社会关系；人们可能将惯常使用某一具体物体的人与这个物体联系起来，同时也将这个物体与使用的人联系起来。这个看问题的方法亦可应用于一个遥远的地方。人们常去风光旖旎的地方度假，这些地方便成为吸引游客的环境符号，即休闲的"功能符号"(Krampen 1979:6)。同一个地方，在同一时刻可以象征一系列不同的社会地位、个人状况和社会态度。这种"多义现象"为词汇和地方的意义增添了一丝模糊性，意义可能获得互相冲突的内涵。耶路撒冷可能既象征犹太教和基督教世界的一个宗教中心，又象征一座有争议、被占

---

① 符号学的要务一直是研究人类交流中运行的符号机制。后来，笼统地讲，这些机制也涵盖了有意识的交流过程之外的现象(例如指纹、轨道等"标志")。因此，环境符号意义学的主旨是解释一系列意义如何通过某种机制与一处景观产生联系。例如，意义如何"注入"环境里或者如何与环境联想在一起从而让人们接受或者去"解码"？这样的机制本质上是与人类活动联系在一起的，因此不仅仅是一个哲学问题，还构成了"人文科学"的一个研究领域。费迪南·德·索绪尔(Ferdinand de Saussure)在世纪之交时创造了"符号学"这个词来指代这一人文科学，他视之为社会心理学的一个分支。在索绪尔之前，也许已经有了点滴的研究成果，这些成果也暗示了索绪尔理论体系的基本特征，但是，学界仍将此殊荣归于索绪尔，认定他在演说中首次阐释了非本质主义的语义学(演讲稿由他的学生们编纂为《普通语言学教程》[*Cours de linguistique générale*]，见 Saussure 1971)。

领的城市。这两种截然不同的意义一旦和不同的视角或个体联系起来，很多人就会看见这一对互相冲突的意象的两面。这是大众传媒时代意义模糊性的一个标志，一些评论家称之为“后现代”：曾经将单义的阐释和意象、马克思主义、基督教等统一在一起的“大叙事”走向了“衰落”(Lyotard 1980; 1984)。但是，这些文献并不符合我们的意图，这些对地方意象的简单思考在文献中没有得到深入探究，文献没有考虑地方的象征意义，而是仅关注个体与富含文化意义的物体相遇时的感知过程。但是，“用途普遍的语义化”这一理念仍然具有重要意义，其与环境有长久的联系。克兰佩恩(1979)特别提到，有两个范式简化现象体现了“物体符号学”研究方法的多样性以及学者们在阐述“环境符号学”时付出的努力。一方面，物体简化为符号；另一方面，符号简化为物体。这两个极端既体现在对物体的符号意义学所做的概括性研究，也体现在对建筑和建筑环境的符号意义学所做的更专业化的研究，甚至体现在符号学出现之前的现代美学理论中。

人们可能会批评前一种符号学研究方法，认为将物体简化为符号是一种理想主义。意义在认识论上没有源头，意义就是一个阐释过程。例如，在回答“一个人是如何认识现实的”这一棘手的问题时，我们可以认为，意义反映物质现实。雷斯尼克乌(Resnikow 1968)面对这个问题时认为，解决方法就在于符号的语义学，可以将它视为意义和符号意义的一种辩证关系，意义和符号意义的存在都不能脱离客观物质现实的主观反映。但是，这不过是重新提起的问题，这一次是从表征这一问题的角度。正如克兰佩恩所说，基本的问题一直是心灵主义的方法：物体的物质地位为其象征地位做出了牺牲，它仅存于使用者(阐释者)的大脑里。克兰佩恩视之为语用学的一个问题(1979:49)。在一个环境中，倘若人们对感知意义的认识层面与眼前这个环境实际的述行性、功能性和实用性特征以及人对眼前环境的参与均没有联系，其结果就沦为认知图绘或乌托邦式的彻底的主观主义。

我们回到符号学的第二组研究方法，符号简化为物体，我们就会发现，要从物体的功能获得意义，这样就“预先判断了对这个问题的历史和人文维度的”超符号研究，因此就有陷入实证主义唯物论的风险（Krampen 1979：20）。通过语言类比，用符号分析法笼统地研究物体，这其中存在的困难和弊端已经遏制了物体符号学在普通符号学框架下的发展。但是，罗西-兰迪（Rossi-Landi 1968；1972；1975）认为，倘若考虑在语言的和非语言的人工制品的生产之间存在的同源性，而不是勉强使用简化理论，这样就可以为理论构建奠定更好的、观点中立的基础，也可以让人们洞察各种类型和规模的人工制品的复杂性所呈现的纷繁复杂的层次。这种研究方法尤其适用于那些制造者有目的地去生产的物体。但是，景观并非源自一个统一的起重要作用的行动，而是反映某一具体地点或区域沉淀下来的具有历史意义的各种用途和工程。因此，尽管物体的符号学提供了可援引的范例（比如语义化和超功能化的概念），符号意义学看起来更像旅途的一个小站而不是一个终点站，它也在寻求一种方式去解决地方和空间的意象问题。

概要

这篇文献综述旨在寻找可供援引的范例，以指导我们正在进行的研究。在综述的过程中，我们逐渐走出了地理学科的领域。研究“心理意象”“认知图绘”的实证主义的地理学家，以“感知的泰勒主义”形式追求理论的高雅，他们延续着福柯发现的社会科学的管理偏见。他们在自己的方法论中阐明罗斯称之为新康德主义的现代主义思想（Rose 1985）。他们直接或含蓄地将自然科学当作他们的模型，这样的社会科学没有质疑自身存在的条件。现象学的文献和实证主义的研究一样，粗略地阐释作为意义中介的社会过程，同时在由社会机制编码、排序的环境里臆断有因果关系的意义和身份。特定地方的意义是长期以来主体间文化阐释的汇编。因此，一个被人们视为旅游胜地的地方，可能渐渐演变为一个工业中心。世界上某些地区在人们眼里是遥远、神圣的异域，后来演变为大陆之间的连接点，服务于航空旅客；在这些连接点，本土神圣的元素走进博物馆，被世俗化或者成为大众化的展品。

主体间的意义通过语言这一媒介和中介得以分享和补充。语言的重要性促使人们考察阐释学的研究方法，而阐释学强调与地方和区域有关的叙事以及叙述中的阐释因素。尤为重要的是，语言提供了一系列的视角，从这些视角看，地方意象的多重声音——洛文塔尔提出的理解世界的多元主体性这一问题——受到范式话语和权力关系的干预。后面几章会说明，人们会认同与地方有关的某些特定的话语，这标志着他们在特定群体或社区拥有“内在地位”。有些话语将地方和区域定位为某种特别的地方类型，熟悉这些话语，并且与其他地方和其他人(外来者)保持特定的关系，从而形成对所属群体的隶属关系，这种群体隶属关系不会限制个人对真实的情境产生自己的看法。

符号学文献里的“超功能化”这个概念有广阔的应用前景。尽管它尚未应用于地方意象这一研究，但我们清晰地看见它可以为研究者提供有效的视角，比如，可用于研究布莱顿这个旅游胜地如何变为休闲、慵懒的符号，并最终成为违背社会常规的性活动的符号。

将意义本身问题化，这在过去三十年里是一个稳定的趋势，是对环境中的意义所做研究的本质特征。我们在个人的心理意象中把意义呈现给我们自己，研究者把人们的感知呈现为认知图绘，而随着学者们的研究愈加精细、复杂，这两种方式都遭到了质疑。德莱弗斯和拉比诺在解释福柯的思想时认为："倘若人文科学声称要研究人类活动，那么人文科学必须考虑那些形成人文学科的人类活动，这和自然科学截然不同。"(Dreyfus & Rabinow 1982:163)

总的来说，上述研究方法涉及地方和空间的简化过程：首先简化为脱离环境的物体的集合，再简化为一个意义框架(见波科克 1982 年对达勒姆大教堂意象的研究［Pocock 1982］)。这个研究对象，即历时的地方或空间本身，在这种笛卡尔主义的简化和碎片化过程中毁灭了。地方、观念、场景通过社会空间化无处不在的逻辑与情感、思想、政治和社会意识形态紧密相连；将感知的方法展现出来，描述与一个地方、一处景观相关的最普及的意义，这并不能帮助我们理解各种意象如何反映、印证社会空间化无处不在的逻辑。

阐释学用行动者看待背景习俗的意义这一视角代替实证主义社会科学"客观的"框架。这将背景文化习俗排除在外(那个框架本身是由社会文化活动通过背景文化习俗产生的)，因此遇到同样重要的方法论上的困难。倘若我们要努力追寻根基更广阔的社会学意义的解释，纯粹的阐释学是不够的。社会行动者的自我理解和自我意识有很大的空间值得我们去探索(马克思主义的社会科学家们已经指出了这一点)。"我们不能假设行动者清晰或模糊地意识到他们的活动的意义……即他们的活动在特定的社会中如何有助于拓展一个复杂的策略性的情境。"(Foucault 1980b:93)

因此，这样的阐释学无法解释人们为何认可集体的项目和意识形态。人们为何将固化的地方意象当作一个概念性的捷径或者比喻来解释他们的看法？我们所依赖的地方意象的体系究竟是什么？要回答我们自己提出的问题，我们的目光必须超越地理学、阐释学，给这些领域的理论家们划定准确的位置，因为他们以前也许尝试在社会意义的研究和地理的感知之间进行综合分析。下一章将呈现“解释分析法”，这一方法尝试由内到外地将文化建构理论化，旨在解决方法论的问题。所谓由内到外，也就是说，调查者被牵连其中，落入圈套，成为被调查的神话和意象的承载者。

第一章　现代性的另类地理

开普勒和第谷在黎明时的东方所见相同吗？

（N.R. Hanson *Patterns of Discovery* 1958）

康德把空间视为所有感知的一个维度，另一个维度是时间（Kant 1965；1968）。在涂尔干和莫斯（1963）看来，把地理空间分为近处和远处、象限和地方，这种分法是作为所有社会分类基础的"原始分类"最初的一种形式。尽管大多数地理学家和心理学家都强调空间意象和认知图绘的个体性、主观性，本书关注的是在一种文化中人们认可的、共享的空间感知逻辑。这一兴趣引领我们离开对主观性和独特性的感知研究，来到集体神话的社会层面，研究与空间概念伴随的具有文化规律或受文化制约的情感。

社会差异、文化分类往往都是空间化的，这表现为使用空间比喻或描述空间差异。整体上看，这些分类可纳入"想象的地理"。在这些对地理空间的重新编码中，地点与特定的价值观、历史事件和感情休戚相关。想象的地理因素常常可以互换地用作更为抽象的对比隐喻。地点成为符号(象征美好、邪恶或民族主义的事件);地点与其他地点一同融入隐喻之中,表达(有性别倾向的)心态、事态和不同的价值立场(比如“这将成为他的滑铁卢”)。巴什拉(Bachelard 1958)和段义孚(1976;1977)称之为“恋地情结”,即人与自己的环境产生情感纽带,而环境将情绪与地方凝为一体。这些比喻是民间智慧的重点,即使在这个最理性化的时代亦是如此。加利福尼亚州经常被称作“安乐乡”;加拿大中部的人们认为北部是“真北之邦自由刚强”——不只是北方,而是一个社会想象的区域:一片不可战胜的荒原,一片洁白无瑕的区域。使用空间和地理隐喻来描述心态(Bachelard 1958)成为一种趋势,政治和商业都利用了这一趋势。温斯顿·丘吉尔用“铁幕”一词描述欧洲东部苏维埃和西部资本主义两个阵营的分裂,此类术语还有“在最深最黑的非洲”“远东”等。这些术语内涵丰富,影响深远,映射了整个空间意象体系的情感意义,而空间意象则构成文化秩序的框架。因此,空间性是具有密集的文化活动的一个领域。这里我将论证:地理空间的实证研究数据受社会结构这一综合体系的影响;社会结构不只是别具一格的抑或无法控制的幻想,而是行为的指南针和约束力量。① 我紧接着会清晰地描述个案研究的

---

① 个体的感知经验如何普遍化而成为一个广泛的意义共享的社会体系?洛文塔尔探讨了这个类推问题(Jackson & Smith 1984:21),认为共同的知识基础是“截然分开的个人话语世界”之间的桥梁。“尽管私人环境[原文如此]之间和谐一致,和真实的世界之间也是和谐的,但是时间、空间、文化、人群有差异,同一社会群体中有不同的个体,同一个体有孩童时期和成年时期,还会有不同的情绪,因此私人环境之间也就存在明显的差异。”(Lowenthal 1961:251)

大多数地理学研究与本书在论题的关注点上不同,它们关注微观世界,即一个个体的“私人环境”,因此它们一直着重于理解人们对地方环境的感知。有几个基本问题有待回答:环境认知究竟是如何发生的?人们感知到景观的什么因素?景观中哪些因素最让人记忆犹新并最终成为定向的地标?供资机构为研究感知和认知提供资金,将目标定于人工智能的应用,这就导致研究显而易见地强调心理主义。个体通常优先考虑一个环境中的若干方面,这已是既定事实。例如,皮亚杰(Piaget)的研究显示,婴儿天生就有注视边缘和直线的倾向。但是,这一研究几乎没有涉及这些因素在景观中的符号价值。杰克逊和史密斯说道:

理论基础，更精确地解释空间化的内涵。在这个过程中，我会研究本研究之前出现的事例，以寻求可供援引的范例。我无法充分地引介布尔迪厄、福柯、列斐伏尔和英国现实主义者安德鲁·赛耶(Andrew Sayer)对空间问题的阐释，但是，若能引用他们的观点，那么与结构主义、系谱学、马克思主义、现实主义的研究方法相关的社会空间化理论便可以“定位”。

社会空间化

本书前一章为社会学的空间理论做了一些铺垫。但是，“空间”

> 后来研究环境感知的文献很快沦落为对“心智图谱”“认知意象”等问题的实证分析，对哲学的洞见和挑战几乎置之不理。……可预测性和顺势而为渐渐成为“地理空间感知”研究的特征，还伴随着全方位的幻灭感：对感知的研究看起来已经辜负了最初的承诺。
>
> (Jackson & Smith 1984:22)

心理主义的研究在理解社会和认知过程时显得极不成熟。波科克和赫德森(1978)特别指出，同一座城市或一片郊区会激起完全不同的反应。然而，他们后来的研究论证了人们对具体的场景或环境产生的情感反应具有广泛的一致性；在这些情境中，受访者参与同样的活动(比如波科克在1982年所做的案例研究：游客观赏达勒姆大教堂名扬四海的风景，尔后在普里本德石桥上接受了采访)。我的观点是：人的态度不仅模棱两可，而且依赖身体与环境之间互动的性质。这一观点超越了现存研究文献的边界，进入环境认知的社会结构。

因此，契合人文地理这一领域，立足于社会学知识而进行调查研究，这是本书的基本前提。雷认为地方的特性来源于主体间经验的一致性，他说：“任何一个经常互动的人群都会向他们占有的地方传递一种品格；居民对此没有异议，视之为理所当然，外来者却能瞬间领会这种品格。”(Ley 1977:508)“主体间性”指的是经历和意义共享的特性。梅洛-庞蒂的身体主体理论认为，身体“内部蕴藏着积极的、目的明确的”理解世界的“能力”(Jackson & Smith 1984:32)。这种研究方法摒弃了极端现实主义和主观主义的世界观。前者将世界视为既定之物，一旦我们将“世界是‘随时准备好的’(即理所当然的)”这司空见惯的态度传递出去，世界就被认为具有随时经受体验的潜力。后者将世界视为完全的主体建构之物(一种极端的唯我论：只要主体不在场，什么事都无法发生)。更确切地说，梅洛-庞蒂的“模糊哲学”认为经验的客体本质上是费解的，我们从这些客体中找出规则，并且将一致性的期待强加于这些客体之上。随后，西蒙(Seamon)依据日常生活中不断重复的情景可以找到的“时空常规”和“地方芭蕾”使空间行为概念化。

一词的地位举足轻重，也有许多互相矛盾的用法，人们在很大程度上不把它视为一个术语。在本书中，“一处空间”标志着一个有限的区域：一个地点、一个地带或一个地方，它以特定的社会活动为特征，拥有文化赋予的身份（名字）和意象。我们一直在考虑的受文化熏陶的“社会空间”通常只被描述为“空间”，因此这个用法已产生数不清的语言问题（Soja 1980；Sack 1980；Lefebvre 1974）。正如苏贾所说，“空间”一词意义宽泛，语义范围广阔，是一个高难度的术语（Soja 1980；Kolaja 1969；也见索罗金早期的研究以及他在1943年出版的不受重视的著作）。这个术语的难度高，原因是空间是认识论和本体论结构中“未表达的”一个维度（Sack 1980）——质疑“空间”就是质疑人们传统上定义现实时所依据的基准线。我使用“社会空间化”这一术语，旨在指明在社会想象（集体的神话、预设）以及景观干预（比如建筑环境）的层面上正在发生的空间性的社会建构。社会空间化这一术语使我们能够命名研究的对象，这一研究包括空间性的文化逻辑、在语言上的表达和阐释以及在更具体的行动、建构和机构安排上的表达与呈现。

因此，在社会空间化这一标题之下，目前分开的研究对象就会汇聚一起，展示它们的内在联系和协调一致的本质。这个视角将迥异的研究难题重新编码，这样源自各种对立性和双重性（公-私、经济基础-上层建筑、经济-文化）的社会理论的反常现象和悖论便可在一个统一的框架里得到解释。那么，本书后面的章节并非发现新现象，而是重新发现。我希望这会给已确立的研究难题增添新的活力。

但是，本书并非简单地以结构主义的方法拼贴而成。若以结构主义的方法拼贴，细节和类比就伪装成了分析（Schleiser 1988：144—153）。下面的案例立足于对它们可理解性的判断而不是对它们适当性的判断，但是，与结构主义的研究不同，我不是要寻找一个符合逻辑的一体化的结构，也不是要在人类思想中寻求一个不朽的结构（参见 Lévi-Strauss 1964:18；1966:346；1971:571)。在下述案例中，当我们面对地方环境（它们已经偏离马克思主义、结构主义等宏大理论的通则）时，我们运用社会空间化等理论建构，不是把它当作权威的、封闭的空间理论，而是把它当作探索工具。本书的主旨不是建构一种探讨地方和空间的新话语，而是关注地方预构建的文化话语。我们不仅关注地方之间的既定联系，还要评析这些地方遵循哪些权威、依靠哪些群体、以何种方式产生了哪些联系，从而提出存在于传统之外的权力问题。地点与区域之间的立场与对立受到许多少数派话语以及空间化理论的挑战，这些立场与对立不是明确无误的，也不是普遍适用的（不同于 Lévi-Strauss 1958:235）。为了说明本书与前人著作的不同，我更乐意使用意义宽松的术语，比如“构形”，而不愿意使用如“结构”等蕴含稳定性、等级制度和理性的术语（参见 Lévi-Strauss 1958:303—351）。

布尔迪厄的“惯习”理论：作为文化结构的空间实践

我们可以在布尔迪厄的著作里找到对这些问题的阐述。他较早提出例证，将空间性视为文化结构的成分。空间化包含先于感知的元素（比如明信片传递布莱顿的地方神话），但是它又因为人们对现实的不均衡的体验（令人失望的城市体验）而不断地修正。约翰·厄里（1982）称之为“结构的双重性”。此外，在布尔迪厄的“惯习”(habitus)理论之外，还有另外一个例子，即吉登斯的结构-能动性二分法（1979）。布尔迪厄认为“惯习”产生不同类型的品位和行为；同时又认为，人的日常经历不断地修正、改进“惯习”，于是这种双重性就产生了问题。

布尔迪厄的著作依据卡西尔的结构主义假设（Cassirer 1945）：“经验是一个体系”，因而“客观世界”是通过文化类别强加给现实而建构的。因此，感知是通过一个干预性的价值框架发生的，这一框架表明一个人生活环境的真实性(参见 Bourdieu 1968:682—684)。

布尔迪厄在《实践理论大纲》(*Outline of a Theory of Practice*)这部名著中论证了调和理论与实践的必要性。他呼吁人们关注习惯的实践逻辑或实施的结果以及源自日常生活的倾向,而不是关注研究者建构的物化的抽象概念(1972)。人们不只是在日常生活中遵守规则,还通过体验、循序渐进地调整这一复杂过程来养成习惯,并获得见解。布尔迪厄用"惯习"这个术语探索吉登斯以社会行动"日常化"为题所探讨的领域。那些受主流意识形态和错误意识影响而产生的社会科学观,布尔迪厄都尽力弃之不用,因为那些主导性的意识形态和错误意识是由"经济基础"决定的。这是经典的马克思主义的框架,它转换成一种新立场,将实践和习惯性态度这一层面的"意识形态"视为"具身观念"①。这些观念并没有表达出来,而是沉淀于人们的日常生活"方式"里:

> 在以这种方式建构的空间里,人类所有的行动立刻具有了象征意义,充当结构性的训练。这些训练使人在实践中掌握基本的体系,并组织……实践和表征:进与出、填满与倒空、开与关、左行与右行、东走与西行……大脑是客体世界的一个隐喻,客体世界本身是由互为映照的隐喻构成的一个无限的循环。在一个结构神秘的空间内移动(比如进与出的动作),诸如此类的对身体经验的象征性操控,往往会促进身体空间和宇宙空间的融合,其手段是使用相同的概念去理解人与自然世界之间的关系(当然要付出逻辑不严谨的代价)。
>
> (Bourdieu 1977:91)

布尔迪厄将这种日常的准则命名为"惯习",即"由认知结构和动机结

① "经济基础"起决定作用,这个概念依然以广义的形式存在。布尔迪厄论证说,"具身观念"是在具体的情境中通过环境和社会熏陶形成的。

构构成的、由社会构建的体系”(Bourdieu & Passeron 1977:76)。“惯习”是由社会化形成的深层结构特征，但是，即使布尔迪厄用冗长的篇幅、晦涩的词语予以定义，这个概念依然模糊不清，这就招致了许多批评。因此，他将“惯习”称为由持久的、具有变化可能性的性情倾向或生成性原则构成的综合体系，日常生活中的随机应变都是通过这个体系完成的(Bourdieu 1977:81—82)。“结构化的结构亦即实践与表征的生成和结构化所遵循的原则，这些原则会受到客观的约束，变成常规，但不是受规则约束的产物。”(Bourdieu 1977:72)

我们想知道布尔迪厄使用“结构化的结构”这个术语为何如此冗赘，并怀疑结构不总是既是结构化的又是促结构化的。事实上，布尔迪厄让我们注意这些结构的干预作用，他在自己的认知图式中，将此类结构定位于以需求驱动的决定性的客观事实(这些事实在用英语进行的讨论中一般被视为“结构”)和个体行动之间。因此，“惯习”既是一个假设的(干预性的)结构，也是布尔迪厄解决结构和能动性之间张力的一种手段。然而，引介一种干预性的结构，这在原因无限论[1]中仅为一个步骤而已。布尔迪厄事实上提供了一条绷带，包扎社会学在研究个体时运用的方法中存在的专横的多因素决定论。无论有多少道干预性屏障，都无法解决这种决定论的窘境，无法解决因果决定论的问题。[2]

作为意识结构的“惯习”，其原则产生了实践策略(Pitt-Rivers

---

① 原因无限论：一个论点产生无限多的原因，辩论也就没有终点。——译者注

② 某种程度上，这个问题在于“惯习”的概念。我们可以论证，“惯习”只是另一个最终的决定形式：

> 作为一个决定论的范例，其根基是一个简单的经济基础-上层建筑的隐喻，因为“客观结构”在“惯习”(文化)干预下产生实践。布尔迪厄强调社会能动者在自身文化环境中进行有意义的实践，我们很难想象他的思想能站住脚。
>
> (Jenkins 1982:272)

加纳姆和威廉斯也做过同样的批评(Garnham & Williams 1980:222)。

1971)，提供了大量信息说明在社会情境中该说或不该说的话，该做或不该做的事，从而使能动者应付始料不及、变化多端的情境(Bourdieu & Passeron 1977:76)。布尔迪厄把这一现象定性为"受限的创造"，因此，"惯习"就是一套计算程序(1984:424)：

> "惯习"的体系及其最基本的分类形式产生特定的功效，因为它们在意识和语言层面之下发挥作用，超越内省的审查或意志的控制。它们为实践定向，把有些人误以为价值观的东西深藏于不假思索的示意动作，或者看似最微不足道的举手投足之间流露的神态里：走路姿势、擤鼻涕的方式、吃饭或说话的样子。
>
> (Bourdieu 1984:466)

这套计算程序并不是简单内化的；相反，它们"依据所处的具体情境"不断"调整"(Bourdieu 1977:95)。因此，这种内化受一个人的阶层、民族立场及其主观期待的影响。在通常情况下，人们"感知的不是权力关系的实质而是使权力关系合理化的形式"(Bourdieu & Passeron 1977:xiii)。依据韦伯和马克思的观点，这种"误认"促进象征性的主导模式发挥作用。因此，"惯习"主要是在特定社会阶层的家庭、在早期的童年经历中反复灌输的(当然，童年经历和阶层没有固定的联系)。然而，人生经验后来也会彻底改变"惯习"。还有，人的期许为了与实现期许的客观的可能性相匹配也会不断调整①。"惯习"具有持久性和可塑性。持久性怎样发挥作用？"惯习"会在什么条件下发生转变？很难确切地知道答案。还有，布尔迪厄的阶层特征在多大的程度上是稳定的或可塑的？布尔迪厄从未论述性别问题，但具体情境中男人和女人立场不同(社会立场的习惯性表现，亦

① 因此，他论证说，工人阶级学生的辍学倾向是他们学业成功率低的结果，而不是原因(Bourdieu 1971a; 1974;1977)。这个观点在教育社会学史上臭名昭著。

即规范性的"惯习"),这和不同阶层的成员不同的表现一样清晰可见。"惯习"雌雄同体的一面让我们看见,"惯习"是外在的,与个体的动态和关注的事宜无关。当然,布尔迪厄并不这么看。康奈尔认为,无论社会关系是否被重新编码为"习得的阶层习惯","社会关系的再生产"这整个概念就是一个空想:"我们认为,名为'再生产'的大型罐头食品厂把人塞进他们各自的位置上,而社会结构不会在人们不知情的情况下坚守自己的特性。"(Connell 1983:149)

布尔迪厄对卡拜耳村庄及其房舍的空间布局和时间地理进行解构,这是他对"惯习"所做的最有名的阐述(1971c)。这里最能说明"惯习",因为房屋的建筑结构、村子的空间布局、田产的子承父业构成持久的环境体系,是人们行动的提示。这平凡的环境并非大型罐头食品厂,它将一些生活方式强加给村民,比如因为没有其他水源,人们频繁去井口取水。布尔迪厄认为,在个人日常生活明显的特性之下,可以发现卡拜耳村民宇宙观的结构具有规律性、相似性,是一种类别体系。凭借这个类别体系,在特定的地方从事洗衣、做饭这类活动就显得恰到好处(Bourdieu 1971c)。然而,鸡与蛋的问题随之产生:卡拜耳村民的宇宙观反映了村子里日常生活的安排还是日常生活的安排反映了他们的宇宙观?

布尔迪厄认为,从文化地位来说,日常活动及其安排是宇宙神话的反映,因此从转喻的意义上看是互相联系的。最显著的是,卡拜耳房舍是卡拜耳宇宙观的镜像,这个原则制约着卡拜耳房舍。因此,正如布尔迪厄所言,卡拜耳房舍是"颠倒的世界"。倘若一个人想成功地参与村子里的社会交往和活动,他必须在头脑中内化这些不成文的行为准则,这样便可使行为恰到好处,形成和谐一致的道德操守(1977:81)。布尔迪厄认为卡拜耳宇宙观是一种计算程序,用以解决日常社会交往中的实际问题。然而,这呈现了一幅颇为永恒和静止的画面,这幅画面在他后来论述当代法国的著作里就显得苍白,缺乏说服力(见 Garnham & Williams 1980:215)。历史变得单调乏味,沦为对当下的重复。布尔迪厄根本没有研究"惯习"可能发生变化的过程。哪些模式更持久?他描写的村子只是生活的一个装配线。在这里,不同的宇宙观在每次(完全相同的)从井口来回的路途中以泰勒主义的效能重复地行动。

"惯习"应用于阶层社会,是阶层身份的具身实质(Bourdieu 1984:437)。它是一种精神特质,所有社会习俗均与之紧密相连:

> 个体将其[这种精神特质]内化并付诸实践,不是为了制约单个的行动而是为了调节互动。因此,"惯习"是家庭、团体,尤其是阶层的现象,是一种逻辑。它源自生存所需的一套寻常的物质条件,用以调节一群个体在对这些物质条件产生寻常的反应时进行的实践。
>
> (Garnham & Williams 1980:213)

但是,我们在描述行为的协调时,并没有考虑戈夫曼(Goffman 1963;1973)对象征性的空间操控提出的独到见解。这种象征性的空间操控的方式是创建精心筹划的"前空间"(比如客厅、起居室等)以及宽松的、不受严格控制的"后空间"(比如厨房或家庭娱乐室)。

"惯习"中的习性控制社会交往的节奏和空间分隔。此外,布尔迪厄还将"惯习"描写为社会地位的标志,它标志着

> 客观地位之间的社会距离,即关键时刻汇聚在一起的社会人之间的距离。……[因此,它]提醒人们注意这种距离,注意在保持距离或象征性地抑或实质性地从策略上操控这种距离时所需的行为;提醒人们注意为了减少距离(操纵者比被操纵者更有优势)、加大距离或仅仅维持距离(方式是不"放纵",不"变成熟

人"，即"保持尊严"；或者拒绝"过分亲昵"，拒绝"出洋相"，即"有自知之明"而不轻举妄动）所需的行为。

(Bourdieu 1977：91)

"惯习"突出显示了社会环境中空间行为的标准。戈夫曼(1963)在研究私密和公共行为的著作中认为，传统与礼节的问题是通过标准来制约的。但是，在这些标准体系里，一些特别的行动者会一如既往地超越意义的情境框架，"抗拒自己的从属地位"(Jenkins 1982：273)，否则社会变化和创新就会停滞。我们很难明白这究竟是如何发生的，正如吉登斯在自己的著作里所说，结构是通过实践这一媒介并在其中得以形成的，但是人们在处理结构时却认为它是与实践脱节的，这就沦落至另一个本体论的层面(见 Giddens 1979：141—145)，是后来的实践无法企及的。"惯习"超越了因果决定论未解决的问题，却受一个逻辑问题的困扰，即它是一个"后此故因此"的命题(字面意思是在此之后发生，因此必然由此造成)，亦称为"后此故因此"谬误。例如，英国加入欧洲共同体之后食品价格上升，单凭这一事实，未必能得出"它的成员身份导致价格上升"这一结论。"惯习"是假定存在的，当然理由可谓神秘莫测。因此，"惯习"被假定可以解释日常事务且被假定为日常事务的成因。根本不会有零假设。"惯习"在某种程度上因为自身的模糊性(它仿佛容纳了几乎所有的思想或无意识的习惯)而解释每一个行为，开始随意到处现身(见 Lash & Urry 1986)。从本质上说，它吞噬并抹杀了其他可能性。"惯习"是一个被赋予因果能力的假定的实体，但是很难证明它是某件事情的起因。布尔迪厄将"惯习"概念化，其中的优势是它确实让人们关注意识形态和实践、结构以及能动性之间互相协调的瞬间。布尔迪厄让人们关注这种协调的瞬间，试图搁置因果律这一问题。但是，单凭他个人接受结构社会科学的逻辑，这绝对不能延续很久。到了这里，我们必须求助于米歇尔·福柯的研究。

布尔迪厄挑选“倾向”（disposition）这个术语（同时具有“安排”“定位”“心境”“性情”之意），用以描述“惯习”蕴含的思想和实践之间的联系。这个术语与福柯在确立观念与行动之间的统一性时使用的术语“装置”（dispositif）极为类似：

> “倾向”一词似乎特别适宜于表达“惯习”（被定义为一个性情体系）这一概念覆盖的内容。……“倾向”首先表达一个组织性的行动产生的结果，其含义接近于“结构”等词的意义；它也指代一种存在的方式，一种习惯状态（尤指身体的习惯状态），特别指代秉性、倾向、习性或意向。
>
> （Bourdieu 1984：562）

下面我们会讨论福柯的“装置”一词，探讨列斐伏尔提出的与空间、表征的空间（见表1.1）有关的空间行动、理论、对话这三个部分的辩证关系。讨论这些问题时，我们会再次回到上述三个层次的定义（策略行动的结果—习惯性的安排—习性）。

福柯：作为“装置”的空间化

布尔迪厄研究“惯习”，福柯则不然，他的研究不依赖因果分析。政治变化或经济过程在多大程度上决定某一特定群体的意识？在多大程度上决定“他们的视野、兴趣方向、价值体系、看问题的方式以及理性的处世风格”？福柯对此漠然置之（Foucault 1972：163）。他以不同的方式定位问题，着眼于发现

> 说话的主体通过意识传递的比因果关系更直接的关系……并非是政治实践如何决定话语的意义和形式，而是[实践]以何

种形式成为话语出现、介入、运作的部分条件。

(Foucault 1972:163; 也见 Cousins & Hussain 1984:106)[1]

福柯从根本上认为:"构形不会轻易被取代,因为它们并非单纯的偶发事件,它们有复杂的存在条件。"(Major-Poetzl 1983:261)

将空间化理论化这一工程,在许多方面都类似于福柯对行为常规的"考古",这些行为常规为他所称的"装置"标明了界限。将空间化理论化,把以前散落的、被边缘化的知识以及遭轻视的习俗重新凝聚起来,证明它们产生共同的运行原理。这种空间组合性的准则是:它不仅产生一个新视角去观察空间化领域的碎片化,还展示了这种碎片化在策略性层面的原因和必要条件。

福柯质疑的是

那些根深蒂固的、未得到深思的差别。这些差别常用于搭建一个现实的"自然平台"。总之需要质疑的是我们称之为"现实的空间概念"这一术语的内涵:现实是界限清晰的、封闭的空间,它有内在,也有外在。

(Cousins & Hussain 1984:261)

---

① 福柯讨论考古学时说:

如果考古学在这一分析中逃避……因果分析,如果它想回避说话的主体所做的这种必要关联(一种发现与一个事件、一个概念与一个社会结构之间的关联),那么它的目的不是要保证话语至高无上的、专有的独立性;它是要发现话语实践存在与运行的领域。也就是说……话语的考古学力图发现话语的形成所依赖的机构、经济过程、社会关系这一整体领域;不过它试图说明话语并非因为独立性和独特性而得到纯粹的理想性、完全的历史独立性这样的地位;考古学旨在揭示历史在哪一个特定的层面上能让位于某些具体的话语类型。这些话语有自己的历史性类型,并且与各种历史性构成的政体保持联系。

(Foucault 1972:164—165)

因此，福柯避开了现实的不同形式之间的传统差异（比如与“虚拟”相对立的“现实”），他认为这一假设的区别立足于身为话语的一种本体。在任何本体论中都至关重要的空间概念是现实概念的组成部分。这种空间感，即一个人的空间性，不只是一种世界观，它是一个人与世界之间关系的一个基本成分。一个人区分现实与非现实、自然与超自然、理性与疯狂所依据的传统是通过排斥和吸纳的空间逻辑来表达的。空间进一步分割为更小的单元，即列斐伏尔所说的真实空间碎片化为同质的小块，这种笛卡尔主义的再分逻辑控制着这种真实性。清晰的分析可使生活诸方面的理性管理成为可能。

空间控制是规训和权力所需的现代技术的一个基本成分：

> 在空间里组织个体，这是约束力的开始，因此需要一处封闭的空间。医院、学校或军事重地会借助整齐划一的网状框架。框架一旦设定，它就约束了个体的分布，使之得以监管：这个程序有助于将危险的人群或流浪的无赖渐渐变成安定的、温和的个体。
>
> (Dreyfus & Rabinow 1982:154—155)

人的身体进入一种空间机制，这个机制探索人的身体，将其分类并重新安排（Foucault 1979:137—138），每个人都有一个地方，每一个地方都安排一个人（Foucault 1979:143）。在这一网状框架或装置里，每一个位置、每一个地方都被编码成一种价值，功能的配置就转化为固定在这个结构完整的网状框架里的各种关系。因此，这种安排的成功之处在于这个空间的编码。个体和价值就这样变成由权力限定的网状框架里的地方和位置，而且这些地方和位置都得到了高效的监视和管理。

人们一直称福柯为绘图师，理由很充分。米歇尔·塞尔（Serres

1972:168)首次指出,采用几何术语让福柯能够对社会心理现象拥有他人少有的解读,而社会心理现象是根据排斥和包容这个空间主题运行的。德勒兹得出的结论是:

> 福柯把话语视为时空领域内的一个基本单位,它因阈限或占据不同的层次而改变位置。福柯的这一概念与原子结构的现代模式非常接近……原子结构体现了原子(一定数量的、不同类型的构形容纳更加基本的颗粒)和中子(质能领域到达极限,占据特定的层次并以复杂的方式与许多其他领域产生反应)的特点……福柯所做的话语的概念化在本质上具有空间性……许多评论者从地图绘制学、地形测绘学和地质学的角度认为这种空间是平面的、固定的……但是也有一些评论者认为这种空间是三维的……福柯创造了一个新维度……一个对角线的维度……不再位于一个平面上而是处于一个空间内。
>
> (Deleuze 1970: 209)

然而,有些地理学者误解了福柯,并指责他因为特别优待时间因素牺牲了模糊的或者移动的空间界线:

> 空间化的这种不确定性与你过多使用的空间隐喻(位置、移位、地点、领域)形成鲜明的对照。有时候你甚至使用地理隐喻:领域、领地、国土、范围、群岛、地缘政治、区域、景观等。
>
> (Foucault 1980a:68)

但是,在福柯的叙事里,空间界线的模糊性之所以存在,是因为他的话语是空间化的,而且他心甘情愿地放弃了以时空为根基的概念化通常享有的话语优势。福柯认为历史现象是场域的构建成分和事件的荟萃，而不是界线分明的点、中心点、本体①。后来，福柯围绕有代表性的地点——比如全景监狱(1973a)、古希腊城邦(1979)——阐述自己的理论：

> 用时间词汇来比喻话语的转化，这必然导致人们使用具有内在时间性的个体意识模式。另一方面，使用空间的、策略性的隐喻来解读话语，使人们能够精确地掌握话语在权力关系中的哪些点上经由并依赖权力关系得以转化。
>
> (Foucault 1980a：69—70)

米歇尔·福柯在法兰西学院的系列演讲中阐述过他从1970年开始潜心研究所得的成果。他研究的焦点从知识的“考古学”这一概念(1972)②一直到理性的“系谱学”。简单地说，他原本是对话语和真理的概念进行描述性的挖掘，接着方向一转，便在政治上将理论与尘世生活重新统一起来。因此，他较少提到处于变化中的“知识型”这个概念，而谈论较多的是以实证的方式可以明确阐述的话语实践。他认为话语实践的特征是受到规训制约的；规定性的条例会系统地制约话语实践，也制约着各种排斥与选择。福柯认为，“客体场域的

---

① 参见海德格尔的《存在与时间》(*Being and Time* 1962)。他在该书“关于黑格尔空间定义的附录”中讨论了时间性和空间性。

② 《临床医学的诞生》(*The Birth of the Clinic* Foucault 1975)属于知识考古学。这部著作

> 专注于结构的分析，关心空间关系和无意识的感知形式。读者需竭力在时间上确定方位，因为这部论著极少论及已知的历史人物或事件，使得论证在极高的抽象层面上展开。相比之下，《规训与惩罚》(*Discipline and Punish*)则清楚地提到日期、地点和信息来源，抽象的分析与直接的阐述以及意象融为一体。虽然《规训与惩罚》也关注空间关系，但是它有一条清晰的叙事线，使该书成为最易读懂的福柯论著。
>
> (Major-Poetz 1983：202)

划分，对知识主体的合理视角的界定，概念与理论的阐释所需的修正性的规范”，这一切突出显示了话语实践的特征（法兰西学院，1971：245）。

福柯着重分析文化实践。在文化实践里，权力和知识相互交错，而且我们现在对个体和社会的理解，包括人文科学也在文化实践里诞生，比如与性活动、疯癫、疾病、监禁有关的问题。所有这一切拥有共同的关键因素：有些人、有些心态遭到排斥，被排除在公民社会的领域之外。从无意识的感知结构转向具体的权力结构，这使福柯扩大了范围，容纳了非话语的或机构的因素。扩大分析范畴，并不像有些人想象的那样充满矛盾。在话语中组织的符号不是“非具身的观念”，它们只存在于具体的物质过程中：

> [这些物质过程]身陷于一个有语境的关系网络里，存在于极度复杂但是可以定义的环境中，而且和这一环境无法分离。历史、流动的社会、变化中的概念过程、运动中的经济和政治力量、发展中的艺术形式，均由这些物质过程构成。
>
> (Reiss 1982：10—11)

福柯的系谱学方法是以未来为导向的批评方法，它聚焦于“一种策略，人们在分析局部话语状态［考古学的定义］的基础上所获得的被压制的知识会通过这种策略起作用”。福柯称系谱学为“充满学问的知识和局部记忆的联合。这让我们在历史的环境里获得与［知识和权力的］斗争有关的知识，并在今天有策略地利用这一知识”（Foucault 1980b：85，83）。梅杰-波茨（Major-Poetzl）认为，福柯的著作传递的政治信息是：“那些变化无常的、遵循更替原理的因素在当下的紧要关头未必是可以转化的”，除非是在未来的环境里。福柯的系谱学只不过是一种批评策略罢了。为了获得成功，它必须扮演一个认识论的裁判所，说明各个学科均无法满足自身在认识论上的要求。系谱学本身拒绝认识论（当然，这可以说是一种认识论的方法），所以它具有根深蒂固的模糊性和策略性的局限，无法对社会科学各学科的理论做出直接的评价（Cousins & Hussain 1984：262—265）：

> 把知识刻入与科学紧密相连的等级森严的权力体系里，这是许多研究项目贯彻的宗旨。相比之下，我们应当认为，系谱学是一种尝试，它尝试将历史知识从禁锢中解放出来，也就是说，使这些知识能够对抗理论化、一元化，正式、科学的话语所产生的威力，并与之做斗争。系谱学的基础是局部知识（即德勒兹所说的小众知识）的再活化，用以对抗知识的科学等级化以及知识权力中内在的效应：此乃无序的、碎片化的系谱学承担的研究使命。
>
> （Foucault 1980b：86）

福柯的研究开始涉及非话语因素，这一转变的标志是"装置"这一新术语的引入。这个词从法语 *dispositif* 译成英语的"apparatus"（装置）。这个英语单词表明福柯关注的是实际的用途：概念本身不是目的；概念是工具，为分析问题助一臂之力；概念是"可理解性框架"。"装置"和"知识型"的主要区别是它既容纳非话语性因素，也涵盖话语性因素。毫无疑问，"装置"是异质的，包括"话语、机构、建筑布局、规章制度、法律、行政策略、科学报告、哲学命题、道德、慈善事业等"（Cooper 1981：194）。我们可以从符合逻辑的结论回到赖斯阐述的层面：

> （科学领域的）真理及有效的实验、（各种话语里的）指称语言和表征、（政治经济理论中的）占有式个人主义、（社会政治和

法律理论中的)合约、(美学理论里的)品位、(哲学中的)常识及其相关概念,所有这些概念事实上都是一个特定话语体系实体化的结果。

(Reiss 1982:21)

“可理解性框架”,这个翻译无法实现(权力和知识的)“安排”所具有的全部意义,然而这全部的意义是至关重要的,因为在福柯的修辞中,“装置”具有双关意义。重点在话语因素上。这是对修辞和意识形态的工具所做的一种安排,因此,也称得上是一种联系、一个工具、一个用以调整秩序的框架,甚或是一项规划。但是,这个词除了这一含义之外,福柯还利用法语中 *dispositif* 作为“法律声明”或“判决”这一法律意义;利用它的“法律权限”这一司法含义,还利用它的“战略行动体系”这一军事含义。福柯在著述中以三种方式使用 *dispositif*:

1. 它表示在任何一种具体情况下对紧急事件产生反应的一种范式行动,因此它具有一种主导性的策略功能。

2. 它是一种权限,即指代各种异质的元素之间的一种传统关系模式。这些元素是劳动分工、意义、话语以及使话语在政治活动中得以实现的机构之间的关系。

3. 它指一种异质的集合,集合了话语、机构、建筑布局、规章制度、法律、行政策略、科学报告、哲学命题、道德、慈善事业等。因此,一个“装置”是一条既具概念性又切实有效的线索,看似无关的事物都沿着这条线索在大脑中结为一体。

库珀(Cooper 1981:72)用工业化作为例子,认为工业化意味着一种策略上的指令(上述1),用以对付流浪汉、疯子、匪徒等这些不稳定、流动的人口。渐渐地就产生了“装置”，即权力和知识的结合或安排，它控制疯癫、精神病和犯罪(上述3)。并非所有的后果都是预期的；也没有证据可以说明这一策略尽善尽美。然而，一个机构一旦准备就绪，其活动的结果就会大体上倾向于最初的指令(上述2；另见Foucault 1977)。“装置”被定义为权力和知识的结合，而且福柯着力证明具有这一定义的“装置”所经历的发展之路以及在当代的存在。在“装置”的定义中，知识服务于权力，用于征服：所获得的事实成为进一步控制现实的基础(至于现代的“装置”和历史性“装置”之间的差别，对此所做的研究可见Reiss 1982：1—64)。

福柯将“装置”定义为“力量关系与知识类型互相支持的一套策略”。但是，他一直遭到批评，人们认为他没有详细阐述这一研究方法的局限：是否要考虑一些不可或缺的元素？这个框架里是否有错综复杂的要求？可以分析的实践类型有局限吗？(Foucault，引自Dreyfus & Rabinow 1982：121)这是社会理论大有可为的地方吗？显然，在历史性的“装置”中万物各就其位。这一“装置”几乎等同于包含基本原理的一个程序，被置入变幻莫测的日常生活(包括自然灾害、排队等候时沮丧的心情等)中的一个优良的计算机模型里，能够相当接近地估算个体和群体的互动。从历史“装置”到现代“装置”的变化是由福柯所称的“话语断裂”控制的，赖斯把这一观点与库恩的科学革命观等同起来，因为科学革命切分了传统的“常规科学”的各个阶段。福柯的问题同样也笼罩在所有一体化的话语之上(尽管福柯声称他的理论不存在话语谬误)：对竞争和斗争的所有看法，倘若不用来标志分裂或标志转换的瞬间，这些看法就会被阻断。我们需要考虑互相竞争而又共存的“装置”在同一民族国家内或者在不同的地区之间存在的可能性。要抵消这种理论一体化的趋势，我们必须承认，一种“装置”本质上可能存在分裂或语域的转变。可能要设想这样一个框架：它虽然是有序的，但它不是依照自然列表或分类法而排列的。这就可能让人们认识到“装置”内存在的(妇女和儿童等)受压迫的声音、被阻断的分析(比如对受压迫的宗教和文化少数群体的分析)、互相竞争的理论、规范的荒唐的移位、愚行(比如在1968年5月这段狂欢的时间出现的愚行)等。这些移位以及“权威的狂欢化”成为布莱顿和尼亚加拉瀑布这两个案例分析的中心论题。

福柯在著作里用很多资料论述“装置”的性质,这一性质与空间化的性质有关,然而,他没有解决个体偏好和个体决定的构形问题。正如卡曾斯和侯赛因所说,“问题不会因为遭到迂回攻击而消失”(Cousins & Hussain 1984:255)。个人化过程涉及的技术所依赖的那些资料,他都置之不理,因此,他的理论融合了含蓄的行为主义,即人只是身体。每个身体就是一块白板。批评无处不在,这说明福柯的著作和他批评的人类科学家、政治经济学家的著作一样有许多缺陷。在身体这个层面上,在论述个性和自我的心理话语的空间化,即论述身体既是意识的特许空间或地点,又是自我感知的空间动态时,列斐伏尔的现象学研究为理解这种心理话语的空间化语言奠定了更坚实的基础。

空间性的社会建构

“社会空间化”这个标题具体涵盖了什么?它在惯例上代表了安东尼·吉登斯所称的社会“时空纽带”的一个方面(Giddens 1984)。这首先包括感知和理解基本的协调,这种协调使日常交流的社会性以及持久的社会形式和机构的产生成为可能。社会空间化的协调作用体现了思想和见解的霸权体系中常遭忽视的一个部分,因为空间化激发的不只是一种想象的地理。空间化作为空间差异(例如主体-客体、包含-排斥)和空间区别(例如远-近、在场-缺席、文明-蒙昧)的一个基本体系,它在一定程度上为意识形态和实践的霸权体系提供了落地生根所需的社会认知协调。福柯认为,依据推理,这些基本的直觉形式必然是意识形态的基础(1975:10)。对空间的推论构成感知、偏见、地方和区域意象这栋文化大厦的根基，同时确立述行性指令，将社会交往的实践和模式与适当的场合联系起来。

空间化在会话的话题中显现出来，因为人们时常引用、评价空间和区域意象(即空间的话语)。空间化是观点的一种表达方式，也就是知识的一种表达方式，空间比喻和地方意象可以借此传达一系列复杂的联想，说话者无需进行深度的思考或者具体说明他/她意欲表达哪些联想或意象。萨克(Sack 1980)认为，空间性在西方是一个三维概念，这个概念通过社会关系对于休谟因果律的概念起着至关重要的作用。福柯称之为"空间话语"的"话语功能"[①]。人们常常横向思考，使用双关语、通俗的词源以及含沙射影的隐喻，因此探讨空间的话语就和空间的话语一样颇具影响力。也就是说，神话变成了指

---

① 赖斯认为：

> 如果一种话语述说一些现象，它就整理了这些现象……话语以及呈现话语的材料都不是人们信以为真的一个中立的中介……即使假定话语可能依据它的类型而具有一种基本的功能，充当事物的中介……而不是充当事物阐释者之间的中介……它仍然不是中立的中介："视话语为符号群(指代表征内容的标志性的元素)"；视话语为实践(这些实践系统地构成话语述说的物体)。后者比前者更为重要。当然，话语是由符号构成的，但是话语的功能远远超越了以符号指代事物。正是这些超越以符号指代事物的功能使得话语无法简化为语言(language, langue)和言语(speech)(Foucault 1976:46)。
>
> (Reiss 1982:29)

因此，被阐释的话语总有一个指称，这也许只有熟悉另一种话语类型的读者才能明白。这个结论必然适用于这样一种话语，即它的阐释就是它所有的指称(参见德里达的著作或巴特后期的研究)，因为指称总是由话语创造的，一直如此。我们的分析性-指称性话语类型，

> 具有一种外在，而且在自己的阐释中确定这一特性。……话语总是从某种意义上领会这一指称。指称是话语的关系，我坚持认为"指称"这个词具有模糊性，因为我们只有遵从话语的总体特性才能使用它。……福柯所说的出于语言的东西，将不得不获得位于语言之外的一个地位，因为语言只是众多可能的材料中的一个。这种关系就是符号系统得以使用和组织的方式(当然，人们只有在使用和组织这些符号系统的过程中才能研究它们，这毋庸置疑，因为它们不是事先存在的)。
>
> (Reiss 1982:29)

示性的意象，变成“我们赖以生存的隐喻”（Lakoff & Johnson 1979）。在我们的日常生活所遵循的基本逻辑里，在我们的决策、政策和行动得以理性化、合法化所依据的基本逻辑里，这些空间概念形式所起的作用不可或缺（Lakoff & Johnson 1979）。

空间化清晰可见，主要存在于空间实践中，存在于人们在日常谈话中赋予地方和区域的含义中。人们使用空间隐喻，但是只有当人们把某种特征归于一个地方并做出相应的决定（比如是否去这个地方）时，谈话才在这个基础上变成了行为。严格来说，这些存留下来的含义是有历史痕迹的。例如，有多少人造访某一个地方？人们在这个地方从事什么活动？我们了解这些信息便能在一定程度上追踪与这个地方有关的某一具体概念或意象的兴衰。这些地方意象的产生源自过度简化（即简化为一个特征）、刻板化（放大一个或多个特征）、标签化（认为一个地方具有某种特性）。从实际空间关系这个世界过渡到文化意义这个象征的领域，地方和空间就是这样具体化的。这些文化的空间意象的痕迹也就遗留在具有历史意义的通俗文化的废弃物里如（明信片、广告意象、歌词），也遗留在小说的场景里。与一个地方息息相关的意象甚至会渐渐地被视为这个地方基本特征的标记。这个标签会进一步影响重大的活动，尽管这个地方真正的特征发生了变化，人们也许依然使用这个标签。

但是，我们也围绕空间习惯和空间、地域的划分来规划生活。这些因素成为至关重要的社会神话的载体，它们支撑着阶层、群体、区域之间意识形态的划分。空间是具有同质性的领域，传统上再次划分为重要的节点或者点，即地方。正如海德格尔（1968a：143—162）所说，地方性的本质是聚集性，将具体化的事物聚集在一起；这一本质与空间辩证地联系在一起，因为地方性是聚集的瞬间，这些瞬间又分解为构成空间的大量的点。当人们评价地方守护神或给地方命名时，聚集就发生了，地方性的定义也随之诞生。识别的过程是文化活动的基本标志。它形成了详细阐述空间化的基础，因为它使地方与空间、空间与空间之间区分开来（人们凭借城市中部的一座山来识别这座城市，知道它有别于另一座有七座小山的城市）。识别、划分、区分的过程就具有了社会功能。人们和自己的来源地之间有着公认的依附关系，也凭借这种依附关系得以定位。就像在加拿大的爱德华王子岛，人们会问陌生人："你属于哪里？"

用培根和笛卡尔理性的老话来说，空间可以视为一片容纳真实物体的中性的空白。在这种抽象的空间化里，"空间问题"就变成"空间中的物体"和"物体包含的空白"这一双重问题。在地理学研究领域，学者们通常含蓄地强调个人理解世界时存在的解释成分（Pocock & Hudson 1978）。我一直认为，过分强调这种解释成分就会贬低社会空间化所具有的规范的、强制性的本质，因为社会空间化是社会监督和规训的重要组成部分（参见 Foucault 1973a）。尽管人们只是口头上说社会因场所不同而有差异（Giddens 1984；更明确的研究见 Cooke 1984；批判性的研究见 Duncan 1985），但在大多数社会学家看来，空间性都是无关紧要的。这种状况的出现，一定程度上源于支撑意识形态的空间阐释在认识领域所起的作用，因为空间阐释仅使某些寓言式的比较和隐喻显得有理性。我们对地方和世界这一空间的感知，我们作为外在的现实对自身与世界之间关系的感知，这一切构成空间话语；空间话语对我们日常理解自身以及我们生活的世界至关重要。我们对现实的空间性质的理解构建了我们对现实的其他属性的理解，这些属性包括严肃话语（比如西方理性的严肃话语）支撑的各种因果关系（见 Sack 1980）。

现实主义的视角：空间即关系

安德鲁·赛耶为空间的定义找到了一个现实主义的途径，他以这个名义探索空间问题。他在著作中为了确定空间的重要性而煞费苦心。但是，唯有对空间性保持抽象的视角，才会有这种处理问题的方式，而且这种方式会自然地指向实证主义的、本体论的空间概念。因此，空间问题变成了单纯的物体之间的空间关系问题（距离、几何结构、影响范围）。

人们一直认为空间是社会空间化的一个复杂、多面的现象，而赛耶的论证则立足于对这个现象有限的本体论的定义。他挑战空间独立于物体而存在这个观念，但是他的结论最终不足以满足社会学的要求。不过，仅是将本书在社会学领域的独特之处与赛耶对实体因果律的关注进行对比，他的观点就值得回顾。

哈勒提出了一个相对的概念，“空间只在由物质构成时才存在”(Harré 1971，引自 Sayer 1985:51)。但是，哈勒认为，当空间由物体构成时，空间并没有简化为物体。西方的观点讲究实用性，更加绝对：空间就是一种空虚，“距离阻力”这样的词汇可以简略表达为“构成空间的具体物质之间的阻力”。赛耶认为，哈勒使用的这一相对视角不堪一击，因为它认定某些空间关系独立于相关的物体类型而存在。赛耶得出的结论是：空间是一个无内容的抽象概念，“物质总是不可避免地有空间上的延伸，空间关系唯有通过各种类型的物体才会存在”。因此，

> 对事件的理解脱离了事件的内容，这显然是荒诞的，因此不存在独立的“空间科学”。……我们不能说空间关系本身有哪些影响或作用。然而，依据空间构成成分的性质来看，它们的空间关系可能产生至关重要的影响，比如一个人与一座监狱的墙壁之间的空间关系就是如此。因此，空间是重要的，但是，只有在论到构成空间的、特定的、蕴含因果关系的权力和义务时，空间才是重要的。相反，具有因果关系的机制会产生哪些影响，这主要取决于与这些机制相关的状况。
>
> (Sayer 1985:52)

这一论证将空间化的各个方面都简化为物体间的关系，以传统的几何学为基础来明确这些关系，从而使论证清晰易懂。但是，我们对空间分类的性质未得到丝毫的了解。为了认识本体而忽略了本体，最终结果是：空间的定义清楚了，但是不断变化的社会空间化对信仰、表达形式、日常交往等方面所产生的社会文化意义，我们却未得到丝毫洞察。

倘若将空间视为单纯的距离和位置，简化为一个实证主义的概念，与这种做法相反的社会学的分析就会质疑这个视角是否属于当前的一种社会空间化。令赛耶惋惜的是，“将空间和物质分开来讨论空间的影响或作用，这是相当常见的做法，仿佛空间就是独立于物体而存在的一个事物”（Sayer 1985：52）；这并非是社会科学工作者们迫切要“纠正”的一个简单的范畴错误（Sayer 1985：64）。但是，这是西方特定的空间化所具有的支配一切的特征，而研究就是在这样的空间化里进行的。这种“纠正”方法会带来日常感知框架的彻底重建。赛耶列举许多事例，说明不合逻辑的空间概念造成的困难。我援引这些事例，进一步说明源自实证研究的观点或看法所具有的相对独立性。

列斐伏尔：空间辩证法

这种对空间化的简单化解读已融入西方社会科学的话语，但是法国哲学家亨利·列斐伏尔认为，这种简单化的解读掩盖了空间化各种因素的碎片化观点（1974；1981）。想象的或神秘层面上的表征，与建立服务于权力的、控制性的社会技术[①]所付诸的实践，这种表征与实践之间出现了分裂。我们从启蒙运动时期继承了一个注重常识的世界，在这个世界里，空间几乎是无形的：它本身不可观测，且被假

---

① “社会技术”（sociotechnics）被定义为对理性技艺和社会变化过程的研究。（Podgorecki 1975）

定是不存在的。但是，社会科学必须考虑存在于人们想象中的影响他们日常决定的因素。既然现实主义者为“阶层”的真实存在而辩驳，人们亦可认为空间化是存在的。对列斐伏尔来说，空间这个术语包括作为私有财产或领域化的土地，作为工具箱或日常资源的建成环境以及人类交往的空间媒介，这个明显合并的概念没有错。它是一个修辞手段，将现代思想的启蒙时期被人为分开的思想和行动进行重组。列斐伏尔关注的问题的根源恰好是空间化爆裂成碎片所依据的语义游戏，每一个碎片就是某一个专业化学科中的一个四面封锁的领域。唯有对偏见不加审视的习惯才使西方人错误地把土地和空间性视为分开的话题进行分析。列斐伏尔认为，所有的空间现象（比如“土地”“领土”“地点”）、所有作为捷径用于描述空间的隐喻、所有的私人财产都属于空间化的同一个辩证结构。以学科为基础的碎片化的分析对这些方面通常是区别对待的。

列斐伏尔认为现代西方对空间的理解是：空间是一种物质生产形式，即一种具体的抽象物——这与马克思对商品的理解不谋而合。空间不是物质，不是现实，它只是被人们过度迷恋而变成了物质或现实。商品形式在脱去外衣、仅存实质之后，就展现为资本和劳动价值；作为一种形式的社会空间，一个社会将其从它的内容和生产中抽离出来之后，它就是一种具体的抽象物（Lefebvre 1981：120—121）。因此，空间像一件艺术品，它是创造性设计和劳动能力的一种物质实现。然而，空间性浓缩了生产的社会关系：

> 无论一件产品多么微不足道，主观因素、客观因素、人的活动和客观事物均在这件产品里紧密相连。这些产品是和大自然截然分开的孤立的客体。……然而，这些产品依然是大自然的客体……因此，每一件产品，每一个客体，一方面朝向大自然，另一方面面对人。它既具体又抽象。它具有既定的物质，因而是

具体的；它是我们活动的一部分，无论它对抗我们的活动抑或顺从我们的活动，它都是具体的。它有确定的、可测量的轮廓，能够进入社会中存在的某一事物，成为其他相似客体中的一个客体，除了自身是一个实体外，它还是一整套全新关系的承载者，因此，它又是抽象的。

(Lefebvre 1939：119，引自 Gottdiener 1985：129)

这种具体的抽象物或形式是(1)社会行动的媒介，因为它使社会行动形成体系；与此同时，它还是(2)一个产物，既是劳动的物质基础，又是资本以土地价值和财产制度的形式进行操作和记录的结果。作为形式的空间与赛耶认为空间具有偶然性这一看法截然不同(Sayer 1985：60)。形式和没有内容的抽象物是不同的：形式唯有在体现为资产、存在于实践中或客体中时才可以让人依据经验触摸到，即使如此，形式使构成的要素和过程具体化，因而它产生真实的影响。从这一角度来看，在描述形式时我们会遇到困难。

这是空间化的理论走向一体化的起点，所有零碎的部分都聚在一起。在分析空间时，地理学家可能视其为土地或领土，法学家视其为私有财产，建筑师视其为建筑环境；列斐伏尔则提出了一体化的三元空间辩证法(Lefebvre 1981：48—54)。他从三个方面拓展这个理论：(1) 空间实践；(2) 空间的表征；(3) 社会想象的抽象空间——列斐伏尔用双关语称之为“表征的空间”。他对这三个方面之间确切的互动关系知之甚少，但是这几个方法可以很好地总结本书所讨论的空间化不同的方面。

空间实践

空间实践涉及广大的活动范围，有些是个人的日常生活，有些活动是为了创设一些目的明确的地带和区域，如为了娱乐而创建各式各样的公园；为核武器的研发专设试验基地；为死亡（墓园）和纪念（纪念碑、战场、博物馆、供徒步旅行或观光游览的名胜古迹）而特设一些地点，等等。空间经由生活体验得以（再）生产，成为人的空间。这种实践涉及根据现有的社会空间安排对世界进行不断的挪用和重新确认。这接近海德格尔“栖居”的概念，即“在这个世界存在”这一实践（Heidegger 1968a）。这些社会空间有助于确保社会利用相对的凝聚力保持连续性，确保生产的社会关系之再生产。凝聚力通过空间形成，这意味着个体所具有的某种程度的空间能力和独特的空间操作类型。这一切与社会实践有关，个体与实践的空间息息相关。因此，空间实践包括个体化的操作或者空间化的实施，是由个体在日常习惯、细微动作和习性中实现的。

随着时间的流逝，空间实践即“地方芭蕾”[1]的习惯性日常活动在建筑环境中具体化，在景观中沉淀下来。吉登斯把这个过程称为场所的构建（1984；另见 Duncan 1985），场所是资源，是社会行动的环境：它们提供场面调度，说明某些特定的行动是合适的，其中蕴含着仪式化的、特定的角色。但是，这一过程一直是实践，实践表达某一具体地点众多的可能性。人们知道并预期某些事件和行动是要在这些地点发生的。社会行动本身构建了这些地方的特性。德·塞托（De Certeau）进一步阐释了这一视角：

城市的使用者拿起碎片……将它们变为现实……他让有些

① 地理学家大卫·西蒙认为，生活、工作中有脉络可循的身体动作，这些动作具有芭蕾舞的韵律、节奏和规则特质，故称之为身体芭蕾（body ballet），据此提出“地方芭蕾”（place ballet）这个概念。“地方芭蕾”的特性是指人们的行动在空间与时间上的持续性、稳定性、重复性。如，民众聚会的场所，各行业在工作场所的肢体动作，从业者的智慧、知识、态度和沟通艺术，各行业之间的相互支援，这一切构成一个完整的表达系统，呈现韵律感、节奏感。见《生活世界地理学》（*A Geography of the Lifeworld* David Seamon 1979）。——译者注

地方丧失活力或衰败，他从其他地点塑造“稀有的”（“巧合的”）或者非法的空间形状。……漫游者，依据自己的位置创造“近处”或“远处”，“这里”或“那里”……说明有一个“我”实实在在地使用了城市空间……以这种方式表达地方之间连接或断离的关系。

(Barthes，引自 De Certeau 1985:130—133)

举一个近期的例子。在北美有一座大型购物中心，多伦多的伊顿中心。它代表了一个空间组合，为了商业的可行性而希望并鼓励特定的“群体实践”（Shields 1987）。今天的漫游者是聚集在一起闲逛的消费者群体；这个群体与安装着大玻璃窗的、喜气洋洋的大型购物中心相得益彰，也是购物中心存在的一个前提条件。这种空间实践来源于 19 世纪“林荫大道的漫步者”或“漫游者”的公共行为。那时，商业化程度较低，人们漫步于巴黎的购物中心，享受人潮涌动的感觉（Shields 1987；Benjamin 1973a；Geist 1983）。当然，此时与彼时的状况不可同日而语。因此，在空间实践的层面通过干预去打乱社会实践和社会惯例原本丝丝入扣的结构，这是可能的。然而，空间的再领域化、扰乱私人财产体系（比如擅自住在他人的空屋里，尤其是在第三世界西班牙人聚居区这样的环境里）、拒绝接受实用的生活惯例（比如灰心失望的青年人故意席地而坐，不用板凳），诸如此类的反叛的方式都是可能的。这些反空间的方式，也许是瞬间的，但是也形成了一个时刻变化的基础，而国家和社会就是在这个基础上行使权力、实施限制的。

空间的表征

空间的表征是编码和理论的知识形式，是隐含的意识形态内容的表现形式，是与生产关系息息相关的概念性的空间描述。空间的表征是抽象的理论和哲学思想，比如列斐伏尔引用的规划科学。当下单独来考虑，辩证法在这个层次涉及生活经验在空间中抽象的表征。这些表征已简化为沿着 x－y 坐标之间向量的量化运动。这些话语是生产关系的一种内在的逻辑，它们反过来又使生产关系秩序井然。①对社会科学中的知识形式以及与真理有关的主张来说，这些作为表征的话语是至关重要的；反过来，这些知识形式以及与真理有关的主张又为资本主义国家理性的、专业的权力结构奠定了基础。

表征的空间

这一话语领域为生活的空间化提供了复杂的重新编码甚或解码的版本，对主导性的社会秩序进行模糊的批评，对美学中经常表达为象征性对抗的那些社会思想类别也进行了模糊的批评。列斐伏尔的空间概念不是空间的表征，它关乎对空间的既定的、往往没有理论化的解读所产生的功能和效果。这相当于现实的概念在制约话语的可能性方面产生影响。这是列斐伏尔在空间性方面最接近于福柯的关注点的地方。列斐伏尔引用达达主义作为一个艺术事例，打破隐喻与表征模式的空间惯例，从而说明当前空间化的任意性。还有其他秘不可宣的地下空间实践，暗示并促进对约定俗成的空间话语进行另类的（他认为甚至是革命性的）重构，推进空间实践的新模式，比如

---

① 当前，我们对这个世界的话语实践可以追溯到 16 世纪（Foucault 1973a；Reiss 1982）。这套话语实践假定内在的思想（概念的领域）和外在的现实（客体世界）之间是分裂的，并且在阐释中详细地划分这一分界线。赖斯说，“其典型的形式表达是‘我思故我在’”（Reiss 1982：31）。人们通过中介手段或技艺掌控现象的外部世界，这是一个概念。话语实践是依据这一概念及其合理性而运行的。这就对理性产生了压力，导致“阐明责任”的丧失。语言以及与语言密切相关的概念、定义之中固有的分类和描述均因为“阐明责任”的丧失而遭遮蔽，结果分类就显得“自认”了。这套话语实践使知识充当一种描述性的工具和体系，从而服务于权力。我们在讨论福柯和空间化“议题”那些章节时会继续这个话题（见第六章）。

擅自占用他人空屋、非法移民以及第三世界的贫民窟[①]等空间实践模式。在这一层面上，空间是一个过度编码的元概念，它将那些未被认可的空间生活注入其他概念类别和象征体系里。许多空间隐喻随之诞生，它们表达社会地位、权力、时间、声望、秩序、理性等，莱考夫和约翰逊将这些隐喻都收录在《我们赖以生存的隐喻》(*Metaphors We Live By* Lakoff & Johnson 1979)一书中。

我曾详细讨论过西埃德蒙顿购物中心(Shields 1989)，这个例子可以证明这三个方面是如何互动的。西埃德蒙顿购物中心曾是世界上最大的购物中心，室内的“梦幻乐园”是北美第三个最受欢迎的旅游胜地，它是在大型室内购物广场业已稳定的功能之上逐渐拓展的。它把埃德蒙顿市这个在资源层面边缘化的城市象征性地重新变成中心，使其成为文明的中心。它模仿凯旋门等驰名于世的建筑物，促进全新的空间表征，鼓励前文提到的那种漫游者的空间实践。它以质朴而准确的方式成为从美国中西部甚至日本远道而来的旅游购物者流连忘返的绝佳胜地。西埃德蒙顿购物中心在消费地理中创造了一个新的令人满足的极点。事实上，它构建了一个表征空间，一个私人化的公共空间，社会想象在这个公共空间里获得了新的视野。也就是说，这个购物中心就是一种玩耍的空间，它鼓励空间的使用者忘却(我们在论证问题时才会使用的)现代理性的世界观。这个购物中心利用了空间的象征性概念。埃德蒙顿位于边缘处，位于远离中心地

① 这些群体在通行的(强制性的)社会空间化的范式之外塑造了另一种空间存在和空间实践。通行的(强制性的)社会空间化(尤其是在第三世界)常常将特权给予私有财产体系，有利于空屋的业主。因此，列斐伏尔将贫民窟、西班牙裔聚居区、棚户区视为对空间局域化的再利用，有些地方通过这种方式与主流的空间化切断联系，回到社群领域。列斐伏尔将空间的这种“利用”与民族国家或资本主义城市“被支配的”空间区分开来。倘若后者是资本霸权力量的区域，前者则意味着可能的、新兴的空间革命。传统上，占领重要的空间地点(建筑物)是一种示威方式。同样，对资产阶级空间秩序局部的、“穿透性”的“挪用”(“转移”或“挟持”)也是对霸权空间的掌管和重新运作的例证。

带的世界里，它展现了这个世界在象征意义上对它的排斥。空间的使用者们采用这座购物中心另类的宇宙哲学，暂时搁置他们与拥有抽象权力的资本主义世界之间遥远的关系，在集体的梦幻之中流连忘返，在幻想中体会不同的空间逻辑和资本逻辑。

这座购物中心的秩序是它内部“超真实”的特质(Jameson 1984; Eco 1985; Gottdiener 1986)。在这里，一切看起来都是真实的，因此它就是真实的；无论如何，它看起来是真实的这一事实是真实的。即使像爱丽丝漫游奇境那样，这件事从未存在过，却是真实的。这并非源于“我们给你复制品，这样你就渴望原作”，而是源于“我们给你复制品，这样你就不再感觉对原作的需要”这个道德准则。距离引起地理障碍，因此，埃德蒙顿这座省会长期以来与加拿大其他地方甚至与世界各地在文化上都是隔绝的。但是，西埃德蒙顿购物中心传达的确切信息是一种新的、集体的、逾越地理障碍的地方感。有了这种新的逻辑以及与之相随的新的认知，作为元概念的地方和现实的空间标志就会彻底转变，概念类别和象征体系就被赋予一种人们未曾意识到的空间生命。这种移位的地方感也有赖于对地方性的否定。这座购物中心与埃德蒙顿市的真实环境以及历史没有关系。没有仿造的落基山脉，没有印第安人，更没有农场工人的雕像。人们喜欢有人赶着一群玻璃纤维奶牛沿大厅的主街而行的仿真景观。

根据列斐伏尔的分析，上述所有维度既属于意识形态，又在实践中得以表达；在任何具体的地点或瞬间，它们可能互相加强，也可能互相抵触。这个三元辩证法旨在允许我们摒弃二元的社会空间辩证法，因为二元辩证法往往蜕变为人们对表达二元的两个术语孰优孰劣的一场辩论。社会已经具有空间性(Sayer 1985)。但是，这个带有修辞色彩的问题不是形成三元结构的唯一原因。尽管三个层次一直都在起作用，但这一辩证法里的一个或另一个层次遭到不同程度的压抑或控制，这就标示了历史上特定空间化的范围，列斐伏尔将其与马克思的生产模式协调起来。例如，有人认为东方的文化和艺术形式长久以来一直促进生活各方面的融合，而西方则把生活的这些方面分成不同的空间。到目前为止，这仍是老生常谈。例如，太极拳促进身心的融合，而西方认为身体是一个容器，承载一个由内而外的自我。东西方两种视角迥异。

列斐伏尔真正的研究对象不是空间本身，而是文化概念和空间实践的生产过程(即社会空间化过程)。列斐伏尔将空间和空间性与生产牢固地联系起来，他依据这种联系，同时依赖连续的生产模式，对空间化的具体性进行论证。但是，这种“生产主义”并没有阻止他为两个思想观念的重要性进行强有力的辩护：一个观念用于在生产模式中确定生产方式；另一个观念用以塑造生产关系。这是一个经典主题：

> 从概念上说，没有哪两种文化存在于同一类型的时空中。空间和时间像语言本身一样是艺术品；它们像语言一样有助于制约、指引实际行动。康德曾宣称，时间和空间属于心灵的范畴；数学家们发现，除了欧几里得描述的空间形式，还有其他可以想象的理性的空间形式。然而，在康德和这些数学家之前，人类已经按照这个前提行动了。
>
> (Mumford 1934：18)

但是，除非空间化是信仰的一个元素因而具有社会影响，不然，崇拜空间本身、视其为因果关系的核心就都是错误的。空间性不是一个起因，但它是会产生结果的。空间化起中介作用，因为它代表了社会经济力量、社会组织形式、自然世界的约束等因素偶然的并置。但是，空间化作为一个起因，就其本身而言它不起任何作用，因为它不是因果力量的核心。人作为能动者，就有因果力量。正如赛耶所说，空间性具有疏通的效果。而客体可能具有特定的因果力量，这仅仅因为它们是分开的，且以某种方式保持一致，即它们以某种排列方式空间化。空间化是会产生结果的，因为它就像动词的词性那样表达或疏通了因果关系。比如，“说服”可能用语言表达了因果关系：某人的词汇可能“具有说服力”，我们有时候会说“那个人的词汇具有说服力”，说服人这件事是那个人“做”的，不是词汇做的。另外，空间化不只是现实主义对空间中客体临时安排的问题，它包含了规范的感知（这个应该跟那个搭配）和设计，这些感知和设计在客体实际的安排之前已预先存在。

尽管实证理性披着常识（空间是空洞的）这层虚假的外衣，人们依然认为空间性充满情感内容、神秘的意义、社区象征意义以及历史的重要性。这就使得空间化意味无穷。人们发现，直觉、感知、偏见的框架里镶嵌着受压抑的情感，不是理性主义；而原本由理性机制构成的日常生活（韦伯对日常化的看法），其特性就是直觉、感知、偏见。日常生活中处处是临时的安排，转瞬即逝的联盟，然而，这在任何比较社会学中都属于普遍因素。因此，在专业领域里，人们逐渐对日常生活的社会学产生兴趣。

在空间化的新语言里，文化和政治、环境和经济曾经截然分开的方面（比如休闲和工作在人的思想和现实中的传统分界线所依据的复杂关系，见 Gorz 1982）又重新获得新的合理性。我们也可以在现代主义空间化的话语中看到这种变化，比如，弗里德里克·詹姆森探讨空间的状态，梳理了西方空间化的主线，从而在社区兴趣小组、城市区域规划、环境管理、地缘政治理论等领域获得了政治上的重要性（Frederic Jameson 1984）。这种空间转变反过来从根基上撼动了现代生活的碎片化，使理所当然的类别划分均呈现为人为的、格外鲜明的黑白对立。隐含的政治工程回避阶层差异和国家意识形态，崇尚以空间距离和地域性为基础的极端个人主义，但现代主义者尚未对这种隐含的政治工程进行彻底的探讨（见 B. Anderson 1983；Frampton 1983；Berman 1983）。

社会空间化和地方感

为了帮助记忆，我们可以设计一个表格，总结列斐伏尔的空间辩证法、布尔迪厄的“惯习”和福柯的“装置”在定义上的差异。

表 1.1 采用夸张的描述手法，如此简单的分类所做的比较可能不尽人意。然而，夸张的描述手法可以呈现具有重大意义的特征。这个表格显示，这三位作者都是从三个方面下定义的：(1) 传统上拓展的理性；(2) 实践或习惯性的活动；(3) 想象或创造性的问题解决方式。这并不是说布尔迪厄的“形成性操作”与列斐伏尔的“科学学科为理性讨论设立边界”这一观念完全吻合。布尔迪厄强调实践，他在(1)和(3)方面所做的评论是他思考实践的必然结果和延伸。

表 1.1　列斐伏尔、布尔迪厄和福柯在定义上的异同

列斐伏尔 空间辩证法	布尔迪厄 “惯习”	福柯 装置
1. 空间的表征 （对一种需求的形成性反应）	组织行动	策略
2. 日常实践	“习惯性状态” （行动的结果）	管辖权
3. 表征的空间 （想象的活动扰乱传统的空间解读）	习性	立法 （将审判视为合适的解决方法）

此三者之中，列斐伏尔可能是最平衡的，但是他论证表征的空间时并非遵循话语的社会心理学原则。话语的社会心理学是福柯研究的重点，也是他理论的重心。福柯拒绝接受西方任何本体论

的话语：阶层、主体或能动者，甚至社会整体性都（理所当然地）是形而上学的假设。[①] 福柯立足于形而上学的传统之外，拒绝所有假设。他严格地对唯意志论的人文学科研究进行了批评，认为这些人文理论将主体视为社会关系的源泉以及社会关系意义之根源。然而，他和德勒兹、加塔利（Guattari）一样拒绝将社会关系视为一个整体（当然，他确实分析了“社会”这个概念的出现。[Foucault 1984：241—242]）。他没有给因果关系的总体理论留下丝毫空间，当然这并不排除他对实践产生的具体影响进行验证（Cousins & Hussain 1984：252）。总之，福柯的注意力离开了直面现实的实践；虽然学习和创新都是在实践中发生的，但福柯强调在社会政治层面上制定法规和策略的重要性。

米歇尔·福柯曾在文化的总体层面上提出这个问题：“在特定的时间和文化里，如果经验的知识确实有一种明确的规律性，那会怎样呢？简言之，如果非正规知识的历史本身有一个体系，那会怎样呢？”（1970b：x）。在地点和地带、地方和空间这一层面上，这个问题值得追问。人们一直把社会空间化描绘成一种文化构形，但是当它带有空间体系的规律性时，它又有各种分歧，各种裂隙，有不断浮动的边界，这样，由空间和间隔构成的网络就形成了。一个地方之所以成为拥有具体特征的地方，是因为它的特征就是它适于某些特定的活动，这样，我们就可以从经验的角度更好地说明社会空间化的存在。也许某些建筑物的构造使它更适合用于体操活动，用作冥想的地方则

① 要在话语的对象之后援引一个领域（无论这些对象是人体验过的事物还是重要的客体），这意味着要借助本体论意义上的现实，这是福柯拒绝接受的。……倘若这种批评立足于援引这样一个领域，它就需要认识论的一些总体的方法来确定“真实的”事物的知识和“想象的”事物的知识这之间的区别。……这[也是]与生存的总体状况的一个对话，然而，没有这样的总体方法。福柯坚持相信知识的客体具有虚构的特性……他拒绝使用想象的事物。福柯的系谱学无法替代认识论（Dreyfus & Rabinow 1982：261）。

不合适，但是地方和空间会超越“适当性”这个简单的概念而现实化，被赋予某种意义从而成为某种类型的地方。从社会学的视角来看，这些地方和空间就标签化了。一个地点在一定程度上通过持续的互动而成就自己的历史；它在一定程度上通过与其他地点的关系而获得隐含意义和象征意义。

以海滩为例，可以说明空间假设和空间判断这一现象。提起海滩，人们脑海中即刻出现的不只是经验的数据——水陆之间泥沙流动、淤积等引起的一片沙地，还有一个特定的地方类型：到海滩的人会以特定的行动方式参与可预测的日常活动。这些活动（如太阳浴、堆沙堡等奇怪的文化和传统）还会汇聚起来，构成一整套特定的实践。我们知道，裸露、无忧无虑、悠闲自得，这些行为或态度在海滩上既合适又自然。这种自然性源于人们对待海滩这样的特定空间的态度。地点和地带与特定的活动紧密相关，通过标签化的过程而获得自身的特性：它们是那些特定类型的活动最适宜的场地。其他活动则被排除在外，要么被迫进入文明领域之外的荒原或荒芜的空间，要么与自己二元对立的空间产生密切的关联。

“地方意象”这个术语已经悄然进入上述讨论之中。有些定义已准备就绪。这些是各种互不关联的意义，都和真实的地方或地域联系在一起，而且这些地方和地域在现实中也各具特色。意象有偏颇，往往会夸大或者避重就轻，或准确，或失实。意象也许源自刻板的印象，将一个区域内的某些地方过度简单化；意象也许源于人们对某些地方及其居民所持有的偏见。这组核心意象形成相对稳定的观念，成为惯例，在话语经济里流通，拥有交流价值，逐渐强化。这些意象还会附加许多更微妙的起修饰作用的隐含意义。这些边缘化的意象常常是短暂的。它们离不开独特的联想以及个体的经验。通常来说，人们只有运用那些描述核心意象的术语时，才能找到合适的方式来表达这些边缘化的意象。一组地方意象作为一个整体可构成一个地方神话。随着时间流逝，核心意象会渐渐变化，地方特性发生的剧变会取代核心意象；另外，有些意象会丧失其隐含意义，变成“死的隐喻”，而另一些意象又被人创造、传播，在大众的语言中流通。因此，地方或空间神话既具稳定性又不断变化。

对立的群体可能产生迥异的地方神话（不只是地方意象的变体），反映不同的阶层经历或者一场失败的文化记忆（胜利者只看见荣耀）。加拿大最北部的意象，可以说明这个问题。说法语的魁北克人，说英语的加拿大人，加拿大的最北部在这两类人脑海中的意象截然不同。加拿大中部说英语的知识分子构建的亚北极地区的意象是纯洁的地带，是一片无人管辖、没有差别的白色荒原，它不可战胜。媒体将“真北之邦自由刚强”（来自国歌）的精神呈现出来，使之成为集体文化遗产中的民族主义神话。北方是加拿大的灵魂或精神。这一空间神话试图超越让加拿大历经磨难的东西方地域主义的对抗。加拿大的空间化占据各个地域；在空间化中，人们依据统一和非分化的地理隐喻来组织现实。这块土地不能分裂，不能领域化，也不能是中立地带。因果力量归于北方。这一看法遏制了发展，为北方资源的保护提供了无与伦比的公共支持，但是，法裔加拿大人、魁北克人对北方的看法几乎是这种视角的对立面。魁北克人眼中的北方仅限于魁北克的北部——“新魁北克”。这里是一个富含资源、拥有水力发电潜力的工程地带，是魁北克发展的“未来”（Hamelin 1980）。

过分明显的地域差异会使人们产生感知的分歧，这在霸权的民族国家内相对来说并不常见。总的来说，人们都以为阶层和群体认可的空间神话应归入一种先验的空间化①，因为霸权的话语接受这些

---

① 比如，尽管乔治·奥威尔（George Orwell）呈现了许多巴黎工人阶级的意象，与他在《巴黎伦敦落魄记》（*Down and Out in London and Paris*）中呈现的巴黎文化中心性的神话形成鲜明对比，但是这些工人阶级的意象没有构成一套独立的巴黎工人阶级地方神话（1949）。

空间神话，商业广告和宣传（一个阶层或一个地域的推广宣传）又重新塑造了它们。这些广告和宣传在打压其他意象的同时不断地重复这些意象，将它们纳入人们喜闻乐见的意象里。尽管空间性的一些元素（比如人们的手势、对地点的特殊用途所持的态度等）与种族渊源、年龄、性别、社会经济阶层相关联（Ardener 1983），但是空间化在很大程度上都超越了阶层、种族以及文化的界线。倘若这些群体之间维持基本的社交往来，那么这些界线的形式就是人们对世界的感知和看法。诸如“上”与“下”之类的空间划分反映了人类对引力的体验（Needham 1973），而且在某种程度上源于生理机制（Shields 1986：35—82），但是对这些空间划分的阐释具有文化特征。“左”与“右”的区分反映人身体的对称，必须协调一致方可获得象征意义（Durkheim & Mauss 1963：12）。西方对“这儿”和“那儿”、“在场”和“缺席”的区分（Benveniste 1966：Ⅰ，253）更具体，文化特色也更浓厚（当然，此生和来世、俗世与天堂[上方]的区分更通用）。[①]在民族国家这个层面上，将人民与领土、特定区域和地方的历史维系在一起，这种条理分明地看待民族的霸权视角纯粹是一种社会建构。

这些思想将作为一个假设进一步研究，可以用下述方式进行描述。空间神话，无论是协调一致还是互相对立，互为烘托还是互相矛盾，它们都形成了一套思想神话或构形，将不同的地方或空间两极化或二元化。地方和空间神话因为它们之间的相对差异而凝结为一个体系，即使它们因互相抗衡而获得独特的身份，它们依然会统一为一

① 剑桥语言学家哈维兰和莱文森（Havilland & Levinson）已经说明，有些文化（比如澳大利亚的 Ngugu Ymagir 土著居民），没有描述物体相对关系的词语和概念（比如球在孩子的左边）。然而，绝对的空间体系是存在的，这不同于西方的相对空间（我们认为相对空间普遍存在，也假定在其他文化里存在）。这就需要语言使用者在任何时候都有倾向性（比如东西南北这些基本方位），而且必须能够进行推测，跟踪物体的方位，因为人们是从自己的实际位置出发，使用基本方向来描述自己走向某个物体的路径（因此会说，向北走到玩具那里，再向西走七步就是孩子）。

个整体。这样的构形因为反复无常、不断变化而分裂，尽管如此，它仍然是一种宇宙哲学：这样的构形对世界地理的理解更富于情感，而地图绘制法、比较统计学一直以理性的方式理解世界。人群通过空间化的身份的反差，也许可以使自身与其他社会集体区分开来（Cohen 1986；见本书第三章）。本尼迪克特·安德森（Benedict Anderson 1983）认为，如果一个民族国家成功地为一套独特的空间神话的阐释提供一个地域框架，即使国界凝聚不同的文化，独特的社会空间化也是这个国家成功生存的关键所在（Lefebvre 1981）。

我们不能简单地把空间化当作一种认知结构，它还是一套实践范式，虽然未必具有有序结构的一致性。与其说它是一个框架，不如说它是一种构形；与其说它是一个原理，不如说它是一种功能：它是一种技艺。这样一个描述超越了布尔迪厄的"惯习"（起结构化作用的结构）这一相对静止的概念，包容了上述的矛盾和分裂，消弭了纷争。这一切在后文的案例分析中会更明确。

感知与想象二者之间最低水平的协调是如何维持并再生产的？当"旧的认知图绘"（Jameson 1984）无法帮助人们解读日常情境时，在紧张状况出现时，人们就期待改善、修正。这些反常现象导致犹豫、茫然、眩晕而失去方向感，有的人还会痛苦。空间化经久不衰的关键特征是：它不只是供个体学习的一个认知结构；它是一个文化构形，不是蕴含在人们习得的原则里，而是蕴含于身体动作、经过规训的经世和处世态度、协调群体活动和地点的实践标准和规则系统（何时何地做什么）里。它未必具有结构的逻辑性，而结构（的逻辑性）是理性思维的结果。空间化是一个社会框架，不是一个思维框架。布尔迪厄将"惯习"视为意识形态和心灵之间的中介，而空间化是意识形态的根基，因为它为人类心智情感的交流和定义提供共同感知所需的基础。就西方文化来说，这和人身体内在的主观的"我"比较相似，这个主观的"我"在外在的客观现实中周旋（Foucault 1975：10；

Lowe 1982)。相比之下(前面也提过),太极拳这种东方的艺术形式或运动取决于身心合一的关系以及个体和群体之间截然不同的关系(另见 Berque 1982)。

以上这一描述超越了布尔迪厄给予“惯习”的共时概念,人们盲目崇拜“惯习”,视其为由个体承载的、精神上“起结构化作用的结构”(Bourdieu 1977)。一个社会构形容纳了日常生活变化中显而易见的矛盾和分裂。此外,虽然在讨论阶层和品位时“惯习”是有用的,但当人们在艺术、文化规范和权力结合之前就开始探究时尚和日常生活方式的差异时,“惯习”则无法充当理论工具(Maffesoli 1988b)。

如果将“惯习”(一种指导实践的元逻辑)的因素从上述的构形中剔除,遗留的便是布尔迪厄“惯习”的根基,即它的媒介,一种空间体制。这种空间媒介不同于“惯习”,它未必具有跨阶层的特性。它只是协调阶层的众多基准线中的一条。空间化通过协调对现实的感知和理解而奠定“规训技术”(Foucault 1973a)的基础。有了这种常识,问题的定义便得以协调,社会紧张关系便借此记入宏大的社会问题中,并归类为宏大的社会问题的症状。福柯的著作广泛地讨论了 19 世纪社会改革家的建议。那时,这些改革家建议通过建筑(福柯认为边沁设计的圆形监狱就是此类建筑的巅峰之作)和城市设计(如将城市分区以遏制传染病的扩散)实现贫民窟清理和社会控制。解决方法源于对问题的定性(Schön 1983)。常识,这种严密的话语可以产生对问题的另类的定性,对一个地区提出新的发展方案看起来也许是荒谬的,但这是所有激进人士面临的一个问题,后现代理论家也同样面临这个问题。

上文提出的论据说明,空间化统一了话语性(隐喻的使用)和实践性(神话转化为实践),体现了它们之间的关系模式(空间性的范式标准)。此外,空间化具有策略性,因而也具有必要性和紧迫性。空间性的这种机制产生的结果是:将个体定位于社会领域,同时将机构性的结构及其管辖范围分隔,从而在规范化的日常情境中使权力运作和知识流动的领域或基础得以形成。这个世界的空间化话语具有行政性、指导性的特质,这种特质促使纯粹话语性的(即概念的、象征意义的和语言的)"想象的地理"转化为有疆域的民族国家和地缘政治的日常行动、态度、大众实践、区域身份和"想象的共同体"(B. Anderson 1983)。因此,空间的至关重要的顺序或社会的空间化以特定的形式再生产,成为这个世界的一种实践。社会空间化重申、再生产空间话语,而空间话语又构成社会空间化。如此看来,经过理论化的空间化,其运行机制如同福柯的"装置"或构形。

这种性质的社会构形无法在简单的运行中被替代,因为它们本身具有复杂的存在条件,绝非临时状态。这解释了它们稳固的属性和历史连续性。空间化被具体化,被盲目崇拜,它在理论上表现为一种结构,有相对复杂的一套核心概念和基础隐喻,这些概念和隐喻就在日常话语中出现。话语中的神话诗学立场所构成的这些网络让人们充满信心地自圆其说。人们"通过解释去消除"生活方式的矛盾,为一件事情的某些做法辩护,同时证明其他做法不具有合理性。这也许可以描述为相对持久的核心概念所构成的一个多维度的星座;而不断变化的、创新的实践和理念则是暂时的、季节性的新星。当前迅速兴起的全球空间化的整个集群因紧张局势而分裂,这种紧张局势已经升级到组织性的两极分化状态。这个构形中的众多节点在构形中的位置是相对的,它们依据位置相对的原则在几乎无穷多的组合中密切地相互关联。如果空间化是想象和实践的一个创造物,那么它作为一个文化艺术品在内在本质上是不稳定的,因为它一直受到现实的挑战。矛盾总会出现,旧观念遭到摒弃;新的实践改善旧的实践。这可以理解为习惯性的"做事方式"和"生存方式"的一个宝库,人们在一次次个人主义创新的间隙中总会回到这个宝库。

第二部分

第二章　海滨胜地的仪式化享乐：阈限性、狂欢和风流周末

在英国摄政时期，布莱顿是南部海岸的海滨之都，有关该市的所有论述似乎都会以乔治四世的讣告开头。在乔治四世摄政之时，社会名流涌向海滨，布莱顿也就呈现在他们面前。这一切多少都与摄政王乔治四世有关。人们来到度假胜地养病、休假、娱乐或单纯地领略异地的风光，在旅游城市轻松愉悦的氛围中，从社会地位（或高或低）的束缚中解放出来。相传，乔治四世首次造访时，“布莱顿舒适便利的条件（包括在当地邂逅的和带去的女人）令他流连忘返，也耗费了他大量的财力”（Hern 1967：45［原文如此］）。此后，布莱顿就落得轻浮的名声，吸引着两类人：一是追求奢华、贪图刺激、游手好闲的富人；二是为谋求财运、千方百计勾搭闲散富豪的人。无论使用“轻浮”一词的哪一层含义，它都能捕捉到这个地方的矛盾——廉价庸俗，还浮夸放荡。但如“轻浮”这个词一样，布莱顿及其传说都有点儿过时了。在20世纪末期，大多数西方人都认为没有必要创立边缘化的区域，比如为纵情享乐而专设的海滨度假区。

本章分析布莱顿作为海滨胜地这一文化定位，旨在阐释这一定位是如何在英国文化空间化这个更大的框架下形成的。布莱顿这个地方逐渐与享乐、阈限性、狂欢化产生关联（Bakhtin 1984；Stallybrass & White 1986）。这些概念集中反映了人们对布莱顿不断变化的意象产生的合乎逻辑的看法：从摄政时期的享乐与疗养地到维多利亚时期的快乐天堂，再到风流周末的目的地和海滩上的银行假日[①]骚乱。

我们从史评着手，关注人们对海滨胜地布莱顿的态度及其文学意象。20 世纪 20 年代至 30 年代，布莱顿的意象逐渐演变成风流周末的目的地，而人们对这个城镇无论是赞誉还是批评，评价中都包含“慵懒荒废”这一主题，这与布莱顿特定的意象息息相关。这就为讨论布莱顿海滨的阈限地位设定了一个背景，使其与英国严加管治的地区形成对比。英国严加管治的地区即高产的工业区、伦敦等“作风严肃的”社会，或乡村“淳朴的”田园式空间。（见图 2.1）

在西方工业文化中，海滨不只是一个事物或地点，布莱顿的海滨获得了定义特别清晰的意象。它是社会习俗和传统惯例的集中地，虽附着于“海滨”这个概念，其本质属性却打上了社会烙印，容纳了超越日常服饰、举止和活动规范的特定的行为和互动模式。在探讨享乐及愉悦活动的话语中，“海滨”是一个传统主题——没有这些话语和活动，我们对海滨的整体概念和认识就毫无意义。人们将海滨划分为适宜休闲的场所，它随时间的推移不断变化，它的故事促成拉伯雷式狂欢的一种衍生形式，构成一套社会历史画卷。

① 银行假日（Bank Holiday）是英国以及部分英联邦国家的法定公众假日，其间银行关闭，暂停所有交易。1871 年，英国的《银行假日法案》（Bank Holiday Act）的颁布以法律形式确定了这一假期。——译者注

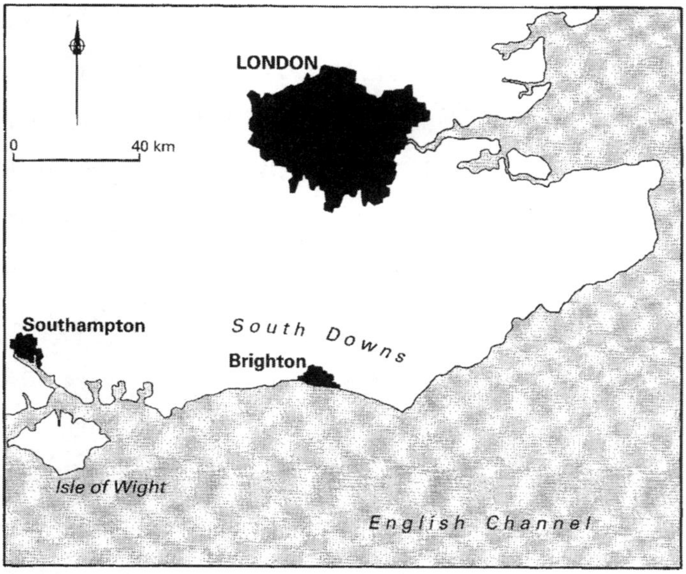

图 2.1　布莱顿周围环境图

疗养地布莱顿(1730—1820)

凡心肝肺腑有恙，
或腰背疼痛熬煎，
速至海滨浸入汪洋，
盐水沐浴以求康健。

(作者不详，18 世纪 90 年代后期)

1783 年，当地人念作布莱顿的布莱特赫尔姆斯通(Mawer & Stenton 1930:291)是一座贫穷的小渔村，屡遭海水侵袭。[①]摄政王，

① 笛福曾说："大海很不客气，不间断地蚕食这座城镇，逼近它们。在过去的几年中，已有大约十座房子被海水淹没，人们更有理由预感大海会在未来短时间内吞噬整座城镇。现在人们已经获得许可，可以向全英格兰讨要善款，筑坝、抵御海水，他们因此深感庆幸。这笔花费……可达八千英镑；若有人愿意视察这座城镇，会发现这笔费用超过全镇所有房屋的总值。"(Defoe 1724，引自 Manning-Sanders 1951:16)

即后来的乔治四世，被仆从带到这座渔村，呼吸海边的空气，感受远近驰名的海浴疗养的魅力。海浴这一习俗可追溯至 18 世纪 30 年代早期。[①] 18 世纪末期时，乔治四世这位皇室成员的光临，激励人们认为海水和矿物质水一样有益。此前，矿物质水已使巴斯和唐桥井这两个城镇成为乔治王朝时期颇负盛名的疗养地。海浴需遵照医嘱，与当今寻医诊病一样秩序井然、仪式完善：是否沐浴、沐浴的时间和方式都极其重要，且只能在“充分准备和指导”下进行（Gibbon 1923：Ⅰ，210）。海浴疗养推广专家罗素医生说，尽管“海水具有很多神奇的功效，然而操作不当会造成极其不良的后果[原文如此]）”。若以最冷的海水沐浴，需在黎明前，最好在冬季；但沐浴最冷的海水绝非舒适的治疗过程。海浴是一种斋戒沐浴，沐浴之前，浴者须饮 25 杯海水以净化身体。[②] 这一仪式“遵照医嘱，受一整套名副其实的繁文缛节的严格限制”（Manning-Sanders 1951：24）。1792 年 8 月，范妮·伯尼想在锡德茅斯游泳，“现场无人指导……她不敢冒险”，因为她担心天气太暖和，毛孔过于张开。

布莱顿邻近伦敦，深受官僚贵族的青睐，这是它声名显赫的一个重要因素。早期，因地缘优势布莱顿获得“周末旅舍镇”的地位；到 19 世纪 20 年代，证券经纪人等专业人士常来此地休憩。罗素在伦敦开设诊所营业，是一个颇具影响力的人物，他强烈捍卫布莱顿作为海浴天堂这一地位。萨克雷认为，布莱顿的旺季就是“海风习习、早餐桌上摆着海鲜的伦敦”（Thackeray 1845：158）。布莱顿是“海洋化的伦

---

① 沃尔顿评论说：“至少在兰开夏郡，当时的海浴兼具预防功效和治疗作用。从默西河到莫克姆湾的沿海各地，成百上千的艺术家和乡村人在八月朔望大潮时定时以海水沐浴，并饮用海水。人们认为这么做有净化和重生的特殊功效并可治愈各种疑难杂症。”（Walton 1983：10）

② 有资料显示，罗素医生在《关于用海水治疗腺体病的学术报告》（Russel，Richard. A Dissertation on the Use of Sea-water in the Diseases of the Glands 1952）一文中认可海水的矿物质成分，提倡冷海水疗法，提倡享受大自然、饮用海水。参见 Woodger，Bev. *The Story of the Minehead* Leicester，UK：Troubador. 2016. P57。——译者注

敦西区的一部分”(Granville 1971:565)。布莱顿声名大振的第二个因素是邻近欧洲大陆。在法国大革命[①]及19世纪上半叶的战争和动乱中，大批贵族仓皇逃亡至此。在他们的刺激之下，摄政王的社交圈和门客把布莱顿的夏季变成一轮又一轮的社交盛宴，其势头不输巴斯的旺季，更是超越了19世纪早期凡尔赛的社交盛况。摄政王耗费三十多年时间把一座毫无特色的农舍扩建成英皇阁。英皇阁蕴含东方想象，融合印度风格以及想象的阿拉伯风情，有人抨击它是克里姆林宫(Cobbett 1912: Ⅰ, 73)。但在人们看来，布莱顿是“无贸易、无商业的地方”；它没有海港，所以“不是一个存放、转运粮食、货物或牲畜的地方”(Cobbett 1912: 1,74)。在人们公认的空间与地方等级中，最高是伦敦(尤其是伦敦的贵族和议会所在的区域)，依次为各种公爵领地，最低是商业城市。在这种空间化过程中，海滨城市崛起成为度假胜地，可谓反常。《1851年人口普查报告》(*Report on the Census of* 1851)认为布莱顿以及其他的海港和制造业中心“地位稍逊一筹”，只是刚刚获得了“非凡却偶然的重要地位和规模”(引自Gilbert 1954:10)。尽管如此，这个城镇逐渐演变成欧洲发展最快的城市群。1760年，布莱特赫尔姆斯通有六条街道；但到了1800年，其人口达7 000人，是1780年的两倍，1770年的三倍(Gilbert 1939)。[②]布莱顿取代了巴斯以及其他英国内陆矿泉疗养城市的地位。倘若布莱顿的快速发展令人费解，那是因为英国史学家忽视了外国游客和

---

① 1851年人口普查将布莱顿的人口与其他十大海滨城镇的人口进行了汇总。1801年至1851年期间，这些海滨城镇以及四个内陆旅游胜地的人口增长率超过254%，超过伦敦(146%)及51个制造业城镇(224%)(《1851年人口普查报告》，1852:xlix“人口图表I”)。

② 到1733年，布莱顿变得如此流行，以至于有传言说沃波尔提议对海浴征税：

> 鉴于对海水有如此巨大的消费量，下次会议将研讨征收海水税的方案；此外，海浴成为不限性别的大众活动，既然英国国王一直是公认的海洋主宰者，那么每个海浴者都应登记在册，且以平方英尺为单位按照他们的体积来征税。
>
> (Chesterfield 1773，载于 Pimlott 1975:51)

移民所起的作用。外国游客和移民的到来使布莱顿变成了欧洲文化的一个中心，成为最早的文化交流和融合的中心之一。这将成为现代性的一个司空见惯的现象。

在罗素医生的激励下，追求时髦的病人纷至沓来，但大多数人——患者的朋友、护工和亲属——来此地是为了社交，即“主动结交朋友或被结交”。范妮·伯尼于1779年首次造访布莱顿，用她的话说，“无论旺季与否，游客从早到晚络绎不绝”（引自 Manning-Sanders 1951：19）。布莱特赫尔姆斯通声名远扬，人们都知道这里的社交生活不循常规，而且当地房东和宴会承办商对这些小资产阶级极尽压榨。

与海浴仪式一样，布莱顿社交生活也日趋复杂。摄政王到来之时，这里已有会员制图书馆、会议室和其他娱乐活动。海滨度假胜地起初是内陆矿泉疗养社会活动的一部分，后来就完全效仿内陆矿泉疗养的做法。举办季度舞会和盛事要请司仪主持，除了这样的社会风俗之外，设计建设梯状和新月形的城镇屋宇要有统一的华丽外观和沿海步行大道，这些都参照了内陆矿泉疗养地的模型，只是在必要时加上前缀“海洋”（Marine）一词。为方便冬浴而建的新浴场，在其名称（如日耳曼浴场）和风格（土耳其式或罗马浴场）上都凸显了布莱顿的欧洲风情。随着疗养浴的盛行，赶时髦的人以及适婚年轻人愈加重视旺季的社交活动，依赖矿物质水作为噱头的老式浴场已经无法满足这些日益增长的需求。但海边的容载能力几乎是无限的：“矿泉疗养地的社会生活离不开水泵房和浴室，而公共场合的生活是最令人满意的选择。海边有足够的空间，来者不拒，均能容纳。”群体之间间隔的空间更大，单单是出于这个原因，“社会同质性便不甚重要”（Pimlott 1975：55）。

布莱顿没有“散发有毒气体的树木”，只有“苦咸的海水、明媚的日光、清新洁净的空气、干爽的气候”（Relhan 1829：3，引自

Manning-Sanders 1951:47)，因此，人们认为此处的水有益于生育，并广而告之。当地的绵羊高产，这就是一个好例证。[①] 后来，有人为了解释海水的特性而提出海洋空气含有离子和臭氧这一伪科学理论。海水“对于那些性情温和、有活力、多血质气质的人来说……还有煽动两性情欲的天然功效”(引自 Manning-Sanders 1951:47)。中产阶层两情相悦的先生和小姐远离家乡的流言蜚语，来到这里，在这放任的氛围中约会。许多评论家认为布莱顿道德风气堕落，因为海滨气氛充满暧昧(图 2.2)。新的布莱顿包括迪斯雷利所描述的“两个国度”最好和最糟的一面：失去土地的穷人因为有可能赚得微薄的收入而受到吸引，从而沦为佣人或海滩艺人(详见 Stokes 1947)；新工业资本家(其中有许多人已购买贵族头衔)形成一个长期稳定的市场。因此，布莱特赫尔姆斯通蜕变成一个提供享乐和消遣的城镇。

---

① 人们褒扬或贬抑风景胜地的气候，甚或公布作为竞争对手的其他景区的死亡率，这些做法都表明为赢得皇室的垂青继而获得大众的青睐而进行的竞争。1841 年，一位诗人讽刺道：

> 若有人说，这儿会下雨
> 引起风湿疼痛，
> 此乃诽谤(我定然起诉)。
> 布莱顿果真有人亡故，
> (除非逝者选择轻生)
> 世界会深感意外。
>
> (作者不详，载于《布莱克伍德杂志》[*Blackwood's Magazine*]，184:150)

布莱顿有：

> 平静的水面，有益健康的树木，定神的香油；没有(伯恩茅斯的)“干燥炽热的空气”，或(斯卡伯勒的)心旷神怡的空气，或(托基的)舒适、缓解神经的空气。这里，“波涛汹涌、惊涛拍岸……游泳者身上溅起浪花，他们极度不安、惊恐”(南海岸如此；东部海边胜地的广告也有如此描述)；“每日有数百万吨有益健康的咸海水”流过北康沃尔海岸一家旅馆的墙壁(比起休养所，这个氛围更适合人静修)；泥泞的海岸或无泥土的沙质海岸上有清新的空气；海草中没有毒液，只有增进健康的碘元素——你曾赞扬或诋毁某地的地方特色，然而，以上任何一条都是对这里最好的赞美。
>
> (Manning-Sanders 1951:48—49)

图 2.2 “爸爸看见我们沐浴”，1856
来源：东萨塞克斯郡图书馆

享乐体系

随着皇室成员的光临，布莱特赫尔姆斯通，确切地说是当今人们称为布莱顿的社交场所，成了“享乐体系的中心权威……在它影响范围内的其他地方都失去了吸引力。这些富人们蜂拥而至布莱顿……

美丽的女郎争先恐后地目睹当下的帕里斯王子[①]的风采”(《布莱特赫尔姆斯通情报》[Brighthelmstone Intelligence] 1782:2)。摄政王就是当下的帕里斯，他是中心，布莱顿不是。据说，许多女人都渴望成为他午夜的海伦。当他返回伦敦，《情报》评论说，“布莱特赫尔姆斯通……是一片荒漠”，一座灰姑娘的城镇。如果没有旺季时成群的生机勃勃的贵族“患者”，布莱顿便不复存在，又变成早已过时的布莱特赫尔姆斯通。《情报》称，“没有几个时尚儿留下来，只有保守落后的处女，消瘦憔悴的公子哥儿，拖家带口的富人”。尽管如此，这些人后来还是把布莱顿变成了他们的中央发光体。布莱顿是在渔村布莱特赫尔姆斯通的根基上发展而来，其整体形象的核心就是荒废挥霍。但是，它在淡季仍吸引众多游客，这标志着懒散荒淫这种感觉黯然失色。许多社区居民并不看好布莱顿的整体发展趋势和当地刨根问底的八卦报社：

> 《布莱特赫尔姆斯通情报》想不出新花招宣传它，只能重复老掉牙的事；晨骑、香槟、纵情、噪音和废话，这些词汇充斥在报刊上，你能了解到的布莱特赫尔姆斯通就是这些。
>
> (引自 Manning-Sanders 1955:57)

布莱顿因“昔日比巴斯更自由，今日比伦敦更挥霍”而闻名。摄政王及其光彩靓丽的后宫、骄奢富有的外国流亡者、逢迎攀附的扈从和一支必不可少的守卫军(这支军队不乏厚颜无耻的年轻人和 18 世纪傲慢无礼的英国上层阶级)，他们纵情于荒芜的丘陵和波光粼粼的海洋之间，享受无尽的假期(Manning-Sanders 1951:55)。至少在这帮人眼里，布莱顿“美不胜收，街道、建筑、车辆、马匹、锦衣……满目是财富、欢乐和奢华的场景”(Cobbett 1912:Ⅰ，73)。

---

① 古希腊神话人物帕里斯(Paris)是特洛伊王子，因诱走斯巴达国王梅涅劳斯的绝色妻子海伦而引发特洛伊战争。——译者注

19世纪早期，娱乐活动打着有益身心的旗号转移到了海滩(Hern 1967:10)。享乐借着疗养的名义合理化，并遵守一系列复杂的社会仪式。这些仪式对疗养海滩和社交场合具有同样严格的约束力。社会仪式和疗养仪式都是由权威人士发起的，发起人主持仪式，还扮演着中间人和助理的角色。就社会仪式而言，发起人是司仪，除策划和主持的工作之外，还安排所有重要事宜；就沐浴仪式而言，发起人是浸司，负责把患者从沐浴器中扶起，使其浸入或跳入水里。

作为时尚中心，布莱顿的社会重要性日益突出，其海滩也随之转化成享乐之地。只有把去海滩娱乐(坐上一天，晒太阳，吹海风；放弃城市的舒适生活，选择在海滨大道漫步)与设立大众节假日结合起来，海滩才具有休闲区的当代特征。这种娱乐海滩确实困扰着在疗养海滩上身体赤裸的患者；在海滨大道上漫步的人们会旁观他们，聚在一起指指点点。如果海滩曾是高度仪式化过程的阈限区域，那么我们可以提出这样的假设：不断增强的场面感，数量不断增多的游客，这两种因素的结合导致海滩的转变(见图2.3)。海边的旁观者人头攒动，场面颇似马戏团正在演出，这种氛围在版画中栩栩如生。人们越来越关注裸浴者壮观的场面，他们常被描述为滑稽的病人或沐浴的美人(见图2.4)。越来越多的游客带着孩子去海边游玩，完成一日游。他们不仅去布莱顿，还去19世纪40年代英国在全国范围内专为工薪阶层兴建的旅游胜地。患者神情严肃地在海水里沐浴，孩童在水边溅起水花一路跑过，两者相遇，场面相当戏剧化(见图2.3)。浸司在主持疗养仪式时倍受干扰，结果许多海滩开始分区管理。议会认为救世军[①]在海滩上举办的安息日歌舞和庆祝活动让人讨厌，因此明令禁止。人们对这一禁令有相当大的争议(Walton 1983:210ff)。

---

① 救世军(Salvation Army)是一个国际性宗教及慈善公益组织，由卜维廉(William Booth)于1865年在英国伦敦成立，旨在拯救贫困饥饿之人，满足他们身体和心灵的需求。该组织以军队形式作为其架构和行政方针，以基督教教义作为基本信仰宗旨，从事街头布道、慈善活动、社会服务等活动。——译者注

图 2.3　布莱顿的海滩,约 1890
来源:东萨塞克斯郡图书馆

图 2.4　“整个上午都踯躅于女士洗浴机旁的绅士们!”
来源:东萨塞克斯郡图书馆

劳工的海滩曾经见证了数代渔船下海捕鱼和沿海渔场开展捕捞作业。如今,劳工的海滩地位下降,普通人占领海滩的进程加速。

海滨胜地的突出作用一直以来都是社交——它们"以享乐而不是疗养闻名",大多数人只不过是看客而已(引自 Pimlot 1975:57;见图 2.4),洗浴机也因此应运而生。洗浴机实际上是安装轮子的更衣间,出口通往海水,窗口上方有遮篷。这种设备可以维护洗浴者从衣着得体到下水沐浴这个过程中端庄的形象(见图 2.3)。起初,人们赤身沐浴;后来,穿毛纺泳衣。然而,从大众惯例和道德准则来看,无论穿什么,总有脱下衣服、暴露躯体这一瞬间。季节性的布莱顿和当地人的布莱特赫尔姆斯通截然对立,造成这种内在冲突的因素也聚集到了海边:寻欢作乐者和追求疗愈者。1848 年至 1849 年,布莱顿到了鼎盛时期,因为当时从欧洲革命和战争中逃亡的皇室成员和政客来到英国的南部海岸过冬(Weiner 1960)。这些逃亡者仍坚持海浴,不过他们不再是以疗养为目的的病人。布莱顿演变为设施完善的社交中心和休憩地,成为远离日常生活、从事休闲活动的世外桃源。当地史学家戴尔认为,"就是在这个时期,布莱顿成功超越了巴斯,成为时尚中心和当地的社会生活中心"(Dale 1947:17)①。如果不考虑便利条件、地理位置和政治经济这些实际因素,一个疗养康复中心怎么会发展成一个社会中心呢?病人光顾的一个疗养地如何变成享乐中心赖以发展的基地呢?本文将以论据说明我们可以在海滩这一阈限区域空间化的层面上找到疗养海滩和娱乐海滩之间的联系。

休闲空间:阈限与狂欢

维克托·特纳(Victor Turner)在自己的著作中使用范·热内普

① 克莱门斯·梅特涅王子和国王路易·菲利普,政治家布鲁厄姆、帕默斯顿和阿伯丁以及作家狄更斯、麦考利、布尔沃-利顿均在此过冬。

(Van Gennep)《过渡礼仪》(*Rites de Passage* 1960)中的“阈限”一词,特指社会结构、社会空间和历史上那些缺乏连续性的瞬间。这些具有中间性、丧失社会坐标的瞬间大体上与宗教体验相关(参见 Durkheim & Mauss 1963)。一般来说,当人们从生命的一个阶段过渡到另一个阶段,或者在生命周期中从一个文化制约的阶段过渡到另一个阶段,阈限就出现了。这个过程渗透于人生的各个阶段:无论目的地是圣地抑或海边的疗养地,从仪式上看,都呈现为生命更新的经历。阈限具有过渡性,所以它意味着从常规的习俗和枯燥的日常行为准则中解放出来。特纳由此认为:

> 行为不可能是任何宏大设计的必然产物……因为社会行为本身具有过渡性的结构……在所有仪式化[或系统化]的进程中,至少有这样一个瞬间:正在按照文化指令向前发展的事物突然从规范性的要求中解放出来,同时,在法律、政治制度连续的固着点之间非此非彼的空隙中找到立足之地。有序的领域之间存有这样的空隙,而在这种空隙中任何事情都可能发生……所有相当有序的社会都能看出这一危险。当规范性的结构失去对人们的控制而束缚人们的禁忌增多时,人们就更能清晰地看见这一危险……当工业社会的人们利用文学这种“近阈限”体裁而受到法律的约束时,人们也更能明显地看见这一危险。
>
> (Turner 1947:13—14)

18 世纪的海滩被定义为海洋与陆地的交界,这不是很恰当;但是,海滩的这一阈限地位与疗养的理念十分契合。高潮与低潮的交替及非私有的属性最终使海滩免遭领域化,未被纳入受法律限制的空间系统。海滩是一个实体门槛,一种阈限,它一直很难驾驭。与那些受人控制并进行理性生产的地区相比,海滩处于外围者的地位;即使它有可能被占用或领域化，它依然具有社会边缘性。布莱顿海滩如同其他阈限区域，它是生命发生转变的过渡场所，这种过渡本质上就是奇迹。沐浴者向海边朝圣，遵循医嘱，进行浸洗仪式，希望完成过渡。

自 19 世纪初以来，人们便对海滩热情不减。除此以外，关于浸司的论述也有很多。浸司帮助(或推)疗浴者从洗浴机中下水。他们成了当地的名人，像牧师一样成为两个世界(文明的陆地和未开化的海洋)的灵媒。仪式也需要技术人员在场负责海浴疗养的诸项事宜，他们评测海浪、患者的状态和常规要求，确定沐浴的具体时间和时长。许多疗浴者不会游泳，浸司大多为女性，必要时鼓励患者，因而在沐浴中扮演重要的角色，颇受患者喜爱。洁净及沐浴仪式、浸司的指导和海滩的自然环境(咸海水、海边清新的空气)对实际的疗养以及人们对疗养的感知来说均为必不可少的因素。

“富有公民”这一中产阶层在这里逐渐壮大，布莱顿旺季不再由贵族专享。随后，在 1841 年至 1930 年间，劳动工人家庭出游的频率稳步增长，光顾海边的人数骤然增多。参与一日游的游客依靠新运营的火车到海边享受一天的海岸风光；他们通常趁着工厂年度假期结伴而去。随着工厂和城镇假期的出现，以及后来法定假日和 1871 年《银行假期法案》的出台，古老的宗教节日气氛得以烘托。像布莱顿这样的海滨胜地为整个英国增添了真正的文化意义。随着劳动生产率和健康意识的提高，人们对节假日的需求越来越大，火车和观光游船也减少了路费；城镇工厂的生产效能提高，接着需要高质量的劳动力队伍；农村城镇化加速，更多乡村地区对规范休假的要求更为急迫。托马斯·库克①的火车短途旅行始于 19 世纪 40 年代。而布莱

① 托马斯·库克(Thomas Cook 1808—1892)，英国旅行商，出生于英格兰的墨尔本镇。库克是现代旅游的创始人，是近代旅游业之父。1841 年 7 月，他组织了人类首次以火车为交通工具的团体旅游；1872 年，组织了世界上第一例环球旅游团。——译者注

顿于1841年首通火车，这就决定了它是一日游的好去处。海滨的女房东增多，大众化的咖啡馆和茶店、码头表演和纪念品商店（而非酒吧或舞厅）的数量迅速增多，满足了工人阶级的需求（Hern 1967：77ff）。内陆娱乐活动越来越受限，因此银行假日的游客群将表演者从内陆集市吸引过来（Stallybrass & White 1986）。伦敦摆摊小贩带来所谓正宗的海边美食、"潘趣与朱迪"木偶戏和其他新奇事物。[①]

新设立的节假日如同简单社会里的仪式，标志着人们从工业劳动理性化的管理体制里集体释放出来。因此，假日是特别的、非同寻常的。这种阈限的休闲方式大体上是这样形成的：从日常社区转移到英国沿海的某个旅游城镇，然后再转移至专业化的假日野营地，这里专门提供更高效的阈限项目（Ward & Hardy 1986）。空间转移实现了从工作日常规的日程向季节性、周期性、临时性、机动灵活的年度假日（还会随着季节而变）的过渡。从这个意义上说，空间转移是实现临时过渡的关键所在。旅游项目合理化，尤其是日程化的项目和娱乐活动在假日营地得以完善。假日受此类项目和活动的支配变得愈加有序，因此度假者完全脱离了日常的空间化。阈限区域仍是必要的逃离区：逃离潜在的规则，逃离18世纪工厂主宰下的城镇和社区正常、平淡的空间。

大众在海滨度假，这不仅扩大了英国海边的社会基础，还改变了其属性。往日旺季及疗养海浴仪式化的地方演变成氛围轻松的狂欢之地，在海滨欢度银行假日，其中的仪式已名不副实，因为许多19世

---

① 海边最具地方特色的小生意也是由内陆引进的。比如伦敦沿海航行的轮船带来买卖蛾螺的小生意；内陆集会的表演艺人带来"潘趣与朱迪"木偶戏：

> 海边的城市居民想换换空气……也想找回以前熟悉的东西。这些东西包括摊点和流动货车兜售的姜啤酒、馅饼、黏糖、汤羹和鳗鱼冻等。流动货车的卖家和可移动摊点的摊主通常会跟随最早的潜在客户搭上首班火车到海边做生意。
>
> （Hern 1967：78）

纪的仪式已废除。在海滩的狂欢活动中，不同的阶层自由融合，这让许多道德评论者不寒而栗；何时可以游泳？哪种着装适宜？是空间分区还是两性混合？这些成了中心问题，由此引发个人自由和社会道德规范的冲突。19 世纪 80 年代仍有海浴疗养成功的案例，但夏季好天气愈发显得重要（Pimlott 1975：179—180）。洗浴机价格昂贵，携带不便，因此节俭的家庭选择海滩帐篷或小型海滩小屋；下等阶层的家庭进行一日游时，会在海滩竖起一把大伞，在水里用桨划船，他们卷起裤腿或者小心翼翼地提起裙边在水中徜徉；孩子们就在母亲裙裾的遮挡下更换衣服（见 1871 年《图画报》[*Graphic*]，引自 Manning-Sanders 1951：30）。英国工人阶级对海边新一轮的占领不断挑战维多利亚时期的道德准则。除空间入侵外，矛盾具有时间性：法定假日的天数逐渐增多，旺季频繁更替，人们无视基督教对安息日在海中沐浴、在海滩上休息的禁令。（Walton 1983：197—207）

海滩的性质从疗养过渡到娱乐，这在海滨胜地布莱顿尚属首例。从依靠资助到走向市场；从贵族的海浴场所到大众的海滨胜地；从 18 世纪的奇思异想到 19 世纪壮美的海浪和冬雨的浪漫主义，再加上夏季阳光的平民主义，布莱顿的海滨成功地实现了过渡。诚然，风大浪急的海岸与新兴的浪漫主义对“壮美”的理解完美契合。夏季阳光明媚，海面风平浪静，海滩上人群欢腾，可谓一日游游客的心之所向。在冬季，布莱顿的海边有更多成年人可享受的欢乐。直面狂风，安然而立，这产生一种真挚的爱。浪漫主义的“壮美”要求大自然展示令人生畏、过于严肃的威力。大自然惊人的威力与人类力量的渺小形成的对比令人振奋。这完全不同于纳什在巴斯所建的新月形建筑体现的有序、封闭、集体的温泉疗养生活。在巴斯，每家每户嵌在一排排呈新月弧形、设计一致的建筑里。新月形屋宇呈现的枯燥的一致性在很大程度上是秩序井然、品位一致的背景；贵族们平凡的日常生活就是在这样的背景下进行的。相反，旖旎的山林景色和波涛汹涌的海岸风光成为时尚。勃朗特取代了简·奥斯汀;特纳取代了康斯特布尔[1]。

重新追求壮美,这是旺季时间转移的先决条件。8月至9月是旺季,后来避开人流高峰转移到10月至11月。海滩在高峰期人山人海,要使用洗浴机、享受海滩"得体的"维多利亚时代的愉悦,已几乎不可能。到了1874年,布莱顿据说是这般景象:

> 第一批春游的游客面带惊诧地聚集到海滩,后来一群接一群游客乘火车而来……然后,整场家庭聚会也在海边举行,充分享受整整七个小时的海边风光……人们涌向链条码头,从最初到现在,布莱顿已经历无数个旺季。
>
> (《布莱顿杂志》,1874:289)

晚秋的旺季可能会持续到圣诞节之后,赶时髦的游客陶醉于汹涌的海浪和强劲的海风,在社交活动中乐不思蜀。

> 政治,无人在意。摒弃
> 有损我们幸福生活的话题。
> 布莱顿后街的笨蛋
> 推举几个傻瓜。
> 在威斯敏斯特那个鬼地方,
> 福西特和怀特在人民的不幸之上建立威望。
> 那又何妨?

---

① 英国画家特纳(J.M.W. Turner 1775—1851)游历甚广,以陆景画和海景画著称,将戏剧化的风景与文学、历史典故相结合,其画作的突出特点是对光线和天气状况独出心裁的处理,绘画风格对印象主义和抽象表现主义产生了巨大的影响。英国风景画家康斯特布尔(John Constable 1776—1837)经常描绘东英吉利的乡村风光,追求真实地再现英国乡村的自然景色。——译者注

冬季的布莱顿有魅惑的年轻女郎！[1]

(Collins 1868,《布莱顿的冬季》[*Winter in Brighton*])

维多利亚时期的富人——"旅游反对者"(Becker 1884)——一直慎重地寻找提供"理性消遣和健康娱乐"的静谧的去处(《默里指南》[*Murray's Guide*],引自 Manning-Sanders 1951:123)。依照维多利亚时代"得体的"海边娱乐模式,应该杜绝剧院和礼堂的社会化。然而,海边漫步、采撷草木、绘画速写(安息日不可游泳),还有舒适的小屋,这一切足以让人"消磨夏日假期"(《默里指南》,引自 Manning-Sanders 1951:123)。

与这种惬意(或者有人觉得枯燥)相反,"狂欢和挥霍"仍盛行于马格特和布莱顿这些地方,"短途火车、喧闹的行为、吵嚷的人群破坏了这些地方的氛围"(Manning-Sanders 1951:121)。尽管这个地方会遭受维多利亚式的抨击,但它的魅力在于活跃(Becker 1884)。到了 1863 年,风尚有所变化,在布莱顿海浴的男人遵循维多利亚时期的道德准则,第一次穿上法式条纹短裤作为海浴的服饰。即使如此,人们普遍认为:

衣着洒脱、无拘无束、刺激有趣、轻佻,这样的气氛在整个 19 世纪一直萦绕布莱顿。……在布莱顿度一个周末所蕴含的意义远远超过在其他旅游胜地度过一个周末。

(Manning-Sanders 1951:51;见图 2.5,2.6 和 2.7)

海滩凭借陆地边界模糊这一特性一直以来可谓自由之地,因为

---

① 詹姆斯·怀特与亨利·福西特教授于 1865 年 7 月当选布莱顿无党派议员,于 1868 年 11 月再次当选。

它的边界轮廓随潮汐而改变。虽不总是欢乐之地，却在社会空间化系统里被塑造成欢乐之地。这不仅需要观念的改变，还有制度的变迁。这种转变伴随着过渡。由仪式和权威媒介（比如浸司）操控的阈限空间不复存在，取而代之的是更为混乱的、由更巧妙的礼仪技巧维持的阈限空间。因此，迷恋新海滩混乱的秩序也是错误的：在前后两种海滩上，活动都是常规化的，只是体制不同、社会交往的准则不同而已。

特纳指出，经历阈限性，是一次社会融合过程。暂时退去社会地位标签的人们直接进行交流，因此，增强阈限感就是感知这样的交流。个体之间平等地交往，有利于增强融合感，“人们经历或目睹的社会可以视为没有结构的或结构尚不完整的、相对无差别的团体、社区甚或宗教团契”（Turner 1979：131）。这一特征也是巴赫金狂欢理论的基础。特纳对“阈限性”一词的使用更具批判性，与巴赫金“狂欢”的概念具有相同的语义空间。

俄罗斯文学理论家米哈伊尔·巴赫金在《拉伯雷与他的世界》（*Rabelais and His World*）一书中分析了拉伯雷对中世纪狂欢节的描述，他认为狂欢节既是基督教会游行和表演的仪式性的大场面，又是反仪式的盛宴和庆典活动。因此“[宗教]节日的狂欢氛围浓郁起来，此时神秘小说和讽刺剧诞生了”。与此同时，他认为，这种传统的狂欢活动的核心是：

> 被传统神圣化、以欢笑为特征的礼仪形式……与严肃、正式、宗教、封建和政治的狂热形式及[例行的]礼仪大相径庭。狂欢节是一场盛事，全民不是旁观者，而是参与者、表演者。
>
> （Bakhtin 1984：7）

狂欢形式“展现了世界、人类以及人际关系的一个截然不同的、非官方的……超越政治化的一个方面;它们在官场之外建立了第二个世界、第二种生活”(1984:5—6)。在这个世界、这种生活中,所有人都是参与者的衡量尺度。这个由内到外颠倒的世界,其常规的形式就是与四季更替息息相关的节日盛宴:

> 狂欢的淫秽和粗俗与人类控制自然力量和自身情感的能力较低有直接关系。在身体营养的供给、健康、消遣、安全和娱乐方面,人类是互相依赖的。人类怎样卷入季节性旱灾……在其他自然灾害的泥淖中痛苦挣扎,又如何从群体娱乐中汲取莫大的欢乐,这些我们都可以想象。
>
> (Rejok 1985:27)

但重要的是,即使狂欢的意义一直与中世纪圣日、集会和庆典的互动模式相关,巴赫金也发现市井的言语和举止、各种形式的谩骂(他根据旧时伦敦海鲜市场的名字,称这种谩骂为“下流话”)体现了狂欢节的特征。贸易市场开业时的人际联系以及消遣时的社会关系成为各种狂欢形式的大背景。狂欢化包括:

> 等级划分的理想和现实的暂停。[这种暂停]在狂欢期间产生了日常生活中不可能产生的特殊类型的交流。因此,特殊形式的言语和行为就在交易场所诞生了。这种特殊形式自由而坦诚,交谈双方没有距离,也没有其他场合下礼节规范的束缚。这是一种特殊的、狂欢化的、市井风格的表达方式。
>
> (Bakhtin 1984:10)

狂欢节由中世纪的宗教节日和庆典演变而来,象征着反仪式的、有节奏的循环:社会等级、道德准则和美德遭到颠覆和嘲讽。然而,若要摒弃这些等级和准则，视其为正在发展的资本主义社会的安全阀门，也是错误的。社会控制理论掩盖了与资本主义有关的阴谋论。阴谋论是站不住脚的(因为在某种意义上，任何一个政治或意识形态机构都称得上是社会控制机关)[①]，而且会强化这样一种错误观点，即社会是一个封闭的系统，一个基本稳定的功能性的统一体。今天，在最不可能融入资本主义形态的社会里(比如海地)，狂欢程度是最高的。然而，我想论证的是，狂欢节是另类的、乌托邦的社会安排得以实施的机会。正是如此，维多利亚时期的道德评论家强烈谴责工人阶级在海滩上的行为举止。他们认为，低俗趣味不仅威胁社会等级，还有损社会风纪，因为社会风纪和文明是同义词。

在17世纪至18世纪，"盛事场面逐渐缩小，民间文化的狂欢形式小型化，显得微不足道"(Bakhtin 1984:33)。国家介入节日生活，将其变成游行庆典。与此同时，庆祝活动私人化，走进了家庭。集市狂欢的特权受到限制：

① 无法指明社会控制的能动者或发起人是何人：社会控制可以通过任何一个通用机制得以实施。我们没有任何稳定的标准来判断社会控制是否已经瓦解——绝不是冲突，因为冲突可能最终、甚至从根本上就是强化一致性的一种手段。我们最终也没有任何一种固定的尺度来判断社会控制何时再次实施。鉴于资本主义尚存，我们可以恣意揣测：在过去三百年里的任何一个时期，社会控制机制一直有效地运转着。倘若任何随意暗指社会控制的概念是空泛的，那么很显然，社会控制不能仅用马克思主义来解释。社会控制这一词组显示了对平衡状态的静态隐喻。这一平衡状态很可能被打破，然后又在一个新的基础上重新形成。因此，这表明有三个前后相继的状态，即前期的运作、瓦解的时期、运作的更新状态。即使从这一点来看，我们也能发现上述观点在根本上与任何马克思主义的阐释不兼容。倘若我们严格地用马克思主义的观点来阐释，则很难将控制阶段和瓦解阶段机械地分开。从根本上来说，一种生产模式是生产力和生产关系的矛盾统一体。为了生存，生产关系一定会持续得到复制，同样，这些生产关系中蕴含的矛盾也持续生成。矛盾不是偶然发生的，而是会持续出现；剩余价值的生产者与提取剩余价值的、生产方式的所有者和操控者之间的对立，是结构性的永久的特征。因此，阶级对立是社会控制瓦解的一个永久的特征，而不是瓦解的征兆。此外，阶级冲突可能呈现出毁灭或革命的形式，然而发生的条件与"社会控制的瓦解"这一词组所表达的笼统的概念并无相似之处。

(Stedman-Jones 1981:164—165)

> 蕴含自由的狂欢精神具有面向未来的乌托邦特征，它逐渐演变为单纯的节日氛围。节日几乎不再是人们的第二生活，不再是他们短暂的重生或更新。……但这种狂欢精神不可磨灭，继续滋养生活和文化的各个领域。
>
> (Bakhtin 1984:33)

斯塔利布拉斯和怀特(1986)特别提到，18世纪新兴的资产阶级凭借维多利亚时代的社会道德得势，操控和诋毁社会交往(比如在盛宴、集会、剧院这样的场合)的狂欢模式。中产阶层与下层的区别使狂欢氛围受到压制从而走向个体化。源于“高雅”与“低俗”之间这种人为的、森严的道德区分，中产阶层与“低俗的”、低下阶层之间的关系从包容彻底转变为分化(1986)。然而，尽管集会和盛大节日遭到抵制和系统性的取缔，狂欢并未完全消失，只是被驱逐到不甚庄严的场所，比如阈限的海滩。

巴赫金最重要的贡献是用关系法研究高雅和低俗文化，探讨权威和狂欢的结构性关系。他说：

> 大地是吞噬坟墓的元素(子宫)，同时也是诞生或重生[原文如此]的元素(母性的乳房)。这就是“向上”和“向下”在宇宙生命方面的意义。然而，就纯粹的肉体而言(与宇宙生命区别不大)，上半身是脸和头，下半身是生殖器官、肚子和臀部。这些身体部位的含义是绝对的，不是相对的。
>
> (Bakhtin 1984:20)

伊凡诺夫认为，巴赫金在结构人类学领域领先将近三十年，他对待不同意见所使用的分析方式类似于列维-斯特劳斯的观点，即寻求对立二元的关联，也就是调解过程：

> 对市井用语及其相应的意象中固有的矛盾进行结构性分析，这使巴赫金得出结论（这一结论独立于且先于结构主义神话）："狂欢意象欣然接受变化过程的起点和终点或对立的两面（出生-死亡，年轻-年老，顶部-底部，面部-下半身，称赞-诋毁），并在自身将两方面结合。"巴赫金从这个角度仔细研究了"上"与"下"之间对立关系的各种形式：上对下……这些对立关系就发生在狂欢中。
>
> （Ivanov 1974：335）

狂欢是对高雅文化的仪式性颠覆，因为它颂扬怪诞的身躯上臃肿的赘肉，赞美下半身，而不是弘扬规范和权威约束下自律、收敛的体魄。这种低级趣味，与自律的身体接受品位和规范之后的闭关自守，两者截然相反。这种低级趣味是开放的、多孔的，成为"一个移动的、混杂的生物体，不合常规，冲破一切限制，惊人地偏离中心、失衡"；它是比喻和象征的一种资源，用于讽刺性的夸大和颠覆（Stallybrass & White 1986：9），它充溢着滚滚流动的能量和物质。中世纪的狂欢、饮宴与基督教宗教圣日的游行之间的反差中也常见此类与权威的正式礼节形成的怪诞的对比。在中世纪的狂欢节这一典型实例中，怪诞风格用转喻手法把天堂这一神圣之地和尘世这个庸俗之地的关系体现出来。它通过退化法则，将一切降低到尘世和身体的物质层面，维护生命的至高无上。放纵的、怪诞的身躯象征着能量难以遏制的过程和流动。在巴赫金的分析中，这一象征与尘世中的宇宙、社会、地貌及语言因素息息相关，它体现的不是理性的经济人，而是所有人共同的原始躯体（Bakhtin 1984：19）。这种重新编码或转码的对象不只是怪诞的身躯，而是狂欢活动中所有低俗的因素，因此颠覆继而取代了高雅与低俗的划分，其直接影响就是，取决于明显对立和分立的官方含义（言语）和权威话语的地位遭到动摇。

这种多义现象，巴赫金称之为“众声喧哗”。

在疗养和娱乐海滩的阈限地带，裸露的躯体通常恬不知耻地一丝不挂，丑陋地对外公开，这个躯体实际上正是那种怪诞的身躯。成千上万的版画、漫画和二战前漫画明信片里称赞的就是这种躯体（图2.5，2.6）。在这些版画与漫画的记载中，怪诞的躯体以常见的形式体现出来，有肥胖的浴者、度假的纨绔子弟、丰腴的女人。在漫画和明信片里，怪诞的人与权威人物的交往体现了这种典型的躯体无限多的堕落行为。红脸膛的警察、军队上校和少校，或其他死守公共道德和行为规范的卫士，还有酒鬼、羞愧的情侣、沐浴者和妓女，均可归为这一类。实际上，漫画明信片是一种商品化的文献记录形式，因此，布莱顿的意象与怪诞、狂欢化的身体意象之间的交互联系得以保存。

如果大众度假的海岸代表一个安全阀，即具有资本主义伪阈限性的一个地区，它用暂时的欢愉代替个人转变，那么这样的海岸不会持久。海滩很快被古老的更具颠覆性的狂欢传统所占领。狂欢怪诞的海滩是从疗养海滩的社会协调的规范中转变而来，它受到行为规范和当地法律法规的限制，按不同用途来分类。然而，狂欢把坚持维多利亚时期道德的、有责任的、理性的人同化成大众或社区的普通一员。狂欢海滩把人们从规范、礼节和社交服饰的微权力中解放出来。随着银行假日的人数增加，国民层面的不稳定性加大，产生了一个持久的问题。关于道德和服饰的争论凸显了狂欢的作用。福柯哲学思想中的微权力确保对身体的良好管治及其身体的商品化，而狂欢恰好和微权力在同一话语层面和领域里发生。但狂欢从个体到社会整体层面的运行，都在逆转“受到编码的权力”的流动，消除个人抽象的主体地位的标签，比如工种和头衔、国家认定的合法公民的身份等。克里斯·多兰（Chris Doran）认为，福柯将权力定义为一种建构性的力量，这一概念体现在由看似中立的专家和所谓中立的政府做出的人群划分上：

> 在过去大约一个世纪里，“工人阶级”或其他分析性同义词……（比如“人们”）均已失去自身的含义，但是这些术语仍未消失。事实上，也许这些词在今天受欢迎的程度不亚于它们在19世纪早期这一鼎盛时期。今天的主要区别在于，这些词汇现在在评论家中间很盛行，而人们不会用它们来描述自己的经历。这……是……当代权力实施的结果。权力不惩戒人，甚至不约束人，如今它只是把人们纳入规范。这种规范性的权力，其力量是不可思议的，因为它把规范之外的事物均贬为无用之物。
>
> （Doran 1987：4）

道德准则可以视为约束身体的规范——得体行为的话语准则。然而，狂欢化的话语效应尚未理论化。[①] 海边狂欢的过度行为以及社会娱乐和消遣行为激增，这象征着反抗的身体至少暂时逃离或逾越了道德约束。经验主义、理性、控制和节约，这是对人的约束；狂欢则与之相反，它在肉体感官和娱乐的政治基础上创立了一个临时的社会空间。作为一场“反抗仪式”，狂欢“与感官有关”，它谴责良好的“理智”（Fiske 1986：5）。“情感投入……比认知意义更重要。”（Maclaren 1987：79）因此，海滩上狂欢怪诞的躯体即使所处的场地都是本着防止或控制阈限化而进行了商业化和领域化的管理，它们还是暂时逃离了社会规范，开始一项阈限工程。愚昧、不自律的人是狂欢中最令人扼腕的形象——毫无遮掩的凹凸部位入侵他人的个人空间，逾越“个人、公民、消费者、工人、所有者”这一理性的人群划分界线。这就是巴赫金所认同的狂欢节普世教会主义的核心，也是它超

---

① 当然，也有一些作家论及这个问题，比如：萨德（Marquis de Sade）、巴塔耶（Georges Bataille），或倡导“酒神精神”的尼采（见 Maffesoli 1985；MacLaren 1988）。

越阶层划分的能力的源泉。

人们在狂欢面前缺乏充分的控制(当然,各样的规则、维多利亚时期的道德、洗浴机等都是人们曾经尝试过的手段),这意味着海滩实质上是社会创新的开放地。把通往“他者”的原有边界占领,并将其领域化,使之变成一个社会领地,变成陆地安全区和海洋延伸区之间的临界地,这并不仅仅是通过阈限仪式来完成的。节日中欢愉的混乱状态超越了无边大海壮丽美景的威力,其影响甚至令有些人无法承受。施耐德(Schnyder 1912)在“蕾娜塔病例”中记录了当地一例癔症,他运用弗洛伊德的观点对一名从布莱顿归来后找他看病的年轻瑞士女性展开了研究。这位出身于伯尔尼的一个虔诚信奉天主教的商人家庭的女性,看到海滩上淫乱的游客时,深感恐惧,食欲不振,甚至呕吐。斯塔利布拉斯和怀特认为,这个病例

> 揭示了狂欢对癔症患者产生的特别恐惧的力量……同时也很好地说明,大众狂欢边缘化的形式也可能成为潜在的恐惧症的源头,它突然在资本主义生活的中心重新出现。
>
> (Stallybrass & White 1986:180)

除了在海滩等特定场所进行的社交狂欢活动以外,狂欢因素在浪漫主义时期遭到压抑,变成哥特式小说、恐怖电影所呈现的个人的恐惧——个人化的离群索居和神经质,而不是玩世不恭地对待社会准则。

布莱顿的人们比巴赫金理想中的中世纪狂欢的人们自律有序得多(传统惯例、火车行程以及食物摊档的筵席的商品化都约束了布莱顿的狂欢活动)。然而,人们真诚地支持国民假日的社会一体化。布莱顿场景不是中世纪的狂欢,也不仅是个人的、资本主义的休闲方式——“休闲”一词的词根是 14 世纪拉丁文“lésir”,意为“准允的”。

休闲并非单纯地去做令人愉悦的事或逃避不悦的事，也不是不工作（“不工作”是惯用语）。“休闲”是在编码的微权力的体系中获得准允（从拉丁文词根来看）的合法娱乐。中世纪狂欢的重要之处在于，它典型地体现了一种未经授权的庆典，庆祝社会认可的、全民的互相依存性，这种互相依存性在中世纪动荡的环境下显得特别难能可贵（Huizinga 1924：30）。狂欢是对编码的权力的一种反抗形式。编码的权力解释了既有休闲形式的历史连续性以及非法娱乐和合法消遣之间关联的一致性。布尔迪厄（1984）也指出，中产阶层的身体组织方式在反思和身体参与之间设置了重要的间隔，使中产阶层的娱乐场面（比如剧院里仪式化的鼓掌、及时却不连续的“再来一次”的喝彩）与更大众的娱乐场面（比如举办足球赛时，观众会叫喊着冲入场内）区分开来。

情感社区的社会性代表一种非传统的社会纽带，类似阶级、行会或工作头衔的正式化联系。互相依存关系的实现、排演和庆祝是平民度假场面的重心。平民将安息日和礼节的道德束缚放置一边，在海边践行未经授权的、非绝对的、轻微的逾越行为，同时享受着海边经过许可的、商品化的休闲景点或物品。游客间低俗的乐趣和玩笑达到了一个高强度的互利互惠的程度：人人都难以自拔，无不受到深刻的影响。尽管这些休闲人群和 20 世纪后期大众的个人主义、私人化的群体实践不可同日而语（Maffesolio 1988b），但就其规模和有机会匿名参与活动而言，这些人群可算得上现代化。然而，他们又不像 20 世纪末咄咄逼人又排外的人群，比如足球狂欢者或那些因外来教派的节日而聚集在一起的人群。度假的人群具有匿名性，我们可以认为这在很大程度上象征着身份在狂欢中遗失。人群具有跨阶层的包容性特征，中产阶层的隐私被侵犯，以差异为基础的社会秩序的标志也削弱了。拥挤的海滩和步行大道没有私人空间，大批人群涌向海滩，宛如涨潮前的众多沙堡，他们的社会分类和差异被人群的潮水一扫而光。

漫画明信片取得巨大的商业成功，这说明所谓的布莱顿的活力蕴含着跨阶层的魅力。洋洋得意的列兵在愤慨的少校面前卖弄自己的风流韵事；醉鬼使用荒诞不经的理性在肥胖的、满脸通红的警察面前为自己的倒霉事寻找肤浅的合乎逻辑的借口。在这场闹剧中使出浑身解数的还有许多“当权派”，这些人物为寻欢作乐推波助澜。许多明信片都有一个“道德人士”——往往是女性、警察、军士，他们的漫画形象常常是义愤填膺的好事者。“疗养”“呼吸新鲜空气”“海边空气”，成了与妓女和头脑简单的美女使用的调情的暗号（图 2.5）。就像权威人物呼吁严肃的作风，明信片却描绘他们像孩子一样在海滩上嬉戏，进而挖苦、嘲讽他们所谓的主张。牧师纵情欢乐（酗酒或大放厥词），使用不恰当的双关语，因“失言”而口出污言秽语。图片

“老伙计，这儿有海边的新鲜空气。”
“是啊，但对我没用，我是带着太太来的！”

图 2.5 “海边的新鲜空气”，漫画明信片

来源：东萨塞克斯郡图书馆，唐纳德·麦吉尔的遗作

上的文字解释了这些绘画呈现的人们日常交往中有伤风化的方面，这些说明文字暗示，在一切严肃的话语之外，还有一种平行的狂欢文本。几乎不受控制的众声喧哗具有持续的双重编码，它暗示了凌驾于解释和秩序之上的基本的社会区分。

然而，我们在狂欢中也能找到一种社会控制模式，这种模式倾向于缓和社会秩序遭到颠覆和中止的程度。为什么没有永久的更极端的狂欢呢？礼仪遭到颠覆与嘲讽，其标志是规范性的秩序诞生又被撤销这种不稳定性。越轨是行得通的，但越轨行为仅限于病态、窥阴癖、与妓女调情这类轻微的过失。漫画明信片在呈现性行为的端庄稳重时，常常用一片充满暗示的肥沃土地含沙射影地指代风流周末的神话。但是，这些漫画明信片假装对人们的做法视而不见，又如此这般地利用人们打破、歪曲禁忌这些行为作为素材，事实上也会产生某种控制影响力。素材有人们对社会准则的逾越，也有人们"被抓现行"时的羞耻感。羞愧、脸红的人物——德高望重的长者、牧师、成熟丰满的女人——在卡片上常常出现。这些卡片描绘的是这样一个时刻：游客像火车上打盹儿的乘客，猛然间意识到自己原来在海滩上纵情欢乐。在违反礼节、仪态或社会地位准则之后，他们会突然重新摆出"得体"的姿态。明信片常常呈现截然对立的逻辑，即冲动的欲望和行动莫名其妙地戛然而止：被撞个正着，形势剧变，妻子突然警觉，或者身后紧跟的孩子提出一个让人恍然大悟的问题（图 2.6）。纵容轻微的丑行和可耻的行为，这暗示一种通过狂欢中的廉耻而产生自我规范的模式。该模式与西方文化特有的、通过罪恶感来实行公义和道德规约的模式大相径庭。

布莱顿作为一个设有铁路终点站的度假胜地重新受到欢迎，但世纪之交的大众舆论认为，随着维多利亚时代的终结，布莱顿一直处于衰落之中（Preston 1928）。即使如此，布莱顿仍是 1901 年最大的不分社会阶层的海滨胜地。在布莱顿的资本投入量很大，大多数的

"拓普维特先生,您去布莱顿工作过?呼吸了很多新鲜的海边空气,对吧?"

"嗯——这个嘛——你知道,我带着太太去的!"

图 2.6 "拓普维特先生",漫画明信片

来源:东萨塞克斯郡图书馆,唐纳德·麦吉尔的遗作

项目开发(投入"潘趣与朱迪"木偶戏、水族馆、舞场)可追溯到 19 世纪初期之后(Pimlott 1975:182)。皇室赞助是布莱顿定位的重要因素。这意味着在《情报》等报纸关于布莱顿持久不衰的论述中,存在内在矛盾和挫败感,而伦敦记者把布莱顿放在享乐体系的中心位置,大肆吹嘘。即使布莱顿小镇经济繁荣,但向大众旅游假日和一日游的过渡仍未完成,而且在日益恶化的城市环境中,布莱顿明显缺少决断力,而且以贵族的假日为基础的旧的贸易显然已经衰落(Preston 1928)。

然而,英王爱德华在 1908 至 1909 年间数次造访布莱顿。"没有什么能比这更能给布莱顿的命运带来微妙的影响了;没有什么能比这更能提高这座城镇的地位并使它更加时尚了。"(《布莱顿先驱报》[*Brighton Herald*],1908 年 2 月 15 日)1908 年,铁路开始提供豪华列车服务——Brighton Belle,这项服务从伦敦维多利亚火车站到布

莱顿，时长50分钟，时速到目前为止仍遥遥领先。1909年，复活节假日使旅馆收益创下新高，8月的游客数量达到史无前例的高峰（参见Roth 1941：159；Cochran 1945：7）。

旅馆成了著名拳击手、艺术家、女演员的乡下住所，这种状况在两次世界大战期间达到顶峰。大都会旅馆就是在这一时期建成，它是当时最时尚的旅馆，与西码头旅馆一起垄断了市场上最优质的份额（Musgrave 1970：290—291）。布莱顿的旅馆不仅提供了酒吧，还为两代英国作家提供了创作背景：

> 苍茫的大海凝固在卵石滩边上，大都会旅馆的绿塔仿佛刚挖掘出来的，还带着陈年霉锈的钱币。……一位赫赫有名的作家从阿尔比恩皇家旅馆的窗户探出那张为人熟识的圆脸，他放眼向海洋望去。
>
> （Greene 1936：173）

具体来说，是布莱顿的“活力”吸引了这些名人：它不仅有美好的意象，还有现实中欢乐的人群和喧嚣的氛围（参见Gilbert 1945：215—216）。随着大众消费的增长和相对剥夺感①的增强，这一时期见证了新的消费形式的发展。广泛流通的杂志（见图2.7）和无线广播传递了财富的新的可视性（参见Stevenson & Cook 1979）。布莱顿以广播时间和本地“广播名嘴”为傲。阿诺德·本内特（Arnold Bennett）的小说《克莱汉格》（*Clayhanger*）和《希尔达·莱斯威斯》（*Hilda Lessways*）创作于皇家约克旅馆，描绘的是史塔福郡陶器厂的生活，也有几处关于布莱顿的描写，在主题上与小说最后几章描述

---

① 相对剥夺感（sense of relative deprivation）最早由斯托弗（S.A.Stouffer）提出，后经默顿（R.K.Merton）进一步发展，成为一种与群体行为相关的理论，指个体或群体通过与参照群体比较而感知到自身处于不利地位，从而体验到愤怒和不满等负面情绪的一种主观认知和情绪体验。——译者注

的工厂形成鲜明的对比(Bennett 1910:476;1911:239)[①]:

> 火车到达布莱顿,在郊区滑动……希尔达看到,屋宇像梯子一样蔓延在这座伟大城镇的起伏的丘陵上,屋宇旁的街道是陡峭的,让她想起故乡的街道,只是风格不同。这里的地貌对她来说,是完全陌生的。这里就是布莱顿。曾是邮戳的布莱顿突然变成了现实,击碎了她之前的认知,让她莫名其妙地感到失望。
>
> (Bennett 1911:239)

---

① 本内特的小说《克莱汉格》(1910)描绘了人们光顾布莱顿时参与的不正当的旅行活动(尽管实际上不是为了欢度疯狂周末)。小说的整体描述都使用怀疑的口吻:

> 周四,他佯装不经意地告诉玛吉,他周五可能去伦敦处理一台新机器的事情。彻头彻尾的谎言!幸运的是,玛吉已从父亲那儿学习到让女性更容易接受与"差事"相关的宣告……正是"差事"这个词终结了争论,或者说,遏制了争论。……到了商店里,他说:
>
> "斯蒂弗,我想你不知道布莱顿有家好旅馆吧?如果我明天没回来,我可能去那儿。你可不要走漏风声。"
>
> "我不说,先生,"斯蒂弗谨慎地回应这一提示。
>
> "有人说,布莱顿确实只有一家旅馆,先生,它叫皇家萨塞克斯旅馆。可我从没去过那儿。"
>
> 埃德温回答道:"怎么,不是大都会旅馆吗?"
>
> "哦,不是的,先生。"
>
> (Bennett 1910:475)

到布莱顿之后,他想:

> 做梦都想不到,布莱顿比任何人臆想的都要宽广。埃德温只见识过穷人和中等阶层的人去享乐的城市,比如布莱克浦和兰迪德诺。当人们极尽所能地将财富用于消遣时,财富扮演什么角色?他从未想象过……他蓦然间以布莱顿的秋季为傲,它为游客准备了众多异彩纷呈的周末。他承认自己是井底之蛙,狭隘的眼光让他低估了世界上游手好闲的富豪居然如此众多。向西数里,向东数里,在黄色和棕色的高耸的建筑物这让人望而生畏的背景里,这些人的富丽豪华足以让伯斯利小镇的人啧啧称奇,他们正在拥挤的人群中昂首阔步、驱车、骑行……空气中弥漫着……坚持真理和获得成功的意识。
>
> (Bennett 1910:475)

摩登派、摇滚青年和地盘帮派：暴力的狂欢

布莱顿聚集着富人、穷人、诚实正直的工业资本家、妓女以及奸诈的小贩，这种宽阔、包容的胸怀让布莱顿远近驰名，这一名声也烘托着它经久不衰的小型犯罪的氛围。这里有精致的新月形屋宇和排列整齐的商店，这里的贫民区也有狭窄的排房。当地一些史学家认为，这种差距是布莱顿历史编纂学中永恒的主题①。在第一次世界大战期间，人们不能去欧洲大陆游玩，这就刺激了布莱顿酒店服务业的发展。大量伦敦人为躲避齐柏林飞艇的空袭，逃到布莱顿。因此，战前行将过时的大型摄政宫殿在这里可以轻而易举地销售或租赁出去(Gilbert 1954:219)。但当地经济的好转，持续伴随着堕落的阴暗面和巨大的贫富差距问题。

两次大战期间，布莱顿赛马跑道和赌场成了地盘帮派的必争之地。帮派成员参与纷争和斗争，击杀受害者和敌人。勒索、高利贷、索取保护费的现象一直持续到 20 世纪 30 年代，这让布莱顿恶名远扬。虽然它是一日游的好去处，但环境恶劣，不宜居住。即使在光天化日之下，海边也常有袭击事件发生，因而在滨海区散步极其危险(《南方每周新闻》[*Southern Weekly News*]，1928 年 5 月 26 日)。1936 年 6 月，这些帮派到了穷凶极恶的境地。一伙 30 人的“霍克斯顿派”袭击了一家博彩公司及其职员，在与警方发生混战后被拘留，警方原本就预计会发生暴力事件。格雷厄姆·格林(Graham Greene)的《布莱顿硬糖》(*Brighton Rock* 1963)一书让人们铭记这个帮派横行的暴力时期。《布莱顿硬糖》以赛马场暴力事件的真实报道为基础虚构了“平基”帮派。砍杀之外，惊悚的“行李箱杀手”更是让布莱顿不光彩的名声雪上加霜。在其中一个有名的案例中，一名男

---

① 这一观点是由我在萨塞克斯大学的同事凯文·米森(Kevin Meethan)提出的。

子杀害并肢解了自己的妻子，将其身体的不同部位装进行李箱，并用火车运到不同的地方（见 Lustgarten 1951：187—238）。

布莱顿的“小马赛市”称号由来已久（Lustgarten 1951：188）。1934 年的行李箱谋杀案不是同类案件的第一起，早在 1831 年，布莱顿就发生了此类典型谋杀案（参见 Hindley 1875 以及丽娜·维特穆勒［Lina Wertmuller］拍摄于意大利的电影《七美人》［*Seven Beauties*］）。洛厄逊和豪金斯认为，布莱顿吸引了糟粕文化，这是对文化的一种纵向分级，与阶级社会经济的横向分级形成对比（Lowerson & Howkins 1981：72）。然而，这就产生了一个问题：为什么具有阈限性和狂欢形象的布莱顿会吸引这些群体？一方面，对暴力的管制松弛是狂欢的一个组成部分，这就夸大了任何地方可能出现的暴力倾向。另一方面，比较富有的人花钱不谨慎，给骗子和小贩可乘之机。日常生活的结构元素已被消除或动摇，布莱顿受娱乐和冒险至上原则的影响，判断力赖以形成的基础崩塌了：人们花更多的钱；花钱的方式更冲动、更冒险。

作为阈限地带，布莱顿将与越轨、颓废、犯罪和堕落有关的传闻变成轰动性的新闻报道。这些报道作为“布莱顿故事”的主要内容，在英国报刊界流传了近两个世纪。这些报道重述和证实布莱顿的空间化。英国其他地区都接受良好的管治，而布莱顿的空间化是在良好管治的边缘地带完成的。“布莱顿硬糖”的犯罪形象与堕落、低俗、富有魅力的布莱顿地方形象共存，这强化了布莱顿阈限化的地方传奇（见图 2.7）。

20 世纪 60 年代，摩登派和摇滚派在海滩上角力，这是社会秩序阈限性崩坍的另一例子（见图 2.8）。自 18 世纪末起，布莱顿就是人们寻求庇护的目的地：它在地理上位于由南唐斯山脉隔离的边缘地带（布莱顿旅游协会，1945：8）[①]，属于阈限区域和社会的外围。摩登

---

① 另见电影《蒙娜·丽莎》（*Mona Lisa* 1987）。影片中的人物脱离伦敦黑帮，逃到布莱顿却遭擒获，由此在布莱顿上演最后一场诱惑、背叛、一决雌雄的戏码。

图 2.7 “大众”,漫画,20 世纪 20 年代
来源:东萨塞克斯郡图书馆

图 2.8 摩登派和摇滚派之间的海滩斗殴
来源:东萨塞克斯郡图书馆,布莱顿与浩弗市《阿格斯报》(*Argus*)

派(借用波普爵士乐用语)时尚分子兴起于伦敦郊区,是出身于工人阶级的年轻的白领阶层,他们试图脱离自身传统的阶层身份。他们向哈莱姆黑人爵士乐手以及欧洲爵士艺术家学习,有着整洁、时髦的形象,体现了阶层向上流动的趋势。从风格上看,摩登派的文化主要体现为男性化的特征。男性穿贴身长裤、尖头鞋以及轻型摩托必备的带帽防寒上衣;女性则留短发,面无表情,仪态优雅(Brake 1985:75)。摇滚派没有摩登派那种时尚的、自以为优越的做派(Nuttall 1969:333),而是从另一方面展现个性,因为他们是受阶层束缚的、低收入的、不熟练的男性体力劳动者(Brake & Little 1964)。摩托车标志着摇滚派从权威、桎梏和恐吓中逃脱出来(Willis 1978),而摩登派则渲染了带配件的意大利轻型摩托车的魅力。俱乐部赋予摩登派一个华丽的理想世界(从某种意义上说是原始迪斯科),因为俱乐部不考虑阶层背景。

这两个群体在银行假日期间来到布莱顿这个既定的汽车旅行目的地(从伦敦出发,布莱顿实际上是路的尽头)。布莱顿有独特的俱乐部历史,享有不受道德和阶层束缚的名声。从伦敦出发,沿途没有更适合银行假日的周末旅游地了,因为其他靠近伦敦的海滨胜地都不具备这种多重形象。实际上,摩登派和摇滚派仅在布莱顿发生过两次冲突(1964 年 5 月和 8 月的银行假日)。从最初的新闻图片我们可以看见这样的情景:一方面,袭击者对年轻人拳打脚踢、扔椅子;另一方面,在混乱中,参与者满脸堆笑(见图 2.8)。“骚乱”场面喧闹欢腾,群情激奋,但是,这里没有人们心目中与暴乱相关的仇恨。在媒体大肆渲染之后,这些笑容留下了各种各样关于暴力喧嚷的狂欢的印象,这不是不共戴天的仇人、受到不公平待遇的少数民族或穷人发起的蓄意袭击。“布莱顿海滩在阴沉灰暗的全国假日发生了小规模的破坏和冲突,而媒体对此事的报道却大肆渲染,偏离事实。”(Brake 1985:64)大批青年在被媒体扣上“人间恶魔”的帽子之后,人们才有意识地接受他们扮演的两种离经叛道的角色。“不分青红皂白的指控、当地人的过激反应和媒体老一套的说辞”引起了“道德恐慌”(Cohen 1972),并暗示一种阴谋:“散漫的青少年群体团结起来,变成某个没有实体的阴谋集体。”(Brake 1985:64)在布莱顿海滩上,摩登派和摇滚派是人们可以目睹、识别的社会团体。他们酗酒、吸毒,逃离家庭日常生活环境的束缚。……当这一切因素结合起来,海滩就适时地成为两个团体爆发冲突的场所。

风流周末和性的狂欢

不真实的城
在冬日正午的棕黄色雾下
尤金尼迪先生,斯莫纳的商人
没有刮脸,口袋里塞着葡萄干
托运伦敦免费,见款即交的提单,
他讲着粗鄙的法语,邀请我
到加农街饭店去吃午餐
然后到大都会去度周末。

(T .S. Eliot,《荒原》[*The Waste Land*],1922:Ⅲ,1.214)

布莱顿向一日游和假日游的转变具有巨大的魅力,无数家庭前来度假,而不再只是吸引那些能支付妓女服务的独来独往的少数人(妓女要等到只身前来参会的人才能做成生意)。[①]布莱顿的“旺季”和海边假日一直为年轻人创造机遇,让他们远离社区流言蜚语的束缚,并在父母宽松的监管氛围中与许多其他年轻人邂逅、调情。[②] 布莱顿

① 作者如此断言是凭借个人的观察:在20世纪80年代末,布莱顿市中心、海滨会议旅馆和火车站附近“寻找激情,请拨……”的热线信息骤然增多。

② 这一现象持续至今。参见英国独立电视台(ITV)1986年播放的电视剧《在海边》(*Seaside*)。剧情围绕20世纪50年代在海滨胜地度假的一对年轻男女浪漫邂逅、男主角与青年黑帮交锋的故事展开。

的异国风情和“欧陆”风格的名声强化了这一趋势——“不真实”的城市这一名声足够响亮，以至于T.S.艾略特把在大都会旅馆欢度疯狂周末的主题写进他的长诗《荒原》里（1922：Ⅲ，1.214）：

> 海边假日一直以来被奉为男女邂逅的良机……所以一战结束士兵退伍归来时，就有先例。随着先例为人遗忘，情侣们现在可以成双结对，不用考虑监护人，可以远离精明或严厉的父母的视线。舞厅是一个好去处……（好地方），中产阶层的年轻男人在假日大展身手，女人则纵情欢乐。
>
> （Hern 1967：176）

布莱顿失德、荒淫的形象深入人心，使得它在20世纪获得“风流周末目的地”这一形象。但是，我们很难确定这一形象源自风流淫乱的周末导致的实际的离婚数量。医嘱认证、地方法庭以及巡回法庭的记录没有在英国公开，而且最初的手稿记录也在50年后被随意处理了。除非有现成的法律要求，法庭的记录通常不会公布离婚细节。报刊尽管会报道离婚（婚姻无效）判决，但大多不会讨论离婚案的细节。旅馆记录也无法成为详细信息的来源。因此，我们无从确定20世纪20年代和30年代（1936年后更无法确定）的风流周末是否就是摄政王风流轶事的重现。然而，如本书前面所述，这种活动是否实际存在已无关紧要，能找到几个例子亦不足为奇。尽管布莱顿有放荡的名声，实际上前来此地的大多是家庭和一些神职人员。那么，问题就在于社会空间化和传说有着超越现实的能力。

风流周末不像人们初次预想的那样属于一时冲动。它们往往是经过人为设计而上演的一场婚外情，因为夫妻离婚必须有“不忠”这一借口。这一直持续到1936年：

在老派人士的圈子里，离婚……在社会里仍有些许耻辱，尤其当妇女是过错方时，更是如此。因此，为了成全有罪的妻子，大多男人会很绅士地与"不知名的女人"上演通奸的闹剧，好让妻子有理由与他们离婚。负责离婚官司的律师对于这种串通好的反常行为心照不宣，通常都能安排这位丈夫去布莱顿某家旅馆和一个专职的"不知名的女人"约会，同时提取清洁女工的证词。

(Graves & Hodge 1950：109)

A.P.赫伯特(A. P. Herbert)推出《1936年离婚法案》之后，人们不必再假借风流周末达到离婚的目的。小说家、议员赫伯特在他的著作《神圣的僵局》(*Holy Deadlock*)(1934)中把风流周末写得臭名昭著：

通常，男士把女士带到布莱顿或其他地方的旅馆，以妻子的名义给她登记入住，与她共处一室，再把账单寄给妻子。妻子的代理人寻根探底，最终找到给有罪的那对男女送早茶的清洁女工。在过去，一个夜晚就足够了，但今天(法庭)庭长要求更严格，我们建议最好是整整一个周末。你看，你想暗示的是，那是一种真实、持久的暧昧关系，而不是短暂的风流或圈套。因此，布莱顿就是理想的去处，因为人们认为所有野鸳鸯都会来这里。然而事实上，除了神职人员和家庭聚会，我在大都会旅馆再没看到其他人……

"我真的必须——必须——那么做吗？"

"必须和那位女士睡觉吗？严格来说，不必。但你们得住在同一间房，睡同一张床，等清晨有人端来早茶。"

"我的天哪！"约翰说，"这什么世道！"

(Herbert 1934：31)

这种惯用的伎俩已经广为人知，幻想以此离婚的夫妇希望破灭了：

> [审判长]看见“旅馆”这个致命的词汇，目光从面前的诉状移开，看着兰森先生：“旅馆？在布莱顿？……这一切……似曾相识，兰森先生。我猜你会说，被告与那个女人……在这个旅馆待了两个晚上，女服务员看见他们躺在床上，被告把账单寄给妻子，是这样吧？”
>
> (Herbert 1934:99—100)

小说中，丈夫雇了一个“不知名的女人”同往布莱顿，他们住在国会大厦，含沙射影地指代人们享受风流周末的顶级旅馆大都会旅馆。人们都知道，这个旅馆名和“不正当行为”是同义词。布莱顿人说，世人皆知大都会的走廊挤满了私家侦探，这些侦探受雇于共同被告，热心地为案件猎取让人倒霉的证据。

为什么布莱顿是出轨的好地方呢？赫伯特说“所有野鸳鸯都会来这里”，即使我们真的认为他说的是对的，狂欢理论却更能说明问题。布莱顿在风流周末神话中的形象重新树立之前，它的阈限地位早已存在。在不列颠群岛的空间化进程中，海滩是适宜的场所，因为是自由空间，处于社会规范的“之间”地带。这样的空间易于导致行为有失检点。其次，布莱顿与狂欢长期关联，早已招致失控的名声。风流周末属实，不是传说。当时人们反对离婚，在这样不利的体制背景下，风流周末沦为单纯功能性的策略。布莱顿靠近伦敦，而且已有不断违反道德标准的轻浮的名声。但是，实际操作的真实情况已经相对边缘化，在具有神奇渲染力的传说中被人遗忘，成为布莱顿由媒体承载的地方形象的新元素。风流周末现象利用了布莱顿作为狂欢现场这一名声：它是用后来的失德、残暴的谋杀、无视风化等来挑战社会规范的。风流周末把布莱顿狂欢的地方神话融入离婚案件中，赋予离婚案件一种情感暗示色彩：在布莱顿某家臭名昭著的旅馆发生了惊人的周末淫乱。这可比保守的司法系统的审判高效多了。风流周末是布莱顿阈限性的一种变体，旨在将涉事男人从“绅士”的身份变为“奸夫”。这样的做法与布莱顿紧密相连，增强并巩固了这座城市的地方神话所具有的力量。

这种做法需要策划和足够的金钱，因为需要雇佣专职的“不知名的女人”，要在布莱顿夜总会上演一场高度可视的周末剧。经济实力伴随着对体面的关注，特别是妻子的面子问题；而妻子又是共同被告，往往最先是过错方。这些特征表明，风流周末是中产阶层的活动。处于社会经济底层的人没有余钱；富人和贵族为了维系家族关系会保住婚姻，并且他们有经济实力惹出婚外情而不担心绯闻缠身，因为他们立足社会凭借的是头衔，而不是人品。风流周末这一神话代表了对荒淫和堕落神话的早期包装。这些实际的做法重新塑造了较早的神话，这些做法更接近于中产阶层的幻想，因为维多利亚时期的道德规范束缚着中产阶层，将圣洁观强加于婚姻伴侣，尤其家庭秩序。风流周末的神话延续着布莱顿阈限性的狂欢这一地方神话，是阈限行为的一个颇具说服力的事例，它针对维多利亚时期中产阶层主导价值观的核心；媒体和小说家夸大地使用了这一事例。风流周末的神话有着如此巨大的影响力，以至于社会实践将布莱顿的狂欢和阈限符号融入了风流周末这一神话，从而对布莱顿地方神话的影响也延续至今。因此，今天旅馆仍会推出纪念版“风流周末特别项目”，情侣可化名为琼斯夫妇入住。

布莱顿的海滩持续空间化，成为潜在狂欢的一个阈限地带，自 19 世纪末，特别是 20 世纪 20 年代，直到 20 世纪 50 年代外国假日的兴起才使海滨度假胜地黯然失色，海滩特有的行为模式被规范化，并推广到其他社会领域和空间——度假营地、俱乐部和酒店的内部装饰等等。在布莱顿，阈限区域在城镇中渐渐消失。小本经营的创业者利用假日旅客的越轨行为，他们开办俱乐部、旅馆、甚至妓院，靠那些出城来一日游的旅客赚钱，这些游客都受布莱顿地方神话的总体阈限性的吸引而来。因此布莱顿可谓理想的自由之地，从流浪汉和摩登派到朋克和无家可归的年轻人，它能详细解释自身形象的边缘化模式。在20世纪80年代，八卦小报将布莱顿描述成"不列颠艾滋病之都"(当然，布莱顿的艾滋病病例不可能比人口更密集的伦敦更多)。相反，整个世纪以来，有人竭力"让布莱顿更庄重"。20世纪50年代，《官方手册》(*Official Handbook*)剔除了任何"假日亢奋的可爱美女"等饱含暗示的内容(布莱顿旅游委会，1953:3 & 1954:2)，使用以安全的家庭运动为主的宣传图片替换沐浴美人的照片(1955—1967:6—8)，不再选用由女性参与的"海滩女王"的日常海滨选美大赛的海报。自20世纪30年代末起，自治镇议会开始宣传布莱顿，试图干预狂欢性质的地方神话。该议会用新闻短片《国王的游憩胜地》做宣传，在英国、加拿大和美国电影院放映。议会还任命一位全职的宣传员，并发行官方指南或手册。《1937—1938年官方手册》(*1937—1938 Official Handbook*)改编了一对极不情愿来旅游的夫妇的游玩经历："他们在北方出生并长大，因此，他们和所有生长于北方的人一样恣意地用优越、傲慢的态度看待南方人和居住在南方的人。"尽管他们怀疑布莱顿的阈限地位，但最终爱上了这个城镇。这本指南不失时机地强调布莱顿与著名作家的文学关联①——

① 随后有一期《手册》如此说道：

> 在当代最有趣的作家中，有一位作家在小说中写了一个男人：他来自中部地区，却知道布莱顿是一个浪漫的名称。阿诺德·本内特本人在陶器厂工业区生活时，布莱顿就有这个称号。全国人民，甚至外国人都熟知这个浪漫的名称。其名声是国际化的。凡阅读过英文书籍的人，都不免听说过这一称号。它在文学里有稳定的地位。
>
> (布莱顿旅游委员会，1938:12)

"'简·奥斯丁在这儿可能会有宾至如归的感觉。'佩内洛普阿姨说。'她会的,我自己也是这样,'我说,'在布莱顿游玩融合了所有人间可能的快乐。'这是她的原话。"(布莱顿旅游委员会,1937:6)

综上所述,我们把布莱顿海滩定位为一个社交地带,并且大致上将其区分为三个互相重叠的阶段。

第一阶段(19 世纪初至 19 世纪 40 年代中期):供疗养沐浴的海滩以及供社交的海滨步行大道。源于罗素医生和乔治四世的海滨经历,布莱顿的阈限性兴起,它与严肃持重的沐浴疗养模式以及伦敦古板的风气形成对比。

第二阶段(19 世纪 50 年代至 20 世纪 20 年代):大众海边一日游的布莱顿海滩。狂欢化的海滩逐渐取代疗养、阈限性海滩的地位,并冲击了维多利亚后期中产阶层"壮美"的审美观念。这一过程因为开发商、铁路和当地小资本家对阈限性的资本重组而得以完善。狂欢化的海滩强调"活力",重视从压抑的行为准则中解放出来,反对日常环境中理性的生产主义。就社会控制来说,起初通过假日数量来调控、限制人们对海滩的使用,后来依赖羞愧、窘迫和幽默来进行自我规范。

第三阶段(20 世纪 20 年代至今):疯狂周末和暴力是对社会规范的逾越,摆脱了全镇狂欢的、约定俗成的阈限空间的控制。布莱顿作为一个狂欢场地的形象重新包装成一个逐渐暗淡的"疯狂周末"的神话。

在包罗万象的历史社会空间化进程中,海滩的地位随时间改变:从自由过渡区域到阈限区域和狂欢化的娱乐区域,海滩最终再领域化。理论上的二分法把生产和消费的经济主义的分工转换成地理术语,而布莱顿这个案例说明这种二分法过于简单。倘若用这样的研究方法，我们可以假定，工作场所和休闲场所一定有分区，因此就出现“生产空间”和“消费空间”不同地位的问题。许多城市理论家已采用这些术语，最著名的是大卫·哈维（1982；参见 Shields 1989）。这就确定了一种划分观点：鉴于很多男人几乎只是把家当作下班后的家庭娱乐中心，那么这种划分方法就会把家庭主妇排除在一些理论家的分析之外（这包括伯明翰文化和社区研究中心的一些理论家，参见 Hobson，载于 Tomlinson 1981：65）。这就导致一个惊人的结论，即女性没有休闲活动；这不会让我们去质疑休闲的性别限定或去调查妇女“非职业的”抑或颠倒的娱乐方式（如海滩选美大赛，参见《布莱顿先驱报》，1938 年 8 月 15 日）。当然，这种颠倒的娱乐方式也许不能称为休闲。海滩地位的变化以及在海边出现的狂欢节的道德性和适宜性引起的公愤让我们思考：不同时期两性之间的关系如何？不同的传统角色之间的关系如何？（我们会在下一章探讨）

我们必须考虑巴赫金的观点。巴赫金认为，狂欢的性释放是富有成效的，因为它使人的心情振奋，活力焕发；它把人涣散的情绪凝聚起来。真正的“人的工作”就这样披着海滩休闲的外衣得以完成。前文的案例分析显示，把海滩（娱乐空间）与工厂场地区分开来的不是消费与生产的分工，而是建立在理性与情欲原则的逻辑之上的空间分区。那么，这不单纯是用休闲的“无形”取代地理场所的“硬度”。德勒兹和加塔利认为，情欲的力量总是真实而富有成效的（Deleuze & Guattari 1976）。理性与情欲的区分是本案例探讨的社会空间化最基本的区分，在后面几章中会再次出现。在英国总体的社会空间化中，布莱顿的地方神话与其他城镇或地区的地方神话相比，它处于一种想象的地理中。这种差异使布莱顿建立了作为阈限的目的地这一声誉，它既是社会、地理的边缘区域，又是一个独特的地方。

第三章　尼亚加拉瀑布：世界蜜月之都[①]

亨内平神父是第一位亲眼目睹尼亚加拉瀑布的欧洲白人。1697年，他在著作中写到，“这大瀑布不可思议，举世无双”，浪涛“翻滚，汹涌澎湃，甚是骇人”：

> 我千百次地希望那时还有其他人与我们同行，能够描绘大瀑布这宏伟惊世之奇迹以飨读者，好让读者公正、自然地理解它，好让这一自然奇迹获得世人给予的当之无愧的仰慕之情。
>
> (Hennepin 1698)

也许因为亨内平带插图的专著吸引了广泛的读者，也许因为他是目睹尼亚加拉瀑布的首位欧洲人[②]，他的描述控制欧洲人的想象长达一个世纪，是尼亚加拉意象的典范：凌乱的地貌，水从不同的方

① 在19世纪末和20世纪初，尼亚加拉瀑布的广告几乎都采用这个推广口号。许多明信片也用这个口号当作信息栏的标题，然后在标题下描绘卡片上的风景画。

② 1641年，耶稣会传教士杰罗姆·拉勒芒首次在书信中提及Oniugaahra（当时发音为“Nee-uh-gar-uh”[尼亚加拉]）(McKensey 1985：8)。航海家尚普兰在1604年的著作《航行》(*Voyages*)中特别提到传闻中尼亚加拉的存在。

向流过高耸、幽闭、恐怖的悬崖，朝着本应有平坦地面的峡谷中奔泻（见图 3.1 和图 3.2）。

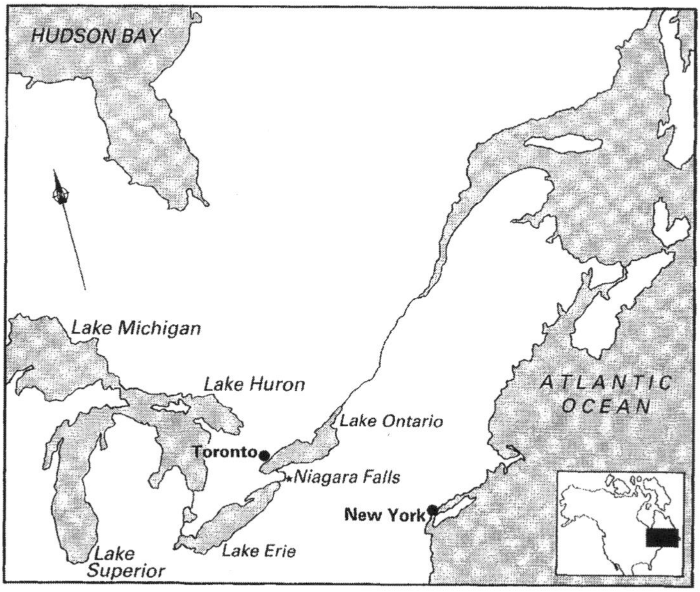

图 3.1　尼亚加拉瀑布环境图

图 3.2　尼亚加拉瀑布，1697

来源：佚名，1697，亨内平著作（1698：24）中的插图，大英图书馆

人们对尼亚加拉瀑布及其意象、声誉的态度是逐渐变化的，这些变化源自过去200多年尼亚加拉互相矛盾的宣传形象。尼亚加拉瀑布不同于布莱顿，它获得声誉不是因为它原本就臭名昭著，而是出于自我推广。我们在布莱顿案例中询问过的问题，可以再度提起：为何一个地点适合某些活动而不适合另一些活动？此外，在尼亚加拉举行的活动在性质上都是近阈限的：北美几代人，甚至今天日本、中国、韩国等东亚的旅行者都是实实在在地把尼亚加拉瀑布视为“大自然的圣地”而朝圣的（图3.3）。尼亚加拉的地方意象的含义说明，尼亚加拉瀑布的功能得以超越（Barthes 1972），一方面变成“自然之精华”的符号（“自然之精华”是一则带有尼亚加拉瀑布图像的早餐麦片的广告语），另一方面又变成恣意的、甚至自我放纵的“盛事蜜月”的标志。这些意象常常互相矛盾，这决定了尼亚加拉瀑布的地位，它存在于社会想象的空间化中，同时它又是一个真实的地方。如前所述，这

图3.3　旅游旺季的尼亚加拉瀑布：摄像的游客，1877

来源：钱普尼（J. W. Champney 1877），《哈珀周刊》（Harper's Weekly）中的插图（1877年8月18日：644—645），大英图书馆

一系列蕴含意义的地点和空间依据差异原则结为一个整体。尼亚加拉“意义”的关键是它不同于其他地方和空间，它是领域化的，“适宜”某些活动的一个地方。

如此不同的态度和活动在此地留下痕迹，其中互相矛盾之处让人不知所措。那么，我们如何介绍这个地方呢？尼亚加拉瀑布周遭的实物和建成环境沉淀着历史的痕迹：游客、土著居民和欧洲人、强占者以及后来依靠瀑布发电的电子化学工业。从历史上看，要把尼亚加拉瀑布变成日常风景一个模糊的部分，这相当困难，这种困难反倒确保了尼亚加拉瀑布独特的地位。有些评论者认为，这个地方非同寻常，它呈现了一种不可言喻的特质。雕刻师巴特利特说：“尼亚加拉的模样，你能够想象，但是你永远无法用语言描述它。”(Bartlett 1855，引自 Colombo 1974:254；见图 3.4)18 世纪和 19 世纪时有这样的神话，即人们认为尼亚加拉真实的独特性是不可能描绘的；然而，在世人看来，弗雷德里克·丘奇(Frederick Church)的油画成功地复制了尼亚加拉，神话就此褪色。随着神话中“灵韵的消失”(Benjamin 1975b)，尼亚加拉作为得天独厚的蜜月之地、作为生命循环的变迁和过渡礼仪之地这一阈限地位也黯然失色。倘若布莱顿处于壮美而无序的海洋与英格兰井然有序的风景“之间”，那么尼亚加拉受到尊崇，是因为这里是人们从一种社会状态向另一种社会状态过渡的“之间”地带，他们从体面的单身状态逾越所有禁忌进入婚姻状态。这种尊崇的态度(今天是由尼亚加拉公园委员会所代表的)使尼亚加拉瀑布获得“家庭生活的圣殿或庙堂”这一寓意。这种态度凭借风景园艺“提示语”和惯例的形式依然存在，但是瀑布本身灵韵或独特性的失去以及 20 世纪大肆宣扬的婚礼俗套使人们刻意以流行、庸俗、令人啼笑皆非的态度接受尼亚加拉瀑布，让满足情绪“爆发”(Deleuze & Guattari 1976)。因此，露天游乐场“胜地”以及后来所说的“盛事蜜月”就诞生了，不再是过渡礼仪，只是暂时的性狂欢状态。

这并非香客或游客“选择性地、再次确定中心”的行为(Cohen 等，1987)，而是一日游游客的狂欢，又是“后旅游者”“兴趣点”的象征性的集合(MacCannell 1976; Urry 1987)。①

图 3.4　马蹄瀑布与观瀑塔，尼亚加拉，1837
来源：巴特利特(W.H. Bartlett 1837)，《美国风景》(Willis 1840)，大英图书馆

尼亚加拉瀑布誉满天下

飞流磅礴入眼帘，
震耳欲聋涛惊天。
上观下眺愕然悟，
千古奇观在眼前。
河道豁然泰如湖，
岛屿湍流与飞瀑，

① 所谓“象征性”指的是人的经验依据其地位价值而集合起来形成符号资本(见 Bourdieu 1981)。

天工宏伟惊世美，
蔚为壮观人敬畏。
（Wilson 1818，Ⅱ. 2059—2062，2065—2066，2069—2070）

人们对尼亚加拉瀑布的反应一直都是用形容词的最高级来描绘的。凡亲眼目睹的，有许多人说自己目瞪口呆，心生敬畏，无以言表；他们用“自然之壮美”“近乎恐惧之敬畏”来描述自己的体验（Marx 1975）。自亨内平神父首次书面提及尼亚加拉瀑布至1825年伊利运河的开通，尼亚加拉一直是遥远的、异域的奇迹，人类企图“战胜她的威力”[①]，然而，所有企图注定了失败。“在这里，人类付出的最大的努力基本无济于事，因而我们对这条气势恢弘的河流五体投地，它将永远讥讽艺术之精湛。”（《每月选集和波士顿评论》[*Monthly Anthology and Boston Review*] 1806：457—458）即使尼亚加拉有了可供游客住宿的场所，去那儿旅行依旧艰难，唯极爱冒险之人往之。来此处旅行，准备工作代价高昂：需乘船从波士顿启程，走几天水路；或从布法罗出

① 用拟人的手法描述尼亚加拉，将它塑造为一个女性化的形象，这就产生了一个背景，在这个背景映衬下，格外鲜明的语言形象是男性化的掌控、征服、占有、蹂躏、驯服，将尼亚加拉塑造成“非狂野”的状态。特别值得一提的是，这些描述将尼亚加拉瀑布女性化，避开人们所说的力量和暴力的男性属性；尼亚加拉壮美的外表使其宏伟庄严的气势笼罩了一层温和的色彩，从而强化了其温和安静的属性：它安详、柔和、静谧，魅力举世无双。人们在这里感受不到它的力量。人们认为这种伤感的文字是“女人随意写的”；有一位男性游客认为，只有在一群女伴儿的陪同下才能对此有所体会。因此，沃尔特·亨利（Walter Henry）曾说：“我四度参观尼亚加拉瀑布，其中三次均携女士一同前往。大自然或艺术中如此雄伟、壮美的景观，若没有异性的渲染，就失去了观赏的价值。……有一位与我同去的女士，她天资聪颖，温文尔雅，第一次长久地凝视面前这壮美的风景之后，突然转过头冲着我痛哭流涕。”（《军旅生活大事记》[*Events of a Military Life* London，1843]，引自Dow 1921：Ⅰ，186—187）。女人是“男人个体经验能力的记录仪”，只有当女人在场时，男人才能将情感表达出来（Henry 1848，引自Dow 1921，Ⅰ：187）。参见道格拉斯的著作《美国文化的阴性化》（A. Douglas *The Feminization of American Culture* New York：Knopf. 1977：48，102.）以及科特的著作《女性的羁绊：1780—1835年间新英格兰“女性生活圈”》（N. Cott *The Bonds of Womanhood*：*“Woman's Sphere” in New England* 1780—1835. New Haven：Yale University Press 1977）。

发，航行一日。路途需盘缠、驮马、当地的导游等。

尼亚加拉瀑布所处之地遥远，处于当时已知世界的边缘地带，难以企及，这烘托了它的阈限地位。它在人们的日常生活领域之外。在18世纪、19世纪时，尼亚加拉在人们的幻想里是一片广袤的、毫无地方特征的、丛林繁茂的地域，人们谓之曰“荒原”，这样的环境是神圣的，颇具象征意义。从文化意义上看，尼亚加拉瀑布等同于《圣经》中的荒野，它是一座灯塔，一个既定的地方。旅行者把这里视为出发点或目的地，从而确定旅途清晰的方向。旅行者遵循既定的线路，走过一系列的客栈，实际上是一名朝圣者，履行一场空间移动的程序化仪式。尼亚加拉这一目标让人心向神往，路途的艰辛跋涉显得微不足道。旅途的奔波劳顿只会增添朝圣的价值，挖掘自我发现的潜力。后来的旅行者皆为探险家，和亨内平、尚普兰并不相同。

尼亚加拉顺理成章地产生了更广泛的象征意义，成为连接天地的宇宙轴：在安大略省的荒原上，在那片蛮荒的空间里，尼亚加拉不只是一个闻名于世的地方，而是赋予人安全感的精神支柱。从比喻意义上看，围绕这根支柱，整个世界便可重新绘图。这种重新绘图以及“中心”性的构成是海德格尔的“栖居”（1968a：149）这一概念的情感意义的核心。伊利亚德在总结圣地的特征时说，圣地的“事物中[蕴含]一种秩序完全不同的、不属于我们这个世界的一种现实；而这些事物却是我们这个自然的俗世不可或缺的一部分”（Eliade 1959：11）。因此，尼亚加拉具有难以名状的精神特质，对此所做的报道符合伊利亚德对圣地的定性，这不足为奇。圣地可能是高原、圣山、海岛，可能位于陆地和海洋之间这类地理边界上，也可能位于向地球深处延伸的石窟里。正如尼亚加拉一样，圣地的特征就是与周围环境格格不入。早期的评论和游记里已经对尼亚加拉瀑布有非常明显的形而上学的探索。

依照社会构建，在尼亚加拉旅行就是一个程序化的仪式。这个世界的空间化具有神圣的意味，让人坦然自若，它取代了人们对可度量的距离产生的现代的、理性的抽象概念，也取代了人们对这个世界的理性思考；这些抽象的概念和理性思考原本是用投影地图来表达和想象的。空间差别充满意义，诸如尼亚加拉这样的圣地是圣化的权力之地，具有重要的存在意义。一种空间观念转换为另一种空间观念，在一定程度上是通过旅行完成的。旅行实现了空间移位；一个空间转换为另一个空间，宗教的空间化转换为抽象、理性的空间化，均可比喻为空间移位。朝圣是一部存在主义戏剧，信息和转化的潜力在其中都是编码的。因此，围绕神圣的目的地（比如尼亚加拉、耶路撒冷或麦加）所做的空间移动和重新定向就是朝圣的背景、媒介和内容。空间运动象征着人们以更近的距离接触神圣的氛围（Turner 1974），暂时远离日常生活中的社会秩序和空间化："香客不再是社会关系恒久体系中的成员……他们在田野里移动，是上苍授之以奥秘的、转瞬即逝的朝圣阶层的成员。"（Radcliffe-Brown 1957：22，引自 Turner 1979：122）朝圣的旅行者不仅在空间上是移动的，而且他们的价值观和人生态度也因为远离日常生活的苛责和行为准则而容易发生变化。特纳在研究朝圣问题时特别提到边缘性所起的作用：

人们朝圣的圣地有明显的边缘性，它们位于国家或教会主要行政中心之外的地方。更重要的是，朝圣者从熟悉的地方启程，走向遥远的地方，又回到熟悉的地方，从理论上说，他在这一过程中已发生变化。所有这一切……均涉及过渡礼仪。范·热内普说明，许多类型的礼仪，尤其是成年仪式，都有三个区别明显的阶段：(1)分离；(2)阈限；(3)再聚集……范·热内普特别注意到地位移动和空间位置之间的相互关系。……在许多文化里，在空间上与熟悉的、习惯的环境分离都会产生惩戒的、净化的、赎罪的、认知的、教育的、疗愈的、改造的作用以及许多其他的功能。

(Turner 1974:195—196)

就像狂欢节或者阈限仪式一样,朝圣通过身体进行,身体从日常环境的保护茧里挣脱出来,暴露在非常规的、未知环境的严酷考验和危险之中。前往尼亚加拉去朝圣,面临的考验就是纽约州和安大略省的丛林或者从波士顿起航要行走的水路。尽管这个时期的游记都以教化人的口吻来撰写,真正引人瞩目的是人们游历尼亚加拉时体现出来的非话语的本质特征。早期的旅行者面对尼亚加拉时,他们几乎没有理性的语言缓和自己的情感,无法简洁地概括自己对尼亚加拉的体会,无法将瀑布的咆哮升华至理性。尼亚加拉瀑布不仅位于文明的地理边界之外,而且处于理性认知的边界之外。这事实上就是这个时期尼亚加拉的重要意义,它挑战了18世纪早期启蒙运动主题中世俗的身份和人文主义。从这一方面来说,现在我们可以开始理解诗人的词语:飞流磅礴,蔚为壮观。亨内平神父也曾称尼亚加拉瀑布为“宏伟惊世”之神工。然而,这种体会很快就会丧失,因为瀑布在思想和意象的话语体系的联合防御中渐渐地扎根了。“尼亚加拉”不再指瀑布,而是一个超功能符号,指代其他事物:它成为早餐麦片、刮胡子的刀片、性、恋爱、蜜月和世界奇观等的广告商标。当我们站在20世纪末向这个世界遥远的过去眺望时,发现人们早期对尼亚加拉壮美风景的体验是自相矛盾的,是一种遥远的、艰难的文化记忆。当今所谓后现代时期的变幻莫测的构形让我们怀疑形而上学的所指对象,比如,早期尼亚加拉所具有的所指对象。当今我们更难为价值、符号和身份找到根基,然而北美风景重要的符号经历了早期预言性质的“灵韵的丧失”:在当代文化中与“后现代状况”有关的评论和怨言同样适用于19世纪初以来的尼亚加拉瀑布,“无论是超验科学还是超验宗教都无法在此地安家”(Tyler 1986:135)。

早期朝圣的旅行者对尼亚加拉宏伟壮美的风景有着自信的解读，这种解读随着1825年伊利运河的竣工而彻底改变。对尼亚加拉来说，伊利运河的竣工是一个骤然发生的转折点，尼亚加拉突然以极高的程度向商业、工业和旅游业开放，它再也不是一处神圣的、与世隔绝的风景。伊丽莎白·麦金西(Elizabeth McKinsey)在描述尼亚加拉符号特征的历史时说：

> 尼亚加拉从一个遥远的、理想主义的民族符号彻底变成一个交通便利、时髦的旅游胜地。中产阶层愈加富有，出行更便捷……随之而来的是供游客享受的住宿条件以及吸引游客的各种服务和条件：旅馆、配备导游的旅行车、防水衣、纪念品销售点、博物馆、特别搭建的观景台、门票，还有熙熙攘攘的人群。
>
> (McKinsey 1985:127)

从19世纪20年代末至美国内战，尼亚加拉一直是富人们首选的旅行目的地。美国南方的中产阶层尤为如此。他们若想逃离南部庄园盛夏的炎热天气，便选择去尼亚加拉避暑。在尼亚加拉瀑布对外开放不到两年的时候，当那艘双桅纵帆船“密歇根号”从瀑布上一漂而过遭遇注定的厄运时，前来观看者约达1.5万人。在最初这些奇观之后，很快又诞生了其他奇异的场面，如尼亚加拉瀑布的魅力吸引富有的游客纷至沓来，而手段拙劣的中间商和小贩利用这些富豪，用驳船装载异域的动物，烘托出愈加浓重的狂欢气氛。到19世纪40年代末，每年光临尼亚加拉瀑布的游客超过4万人。

诗人库珀曾预言，一条运河就能使尼亚加拉成为“满足人类好奇心的最迷人的事物”,“未造访此地者无一不视其为旅行之目标，有品位的游客无一不赞颂其壮美”(Cooper 1810:19，由纽约历史协会重印,1974:7)。伊利运河的支持者德威特·克林顿(DeWitt Clinton)曾提出更精确的预测,令他敬畏的不是瀑布之美,而是瀑布中蕴藏的能量之壮美。他在日记里记录了自己的情感反应:“纺织梳理机、面粉厂、锯木厂这样的概念,还有尼亚加拉是‘世上水利工程最佳选址’这样的评价,占据他的头脑,挥之不去。”(Clinton 1849:129,引自McKinsey 1985:128)在美国这一边的河岸上,名为“尼亚加拉瀑布”的那个村子改名为曼彻斯特,展示了此处居民的雄心壮志:要掌控尼亚加拉这个美名之外更多的财富。

尼亚加拉瀑布的面貌发生了翻天覆地的变化,它的意义也随之在美国人的想象里发生了巨变。人们愈加喜欢到此一游,此地的意象也愈加受欢迎。在20世纪50年代左右,随着景区旅馆的开发和交通条件的改善,去北美旅游,便可与北欧大巡游媲美。到尼亚加拉去旅行往往是北美旅游必不可少的一部分,任何有经济实力支付旅游费用的人都会去观赏尼亚加拉瀑布。到19世纪后半叶,普通北美人把尼亚加拉的实地景观想象为大自然最宏伟的工程之一,这常常由他们自己的亲身经历来证实、修改;与此同时,他们还把尼亚加拉瀑布视为一处流行的风景胜地或者一片完美的工业区。大量受欢迎的游记、地质学研究成果、新闻报道、诗歌和歌曲、油画等既反映人们对景区的兴趣,又点燃了人们的好奇心。尼亚加拉瀑布的阈限性曾使它成为朝圣者的目的地;阈限性的各个方面渐渐瓦解,变成一种近阈限而非完全阈限的经历。人们又以新的方式观赏尼亚加拉瀑布,瀑布成为过度的权力或无用的权力的一种表达,并且这一地位逐渐凸显,超越了游客经历中的形而上学的层面。

麦金西说:“旅游手册公开宣称人类已经征服尼亚加拉瀑布,这表现在运河的开凿、工业对水能的利用、桥梁的建设和塔楼的设立,甚至是哗众取宠的噱头以及人造奇观等。”其结果就是怂恿“一种更自我为中心的、商业的、实用主义的态度……我如何才能在最短的时间内看到这一切?”这种实用主义标志着一种变化,这种变化削弱了游客对尼亚加拉瀑布奇观的接受能力。奥斯卡·王尔德(Oscar Wilde)说:“尼亚加拉瀑布是大量的、多余的水走错了方向,然后从一堆多余的岩石上飞流直下。倘若水不落下,那才叫奇观呢!”(源自1882年的纽约记者招待会,见Colombo 1974:632)。然而,旅游者们一如既往地将自己的经历与他们对壮美情感的期待进行对比,责怪自己没有能力欣赏尼亚加拉瀑布。[①]游客的期待源于地方意象,游客的经历由现实决定。因此,大体上说,因为期待和经历不一致,游客“往往因自己在那儿的经历而伤感,大多是因为实地景观的变化以及由此引起的壮美风景的减弱带给游客的不良反应”(McKinsey 1985:129—130)。

旅游仪式:“时髦人物、富豪、学者荟萃于此地”[②]

对尼亚加拉瀑布的伤感反应并非无足轻重,而是旅游仪式的基本特征。旅游仪式反复进行,人们一方面沉溺于过度的道德说教和商业主义,另一方面对过往只有高贵的野蛮人[③]居住的纯粹大自然产生伤感的怀旧情绪,旨在重新获得对自然壮美的亲身经历。游客的经历往往是预先安排的。游客通常会遇到以前人们证实的、甚至是预先安排的事件和手工艺品等一揽子服务,在尼亚加拉当然也不例外:

---

① “我蜕变:我彻底变了;我是一个傻瓜,一个笨蛋,一个最愚蠢的人,一个在忘川边长大的、肥头大耳的废物,一根树桩,一块顽石,一块化石。因为我看不见尼亚加拉这奇观中的奇观,我感到难以名状的失望。”(安娜·詹姆森[Anna Jameson],《冬日研究和夏日漫谈》[*Winter Studies and Summer Rambles* 1838: Ⅰ,83])。

② 引自霍雷肖·帕森斯(Horatio Parsons)的著作《尼亚加拉瀑布游览大全》(*The Book of Niagara Falls*),1836。

③ 高贵的野蛮人(noble savage)指的是生活简朴、与土地和动物密切接触的部落或群体成员。18世纪的作家让-雅克·卢梭较早使用这一术语,认为“高贵的野蛮人”善良诚实,没有受到欧洲社会的不良影响。——译者注

> 游客面对眼前出现的当地物件,很少能得出独立的结论。相反,他们经常遭遇大量的公共话语——指示牌、地图、向导、旅游册子,这种公共话语不断地划分旅游地点的意义和价值的界限。
>
> (Newman 1988:24)

能够阐释北美旅游业文化地位的作家为数不多,丹尼尔·布尔斯坦(Daniel Boorstein)是其中之一。他认为,20 世纪的游客更被动地追求愉悦,与 19 世纪热衷冒险的旅行者完全不同。现代典型的游客享受的是矫揉造作的、预先制造的、淡化了的经历,这些经历将旅游从精英式的冒险行为变成广受大众欢迎的消费行为(Boorstein 1961)。尼亚加拉这个景区至少在 19 世纪上半叶就开始了这种转变。然而,迪安·麦坎内尔(Dean MacCannell)在后来的旅游研究(1976)中认为,人们生活在现代这个造作的、充满大规模生产的世界里,困难重重,而旅游就是对这些困难的一个积极的反应。布尔斯坦认为游客寻求预先制造的体验;麦坎内尔却认为当代游客寻求的是真实性——正如有一则广告所吹嘘的:"首次!原汁原味!尼亚加拉瀑布娱乐活动。"在麦坎内尔看来,朝圣者们寻找"神圣性",而现代游客追求"真实的"体验。这两种"经典的"视角适合解读当代游客以及 20 世纪大规模旅游胜地的特性,将这些旅游胜地与人们公认的 19 世纪独特的旅游实践区别开来。然而,1825 至 1845 年间的尼亚加拉瀑布这一案例显示,上述这些模式与其说证明了 19 世纪、20 世纪旅游业的基本性质,还不如说体现了旅游地点的成熟过程。时光荏苒,与一个具体地点有关的话语传统(比如,人们带着多愁善感的情绪描述它的壮美)在大众的想象和记忆里沉淀下来。这种符号过剩(semiotic excess)可能会激励人们反应性地去追寻对一处景点或一个物件的原汁原味的体验。

在这段时间，人们在尼亚加拉体会到丧失感，这使他们想起自然的壮美。具有讽刺意味的是，自然的壮美也是一种详细构建的话语。作为圣殿或自然圣地的尼亚加拉，人们常常说起它灵韵的丧失："往日的圣地，今天处处可见灯光炫目的宾馆、兜售苹果的摊档、造纸厂、女性时装杂志，还有海华沙部落的印第安人，神圣性消失殆尽。……在尼亚加拉，无论你身在何处，都能听见……小商贩用浓厚铜臭味的叫卖声亵渎这一座本该有唱诗班的大圣殿。"(《弗兰克·莱斯利新闻画报》[*Frank Leslie's Illustrated Newspaper*] 1856)法国的编年史家德·托克维尔(de Tocqueville)记录了美国从英国独立之后的主要事件，他说：

> 如果你渴望目睹此地的宏伟壮观，请尽快来……人们正在清理这儿周围的森林。罗马人正在万神殿上建设尖塔。我敢肯定，不出十年，美国人就要以瀑布为基地建设锯木厂或面粉厂。
>
> (de Tocqueville 1983:231)

人们把描述自然之壮美所用的天真、讶异的词汇重新编码成描述道德之壮美的感伤语言。这种重新编码不仅代表了概念的变化，也反映了人们的情感反应产生的真正的变化。①在道德标准上对瀑布产生的"得体的"反应使"真实的"反应(敬畏、惊叹、令人眩晕的颤栗)相形见绌。人们用老话和流行语述说这些变化。尼亚加拉的地位愈加重要，它是上帝的恩典，是一个道德能指；它不是一个现实，不是真实的所指对象。在物质层面上，一些实用的旅游指南书籍出现了。这些书籍不是描述景点，而是通过描述他人的反应从而建议游客如何反应。这些实用的指南书籍和早期主观的、往往

① 全部的情感反应，可见米歇尔·马费索利(Michel Maffesoli)的著作《部落时代》(*Le Temps des tribus* 1988. Paris: Meridiens Klincksieck)。

有些夸张的游记不同，它们强调最新的准确数据，完全精确地记录所有必须观赏的多姿多彩的景点，为真正的游客而不是端坐家中神游的人提供有用的秘诀。因此，有位游客谈起在马蹄瀑布背后观景必须经历的路段时，特意说“这段路程无疑是极其危险的，但是它‘极其重要’，因此，为了追求时髦，我还是到了那里”(Borrett 1865，引自 Dow 1921：Ⅰ，311)。从这个层面上看，瀑布俨然是一个克服障碍的训练场，游客们在这个场地有效地周旋，完成所有恰当的任务，嘴里说着恰当的语言，酷似一场宗教仪式。参观尼亚加拉成为一种仪式化、结构化的方式，人们希望经由这种方式能够重新增强瀑布的道德力量，同时引导游客绕过流行但俗气的“旅游陷阱”，避开工业开发区、仓库和工厂。①

> 美国人建面粉厂、工厂、丑陋的红砖房，还建造了其他让人难以接受的不伦不类的景观以及肮脏污秽的工业标志牌，恣意蹂躏尼亚加拉瀑布在美国这一边的景致。最糟糕的是，不知是哪一个毫无虔敬之心的无耻之徒竟然在新月瀑布上方修建了一

① 旅游指南不是用来阅读的，而是用来查找信息的，各景点凭借自己的优势获得赞誉。这样的旅游指南不是呈现各景点集体的壮美给读者留下深刻的印象，而是推荐最好的、最方便的观赏位置，“审慎而明智的游览日程……不花时间，不枉费体力”(McKinsey 1985：134)，仿佛出售一项旅游套餐。地方上的积极支持促进了尼亚加拉瀑布和新港、萨拉托加等新兴的旅游胜地之间有力的竞争。当地的业主也会为了扩大自己的生意而设计、印刷竞争性的旅游指南，赞誉自己的旅馆所具有的优势——要么五分钟即可步行至瀑布，要么远离人群，或有静谧的环境。旅游指南可能会提及瀑布之壮美，但是，瀑布的美越来越变成竞相吹嘘的广告大战中的竞价商品。麦金西在她的分析里曾特别指出，冷静、客观的语气代替了早期游记流露真情的话语。如果旅游指南详细论述壮美的情感，“定然会引用早期知名的游记而非撰写新的描述。这些旅游指南不愿意充满热情地抒发情感，就像它们向游客推荐的旅店一样，只愿意让自己看起来优雅、时髦”(McKinsey 1985：134)。

在这些旅游指南里，工业新开发区以及当地条件的改善往往是主要的关注焦点。伊利运河号称“世界第八大奇迹”，展示了人类不断征服大自然的能力，也是人们关注的中心。这证明了利奥·马克思所说的“技术之壮美”，他认为机器和技术已取代大自然，成为壮美灵感的主要源泉，因此提出了这个说法。

座圆塔……如此不恭、可憎、不合时宜……这是低级趣味的标志，是一座品位低俗的卑贱的纪念碑。

(Jameson 1836，引自 Dow 1921：Ⅰ，218)

“我们可能怀疑神灵、大自然或历史等比我们更胜一筹的事物”，然而，仪式在效果最佳时“使我们能够将怀疑搁置起来”(Turner 1988:150)。一方面，人们秉持“大自然可以改善”这一理念，因此，旅游指南中渗透着实用主义的态度；另一方面，赠阅的图书资料又带着伤感的情绪表达“大自然是崇拜的对象”这一理念。随着尼亚加拉瀑布的改善，两个理念在同一地点汇聚。人们“欣然接纳变化，夸耀人类的科技成就，同时尊崇大自然的永恒和力量”(McKinsey 1985:132)。但是，大众态度中的这两个部分可以被视为美国社会中对秩序的总体追求(Davison 1933:266)；而且这两个方面基本上是人本位的，是商业化的。不过，也有人指出，自然之壮美与瀑布周围以开发为宗旨的商业用地，这两者水火不容，乃是莫大的讽刺。大约在19世纪30年代至50年代，人们就开始创作机智、讽刺的诗歌和绘画。

在图3.3中，瀑布是人的背景：照片的中心是游客，瀑布遭到裁切或者调节，置于焦点之外而成为背景。用照片或雕刻了字画的纪念品来记录旅游经历，将尼亚加拉的替代品据为己有，这是任何一次旅行的一个重要的符合惯例的要素。夫妇二人在瀑布前合影留念(见图3.3和3.5)，此类版画数量很多，颇受欢迎，足以证明摄影业务突飞猛进。尼亚加拉曾是摄影胶卷最大的年度销售地，如今尼亚加拉瀑布的观瀑塔可以作证，因为它就是由胶卷公司(美能达和柯达)资助的。观瀑塔居高临下，俯视瀑布，一览无余。

人类挑战、驾驭大自然的欲望激发了桥梁、塔楼工程师的灵感(见图3.4)，也丰富了通俗作家和追求轰动效应的表演者的想象力，这很自然。其结果就是尼亚加拉从一处壮美的自然奇观变成了一个

图 3.5　他们在尼亚加拉的蜜月旅行，1888

来源：莱因哈特(C. S. Reinhart 1888)，《哈珀周刊》中的插图(1888 年 9 月 20 日：732)，大英图书馆

壮观的场面，一处公共表演场地。1827 年，景区推广人员为吸引游客消费而组织的首场娱乐表演就是在那艘双桅纵帆船"密歇根号"上进行的。这艘注定要惨遭厄运的帆船装载了马戏团的动物，从瀑布上一漂而过，瞬间化为碎片。热爱极限运动的冒险家萨姆·帕奇(Sam Patch)从瀑布上方腾空而起，潜入瀑布底部 85 英尺的水池深处，虽万般惊险，但幸免于难；帕奇与瀑布角逐，僭取瀑布之名，使自己名垂青史："尼亚加拉的咆哮竟一败涂地！"(Mackenzie，引自 Greenhill & Mahoney 1969：82)。"因为萨姆·帕奇无端挑战尼亚加拉，即为了挑战而挑战，他收获的喝彩远远超过在此地施展能力或勇气的其他表演者。"(Rourke 1959：74，引自 McKinsey 1985：150)热爱极限运动的冒险家络绎不绝地来到尼亚加拉，在瀑布凶险的环境里

考验自己。这些极限运动圆满完成了人对大自然象征性的征服。[①]

这些旅游指南给读者的感觉是，尼亚加拉是一座特别搭建的舞台，将一个场面展示给观众。在这里，桥梁旨在提醒游客注意安全；游船漂过漩涡旨在让乘客体会乘船旅行的凶险。“奇观”一词出现在旅游指南里，指的是对庞大人群的吸引。在这些受大众欢迎的形象里，重点不在于壮美的情感，而是观赏者以自我为中心的消费主义。麦金西总结说：“旅游指南的语言就像戏剧批评，它暗示说，尼亚加拉就是一个舞台，将自己的奇观展示给人看。”(McKinsey 1985：150)[②]

商业化的奇观和早期游客表达的传奇般壮美的情感，这两者之间的鸿沟越来越大，因此，对壮美的体验也就愈加难以实现。麦金西认为，由于这种不一致性，人类群体感到被嘲笑，无法弥合期望与现实、瀑布本身与周围景观之间的差距。无论是在文学作品中，还是在《桌岩特辑》(*The Table Rock Album*)收录的游客在桌岩这个景点写下的评论里，期待与现实这两个方面在幽默中得到了调和(McKinsey 1985：第六章)。[③]

---

① 1859年，查理·布隆丹在尼亚加拉瀑布下方的峡谷上表演走钢丝。后来，他在此处多次进行走钢丝表演，变换各式惊险动作：双脚套上小水桶；蒙着双眼；将自己的经理人背在背上等。在为威尔士亲王(后来的爱德华七世)举办的专场表演中，布隆丹的走钢丝表演达到顶峰。这是在1860年，此次活动还有另一个项目，即发射200枚照明弹，首次在夜间照亮尼亚加拉瀑布。1901年，安娜·埃德森·泰勒坐在一只木桶里从马蹄瀑上漂流而下，她安然无恙，此时，人类对尼亚加拉瀑布的征服圆满完成。

② 麦金西也论证说，推广商和极限运动热爱者将瀑布变成了一个戏剧演出的舞台，而另一些人则在戏剧中利用尼亚加拉。尼亚加拉瀑布的立体模型、比例模型、声光全景画在欧洲和美国狂欢节上大量涌现：“在其他地方举行的推销尼亚加拉瀑布的活动，也同样在尼亚加拉举行——人们对瀑布不再敬畏，只有好奇；瀑布不再是人们崇敬大自然的场所，而是崇敬人类及其工业的场所；人们在享受舒适、追求时尚、脚步匆匆的状态中将瀑布消费了。”(McKinsey 1985：153)

③ 例如，一段署名为“尼亚加拉”的评论对自己的游客说，“欢迎光临我的河岸(banks，也有‘银行’之意。——译者注)，但是要小心破产清算”，接着还说：

> 我抵御恶意的讥笑；
> 时刻准备承兑汇票，
> 巨额资金在我身上流动，
> 比美钞还要通用。(current，兼有“流动”和“流通、通用”双重含义。——译者注)
>
> (佚名，1828年，载于《桌岩特辑》，1848：28—29)

然而，早期游客对瀑布壮美的体验，其构建方式无异于其他任何体验。旅游指南将人们对壮美景观的体验具体化为对尼亚加拉"合适的"体验。这说明，如果话语将人工制品奉为神明并强制规定对人工制品的"合适的"体验，那么这种话语就具有权威的甚至有些恐吓的效果。人们使用幽默进行调和的，也许不是怪异的现实，而是旅游指南中话语的不可能性：书中高尚的、说教的口吻在玩笑中遭到颠覆，因为这些玩笑把人们对话语权威的批驳狂欢化了。

旅游指南把尼亚加拉瀑布的体验方式分为几类，从而将一种官方的、合理的体验方式强加于游客。与此同时，游客又留下幽默的评论，使这种所谓合理的体验方式遭到颠覆、轻视，变得狂欢化。幽默变成重申个人控制的一种方式(Barry 1978：22—23)。这可以解释为何会出现狂欢化的吸引人的旅游项目。也许这些项目实际上就是干扰项目，是心理的防御工事，让漠不关心的自我有力量承受尼亚加拉瀑布的宏伟壮观。瀑布一直是一个势不可挡的奇观，因为它的话语构建一直支撑着它：

> 站在人行道上的人群中，就在瀑布咆哮着的白色浪涛之上，这宏大奇观的周围皆为毫无意义之物。此时，你不禁会想，在瀑布周围这毫无意义之物中，是否蕴含着具有疗愈性质的、自我防卫的意图呢？你对这一切还能做些什么呢？大自然做出一个如此惊人的手势，使我们羞愧得无地自容……我们不是探索者，也不是信徒……我们不是19世纪的浪漫主义者，我们只是游客而已。
>
> (Jacobson 1971：39)

霍桑、科尔、丘奇等19世纪后期的艺术家付出毕生的精力去重新发现并重申大自然壮美的力量(见McKinsey 1985：Chs. 8—10)。这些努力在弗雷德里克·丘奇的绘画中达到了顶峰，他的绘画戏剧性地描绘了马蹄瀑布弯曲的边缘，视角几乎是在水面上。1867 年，这幅油画在巴黎世界博览会展出，因为其聚焦于对水的处理，成功地捕捉了瀑布跌落瞬间之壮美而获得巨大成功。在世人眼里，这幅油画标志着人类因赞赏尼亚加拉瀑布的壮美而创作的最后篇章。正如一位评论家所言，人们“第一次满意地看到，即便是这种可怕的现实也没有超出人类模仿的范围”[①]。尼亚加拉瀑布的魅力就在这里：既非宏大的体积，也不是人们居高临下目睹的宏伟景色（见图 3.2），而是当瀑布从悬崖上跌落时，通过从桌岩这一近水之处或从观瀑塔上（见图 3.4）观察水时体验到的眩晕感。现在仿佛只剩下一个问题，即亲自前往，目睹大自然是否能与艺术相媲美（Curtis 1852：175）。这也许真有些讽刺意味。丘奇成功地呈现了尼亚加拉瀑布的面貌，人们接受这个面貌，这样瀑布对后来年轻艺术家的吸引力就逐渐减弱。它不再被视为一个至高无上的、意义无法捕捉的艺术对象，它只是“艺术追求的万千机会中的一个而已”（McKinsey 1985：251）。

当然，游客持续蜂拥而至，但是令人叹为观止的是尼亚加拉能源的极大浪费。到 1895 年，一个由国家正式批准的能源公司成立，它使用最先进的直流发电机技术开始发电，依靠首个电力公共事业系统把电输送到布法罗。这一开拓性的进展彻底改变了尼亚加拉瀑布，这里很快变成一个能源密集型的重工业中心。H. G. 威尔斯说到：

> 尼亚加拉瀑布电力公司的直流发电机和涡轮机比尼亚加拉瀑布的风之洞（位于瀑布背后，在美国一侧）更使我感到震撼；在我看来，发电机和涡轮机比瀑布倾泻而下时偶尔出现的空气旋涡更恢弘，更美丽。它们就是可视的人的意志，人的思想转化为

---

① 见《纽约每日时报》（*New York Daily Times*）的“西部纪事”（Notes on the West）一文，载于《画笔》杂志第 6 期（*The Crayon* 6）（1859 年 7 月），221—222。

潇洒、威严之物。

(H.G. Wells 1906,《美国的未来》[*The Future in America*],引自 Conrad 1980:25)

本雅明将自己所说的"灵韵"定义为高雅文化艺术品和圣地的独特性、永恒性以及与世隔绝的特性(1975b:225)。尼亚加拉瀑布失去了灵韵,可能因为人们越来越容易到达这里,游客对尼亚加拉的评价与它的截然不同的广告形象产生冲突。这些因素结合起来,使尼亚加拉走向狂欢化,同时将许多不同的解读强加给它,使它变成一个商标(比如纳贝斯克公司"碎麦片"品牌包装盒上的商标)、一个背景,或者广告噱头。人类已经表演了征服大自然的惊险绝技,不仅如此,尼亚加拉瀑布的风景画越来越精准、生动,从比喻意义上来说,人类已经战胜尼亚加拉本身的不可言喻性。尼亚加拉瀑布变成了微型地图项目和地质轮廓图的主题,这些庸俗的微型地图和地址轮廓图印在大众杂志上。拉什(Lash 1987)认为,本雅明的灵韵是"时间与空间奇异的交织"(Benjamin 1975a:250);在这种交织而相互得益的过程中,高雅文化庸俗化而成为低俗文化,反之亦然;在这个过程中,灵韵的消失是必然的。用韦伯的话来说,灵韵的消失导致中产阶层无法将道德、审美、理性意义与本雅明预测的政治意义区分开来(1975b)。对尼亚加拉瀑布之壮美进行狂欢化的颠覆,这是庸俗化的一个方式。难怪,随着礼品摊档和露天游乐场的建立,中产阶层抗议的势头越来越猛;而越来越多的小企业主则成为掠夺成性的机会主义者。事实证明,这些小企业主能够形成持久的话语,将尼亚加拉描述为一日游游客们狂欢的乐园,从而将笼罩在尼亚加拉瀑布上伤感的道德话语变得轻松愉快。

与此同时,尼亚加拉瀑布的两侧也修建了国营的公园,旨在保护瀑布,以免瀑布沦为贪婪、低级趣味和利欲熏心等猖獗的人类劣根性的牺牲品。1873年，有一个调查委员会向加拿大政府汇报说：

> 有组织的出租车司机队伍、各类精品店的店主、导游、摄影师、兜售雨衣的商贩、瀑布旁边的解说员、旅馆经营者，他们都要掏空游客的钱包。游客要逃离他们委实困难，因此，游客们提出批评，整个文明世界里的公共媒体都予以谴责。
>
> (Wood 1873:6)

安大略省公园委员会认为，“当今人尽皆知，自由地享受大自然这些最高贵的杰作是人类最宝贵的特权，这一特权不应当因为他人贪婪的欲望而遭到剥夺”(尼亚加拉瀑布公园委员会委员，1886)。安大略省接纳了这一看法，于1886年修建了一座省属公园。在纽约这一边，詹姆斯·C. 卡特将美国的这片自然保护区奉献出来，并声明说，这“无限的力量”是我们敬畏的；这“无限美丽”的风景都在我们眼前展开。它不是一笔财富而是一处圣地。《圣经·新约》里兑换银钱的人都被赶出圣殿[①]，人们造访圣地时，

> 必须认可她超越周围环境的权威，她的权威将守护的责任强加于人类；她划好了圣地的边界，将人类所有俗世的追求和索取都从圣地里赶出去，这样，所有的游客和朝圣者，无论远近，均可前来朝圣、致敬、崇拜、仰慕。
>
> (Gardner，引自 Greenhill & Mahoney 1969:115)

---

① 《圣经》记载，“犹太人的逾越节近了，耶稣就上耶路撒冷去。看见殿里有卖牛、羊、鸽子的，并有兑换银钱的人坐在那里。耶稣就拿绳子作成鞭子，把牛羊都赶出殿去，倒出兑换银钱之人的银钱，推翻他们的桌子。又对卖鸽子的说：‘把这些东西拿去，不要将我父的殿当作买卖的地方。’”《圣经·新约·约翰福音》(第2章，13—16节)(新标准修订版和合本)——译者注

此时，很多人都感到这项提议为时已晚。过去纯粹的尼亚加拉已悄然消逝。认为尼亚加拉代表上帝这一视角已经转变，人们开始强调尼亚加拉是大自然的圣地。上述这段引语概括了这一转变。此时，尼亚加拉的象征意义从绝对的、强有力的神灵的代表转化为一个自然奇观、一个宏伟的场面。马克·吐温滑稽地模仿这一转变，从时空上把伊甸园移植到尼亚加拉国家公园，以小说的形式描述亚当和夏娃在伊甸园一个星期的生活。

美国内战以后，参观尼亚加拉瀑布不再是时髦之举。沿海的萨拉托加温泉市和纽波特纽斯市迎头赶上，超过尼亚加拉。麦金西认为，尼亚加拉壮观的场面不再像过去那样摄人心魄，它的意义、它的内涵不再是人们所说的那种本质特征，只是观赏者心灵的投射。H. G. 威尔斯有一部科幻小说的场景就设在尼亚加拉瀑布，小说中的一个人物(1908:308)说："愚蠢的大瀑布，往下落啊落啊，毫无意义。"

麦金西特别提到，在文学描述里，比如在沃尔特·惠特曼和爱默生的作品里，瀑布只是一场视觉体验，像无声电影，让人感觉不到它是三维的，可触摸的。它震撼的力量、咆哮的声音都消失了(1985:274)。H. G. 威尔斯的人物只看见瀑布水力发电的潜能，认为瀑布没有其他意义。豪威尔斯(Howells 1808)在他颇具影响力的著作《他们的蜜月旅行》(*Their Wedding Journey*)中说："早期游客赋予瀑布的任何意义都是他们在幻想中创造的。"(见 McKinsey 1985:270—275)瀑布本身没有意义，也不象征什么，这反倒让任何人都有机会将意义赋予它。众说纷纭，任何一种意义都显得随心所欲。因此，如果北美的游客在 20 世纪继续莅临尼亚加拉瀑布，当他们看见一张瀑布的照片或者"尼亚加拉"这个词时，他们知道这可能意味着早餐麦片、洗衣皂或吉列牌剃须刀，脑海里也可能出现一幅自然景观图画。在布托尔(Butor)的小说《每秒 681 万升水》(*6 810 000 litres d'eau par seconde* 1865)里，所有与瀑布有关的现象都被解构为意义的碎片化的、虚假的“瞬间”。在这部小说里，尼亚加拉的“精神”“灵韵”已荡然无存。

表 3.1 尼亚加拉瀑布发展年表

1697	首位目睹尼亚加拉瀑布的欧洲白人是亨内平神父。
1803	拿破仑一世的弟弟杰罗姆·波拿巴新婚刚满一年便携带妻子莅临尼亚加拉瀑布，这是他们北美旅行的一部分。在1825年以前，尼亚加拉瀑布是一个颇似世外桃源的大自然的圣地，是人们理想的朝圣地，只有少数富人造访此地。适婚的年轻人来到尼亚加拉，在这里邂逅各色人等，寻找可能的终身伴侣。
1825	伊利运河的开通为大规模旅游打开了通道。在不足五年的时间内，尼亚加拉瀑布变成新婚夫妇蜜月旅行的一个栖息地，也成为北美旅行一个不可或缺的部分。
1827	尼亚加拉首次大规模的表演吸引了四万多观众。尼亚加拉瀑布获得了大众旅游胜地这一盛誉，相应的物质基础设施已经形成。
1834	务实的旅游指南的诞生标志着人类需要改善自然景观这一理念的出现。纽约州的尼亚加拉瀑布城更名为曼彻斯特，表达了它利用瀑布潜在的水能这一夙愿。
1840	在蜜月实践中，“蜜月疯狂症”成了一个约定俗成的概念，这个概念隐藏在通俗歌曲和杂志的故事里。有一个伪科学的理论诞生了，它解释瀑布对感情丰富的年轻夫妇产生的浪漫的影响。
1850	威廉·福赛斯在自己的物业周围建起高篱笆，游客要向他付费才能观看瀑布。自此以后，瀑布周围小商贩唯利是图的行为走向极端。有些作家认为游客可看的风景范围比他们理想化的预期缩小很多，这令他们极度失望。
1887	这个地区面临严重的工业化，因此，尼亚加拉公园委员会成立，旨在保护自然圣地。
1920	尼亚加拉瀑布蜜月旅行已演变成陈腐而“得体的规矩”。
1930	大多数游客不是来度蜜月的。
1950	安大略水电公司在合理化改革省内输电网之后，统一了电价。尼亚加拉瀑布地区原本享受廉价的工业能源，此时，优势地位化为乌有。
1952	玛丽莲·梦露和约瑟夫·科顿主演电影《飞瀑怒潮》(*Niagara*)。
1961	尼亚加拉瀑布海洋公园开始建设最近一期辅助性的游乐项目，取代了瀑布的主导地位。
1970	尼亚加拉瀑布地区走向衰落。色情业兴起，成为一个主要的社会问题。
1980	自20世纪20年代开始的第一波尼亚加拉瀑布学术研究到20世纪80年代走向繁荣。

蜜月疯狂症：习俗和意象

尼亚加拉瀑布收获“蜜月胜地”的美名，其具体的根源很难找到。据说，1803 年拿破仑的弟弟杰罗姆·波拿巴携带新娘——来自巴尔的摩的伊丽莎白·帕特森——于此地欢度蜜月。但这更可能是 19 世纪后期人们根据更现代的实践而对他们意图的诠释。事实上，当年他们于 12 月 24 日举行婚礼，婚礼后在马里兰州新娘的父亲家里暂居一些时日，到了 1804 年他们才和一群游客莅临尼亚加拉①。那时，美国中产阶层到北美旅游，尼亚加拉瀑布是必经之地。北美旅行堪与北欧大巡游媲美，旅程包括魁北克市和波士顿。早期其他的蜜月实例，比如艺术家赞助人阿伦·伯尔(Aaron Burr)②的女儿西奥多西亚的蜜月旅行，同样也是为了避南方的酷暑而选择在夏季到北方旅行。在悠闲的富人阶层之外，几乎无人有经济能力到边境旅行。广受大众欢迎的蜜月旅行所及之处必须有安全的、大规模的交通以及有组织的食宿，也就是说，离不开旅游业的服务。

在私奔的风俗里，一对情人去特定的地方欢度蜜月便是一次私密的旅行。这一事实，人们一直都是可以意会的。最初，私奔是永远的逃离。后来，私奔变成暂时离家出走，这一空间行为建立了事实上的独立性，通过空间移动表达家庭的分化。“早在 1830 年，弗吉尼亚和北卡罗来纳交界处的德拉蒙德湖酒店就是闻名遐迩的‘有独特优势的……旅馆，是专为夫妻等两性约会而精心设计的服务及设施’。”

---

① 源自萨费尔(W. T. R. Saffell 1873：92—93)的著作《波拿巴和帕特森的婚姻》(*The Bonaparte-Patterson Marriage*)。萨费尔在著作中引用了纽约某家报纸于 1804 年 7 月 9 日刊登的一则启事。

② 美国艺术家约翰·范德林的油画《尼亚加拉瀑布》的创作灵感来源于其资助人的女儿在尼亚加拉的旅行。见林赛(R. C. Lindsay 1970：56)的著作《约翰·范德林的画作》(*The Works of John Vanderlyn*)(Binghampton NY：State Universtiy of New York Art Gallery)。

(Rogerson 1946:9)婚礼结束后，夫妻去蜜月旅行，拜访那些没有参加婚礼的亲朋好友，这一直是美国的传统。这一社会义务往往还包括去新娘的娘家暂居一段时间。这一对夫妻总是由堂兄弟表姊妹以及其他亲戚相伴。历史学家一直用今天的蜜月理念去理解过去的习俗，因此，他们给早期的许多习俗贴上错误的标签，误解了 19 世纪早期人们参观尼亚加拉瀑布的真实动机。

例如，在 19 世纪 40 年代早期詹姆斯·爱德华·亚历山大爵士曾记录自己遇到一个婚礼团，有“十几个快快乐乐的人”(Williams 1947:154，引自 McKinsey 1985:306 页脚注 4，6)。有一位匿名作者特别提到，1845 年在开往尼亚加拉的“安大略湖号”汽船上，游客中有“一位新郎，一位年轻的如花似玉的新娘，还有另外两位女士”[①]。艾伦·罗思曼(Ellen Rothman)在对美国 19 世纪婚恋状况的研究中说，到了 19 世纪中期才开始出现各种浪漫而私密的蜜月旅行；而面向家庭的新娘之旅，甚至有时更名为“蜜月”，一直持续到 19 世纪 80 年代(见图 3.5)。到了 19 世纪三四十年代，美国中产阶层才真正富裕起来，此时他们的经济实力才足以使他们从日常的农业操劳中解脱出来。他们受英国上流社会在 19 世纪早期开始度蜜月[②]这一传统的影响，也开始买船票去远方长时间旅行。但是，麦金西找到了证据，可以证明浪漫的尼亚加拉蜜月之旅开始于 19 世纪 30 年代末。卡罗琳·吉尔曼(Caroline Gilman)在日记里记录，“一对年轻夫妇来这里向大自然献上真挚的敬意，在这个圣地为他们新的幸福举行祝

---

① 见 1845 年 12 月出版的《南方文学信使》(*Southern Literary Messenger*)(第 11 期)第 726 页的文章《尼亚加拉两日游》，引自富兰克林(J.H. Franklin 1976:15)的著作《南方的奥德赛：内战前北方的旅行者》(*A Southern Odyssey: Travellers in the Antebellum North* Baton Rouge: Louisiana State University Press)。

② 查尔斯·狄更斯曾到格雷夫森德旅行，这是早期的一个例子。见菲利普(A.J.Phillip，1912)的著作《狄更斯的蜜月和他度蜜月的地方》(*Dickens' Honeymoon and Where He Spent it* London: Chapman & Hall)。

圣仪式”(1838:115,引自 McKinsey 1985:179)。在利特尔出版公司出版的《杂志的精神》(*Spirit of the Magazines* 1839)中,“来自尼亚加拉瀑布的一封信”一文写到:

> 在眼下宜人的季节,这个美丽的地点是新婚夫妇最喜欢的旅游胜地。我数过,已经有好几对充满柔情蜜意、喃喃低语的夫妻,他们有加拿大的,也有美国的,他们在瀑布上方宏伟的“观瀑阁”里享受蜜月疯狂症这转瞬即逝的疯狂时刻。
>
> (引自 Williams 1947:153—154)

另外一个标志是 1841 年的年度歌曲《尼亚加拉瀑布》。这首歌比丘奇以艺术征服尼亚加拉瀑布要早 16 年,它对笼罩在尼亚加拉上空的浪漫气氛深信不疑:

啊,一对情人离开妈妈离开家
千里迢迢来到尼亚加拉瀑布前;
面对奔腾咆哮的瀑布啊,
只有亲爱的人儿在心间。

看看奔腾不息的尼亚加拉,
看看迷蒙的水雾和浪花,
在这个日子喜结连理,
幸福的有情人出双入对。

他们登上“雾中少女”号,
乘船近观瀑布之澎湃;
她沉醉于他的亲吻和拥抱,

把恢弘的瀑布遗忘在九霄。

看那条大河浩浩荡荡
在耸立的石岸里奔泻冲撞；
看那一双双夫妻新婚燕尔
在尼亚加拉瀑布旁徜徉。

他说："你是我的心肝儿？"
他说："你是谁的心肝儿？"
他说："你是我的宝贝儿？"
她总答："宝贝儿，宝贝儿。"①

一位现代评论家认为，这首歌促使蜜月变成约定俗成的惯例。这首歌"非常流行，人们认为它掀起了去尼亚加拉瀑布度蜜月的新风尚"(Ewen 1966:282)。无论如何，这首歌表明，"离开妈妈离开家"(而不是把新娘带回家)这个概念至少进入了大众的用语。19世纪后半叶，尼亚加拉瀑布在通俗歌曲和杂志里占据非常稳定的地位，因此，所有将尼亚加拉瀑布与蜜月相联系的文献资料，大多数来自19世纪后半叶。"每个人"都去尼亚加拉。1873年，有一位新娘说道："按照惯例去那个颇具魅力的地方度蜜月，如同婚戒、橙花一样必不可少。"(引自 Rothman 1984:175)

对尼亚加拉蜜月之旅的阐释

尼亚加拉瀑布何以成为一个蜜月胜地？研究者一直深感困惑。

① 歌词引自弗兰克·卢瑟(F. Luther)的著作《美国人和他们的歌曲》(*Americans and Their Songs* New York: Harper, 1942:108)。

其中一个答案是：那时候尼亚加拉是年轻人渴望旅游的一个地方（根据人们在那里度蜜月的次数来看，它依然是许多年轻人向往的地方）[①]，来此地度蜜月不仅是一个风俗，也是毕生难得的一次旅行。尽管如

---

① 瀑布公园交通量和蜜月证书（年度数据）

年份	汽车交通量*	蜜月次数/年度
1954	1 821 808	
1956	2 174 570	5 679
1957	1 844 660	6 626
1958	1 813 966	5 736
1959	1 863 940	5 922
1960	1 913 371	5 654
1961	2 109 448	5 620
1962	2 391 847	6 841
1963	2 796 239	6 968
1964	2 859 824	6 194
1965	2 702 575	6 780
1966	3 097 576	7 471
1967	3 090 707	8 635
1968	3 210 339	11 591
1969	3 368 439	10 771
1970	3 535 407	11 483
1971	3 360 876	11 253
1972	3 385 319	13 064
1973	3 287 770	15 410
1974	3 287 770	13 298
1975	3 198 905	13 191
1976	3 228 098	11 851
1977	5 155 317	12 199
1978	4 767 476	11 517
1979	5 263 695	12 845
1980	3 442 784	12 286
1981	3 615 227	13 478
1982	3 378 953	13 641
1983	3 241 029	15 020
1984	3 826 300	11 534
1985	3 787 038	12 172
1986	3 684 566	10 826

* 汽车交通量指的是进入尼亚加拉瀑布海滨大道的汽车数量。

* * 蜜月总次数从 1949 年 6 月 19 日到 1955 年 12 月 31 日有数据开始记起。

（蜜月证书：尼亚加拉瀑布市市长签发的蜜月证书，可证实证书的持有者在尼亚加拉度蜜月，证书持有者旅行时可获得优惠。——译者注）

此，麦金西却说：

> 人们是何时开始广泛地接受这个习俗的？我们确定的这个时期越晚，就越不利于论证，因为大众对尼亚加拉瀑布的兴趣在美国内战以后大幅下降，更多有品位的游客选择去新港、朗布兰奇和欧洲旅行，真正有冒险精神的人长途跋涉去遥远的西部探索。然而，尼亚加拉瀑布作为蜜月胜地这一声誉如日中天，可能因为去这里旅行比较廉价、更为人们熟知而已。
>
> （McKinsey 1985：182）

当然，这个说法忽视了北美旅游市场的扩张。虽然可获取的数据不多，但是在 19 世纪最后 20 年里，越来越多的人即使不能去更远的地方，也有财力选择尼亚加拉这"一生只有一次的旅行"，由此可看出旅游市场的活跃。光顾尼亚加拉的人群阶层逐渐扩大，这促使景区开发更大众化的娱乐项目，甚至营造粗俗的景点，用这些项目和景点打动人们的情感，使他们随心所欲，享受没有社区监控的自由自在。

许多作家或者选取"瀑布适宜为婚姻祝圣"这一主题，或者阐释瀑布自然的魅力，自愿以新闻体的形式记录自己的感受。如在 1893 年出版的一本旅游纪念册中说，尼亚加拉瀑布"温柔地转移人们的注意力……让[度密月的人]忘却他人的存在，这真是一种善意，因为他们喃喃地说着情话的时候，瀑布阻隔了外人的耳朵，谁也听不见他们的情话"（Martin 1893：276）。还有离现在更近的一段描述："尼亚加拉瀑布一直是夫妻度蜜月时最钟爱的栖息地，也许这是因为游客们都忙不迭地观赏瀑布，无暇凝视那些一眼便知刚刚新婚的夫妇。"（Catton 1964：42）还有一位作者如此评论：

> 在尼亚加拉度蜜月的传统何时开始的？为何开始？又为何经久不衰？无人知晓。最合理的推测是……它好像是害羞的新婚夫妇最理想的去处，因为他们湮没在人海里，无人认识他们，他们互相之间都是陌生人，这是一群个体，一个孤独的人群。
>
> (Braider，无出版年份：255)

在19世纪末，有人认为瀑布本身富含教育意义和道德价值。瀑布能够给予年轻夫妇很多宝贵的教诲，用以塑造他们未来的命运。瀑布教导他们：

> 对抗无济于事时，不如顺势而为。在他们看来，瀑布是一条永不抵抗的生命之河，这条河迟早都从自己的落差上将我们裹挟而下，然后，倘若我们愿意，倘若我们不争不辩，不损害这短暂的瞬间，它赋予我们的报偿便是静谧的流淌。河水这奔腾的个性必然会给年轻夫妇深刻的印象，让他们明白：每一种个性，即使是一位已婚女子的个性，都有权利追求自己的发展；这样的个性，若能获得公平合理的自由，顺其自然地发展，便可更迅速、更安全地抵达静谧的栖息地。
>
> (Martin 1893：276)

这样的说教是存在的，但是没有什么证据表明尼亚加拉瀑布的这种教诲意义受到广泛的欢迎或者具有特别的重要性。这个主题并没有出现在更严肃的话语里，因为它给人荒诞不经的感觉：奔赴尼亚加拉瀑布度蜜月的人们，难道是为了它的道德寓意和教诲价值吗？可能不是的。

另外一个解释是空气中的电离子。“正离子，比如沙漠里的风产生的正离子，使人烦躁、抑郁；负离子则使人振奋、充满活力，激发人的性欲……瀑布产生让人幸福的负离子。”尼亚加拉瀑布成为“引起性欲”的负离子的源泉(Donaldson 1979:227—228)。这一解释利用了生物学和电子工程,很有趣,但缺乏说服力,它肯定没有普遍意义。我们可能无法获得一个结论性的答案,所以要揭示瀑布总体上的文化意义和尼亚加拉瀑布具体的文化含义,所做的分析必须具有解释的力量。

北美瀑布的堪舆术

> 一千年来,尼亚加拉一直是重要的旅游胜地……是大自然奇观中的奇观……瀑布是大自然奇观的一部分,这些奇观还有火、云和风中摇曳的树。
>
> (Shepard 1967:254)

早期的文学体裁“罗曼司”与尼亚加拉瀑布有密不可分的渊源。詹姆斯·费尼莫尔·库珀(James Fenimore Cooper)在他的小说《间谍》(*The Spy*)里塑造了一位年轻的上尉,他宣称自己毫无敬畏之心,并夸耀自己的男子气概:“啊,瀑布啊!瀑布就是你的萨拉姑妈和那个欢快的老单身汉辛格尔顿在月光如银的夜晚一起观赏的玩意儿;像我这样的男人从不露惊喜之色。”(1821:347)即使在伊利运河竣工之后,霍雷肖·帕森斯在1836年的导游手册里依然把两个瀑布之间的山羊岛描写为一个异常浪漫的景点:“它的确就是诗;它是你在生命旅程中邂逅的一片阳光灿烂、草木青翠的绿洲。”(Parsons 1836:35)

在这种浪漫传奇之下涌动的可能是一种流行的习俗,这习俗不是度蜜月而是调情。尼亚加拉瀑布的夏天是旺季,时髦人士每年定期光临此地;适婚的年轻人常常从偏远闭塞、与世隔绝、没有社交生活的家乡远道而来,便有可能邂逅更加合适的结婚对象;这些令他们心仪的人可能来自边境的小镇或者遥远的南方种植园。有许多图画呈现男女成双结对在瀑布附近漫步。他们在谈情说爱还是在欢度蜜月，这无从知晓（请比较图 3.5 背景中的伴侣和前景中的伴侣）。事实上，氤氲的浪漫气氛，更适于调情而不是度蜜月。1850 年，在从锡拉丘兹市（又译雪城）开出的火车上，乔治·弗朗西斯·特雷恩在车厢里邂逅了一位时尚女郎，并开始追求她。他们到了尼亚加拉之后，便互相熟悉，两天后两人就订婚了（Severance，无出版年份：35）。即使在今天，尼亚加拉瀑布依然是人们离开家乡乐意去举办婚礼的场所。

在西方文化传统里，瀑布与激情、痴迷有着经久不衰的联系，尤其是与激情之爱以及因发狂而自杀这些母题有关联。因此，传统的象征手法往往在由瀑布主导的场景里描绘激情，尤其是罪恶。[①]这样的场景也是哥特式小说的主要题材（见 McKinsey 1985：184）。瀑布常常与《圣经》中亚当和夏娃的堕落联系在一起，他们的堕落也是他们性活动的开始。在 19 世纪，尼亚加拉瀑布是"跌入爱情"的一个伤感的隐喻，激情如瀑布顶端的水跌入深渊，其势不可抗拒。到了 20 世纪，玛丽莲·梦露在电影《飞瀑怒潮》中饰演一位与人通奸的纵欲的新婚女性。电影讲述一对度蜜月的夫妇，他们不和谐的、放纵的激情导致了死亡。有一幅海报呈现了梦露的幻想：她横躺在瀑布上，水

---

① 在浪漫主义时期的文学作品中，死亡这一主题是一个明显的特征。有一些学者从历史的视角研究文学作品对死亡主题的痴迷（参见 Ariès 1974；Levin 1970；Rowell 1974；Thompson 1974）。有一位诗人认为，尼亚加拉瀑布的边缘是死亡的象征：

> 那一条神秘的线
> 将永恒与时间隔断。
> （Liston 1843，引自 McGreevy 1987：49）

有一些作家认为，尼亚加拉瀑布只是一个偶像，代表了人们对天堂或地狱的思辨性认识。

流过她身体的曲线。“玛丽莲·梦露和尼亚加拉，大自然无法驾驭的情感的怒潮！”（亨利·哈撒韦导演，20 世纪福克斯电影公司，1952）。她臀部的曲线变成了马蹄瀑布边缘曲线的一个转喻，水的“怒潮”说明激情对于家庭和谐构成威胁。加拿大小说家汤姆·马歇尔（Tom Marshall）对这张海报记忆犹新，在小说《边缘处的声音》（*Voices on the Brink*）里这样描绘：

> 在这部电影的一张宣传海报里，她侧躺在加拿大这一边弧形的马蹄瀑布的顶端。她的胴体像水一样撒向我们，仿佛魔法岩石受击打而喷涌出的奶，让人产生难以克制的向往。她是这里的一个女神。她是性欲魔法的女王，是享乐的怒潮。红唇，红衣。奉行清教的美国命中注定的祭品——阿佛洛狄忒，躺在冰冷的加拿大这一边。
>
> （Marshall 1988：2）

在这部电影里，尼亚加拉象征激情，但是对另一个人物则不然：那位携妻子完成耽延已久的蜜月旅行的推销员，却对妻子的需求浑然不觉。妻子想让他在尼亚加拉感受浪漫的氛围，可在他眼里，尼亚加拉瀑布意味着“碎麦片”，这是美国的一个麦片品牌，包装上总印着尼亚加拉瀑布的图文说明。他是“碎麦片”的推销员，立志将生意和娱乐融为一体（比如旅途中拜访其他销售员）。此次旅程几乎是致命的。[①]其他许多电影里也有与尼亚加拉有关的人物，比如在《超人Ⅱ》

① 玛丽莲·梦露饰演一位新婚的妻子，她和情绪低落的丈夫在尼亚加拉度蜜月。丈夫对她的淫荡大为震怒，她计划让一位男朋友在尼亚加拉瀑布谋杀自己的丈夫。另外，还有一对度蜜月的夫妇，漫不经心的丈夫是“碎麦片”品牌的麦片推销员，他和妻子正在进行耽搁已久的蜜月旅行——事实上，妻子的蜜月旅行也是他的商务之旅。因为同一房间的重复预订，这对夫妇不幸卷入那场密谋的杀人案中。谋杀计划未能如愿：处于神经质状态的丈夫杀死了袭击者即妻子的男朋友，然后去追踪自己的妻子（梦露

这部自我解嘲的电影中,露易丝·莱恩在尼亚加拉试图诱惑那位身着紧身连衣裤的英雄。

在土著人的传说里,原来在尼亚加拉瀑布居住的是马尼托(一个有寿命的精灵),他掳掠了一个年轻的新娘,马尼托要把新娘从瀑布上送过去,好与自己成婚,但在此之前新娘必须由她真正的爱人解救出来。要把土著人的传说融入欧洲文化的特质里,这么做必须慎重,但是土著人的传说可以解释为一个隐喻:"与性有关的激情,若被那些心眼儿歹毒又有能力的人利用,是很危险的。故事中年轻的情侣必须经历磨难,克服这样的诱惑"(McKinsey 1985:184)。还有一个传说,一对罗密欧与朱丽叶式的恋人遭受悲剧的打击之后在死后结为夫妻,当月光洒向夜间的薄雾时,这对精灵爱侣就生活在月虹之上(见 Canfield 1902:47—50, 200—201)。在尼亚加拉有自杀的传统,可与它的蜜月传统媲美。此处的自杀现象非常严重,最近有位警长说,尼亚加拉的自杀现象很少出于一时冲动。"有人从遥远的宾夕法尼亚开车来到这里,一路上满脑子就是自杀。不是一时冲动。我想,尼亚加拉瀑布有一点是有名的:此处没有回头路。"许多人跳下去之前还脱掉了鞋子(引自 Leighton 1984:90)。

19 世纪的尼亚加拉和许多浪漫化的事物一样,渐渐地与死亡这一主题产生千丝万缕的联系。尼亚加拉瀑布除了拥有上述与激情有

饰)。巧合的是,只有两位妻子意识到这个神经质的丈夫依然活着。当然,这个推销员丈夫关注每一个和资深销售员一起钓鱼娱乐的人,因而忽略了自己的妻子。神经质的丈夫杀了自己的妻子,偷了一艘渔船,(恰好)销售员的妻子就在那艘船上。船耗尽汽油之后,朝瀑布漂去。此时,可以说,两个妻子都成为"激情的受害者"——一个已经死了;另外一个,显然很快就要死了,可能因为她那个漫不经心的销售员丈夫对她的欲望毫无知觉。再从另一个角度解读:神经质的丈夫和销售员的妻子,这两个陌生人"在同一条船上",他们都是自己挫败的激情的囚徒。在这艘船行将抵达瀑布边缘之前,那个神经质的人帮助销售员的妻子跳到瀑布上方的一块岩石上(她是从这里得救的),悬念结束了。瀑布既是父权制下浪漫故事的发生地,也是将"平衡"打破的激情的发生地,瀑布还是一个审判地:"好人"(即"正常人")生存,罪人灭亡。

汤姆·马歇尔的小说《边缘处的声音》(Toronto:Macmillan 1988)中的故事就发生在《飞瀑怒潮》这部电影的拍摄时间,小说呈现了尼亚加拉瀑布众多的意象。

关的寓言故事以外，还呈现出一系列截然相反的男性和女性的比喻。对男-女统一体某一方面的强调随着历史的发展而变化。早期的描述借助男性化的比喻，强调瀑布的力量和威力。然而，在感伤主义时期，文献资料都把尼亚加拉描述为一个女性客体，不是上帝的创造物而是一个女神，并非让人敬畏而是安详高贵，没有暴力，唯有美丽(Bourdieu 1981)。依据早期的神话和图像资料，我们可知地球母亲是所有的繁殖能力和创造力的源泉(见 Neumann 1955)。[①]水和瀑布代表她的创造力。图像资料中时常可见一个裸体女人摆着各种姿势立于水中。

就尼亚加拉的图像资料来说，其关键就在于各种意象和描述均具有意义双关的本质，同时可以通过瀑布洞悉男性和女性原则的统一性。因此，19 世纪有一位作家在评论当地的传说时说："尼亚加拉的混合特征会对那些创作神话的古人造成困扰；因为任何神话想要真正体现瀑布多样化的特质，只有男性特质是不够的，必须结合优雅与美丽；只有女性特质也不够，还需要结合力量与尊严。"(C. George 1846:28)麦金西认为尼亚加拉成为理想的蜜月栖息地，至关重要的因素是它具有家庭生活这一意象，男性和女性在这一意象里得以圆满地融合……这种融合是适应家庭生活、融入家庭圈子的仪式。尼亚加拉从野蛮、未驯化的荒原彻底转变，拥有一个伤感的版本，供蜜月中的夫妻享用，是情侣钟爱、女人中意的地方，而女人、夫妻生活的圈子本质上看都是家庭生活(1985:188)。人类通过自身的英勇壮

① 例如，弗朗西斯·惠特利的油画《在瀑布边沐浴的女孩儿》(Girls Bathing by a Waterfall 1783)。该油画由保罗·梅隆夫妇收藏，在 1963 年藏品展目录《1700—1850 年间英格兰的油画》(Painting in England 1700—1850)中有该油画的插图(里士满，弗吉尼亚州：弗吉尼亚美术博物馆，第 205 页)。另有一例是特纳的版画《克莱德瀑布》(The Fall of the Clyde)，见 C. White 1977，《1630—1850 年间的英国风景》(English Landscape 1630—1850)中的插图(纽黑文：耶鲁大学英国艺术中心，彩图第 118 幅)。还有 20 世纪早期路易斯·艾西莫斯的多幅瀑布画作，见 P. J. Karlstrom 1978，《路易斯·米歇尔·艾西莫斯》(Louis Michel Eilshemius)(纽约：艾布拉姆斯出版社，第五章)。

举、商业化以及工业化开采等方式征服尼亚加拉瀑布，这种征服给尼亚加拉留下的内涵意义不是瀑布雷霆万钧的危险力量，而是人类驾驭的自然能源，这自然能源服务于道德认可的人的欲望。与之相随的是“驾驭性欲”这一隐喻，以家庭秩序受制约的名义而驾驭性欲。夫妻的结合、新家庭的诞生、性与婚姻的禁忌，这一切都在蜜月的礼仪中得以调和。

我们已经从历史的角度考察了尼亚加拉瀑布不断演变的意象，以及它作为蜜月胜地（新婚夫妇的胜地）不断变化的地位。我们接着该询问：瀑布简单的图像学或堪舆术暂且不提，在尼亚加拉既定意象的历史长河的任何一段时间里，可曾有过占主导地位的社会逻辑？具体地说，尼亚加拉瀑布的地位模糊、暧昧，这只是源于瀑布的含义所具有的二元结构吗？与其他较为文学化的分析（Mckinsey 1985；McGreevy 1985）不同，这个问题在本书中至关重要。比如，当强大的既得利益集团介入时，为什么没有哪种特定的尼亚加拉意象能够占上风？尼亚加拉的大众意象并非来自它的名声而是源于广告和推广，这有别于布莱顿。即使到了19世纪中叶，印象主义的、充满偏见的新闻报道以及早期的照片依然是人们了解这个世界的主要信息来源。

我们可以依据文献确定尼亚加拉的三个基本意象，它们构成一个理想而典型的类型体系。我们可以认为，这些文献大多是“本地的推广者”（Suttles 1985）所做的工作。这些本地的推广者（比如撰写、印制旅游指南的旅馆经理）希望将尼亚加拉瀑布推广为旅客的目的地，吸引某种类型的游客，最好是让他们享用推销商提供的业务。首先有大自然的圣地这一意象，麦金西在分析“壮美”这一概念时探讨了大自然的圣地这一意象的转变，其中包括浪漫的蜜月栖息地这一意象：天空中星辰密布，小瀑布在月光下从大瀑布的边缘温柔地倾泻而下。第一个意象是另外两个意象的基础。第二个意象是“工业发电所”，是由克利夫顿及其他渴望开采尼亚加拉能源的开发商提出的。第三个意象是胜地和奇观，其特征是大自然的奇迹、狂欢活动、大吨位的水永不停息地向下倾泻自身蕴含的威力。这是游客能亲身体会到的。

每一个意象都与当地人的一系列具体利益息息相关。第一个意象涉及的是旅馆经理和公园“保护者们”（包括公园委员会的官僚们）的利益；第二个意象涉及当地的工业经理人和中产阶层；第三个意象涉及的是小资产阶级实业家、白手起家的小商贩以及娱乐项目的运营商。那么，每一种话语都涉及围绕某一共同利益的一个特定的派系、阶层的联合或特定阶层中少数群体的联合等。每一个派系都推广自己与历史关联的瀑布意象，试图超越、击败其他派系的话语。有些派系印刷旅游册子（比如公园委员会），另外一些派系则依赖广告牌和其他媒体渠道。每个群体都在自己的叙事里“塑造”瀑布的一种独特的个性。事实上，这些群体均可称为寄生的、内生的联盟，他们利用瀑布这一自然资源，吹嘘与他们的服务密切相关的特定的意象。没有哪个群体占主导地位，但是每个群体都留下深刻的印记。瀑布周围是风景秀丽的公共绿地，人行道上大小车辆限速行驶，克利夫顿山上游乐场的摩天轮在树梢上方旋转。此外还有臭名昭著的垃圾场“爱的运河”——即将干涸的死水伊利运河，工业有毒物质的污染使尼亚加拉瀑布深受其害：你若立足瀑布的喷雾旁，顷刻间衣服上便留下棕褐色的污点。马蹄瀑布下方就是一个发电站，因而得名“污浊的瀑布：被玷污的世界奇迹”（Marshall 1988：83）。这三种意象可用表3.2中的提要进行总结。

表3.2 阶层联盟和瀑布意象

意象	群体	主要机构
浪漫的、大自然的圣地	公共部门；官僚	尼亚加拉公园委员会 旅馆经理 旅游局

续 表

意象	群体	主要机构
工业发电所	当地的生产商	尼亚加拉能源公司 商会
大型奇观/狂欢活动	小资产者;实业家	克利夫顿山业主协会 旅馆经理 旅游局

由此看来,与尼亚加拉瀑布相关的话语特征是自相矛盾的,且有多种声音,任何一个意象都不占主导地位,最终导致灵韵的丧失。尼亚加拉瀑布遭到肆无忌惮的利用,堕入互相矛盾的话语构成的众声喧哗之中,不仅丧失了天然的气质,就连其具有象征意义的身份也荡然无存。从比较的角度看,大峡谷可谓一个生动活泼的例证,说明自然景观沦为旅游景点之后的风貌。沃克·珀西(Walker Percy)曾认为,现代游客没有直接面对大峡谷,他们对大峡谷的体验与当初大峡谷的发现者、欧洲人加西亚·洛佩兹·德·卡迪纳斯的体验简直不可同日而语:

> 这几乎是不可能的,因为大峡谷本身已经被象征情结恣意使用,这种情结在观光者的脑海里早已形成。在认可的环境下[依照人们认可的解释性的牌匾等的指示在指定的观赏地点]观看大峡谷就是正面观看象征情结。
>
> (Percy 1977,引自 Newman 1988:24)

马可·纽曼(Mark Newman)分析这段评价时说,有一种话语情结已经认定大峡谷是美国西部一道理想的风景线。大峡谷最终不再证明它自己,而是这种话语情结的证明:

> 大众媒体、明信片呈现了大峡谷的象征性艺术表达,文化里

也承载着大峡谷的其他意象，这构成人们对大峡谷的先入之见。珀西认为，只要大峡谷符合这些现代游客的先入之见，他们就以为这个“真正的”峡谷是称心如意的。……这并非说某种真实的、至关重要的甚或纯粹的事物存在于笼罩着它的话语之下或背后，而是说，倘若选择对大峡谷的一种特定的解读，这便掩盖了其他形式的解读或发现的可能性。

(Newman 1988:24)

对大峡谷的解读属于单声音的话语，与之相比，尼亚加拉瀑布的任何一个或多个方面时刻展现一种喧闹的另类形象，不符合任何一种既定的阐释性话语。游客的期待注定大受挫折，尤其是当他寻找大自然的圣地尼亚加拉时，更是如此。狂欢的尼亚加拉却具有更强的适应能力。只要尼亚加拉瀑布公园委员会的旅游计划还存在，狂欢的尼亚加拉将会一路前行，走向未来。公园委员会依旧对狂欢表演视而不见，这些狂欢表演已经成功地限制了人们对尼亚加拉的欣赏，将人们对大自然圣地的欣赏囚禁于令人啼笑皆非的领域里。

阈限性、过渡礼仪和旅游业

在这一部分，我们将综合分析上述对蜜月、阈限性、狂欢活动所做的各种研究。我们已经特别指出，与“充满激情的结合”和“家庭生活”的比喻紧密相连的是蜜月实践、夫妻的完婚期、暂时脱离夫妻将要经历的日常生活。从心理上说，这个时期用于强化夫妻之间的纽带，因为他们在蜜月前可能尚未建立亲密关系。和麦金西研究的那种潜伏的情绪有所不同，有亲属监护的结婚旅行在 19 世纪转变为亲密浪漫的蜜月旅行，这一转变不仅标志着核心家庭从亲属构成的大家庭或多位姻亲中走出来，过上独立自主的生活，还标志着维多利亚时代道德风尚的盛行。曾有新闻记者称，到了 19 世纪末，北美许多有经济实力的已婚夫妇显然不再因恐惧诱惑而同床共枕。这很难证实;有人认为,人们只是凭空提及那些鼓励夫妻分床这种生活方式的医学手册和婚姻手册(这是唯一可用来支持记者所述观点的证据)。但是,性事是一个愈来愈禁忌的话题。因此,旅馆的职员比较容易识别来欢度蜜月的夫妇,因为蜜月中的夫妻是例外的,他们预订双人床;而那些拘泥于道德观念的、结婚已久的夫妇则预订有两张单人床的房间(见 Callwood & Frayne 1950)。在以家庭为基础的生产制度中,性行为以家庭为导向(Foucault 1979),除了生殖性行为,性是受压制的。对于不谙世事的夫妇来说,蜜月可能会成为一个尴尬而艰难的考验。

蜜月是一个适应身份转变的调整期。它既是过渡礼仪,又是走入婚姻的一个标志性的重大事件。在 19 世纪,旅行者期待尼亚加拉瀑布具有神话般的特征,人们在这里可以超越普通体验的极限。即使有人提醒他们说这里事实上相当低级嘈杂,他们的旅行依然是充满期望、振奋人心的仪式。纳撒尼尔·霍桑(Nathaniel Hawthorne)曾写到:"白浪翻滚,瀑布震耳欲聋,峭壁令人眩晕,飞瀑自天空倾泻而下,这景象萦绕于脑海。"奔赴尼亚加拉的朝圣者仿佛中世纪的香客,他们期待一次艰苦卓绝、可能危机四伏的旅程,最终到达圣地,因此获得奖赏,自此以后他们的世界便可与一个永恒的神灵产生联系。乔治·卡莱尔可谓是尼亚加拉绝好的推广者,1850 年,他在一次演讲中说:"在尼亚加拉居住,不是普通的生活。在那里,整个生活如梦幻一般,但并非轻浮;你感觉自己不在俗世里,而在世界上最壮美的圣殿里。"从这个意义上看,尼亚加拉瀑布至少存在于神话里,是大自然的活力的一种神圣的表达。"大自然以那些永不停息的瀑布——地球的圣地——为媒介,用最洪亮的声音与灵魂对话!"(《桌岩特辑》,引自 Dow 1921:Ⅰ,120)

前面一章说过,在这样的朝圣中,人们确实走出了日常生活,进入阈限性的经历，颠覆了寻常社会的传统惯例和标准（Turner 1973）。在原始社会里，就像在尼亚加拉一样，男性、女性的礼仪以及生命循环中的任何过渡都涉及阈限性。到达尼亚加拉的游客，他们就像特纳提到的朝圣者，尤其是那些渴望邂逅有缘人的适婚的年轻人，还有那些欢度蜜月的夫妇，他们都处于理想的阈限地带。在这一阈限地带，在旅行、匿名、没有社区监控的情境下，有强烈阶层意识的中产阶层平日里恪守的严苛的社会习俗随即松懈了。除此以外，蜜月中的夫妻参与了特别西方化的异于传统的过渡礼仪，因为他们的礼仪是"自动"进行的。礼仪，尤其是人们一直践行的新婚之夜，允许新婚夫妇单独出行。在这一事例中，环境是一个重要的因素，它使行为结构化（当然，并不决定行为）。因此，我们此处所关注的这种阈限性，其社会环境也存在着一种重要的性质上的差异。特纳曾认为，也有一种"过渡礼仪，甚至是与朝圣之旅有关的一种启蒙仪式"。正如范·热内普论及的原始社会中的入教者，朝圣者和游客也会短暂地逃离他们所处社会的常规的社会结构，进入属于旅行者的特殊的世界里。帕特里克·麦格里维（Patrick McGreevy）把蜜月描述为"两段人生经历的间隙，一个暂时的无人区域"（1985：32）。朝圣之旅中的阈限性结构以及过渡礼仪的两个极端是"人生熟知的""日常的"，也是"遥远的""理想的"。威廉·迪安·豪威尔斯（William Dean Howells）所著的以尼亚加拉为背景的小说《我们的结婚旅行》（*Our Wedding Journey*）颇具影响力，其中一个人物说："在那里，所有生命都有美好的开端，想到这一点，我充满万分柔情……而其他地方充斥的全是与事务、时尚形影相随的忧患顾虑，还有年迈、忧伤、痛不欲生；但是，这里只有青春、信心和狂喜。"（1808，引自 McKinsey 1985：272）

在社会惯例的这种元结构里，尼亚加拉瀑布被空间化为一个异域的、朝圣的目的地，它也是过渡礼仪的理想场所；假如它与激情（蜜月、自杀)有关,它更加是过渡礼仪的理想场所。蜜月原本是一个社会认可的过渡状态,一对男女进入这个状态,再次走出来便是夫妻了。然而在今天,蜜月仿佛完全失去了它象征性的阈限地位。蜜月失去含义,这正如一个符号没有了所指而变得毫无意义。唯一的可能性是,它可能重新以一种难为情的讽刺的方式指向蜜月本身。以如此不同的方式构建的尼亚加拉瀑布已不再清晰,“尼亚加拉”是一个无意义的能指,与没有社会意义的仪式连接在一起。蜜月已经变成终极的、无意义的、陈腐的结婚仪式,它只是一个事件,或者是其他活动(比如旅游)的一个障眼法。这就是当今典型的、具有双重讽刺意义的尼亚加拉瀑布蜜月;两个迥异的市场汇聚在这里。第一个是静止不动的“盛事蜜月”(《金融邮报》[*Financial Post*]1962 年 9 月 1 日)。[①]这一切都围绕着一个“蓝领市场”(尼亚加拉瀑布旅游办事处,1949—1986),让度蜜月的人们心驰神往:当地闻名的克利夫顿山的名胜呈现出宏伟的奇观以及狂欢的氛围;可以享受海狮亲吻的海洋世界;搭乘直升机观光;还有雷普利创立的“信不信由你”博物馆,展出埃尔维斯·普雷斯利最后使用的粉红色凯迪拉克轿车(见《金融邮报》,1957 年 11 月 23 日:第 9 页;1962 年 9 月 1 日:第 89—99 页)。[②]正如在布莱顿海滩的案例中所言,狂欢产生了资本的衍生物,其特征

---

① 与“盛事蜜月”有关的信息,重要依据是尼亚加拉瀑布旅游办事处保存的 1949—1986 年间尼亚加拉瀑布蜜月登记的大致数据,同时对办事处的斯特拉·豪利特女士进行了访谈。尼亚加拉瀑布附近的旅社珊瑚酒店的团体项目销售经理罗莎娜·辛卡里欧女士热情地帮助我,她带领我参观了酒店的蜜月套房,提供了日本旅行团以及“盛事蜜月”走向衰落的粗略数据。

② 还有当地销售的各种纪念品。除了那种印有一条信息的杯子以外,还有制作成妇女乳房形状的杯子,印着近乎淫秽的信息;有些毛巾上印着一对新婚夫妇,妻子在打电话,丈夫在洗手间小便,漫画的说明文字是:“妈妈,我们在尼亚加拉……难道你听不到瀑布的声音吗?”还有脚丫子形状的烟灰缸,上面写着:“我们从加拿大的尼亚加拉瀑布获得了极大的快乐。”(原文:We got a kick out of Niagara Falls CANADA. 名词 kick 一词多意,指“极度的快乐;脚踢;底部下凹的容器”。一词多义使这句话更显幽默风趣。——译者注)还有形形色色印了文字的缎子枕头和女士内衣。1987 年的《金融邮报》报道说,这种“无用之物的生意”正如日中天。(1987 年 7 月 12 日:第 3 页)

是反仪式的风格，即活动的参与者人人平等。参与者都是心满意足的、瞬间放纵的消费者和观光者，这样所有的社会角色在狂欢活动中便化为乌有：

> 有时候我想象……只有森林、天空、悬崖和河流……没有蜡像馆，没有在空中旋转的巨大的摩天轮向我们诉说工业历史循环往复的徒劳无益。
>
> 现在，在夏日黄昏的林荫大道上，车辆川流不息。
>
> 这群人坐在闪亮的汽车里，鱼贯而行……白天他们寻找彩虹，夜间他们追逐投射在瀑布上的人造的、耀眼的灯光。即使没有玛丽莲·梦露，此处也是纯粹的好莱坞。无论在洞里，在车里还是在粉红色的汽车旅馆里，都有"爱"的刺激。这是廉价的梦幻之城。一个衣着廉价而花哨的荡妇，浓妆艳抹，趁着这让人心神荡漾的黄昏出门寻找机会。
>
> (Marshall 1988:20)

在巴赫金论述的中世纪的狂欢活动中，人们以参与者、演员而不是旁观者的身份经历宏大的场面(1984:7)。盛事蜜月与这种纯粹的狂欢化不一样，它是由商业化仪式的残留物构成的(见表 3.3)。但是，所有狂欢活动，即使已沦落至大众假期的地步，依然能"展现这个世界、人类以及人际关系非正式、非同寻常的政治的一面；它们[构建]了官场之外的第二个世界、第二种生活"(Bakhtin 1984:5—6)。狂欢活动中颠覆的世界使离经叛道的、受世人讽刺的文化风格和活动顷刻间合理化。因此，"循规蹈矩"的领域搁置起来，幽默、庸俗的"反风格"得到发挥，并且与官方的文化进行对话。这样就产生了众声喧哗的舞台，开启了官方与民间、循规蹈矩和离经叛道之间多样化的选择(图 3.7)。围绕瀑布之美的官方景点是具有讽刺意味的残余

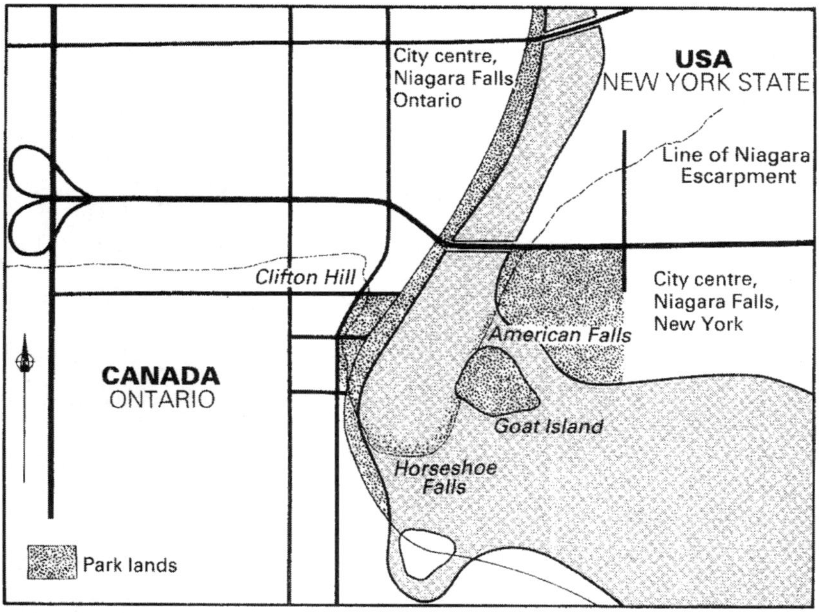

图 3.6　尼亚加拉和克利夫顿山平面图

图 3.7　杯子：狂欢活动的纪念品

物，又是狂欢活动依存的基础。福柯曾把这种反空间称为“异托邦”。这些反空间是：

> 真实存在的地方……有些类似反场所，是一种既成事实的乌托邦……在这一乌托邦里，真实存在的地点，所有可以在文化里找到的其他地点同时呈现出来，有争议，被颠覆……人世间存在着有特殊地位的、神圣的或被禁止的地方，专门服务于那些……处于危机状态的个人……这些危机“异托邦”不断地消失，当然，仍然可以找到它们的一些残余。比如寄宿学校……兵役……“蜜月旅行”……年轻女子在“乌有之乡”失去童贞，而且失贞的瞬间，她所在的这个“乌有之乡”就是火车或蜜月旅馆，是没有地理标志的“异托邦”。
>
> （Foucault 1986：24—25）

人们期待盛事蜜月是娱乐与玩耍中情感的迸发：压抑的性能量达到高潮。尼亚加拉瀑布众多宾馆里光怪陆离的蜜月套房都是舞台，这些舞台是用性狂欢活动的任何可能的奇技淫巧来装饰的，这些奇技淫巧在色情杂志的插图中大肆宣传。有一种极受推崇的道具：涡流式按摩浴缸，通常是红色的，心形的，仅够两人沐浴。这样的浴缸被人委婉地称为爱情浴缸，它们是北美性幻想的象征性的、商品化的代表。盛事蜜月市场产生的一个附属品是“第二个蜜月”：夫妇们故地重游，权且当作度假，再次盟誓，祝福婚姻，或者只是追忆逝去的青春。旅馆在为此等更加悠闲的游客提供住宿时，就会更换色调，采用折中的颜色设计：红色的爱情浴缸能够使用的日子便受到了限制。

第二个日益增长的旅游市场是蜜月旅游，客户主要是进行蜜月之旅的年轻的日本人等外国游客，这一市场与盛事蜜月不协调地共存。以景点为导向的克利夫顿山与严肃、淡雅的尼亚加拉瀑布公园之间极不协调,这反映了对立的文化话语之间的冲突;这两种文化话语以不同的方式利用尼亚加拉瀑布。就日本人来说,蜜月一直是为数不多的放下工作去度假的一个借口(另一个借口是葬礼)。他们来这里是为了领略他们称为"大自然"的壮观风景。这"大自然"包含所有自然元素(流水、植被、岩石),是文明的对立面。源于自然元素的象征性价值,日本人将含有这些元素的地点都"收藏"于日本的社会里。一般来说,一次旅程会包括落基山脉、大草原、尼亚加拉以及小说《绿山墙的安妮》(*Anne of Green Gables*)中描绘的位于爱德华王子岛上让人怀旧的房屋。这些房屋让人回忆起一个年轻姑娘半自传性质的故事。在世纪之交时,这个姑娘就在加拿大的一个农场长大。这个故事在西方和日本颇受欢迎(Montgomery 1942)。这种"大自然"并非早前尼亚加拉那个壮美的、追寻意义的版本,也不是在去中心化的世界里人们"为世界的中心重新定位"的一种尝试(Cohen *et al.*,1987:320)。但是,自 19 世纪初以来,尼亚加拉瀑布不再适于扮演这样的角色,它不再"符合"日本文化话语为它设定的神话诗学的地位。这主要因为科技掌控了尼亚加拉,小商小贩蔚然成风,工业迅猛发展,周围城市大规模扩张。尼亚加拉旅游业以敷衍的态度对待尼亚加拉作为蜜月胜地这一浪漫化的意象,也使尼亚加拉目前恶化的状况雪上加霜。这些反差可以很好地归纳于一张表里(见表 3.3)。

表 3.3 尼亚加拉瀑布旅游市场之间的反差

盛事蜜月	蜜月旅游
——宏大的场面。 ——旅游景点。 ——娱乐活动。	——大自然,优美的风景。 ——自然的奇迹与人的敬畏之心。
——当地或同一省份的游客,驾车自300 英里以内的地方造访此地。 ——乘公共汽车到达。	——长途旅行,往往是外国的游客或旅行团乘飞机远道而来。

续　表

盛事蜜月	蜜月旅游
——蓝领，但是奢侈： 需要豪华、富丽堂皇的装潢；爱情浴缸；主题餐厅。 ——短暂的蜜月假期。	——旅游市场的最高端：寻找有趣的主题酒店；氛围优雅；高品质的美食。 ——蜜月旅行（多个目的地）。

结论

尼亚加拉公园委员会试图以行政手段管理大自然，让如今惨遭污染的尼亚加拉瀑布依然处于美丽的大自然的怀抱里。这样，克利夫顿山的旅游景点便与尼亚加拉公园委员会的初心格格不入，矛盾地并存。尼亚加拉瀑布显然已准备好重新开发，复兴在即，也许能找到解决方案，克服现存的矛盾。比较和谐的开发方案有两个：其一，保护大自然的圣地，将瀑布与城市物业体系隔离，使其成为一个国家公园；其二，将尼亚加拉瀑布及其公园与周围的城市环境重新融为一体。然而，互相冲突的利益之间的对话陷入僵局，遏制了和谐的开发方案。

我们从历史记录可追溯尼亚加拉瀑布的开发轨迹，这个地点曾被地域化为一种地方类型：它处于两种连续的、互相交错的空间化之中。在 18 世纪欧洲人、19 世纪和 20 世纪北美人以及近期日本人不同的社会空间化过程中，尼亚加拉瀑布的神话诗学地位不断变化；如今我们发现，围绕这一不断演绎的神话诗学地位所规划的空间实践及建筑环境，其历史也有诸多层次。尼亚加拉瀑布最初是一个遥远异域的自然圣地，一个壮美的符号；它通过道德价值的具体化而演变成过渡礼仪的一个阈限地，近来又变成场面宏大、消费惊人的混乱场所。在这一系列的文化构形中，这个地方已经与各种其他因素息息相关：荒原的神话；宗教；论述家庭行为的话语；围绕过渡礼仪（最先是朝圣者，后来是新婚夫妇）所构建的程序化仪式；商品和旅游业的推广话语。在“后现代”这个术语出现以前,尼亚加拉瀑布已经具有后现代的性质,它一直被纳入可追溯至中世纪的“激情场所”这一欧洲传统里。它既是高雅文化的圣地,又在大众文化中占据突出的地位:印在麦片包装盒上或者与玛丽莲·梦露等好莱坞的性感明星和商业典范的照片同时出现。由此可见,在尼亚加拉瀑布最持久、最坚韧的地域化过程中,它一直是一个狂欢化的场所,此处的景色是对主流美学判断和道德判断的通俗甚至庸俗的效仿,这一处风景因受瀑布周围狭窄绿地的环绕而显得窘迫局促。

在人文地理与传统的社会学或人类学之间的边缘领域追求学问,这让我们能够揭示盛事蜜月的一个决定性的意义。冲动地购买庸俗的反时尚的纪念品,非理性地拍摄个人照片,这突出说明游客将个人能量大幅度地消耗于意义的创造以及对尼亚加拉瀑布的解读。然而,这一切围绕着个体进行,以细腻的书面记载的方式而不是以社会话语为形式,因此又显得自相矛盾。此外,在这一抵抗和思考的过程中,身体本身(展示出来、遭遇嘲讽、以地标为背景摆姿势拍照、成群地互相拥抱)是一个主要的传播媒介。在有些时候,比如两次世界大战之间的岁月,或者在当下后现代的重要关头,基础叙事不再是可靠的生活指南,人们转向个人主义。我们在这样大众旅游的场所发现人们一直在努力追求个体的自我,让自己与社会和大自然的宏大场面有规律地保持着反讽的关系,记载自己的历史,以投射的方式在人和世界之间建立一种协调的关系,详细地阐述个体在社会和地理世界的空间化里所处的位置。

第四章 “真北之邦自由刚强”

啊，加拿大！我们的家园与故土！
你儿女的爱国之情炽热满腔。
心怀赤诚，看你崛起，
真北之邦自由刚强！
啊，加拿大，无论身居天涯海角，
我们为你放哨站岗。
神佑我国土，自由荣光，
啊，加拿大，我们为你放哨站岗。
啊，加拿大，我们为你放哨站岗。

(Calixa Lavallée *Oh Canada*)①

---

① 加拿大的国歌由卡利克萨·拉瓦雷作曲，由阿多尔夫·贝西·卢提尔作词，原歌词用法语写成。1880 年 6 月 24 日，魁北克省省督西奥多·罗比塔耶委托乐队在魁北克市举办的一次宴会上首次演奏《啊，加拿大》这首曲子。为这首曲子作词的阿多尔夫·贝西·卢提尔是魁北克市赫赫有名的律师、作家，他用法语做诗一首，由卡利克萨·拉瓦雷谱曲。多伦多的一位教师罗伯特·斯坦利·韦尔将《啊，加拿大》译为英文，然而，国会拒绝接受英文歌词。当时拒绝的主要理由是歌词没有提及上帝。事实上，

前面几章从空间意象和神话的角度阐释了空间思想、理论和实践在文化环境中的地位。我们把互相关联的多个地方定位于社会空间化里，在这个背景下讨论了这些空间神话对具体地方的发展产生的影响。这不仅是神话诗学的视角问题，还要与空间和地方的实证主义地理学产生复杂的关系。空间化是因果构形，它会产生具体的影响。

空间神话为调查研究呈现了另一个层次和规模。它们统领那么多的空间意象和神话，因此接近了神话学的地位。本章走近北美，尤其是加拿大南部和中部的北极和亚北极神话。本章认为，被称为"真北之邦自由刚强"的这一空间神话一直是加拿大民族主义话语的一个符号，虽然不完全属于霸权主义，它依然试图调和区域思想之间的矛盾。这一神话存在于对抗性的空间化里。在这种空间化里，南方人认为北方是南方城市文明的一个抗衡，却又是南方人自己的加拿大身份的核心。历史学家海登·怀特称这种认识方法为"从反面以例证定义自我"。他提出文明和蛮荒在原型上的对立，并指出对荒原的历史讨论一直服务于一个使命，即通过推理的方式更深刻地了解不同历史时期的文明：

> 在社会文化的压力之下，人们需要正面的自我定义，但自我认同尚未有令人信服的标准，此时，人们总有可能说："我可能不知道我自身体会的人性有什么具体的内涵，但是我很确定那一点是我不喜欢的"；人们也有可能认为视野中与自己迥异的某一物是对的……这种情形在国家、阶级、政党的冲突中显然是一种

英文版本直到1967年才获得认可。1972年，歌词经过斟酌修改，于1980年6月27日通过《国歌法案》最终获得认可。"真北"(True North)与"白北"(White North)这两个短语分别出现在丁尼生的《国王的田园牧歌》(*Idylls of the King* 1873)和丁尼生为威斯敏斯特教堂里约翰·富兰克林爵士的纪念碑撰写的碑文(1847)里。丁尼生用这两个短语直接指代加拿大。

> 本能反应……如果我们不知道自己心目中的文明是什么，我们可能一直寻找一个不属于文明的实例……同样，在过去，当人们对自己感知的人性的具体特质没有把握时，他们就诉诸“荒原”这个概念，认定一个非人性的区域，这个非人性区域的特征就是他们期望的人性的对立面。
>
> (White 1978:151—152)

从这个角度来看，从文明与非文明、文化与自然之平衡的两面来建立文化身份，“真北之邦自由刚强”则是这种文化身份建立的一个悖谬的案例：定义一个二元对立，然后重新利用人们通常会厌弃的元素，因为二元论总是让人想到诸如好与坏、黑与白等分类。“真北”在过渡礼仪和娱乐性质的自由和逃避中属于男性的、阈限的地带。它是一个供消遣的经济腹地；与此同时，又作为一个至关重要的中心区域而融入社会空间化。我要论证的是，这样的二元论是加拿大民族主义者立足的根基，因为有了这个二元论，人们就有可能在“加拿大文化”和源于国境以南(或者我们在接受教育时认为它起源于国境以南)的“美国大众文化”之间进行权衡。在人们的想象中，加拿大南部城市的大众文化是例外的，是少数者的文化。加拿大的南北二元对立现象，也存在于澳大利亚。斯特拉顿认为，南部澳大利亚在话语上将自己定义为“文明的”，与北部地区形成鲜明的对照；而北部地区则是“被构建为‘他者’的地方，源自南部现实生产中遭到压抑的成分”(Stratton 1989:38)。

“真北之邦自由刚强”，这个短语来源于加拿大国歌的英文版，它总结了北方在中南部加拿大人心中的神话所展现的诸多方面：对国家本土精神保持真诚的态度；坚强地抵御外来入侵；摆脱那些满腹帝国主义野心之人的征服而获得自由。围绕“真北之邦自由刚强”这一想象的地理产生的所有理念可以作为空间化过程中话语力量的例证，当空间化涉及民族主义空间表征时，尤为如此。附着于北方这一实体的所有理念——真诚、纯洁、自由、刚强——有助于使一种特别的社会空间化确立为世界和思想体系的一种秩序，明确优先事项、面临的威胁、朋友和仇敌、可获得的帮助，从而增强个体和社区文化凝聚力。当然，相互抵触的空间神话是存在的，但是“真北之邦自由刚强”在讲英语的加拿大中部、南部人群中，在多数人产生的主导性政治话语中均起着极为重要的作用。

意象与现实

> 作家罗伯特·瑟维斯（Robert Service）在诗中述说“育空的魔力”（Spell of the Yukon）；其他许多作者也撰述北方对侵略者（尤其是白人）产生的影响。他们都认为，加拿大的北方对那些在这片广袤的土地上居住、探索、沉思的人们产生了无与伦比的影响。在很多人看来，这个地区已经到了神话般的地步，超越自己的政治地位，逾越自己的地理疆界，演变成一种精神……此处远离尘世，视野所及之处千篇一律，到达这里的很多人受到羁绊、桎梏；人类对此地的侵扰显得微不足道，这让许多人震撼。
>
> （Coates 1985：16）

加拿大的北方有几个常见的定义。最为人熟知的也许就是联邦政府授予的行政定义，它认为北方等同于西北部地区和育空地区。这个定义掩盖了其他定义。对于大多数说英语的加拿大人来说，北方不只是一个实际存在的、地理意义上的地区，它还是一个想象的区域：它是边陲、荒原，是一片空旷的空间；从加拿大的南部看，它洁白、浩渺，空无一物。至少散文家和作家告诉我们北方是这样的，而且我们知道，加拿大的学校也是如此教导学生的。意识中的“真北”是一张白纸，体现“加拿大身份”之精髓的意象、用于定义城市生活的意象都投射到这张白纸上。因此,北方的定义在冰冻三尺的荒原僻壤和严加守卫的心脏地带这两个极端之间摇摆。但是,我们不可误解它,认为北方不置可否,含糊其词。与其说北方是一个由名称指代的实际存在的地区,不如说它就是一个名称,是一个能指,其内涵由文化界定并随历史的发展而变化。显然,官方的、社会的神话掩盖了一层层积淀下来的个性化的意象和经历。我们会看见,人们对这种社会神话的认可定义了加拿大身份的核心。

尽管北方在墨卡托投影地图上得到"客观的"呈现,但这个地区仍具有不确定性,它从清晰勾画的第 49 条纬线开始渐渐模糊,在遥远的北方演变成不计其数的岛屿。夏日的夜晚明亮如白昼;冬日的冰层模糊了陆地和海洋的界限。北方一直由南方人的喜好来定义,这让北方人万分沮丧。这是一块资源丰富的腹地,但是人们总认为必须限制对它的开发:文化的核心地点必须保护。"北方莅临人的内心,比人造访北方更加重要。"(Warwick 1968:47)这是北部开发的家长式政策以及对因纽特人"进行开化教育"的基础(Milne *et al.*, 1982),北方的居民几乎没有行使权力的余地,这些地区缺乏任何权力或自治,不像各省(爱德华王子岛仅有居民 12.8 万人:加拿大统计局,1985 年)可以对能源和资源、司法、卫生、教育、住房和土地使用政策、税收权力、宪法否决权实施控制,也无法配合其他省份给联邦政府施压。

北方并不局限于西北部和育空这两个地区。人们在加拿大的课本里常常看到持有这个观点的介绍性评论:

> 我们从广泛的意义上定义北方。我们并非从地理意义上将它局限于西北部地区和育空地区,我们把北方视为一个地域不断变化的实体,一个想象的构建……依照历史时间向前追溯,我们可以发现北方是向南移动的……北方在时空上是移动的……当西北公司做皮毛生意的商人队伍集中起来,用蒙特利尔的船

只航行到内陆时，高处的地区①或北国便开始存在于拉欣（即蒙特利尔圣劳伦斯河湍急的激流）之上。因此，我们把纬度为 60 度的北方地区、大部分省份的最北部的一小部分以及位置偏南的一些地区都纳入北方……比如，在 19 世纪 30 年代，今天的马斯科卡湖、哈利伯顿地区、阿尔冈昆公园几乎都不属于 20 世纪 80 年代的北方。

(Hodgins & Hobbs 1985：3)

但是，即使以这种方式拓展，北方的居民在加拿大 2 650 万②总人口中所占的比例也不足 2%，这使得北方加倍边缘化：首先是地理上的与世隔绝，其次是自我开发的权力不足。

半真实、半想象的北方除了自身的定义问题外，其南部的地理边界在学术上也有争议。决定"北方特性"的因素究竟是什么（Hamelin 1980）？小说家玛格丽特·阿特伍德（Margaret Atwood）评论说："从这里到那里，你是从哪里跨越边界的，这个问题关乎你的视角。是那家颇似印第安人棚屋的礼品店吗？还是第一座自称'通往北方的门

① pays d'en haut 源自阿卡迪亚地区的法语，实际上已经变成了加拿大大西洋省份使用的一个俗语，意思是"高处的地区"，指代新不伦瑞克省北部沿海居民点以内的地区。

② 根据 1983 年的人口估计数据，育空地区和西北部地区的人口分别是 2.2 万人 和 4.8 万人。这两个地区的人口占加拿大总人口的 0.28%（加拿大统计局，1985：51，表 2.1）。但是，我们至少要把十个省份的北部城镇的人口加在这个数字上。使用哈梅林的北部城镇地名索引表（见图 4.1）和一份加拿大的地名索引（索引只包含居民在 5 000 人以上的城镇），就产生下列统计数据：

欢乐谷-鹅湾镇（纽芬兰与拉布拉多省）	7 103 人
拉布拉多镇（纽芬兰与拉布拉多省）	11 538 人
弗林弗伦市（马尼托巴省）	7 894 人
汤普森市（马尼托巴省）	14 288 人
麦克默里堡市（阿尔伯塔省）	31 000 人
合计	71 823 人

（加拿大统计局，1985）

这样，北方的人口即可达 141 763 人，占总人口的 0.57%。即使将更小的城镇以及为数不多的乡村居民也包括在内，北方的总人口也不及加拿大总人口的 1%或 2%。

户’的小镇?”(1987:141)她在加拿大的一本通俗杂志上撰文描述了一个南方人心目中的北方:

> 它不是一个地方而是一个方向,严格说来,它的位置是相对的:在墨西哥人看来,美国人就是北方……在我们[加拿大人]心目中,无论北方在哪里,它都很辽阔。你站在温莎市,想象一条线一直通往北方,径直通向北极……这就是我们自幼年到成年一直装在心中的地图,是挂在教室前面的墨卡托投影地图,这张地图使北方显得比它自身还要广阔辽远,那片粉红色绵延无垠,城市点缀于底部那条边上。北方不只是地理空间,它是与身体意象紧密相关的空间。我们常常眺望南方,当我们这么做的时候,我们有意识的心灵就会指向那里,到达人群,那里有熠熠的灯光,有好莱坞版本的名利场。但是,北方在我们心灵的背后,永远如此。有一样东西(并非是一个人)从我们的肩头望过去;我们的后颈猛然一凉,打个激灵。北方让我们的焦虑顿时清晰。转过身,面向北,面向这个北方,我们进入自己的无意识。回首往事,向北的旅程俨然一个梦。
>
> (Atwood 1987:143)

这是一个良好的开始。在文学评论家所称的“加拿大文学”中,阿特伍德声望颇高,起着中流砥柱的作用,这使她的观察更具权威。但是,社会科学家所持的怀疑态度,我们很难轻易摒弃。这位小说家是在为“普通的”加拿大人代言吗?阿特伍德的措辞暗示了一个约定俗成的事实——“真正的”加拿大人记得北方,是这样吗?难道她不是对加拿大人说话吗?她在多大的程度上参与对公共感知的塑造?又在多大程度上准确地附和公共感知?在加拿大人中,去过最遥远的北方者,屈指可数(西北地区政府报告,1987)。也就是说,尽管有公共表达的情绪,人们的行动往往符合另外的一些思维模式。人们对北方的经历和了解在很大程度上是通过间接的意象和叙事获得的，比如许多人阅读阿特伍德撰写的故事，也有人观看电视新闻①。广受欢迎的随笔作者斯蒂芬·利科克（Stephen Leacock）于1936年做出的评论依然很真实，“我从未去过詹姆斯湾；我没有去过，我也不会去。但是，没有它，我会莫名其妙地感到孤独”（1957：212）。

北方特性

加拿大地理学家路易斯-埃德蒙·哈梅林（Louis-Edmond Hamelin）条理清晰、细致入微地研究了加拿大北方在地理上的范围以及加拿大的北方特性（1977；1980）。他赞成对北方持分解的观点，反映人们在经历、地理、发展和行政管理等方面对北方认识的差别。他研究了衡量加拿大城镇的北方特性②所使用的六个环境标准和四个文化标准，以此为基础区分了四个地域（见图4.1）。他给每一个标准分配100分，依照这个标准，北极理论上可得1 000分。“低纬度的加拿大”就是大多数北方人所说的“南部加拿大”，最少需要200分方有资格纳入北方。阿尔伯塔省省会、加拿大最北部的大城市埃德蒙顿获135分，因此，不算作北方城市。③在哈梅林看来，这大致上

---

① 没有精确的旅游或迁居数据，但是考虑到人口极其稀少，物质基础设施匮乏（比如北纬60度以北没有人工铺设的道路），在任何一个年度都不可能有很多人去北方旅游。20世纪70年代中后期石油经济走向繁荣，在1975—1980年间，到达各省份北部地区务工的总人数也不足50万人。根据西北地区政府（简称GNWT）管辖的经济开发和旅游分部提供的数据，每年夏天到达的游客大约为5.2万人，这些游客的平均收入为3.45万加元（约等于1.8万英镑）。野营和驾车旅行的游客大多来自西部省份和加利福尼亚州；还有一些游客是垂钓者，他们来自安大略省以及五大湖沿岸各州。（来源：旅游事实[*Tourism Facts*]，GNWT，1987）

② 哈梅林的衡量标准建立在气候、地理、植被、遥远程度、经济活动和人口密度之上。

③ 一座真正北方的城市如同西北地区的首府耶洛奈夫。在这座城市里，永久冻土意味着市政服务都是在地面上、在绝缘的瓦楞铝板轨道里提供的。这些轨道将每家每户都联在一个网络里。这个网络在地面以上，距离地面两至三英尺，位于其绝缘的柱桩之上，像一条爬藤一样在旖旎的风景里蜿蜒。20世纪70年代，未来主义城市规划专家——建筑电讯学派——做梦也想不到今天大多数人都会认为这是多么碍眼、多么怪诞的景象。

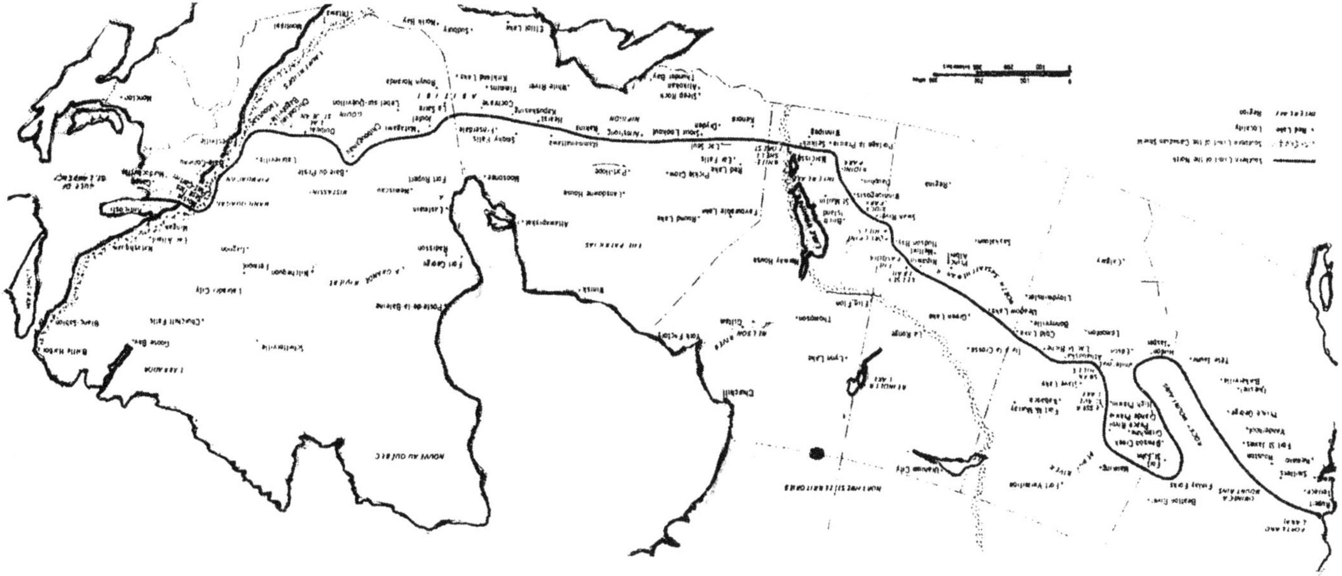

图4.1　加拿大北方范围图
来源：哈梅林（Hamelin 1980）

反映了大众对那个城市的感知。然而，哈梅林从 1000 分中选择 200 分作为统计学意义上的显著分界点，其合理性不容易证明。诉诸大众的感知，这表明了所有这些研究中存在一个同义反复的循环：从常识性的直觉出发，搜集数据，然后依据常识解读数据。因此，常识披着实证主义的外衣而瞬间变得高贵，被堂而皇之地描述为科学的结论。这份研究问世十年以后，学者们和埃德蒙顿人欢呼雀跃地把这座城市称为冬季适宜居住的城市："在北方"，这一事实使它获得前所未有的声望。但是大众对它的感知继续变化，因此，用这个城市来证明北方特性的标准是不合适的。

第一个北方地带，哈梅林称之为"中北"：各省份的北部地区、拉布拉多以及育空地区的大部分。就物质基础设施来说，所有这些地区的经济发展大致上处于同等水平。然而，由于哈梅林将自己拟定的感知标准与气候、发展等环境数据结合起来，这种分类方法就掩盖了大众对北纬 60 度以北的育空地区的不同认识。联邦政府使用"北纬 60 度以北"这个术语，是因为它将西北地区与北方其他省属的行政空间区分开来。因此，北纬 60 度以北这样的区分已通过联邦政府资助的纪录片、教育视频和杂志等的宣传方式而被大众接受。[①] 无论如何，北纬 60 度以北是真正的北方，与各省北部荒无人烟之处截然

---

① 例如，罗伯特·弗莱厄蒂摄制的纪录片《北方的纳努克》(*Nanook of the North*)描述了因纽特人的猎杀生活(加拿大国家电影局，1920)，举世闻名。为了电影制作，弗莱厄蒂制订了全新的猎杀海象的规则：要让摄制组有机会拍摄近距离猎杀动物的场景，土著居民需等海象靠得相当近时才动手。因纽特人居住的冰屋也必须拆除一部分才能使拍摄组有可能采光并获取更好的拍摄角度(见 R. Griffith，1953.《罗伯特·弗莱厄蒂的世界》[*The World of Robert Flaherty*]，多伦多：McClelland & Stewart)。

此外，另外一类重要的资源是美国的电影(体现好莱坞对北方的看法)和加拿大的电视连续剧。其中有一部蕴含幽默感的连续剧获得极高的声誉，迄今仍在重播。这就是共和影业有限公司于 1953 年发行的《加拿大骑警对抗原子入侵者》(*Canadian Mounties vs. Atomic Invaders*)(导演：F. 阿德雷翁)。"一群外来入侵者在加拿大的冰天雪地里构筑神秘工事，这些入侵者就是加拿大骑警四处搜寻的目标……"(见 K. Weiss & E. Goodgold 1972.《未完待续……》[*To be Continued ...*]，多伦多：舒斯特出版公司)。

不同。

中北之外的地方，哈梅林称之为“远北”(500—800分)和“极北”(800分以上)。这些地带包括大部分的北极群岛、西北地区的大部分[1]、魁北克的北部(即名为“新魁北克”的地方)。事实上，在大众的想象中，这两个地带的大部分地方均可被视为远北——冰天雪地，荒无人烟，有麝牛出没，偶见因纽特人打猎，或有石油钻井平台孑然而立。

依照哈梅林的定义，北方特性是分层级的。在北纬60度以北的北方政治范围以外，使用哈梅林的定义可以突出北方的地理范围。除了新不伦瑞克、爱德华王子岛和新斯科舍这几个滨海省份之外，其他每个省份都包含面积不小的北方的土地。按照哈梅林的方法，纽芬兰省(即拉布拉多)的77%、魁北克的70%、不列颠哥伦比亚的31%均属于北方。威廉·旺德斯(William Wonders)为大多数地理学家辩护，他说：

> 为不同的类型设置多样化的标准，可更好地展现北方的状况在总体上产生的影响。多样化的标准包括滨海地区和内陆地区，代表了季节性的以及一年四季的状况，这样有用的比较能够提供不同时期的差异，而且比较简易、实用。我们是否选择了最佳标准，环境与文化之间的比例是否正确，尚需论证。一个标准之内的重要变量往往无法知晓。
>
> (Wonders 1984:227)

① 在历史发展进程中，加拿大为了成立新省份或者给旧省份增添面积，最初的西北地区遭到连续不断的削减，一块接一块地切割出去，因此，今天的西北地区主要属于北方而不是西方。在克朗代克淘金热那段时间，育空于1898年成为一个分开的地区。在1870年，马尼托巴正式成为一个省份，包括了当今温尼伯周围的区域，该省的面积在1881年和1912年两度扩大。1905年，阿尔伯塔省和萨斯喀彻温省得以成立。北安大略和新魁北克于1912年分别转让给安大略省和魁北克省。

但是，霍金斯和霍布斯(Hodgins & Hobbs)认同阿特伍德的情感，认为哈梅林的指标应当拓展，需要考虑心理因素：

> 北方……是一种心境，也是物质环境。北方特性这个经过修改的概念，其主旨是荒原的概念。事实上，随着岁月的流逝，荒原已缩小，偏僻特性已然减弱，加拿大各种各样的北方也在缩减。北方不是边陲。北方是断断续续的、农耕土地的边陲之外的荒原，是中部加拿大城市岛屿之外的荒原。无法沿着一条线去寻找北方。它是一片有深度的空间……
>
> (Hodgins & Hobbs 1985：1—2)

当然，北方的任何一条南部边界的具体位置均有极大的争议。哈梅林给一个地方打分的方法包含大量的个人判断的因素。个人的评估就会有选择上的自由。不过，学者们认为他的定义是一次有用的尝试：用地理学的实证主义的标准对北方进行系统的定义。严格说来，与其说这些定义提供了衡量北方特性的评价标准，不如说它们显示了一个专业人士如此入迷地对实证理性主义话语中大众的感知进行组织和重新编码，说明一个学者以极高的严肃性对待整体的北方特性。

更重要的是哈梅林的动机。在加拿大北方不同的地域中，刻板的形象泛滥，缺乏有意义的秩序，哈梅林对这种现象做出了反应。他把这种现象称为“感知与现实之间的差距”，南方的管理者把对待南方的策略移植到北方，采用错误的方法处理北方的问题(Hamelin 1984：172，173)。但是，我们必须问：为什么必须定义北方的范围？这场讨论在一定程度上离不开税收减免的权利以及对偏远地区的补贴。北方特性不是首要标准，只是一个必然的结果。“偏远”的主要标准是与大城市之间的距离。在大陆的地图上即使勾画再多的线条也是无益的。不过,"北纬60度以北"至少是一个值得纪念的短语。

在讨论意象时,如果我们单纯地认为南方人心中的北方意象不准确,或者认为这些意象在认可北方社区现代化方面是落后的,那么我们的这些看法就是不全面的。哈梅林通过自己独特的方式研究认为,北方极其荒凉,寸草不生,但北方的富饶就是它意象的源泉。这些意象在本质上是非理性化的,是由想象力驱动的。地理学家、文化理论家和加拿大一些知名的知识分子和作家在阐释北方的意象时没有考虑意象的社会政治含义及其对经济的影响,这的确使得他们处于严重的不利地位(本书下文会详细阐述北方意象的社会政治含义及其对经济的影响)。然而,社会科学家通过"真北之邦自由刚强"这样的空间神话去揭秘加拿大这个民族国家的空间化,他们在揭秘空间化时表现出了严肃的、客观公正的态度。

人们普遍认为,在加拿大形形色色的区域里,北方是浅显易懂的比喻、幽默、意象和寓言的重要源泉。与北方有关的、曾经非常严肃的谚语和政治辞藻如今遭到蔑视,许多比喻已沦为陈词滥调,这大体上是因为传播方式的问题,也证明了官方的比喻已经被纳入大众话语多声音、缺乏共识的词汇里,而这些官方的比喻都服务于政府觊觎北方这一资源腹地的野心。在加拿大人看来,与北方有关的谚语和幽默是加拿大人自我描述的,是容易认同但又过度理想化的表达;而官方的语汇则是人们学习后讲给外国人的词语或者总理在晚间新闻里的发言。加拿大的喜剧团队,比如SCTV颇受欢迎的"鲍勃和道格·麦肯齐",对北方的神话冷嘲热讽。他们的演员扮演两位喝啤酒的乡下人,穿着伐木工人的红色格子衬衫,头戴绒线保暖帽(针织帽),把所有的现代话题减缩为一句轻蔑嘲讽的台词:"伟大的白色北方,嗯。"(Knelman 1983:28)①正如库克(Cook 1984:17)所说,这两

① "伟大的白色北方"(*The Great White North*)最初是一部民族主义著作的书名,该书内容空洞,辞藻华丽,主要讲述北极探险的故事(White 1910)。

个戏剧角色让人不禁想起这个伟大的、白色的“自由刚强的真北之邦”所具有的修辞上的“干净的心理氛围”(Harris 1926:86),早已被啤酒罐和垃圾污染得面目全非(见 Salutin 1981: 28—29)。更重要的是,加拿大人如此痴迷于那种“心境”和阿特伍德所指的那种“后颈猛然一凉,打个激灵”的感觉,而这样轻蔑、不敬的玩笑无情地讽刺了加拿大人,讽刺他们多么痴迷于“真北之邦自由刚强”。事实上,“真北之邦自由刚强”这个通俗的表达也嘲讽了严肃话语说教、专制的本质。虽然真北之邦被称为非同寻常的空间,超越了大多数加拿大人日常生活的领域,但是“真北之邦自由刚强”进入普通、凡俗的生活领域,变成了响当当的口号。

北方意象简史

欧洲人对加拿大北方的印象最早出现在第一批探险家和传道士在旅途中撰写的各种记述里。本书空间有限,这里只能略举几例。若详细对待这些史料,可写成一部百科全书(Hamelin 1980:31)。[①]英国探险家塞缪尔·赫恩(Samuel Hearne)在 18 世纪末穿越哈德逊湾以西与北冰洋之间的“不毛之地”[②],他在恶劣的环境里跋涉,能享受到的美丽环境可谓少之又少:

> 我认为,人来到这个世界绝非为了享福,栖息在这片环境恶

① 我们可以从戴维·汤普森(David Thompson 1770—1875)和克努德·拉斯马森(Knud Rasmussen)的著作中看到他们对亲身经历的精确描述。汤普森是哈德逊湾公司的探险家,他于 1798—1812 年旅行期间绘制了加拿大西北部大部分地区的地图(见 Thompson 1962,《戴维·汤普森的叙述》[*David Thompson's Narrative*])。拉斯马森有因纽特人的血统,会讲因纽特语,他首次撰写了北美地区的人种志,其研究从 1902 年一直持续到 20 世纪 20 年代。他去接触卡里布因纽特人,写下详细的报道。这些报道是里程碑式的史料(Rasmussen 1927)。

② “不毛之地”(Barren Lands)这个术语源于赫恩的叙事。见 Hearne 1795;也见 Maclaren 1977。

劣的土地上的人们，他们的行为就是最有力的证明。

(Hearne 1795：81)

“不毛之地”是泥炭沼泽、苔原、不计其数的湖泊和池塘，是草木不生、绵延千里的屏障，一汪一汪的水覆盖在不透水的永冻层之上：

湖泊，湖泊，数不清的湖泊，有独立的，也有纵横交错的。地面坑坑洼洼，沙与水、干河谷、锅形陷洞等犬牙交错，让行路者发狂。上帝啊，请帮助行路的人吧！无路可走，简直走投无路，只有上坡、下坡，沿着沙丘和干涸的河床走，依靠驯鹿留下的成千上万的足迹！

(Downes 1943：136)

与之形成对照的，还有一种探讨风光美学的评价。19 世纪末，在耶洛奈夫有一位印第安人索尔塔萨，他与一位传教士有过一段对话。当时这位传教士描述了《圣经》里天堂的情景，索尔塔萨回应说：

我的神父，您说得真好；您告诉我，天堂很美；那您再告诉我一件事：您看，在麝牛之乡的夏天，有时湖上笼罩着薄雾，有时湖水湛蓝清澈，潜鸟的叫声划破长空。天堂比夏天的麝牛之乡还要美吗？

(Saltatha，引自 Warburton Pike 1892：302)

这两种观点反映了两种不同的文化[①]，也表达了现代人对北方

① 这种分歧一定程度上反映了赫恩和其他探险者旅途中所处的环境与英国风景园林的现代美学标准不相符。仔细分析他们的叙述，我们可以知道他们清晰地意识到这些标准，同时谨慎地呈现加拿大的风景与 18 世纪英国标准的乡村园林之间的差异。(见 Maclaren 1977)

的态度存在着冲突。北方被视为天堂，是暂时丧失魅力的天堂(Hamelin 1984:167)。北方既有荒凉美，又不宜居住——只有当人们享受最先进的求生设备带来的舒适时才能体会到这种荒凉美。此类矛盾有更多的证据，比如，有学者曾研究加拿大南部单身大学生对现代地域的偏好(Whitney 1984)，研究结果可证明此类矛盾。这些学生对北方几乎没有亲身经历，但是，他们看过大量宣传北方的教育片和媒体的报道。无论这些学子们来自何处，他们理想的去处都是温哥华(也见古尔德和怀特[1974]对加拿大中部青少年所做的研究)。勒斯特回应他们的看法时说："可以认为，我们对荒原环境的爱与对这种二元对立情绪的担扰依然与我们形影不离：这是加拿大精神的核心。"(Luste 1985:40)对多数人来说，南方是日常生活进行的地方，仅仅出于这个原因，他们就认为北方是异乎寻常的事儿发生的地方，是充满了梦想和过渡礼仪的地方(James 1985:11)，不适宜文明生活。但是，从历史上看，"真北"一直是人们去太平洋、东方、北极等地朝圣的必经之地。即使"真北"是一个阈限区域，它也和人们在布莱顿、尼亚加拉经历的阈限区域截然不同。"真北"存在于家和目的地之间，它是朝圣的"之间"状态瞬间的发生地，人们在这个空间里"艰苦跋涉""苦苦追求"。

汤普森撰写的编年史(Thompson 1962)反映了这种矛盾，提出了更多例证，说明这种态度在历史上一直存在。汤普森和自己的团队于1811年1月10日穿过北美大陆分水岭落基山脉，他记录了自己和队员们复杂的情感：

> 现在，映入我们眼帘的是厚厚的皑皑白雪，一直向高处绵延，通往大西洋和太平洋之间陆地的最高处。这景色让我激动不已，我那些未受过教育的队员万分惊恐。他们没有科学知识，

深受周围环境的震慑。当我们身处一条狭路，必须顺着狭路往前走时，我们的向导托马斯说，虽然我们几乎不可能找到生火的木柴，但是，为了在狭路的高处过夜，我们现在必须有木柴。

我的队员是从一百个勇敢、健壮、能吃苦耐劳的男人中挑选出来的最强悍的男人，但是，我们面前荒凉的景象还是让他们心颤胆寒，我对此心知肚明。一场暴风雪就会把我们活埋在这里，但是，感谢上帝，天气很好。我们勉强砍些木柴，每个人在自己的小雪橇上带一点儿。然而，队员们沮丧之至，胆小鬼杜诺德每走半英里就坐下歇息。到了晚上，我们把木柴凑在一起，生了一小堆火，但很快就燃尽了。在这种暴露的环境里，我们在没有火的情况下度过一个漫漫长夜，有几个队员产生了强烈的个人不安全感。

（Thompson 1971：282—283）

汤普森在欧洲目睹的是比例对称的景观花园，而他途经之处与过往的经历完全不同：

……我们现在来到马尼托湖的岸边；放眼望去，湖畔轮廓清晰，湖岸以松林为冠，绵延起伏，高处达几百英尺；湖中坐落着几个简单灵巧的圆锥形小岛，岛上同样是郁郁葱葱的树木。美丽的景色让我心旷神怡，但是我很快发现，看似漂亮的松林只不过是一种幻觉，它们不过是长在岩石上的矮小的松树而已，这些矮树根部扭曲，互相交织。我们途中看见一个完美的圆锥形小岛，高度约有60英尺，很明显，树林一直生长到圆锥的顶部，异常优美。我朝它走去，我的同伴[当地的向导]说，去那儿就是浪费时间；在陆地上时，我们从那些看似精致漂亮的树林里走过，所有

> 树木都不及我们的身高，最多到我们的下颌；在我们嬉笑之时，起风了，我们在那里一直滞留至将近日落……
>
> （Thompson 1962：111—112）

在接下来的两个多世纪里，人们因寻找西北航道①而写下了坚韧不拔、可歌可泣的故事。这些英勇事迹让人浮想联翩。1817 年，在滑铁卢战役后，英国海军部向西北航道的发现者提供了两万英镑。在 1819—1920 这两年内，威廉·帕里爵士深入波弗特海 250 英里处。1845 年，经验丰富的约翰·富兰克林爵士率领雄心勃勃、装备齐全的队伍航行，正是此次航行引起人们对北方莫大的兴趣，让大众知道了北方恶劣、狰狞的形象。这次航行消失得无影无踪，后来有人得到进一步的资助，发现了这些船员们可怕的厄运。38 次不同的航行所得证据甚微，只有一篇有说服力的论文：1854 年，哈德逊湾公司的约翰·雷医生发表了一篇报告，论及富兰克林航行的命运（见 Rae 1855：246；另见 Rich 1953：265，276—277）。有消息说，这个船队在最后的日子里人吃人，这消息掀起一场激烈的争论，严重挑战了维多利亚时期人们的价值观。一个北极圈将女王的皇家海军军纪击得粉碎，它成为人类文明和技能最终的考验（狄更斯深受感动，他于 1855 年 2 月 5 日在自己编辑的周刊《家常话》[*Household Words*]里为航行的队员们的名声辩护。见 Roberts 1980：70；另见狄更斯创作的剧本《冰冻的深渊》[*The Frozen Deep*]）。

众多真伪难辨的叙述，让人看不见真相，这些真假参半的陈述已

---

① 西北航道（Northwest Passage）是位于大西洋和太平洋之间的一条沿美国北部海岸的航线，在北美大陆和北极群岛之间，由一系列海峡组成，东起巴芬岛，西至波弗特海。自 15 世纪末开始，弗朗西斯·德雷克、库克船长等许多探险家为找到一条通往亚洲的通道，竭力寻找这条西北航道。直到 1906 年，挪威探险家罗阿尔·阿蒙森历时三年完成首次航行。——译者注

经进入“真北之邦自由刚强”这个空间神话里。如罗伯特·瑟维斯的诗《丹·麦格鲁的枪击案》(The Shooting of Dan McGrew)之类夸张的故事也和寒冷一样成为北方意象的一部分。克朗代克淘金热曾如日中天,十年以后,有人撰写故事,自诩描述的是一个真实存在的人物,记录的是克朗代克一家酒馆里发生的斗殴事件,呈现了淘金热时期最繁荣的景象。但是,当地居民提出强烈的抗议,认为叙述严重失实(Hamelin 1980:29)。有些电影为了拍摄屋内的生活起居而掀掉冰屋的屋顶,因此在零度以下的酷寒天气里,屋内居民的穿戴必须和户外一样全副武装,观众会认为冰屋作为住房是寒冷的,不舒适的(Hamelin 1980:24)。在人们以为纯粹记录事实的许多著作里,也因为使用毫无意义的陈词滥调而使北方产生了负面的意象。气候学的调查研究称北方为一片“没有夏天的土地”(Estienne & Godard,引自 Hamelin 1980:28)。斯蒂芬森颇为达观地说:“人们认为改变自然面貌比改变内心要容易得多。”(Stefansson 1945:96)

在加拿大人对北方的认识里,还有一个重要的成分,即加拿大对它的拥有权一直有争议。事实上,北方给加拿大人带来一系列民族主义问题,因此,媒体和各届政府“与北方有关的雄辩术”都充满了民族主义色彩。加拿大联邦获得哈德逊湾公司的领地(鲁珀特王子地)之后,其实力更加巩固。接近北极的地方蕴含经济潜力,因此,1874 年,位于伦敦的英国政府提出了针对该地区的主权问题。当英国人因觊觎亚洲和非洲的领土而欲壑难平时,他们并不愿意在北极大幅度扩张。但是,如果他们声明放弃这个地区,美国很可能将其据为己有,因为美国已于 1867 年从沙皇手里购得阿拉斯加。加拿大政府不可能获得皇家军队的支持,不愿意采取行动,只是试图遏制这个问题。石墨和云母的矿产利益已经驱使美国于 1877 年在巴芬岛大动干戈,由约翰·A.麦克唐纳担任总理的加拿大政府迫于英国政府的压力，承认将领土责任转让给英联邦的加拿大自治领。麦克唐纳强调说，北部兼并的地区资源丰富，是加拿大未来不可或缺的一个基础，这个转让的过程于1880年完成（加拿大众议院《第五号辩论》[*Debates V*]，1878年5月5日：2390—2391）。参议院的特别委员会表达了乐观的情绪，然而，并没有努力加强政府在北方的势力。[①]这是一片有争议的土地，它即使让人悸惧，却也受到严格守护。北方蕴藏着巨大的矿产资源等待人类开采；从马更些峡谷一直到北冰洋，甚至会有可观的农业可以开发——真是难以置信的乐观。（加拿大众议院的《辩论》[*Debates*]，1902年5月1日：3951—3978；1903年9月30日：12819；加拿大参议院，1888：10—15）

在19世纪90年代末，克朗代克淘金热引起人口迁徙，此时对育空地区主权问题的关注也浮出水面。美国人在波弗特海的捕鲸活动也引起了加拿大的恐慌。加拿大担心美国有可能购买格陵兰岛，然后兼并北极地区，把格陵兰岛和阿拉斯加连接在一起，重复西班牙和美国战争中美国对领土的攫取行为；1901年至1903年的《议会辩论集》（*Parliamentary Debates*）证明了加拿大的担忧。有人顾虑，倘若加拿大大胆、公开地采取措施，可能会刺激美国"官方"当时尚未发动的野心（加拿大众议院的《辩论》，1902年5月1日：3951—3961，3978；1903年9月30日：12819）。然而，有报纸宣称，任何"购买格陵兰岛的人，必须准备好以武力保护自己购置的土地"（《魁北克纪事》[*Quebec Chronicle*]，引自Hopkins 1904：389）。加拿大向北推行的探险、考察得到了煽动性语言的支持而不是资金的支援。也许因

① 参见《参议院特别委员会对大马更些盆地资源的调查报告》[*Report of the Select Committee Appointed to Inquire into the Resources of the Great Mackenzie Basin*]，渥太华，加拿大参议院，1888：10—15。报告称有数十万英亩的土地适合种植土豆、大麦和小麦。由于生长季节很短，这个说法即使在今天也让人难以置信。

为整个北极地区尚未有明确的地图，只有东部自格陵兰岛至141度经线这之间的扇形地域是有归属的。[①]今天，尽管加拿大政府一直在行使具体的权力，推行海洋防治污染措施，但美国并不认可这种归属。因此，归属问题到今天一直是伤透脑筋的问题：破冰游轮“曼哈顿”(1969)和美国海岸警卫队的破冰船“极地海洋”(1985)均擅自进入北极之地。但是，人们已经接受的政治政策是：

> 在渥太华，各届政府秉持一条信念：加拿大在北方的主权不可动摇。在高级官员和各政党领袖看来，若公开退缩，这涉及的政治代价是不可容忍的，是任何一届在任政府的溃败。
>
> (Doxman 1976：34)

长此以往，北方产生的轰动效应，去北方考察的众多探险家的命运，这一切都在学校教育里鼓舞着加拿大人的爱国情绪。《赖尔森历史读本》(Ryerson Historical Readers)等系列教育读物都是围绕人们容易透彻理解的历史人物而设计的。富兰克林、赫恩这些探险家一直是英雄，是人类与大自然抗争中“北方的阿尔戈英雄”[②](Service 1911：34)。佩奇特别指出：

> 加拿大北极地区的探险，就是维多利亚时代那种严厉的品质和价值观的一个例子，这种品质和价值观也是英帝国的根基。有一本教科书这样写到：“仿佛每个人都在聆听一个民族、一个帝国模糊不清的心跳声。在这里保全富兰克林的声誉是正确

---

① 人们通常认为，扇形理论可追溯至议员波伊莱尔于1907年2月20日提出的动议。见参议院《辩论》，1906—1907：271。另见众议院《辩论》，1902年5月1日：3951—3961，3978；1903年9月30日：12819。

② 阿尔戈英雄(Argonauts)是希腊神话中在领袖伊阿宋率领下乘快船“阿尔戈号”去科尔基斯取金羊毛的众位英雄。英雄们历尽艰险，最终觅得宝物。——译者注

的，因为他的名字是最高贵的象征，象征了身体、内心和灵魂的高贵品质，这些品质使英国在世界各国中都称得上最伟大的帝国。”

(Long，无出版年份：2，引自 Page 1986：6)①

民族主义和爱国主义结合起来，使北方意象和神话的重要性过于政治化。

还有一个理念在加拿大世代相传。作为北方的民族，这不仅赋予他们一个传统，而且保证他们的民族是至高无上的：“……经受北方严冬的考验……使我们没有丝毫的阴柔纤弱；即使最强悍的种族，倘若长期生活在热带甚至相对温和宜人的气候里，阴柔纤弱也会慢慢地笼罩他们。”(《多伦多环球报》[*Toronto Globe*]，1869 年 4 月 2 日)这种“严寒天气决定论”(Page 1986：6)使加拿大人强烈地意识到他们作为北方帝国的命运，而且围绕种族主义意识的运动渐渐兴起(Berger 1966：4—5)。这种思想因受种族达尔文主义(如 Dinbaldo 1978)的驱使而多次复兴。有人担忧，这样强劲的北方意象可能会令未来的移民灰心丧气(众议院的《辩论》，1903 年 9 月 30 日：12816—12819)。

啊，我们是北方人；
谁胆敢驯服我们？
倘有北方人丧失王位

---

① 这一思想可追溯至托马斯·达西·麦吉、蒙克勋爵以及亚历山大·莫里斯作为作者、谈判者而签订的《加拿大与马尼托巴和西北地区印第安人的条约》(*The Treaties of Canada with the Indians of Manitoba and the North-West Territories* 1880)。1858 年，莫里斯在蒙特利尔的多次演讲中均提到“一个新的民族”，这个术语后来成为一个流行语。他的演讲集《哈德逊湾和太平洋地区》(*The Hudson's Bay and Pacific Territories*)后来出版问世(蒙特利尔商业图书馆协会，1858)。

难道那征服者来自南方？
不，不——我们异口同声
向南方怒吼：
“何曾有过南方人抬起脚
去践踏北方人？”

(R.K. Kernighan 1896，《北方人》[Men of the Northern Zone]，
引自 Hamilton & Shields 1979:629)

这些观点最伟大的宣传员是探险家维尔加尔默·斯蒂芬森(Vilhjalmur Stefansson)。他在自己的著作《帝国北移之路》(*The Northward Course of Empire* 1923)①和多次演讲中认为，纵观历史，伟大帝国的中心一直在向北迁移。罗马帝国之后是大英帝国，加拿大将继大英帝国之后崛起。这个论调在加拿大政府的出版物里一直持续到20世纪50年代末：“自有人类历史以来，文明一直向北扩展……从世界的两边向一个共同的中心汇集，这是一个神奇的事实。那个共同的中心就是北极。”(北方事务和自然资源部 1958:35)

加拿大历任总理为鼓舞个人进取心，都把北方当作民族主义商务政策的动员口号。总理迪芬贝克推行“北方视野”这项以发展为中心的政策来迎合20世纪50年代末的民族主义情绪。迪芬贝克以政府提供基础设施的方式促进北方的开发。为了鼓励投资，政府设计了一个名为“通往资源之路”的交通补贴项目。北方的开发产生“民族目标意识”，“维护独立”并恢复“统一”，甚至为崭新的、开拓性的“民族精神”提供动力(迪芬贝克 1958年2月12日的演讲)。

---

① 毕晓普·贝克莱主教曾作诗《论在美洲播种艺术和学问之前景》(On the prospect of Planting Arts and Learning in America 1752)。斯蒂芬森将贝克莱的一个诗句“帝国之路向西延伸”修改后定为自己著作的标题和主题。斯蒂芬森在自传里特别说明，《帝国北移之路》(1923)在加拿大仅售出200册，俄文版本却有2万册的销量。

然而，北方的总体开发一直是断断续续的。数十亿元的大型项目激增，大规模的资源采掘设备、水力发电工程、道路和城镇的辅助性基础设施皆成为现实。在这些项目中，小规模的经济发展活动或措施比较罕见，大概因为要解决交通和劳动力耗费问题需要规模经济。这样的经济历史凸显了一种与上述理想主义不相符合的投资模式。如在斯蒂芬森演讲时，人们蜂拥而至，但是几乎无人去买他的书。在1898—1899年育空地区克朗代克淘金热时期，以及第二次世界大战期间，北方实施了最为声势浩大的开发项目。在第二次世界大战期间，美国害怕日本侵略阿拉斯加，被迫修建穿越育空地区的阿拉斯加公路，同时鼓励加拿大政府修建一系列的简易机场并在马更些盆地着手开发北方的油田。在战后的岁月里，尽管斯蒂芬森不遗余力地推广北方就是“加拿大的命运”这一理念，北方的活动依然再度骤减。

在1968—1971年间，多伦多的实业家们推广“中部加拿大的开发”理念，这意味着在哈梅林所言的中北地区实施资源开发项目。但是，总体上看，这些努力大多局限于口头宣传，收效甚微。在克朗代克淘金热期间富裕起来的人不多；很多人看见自己暴富的希望在未来的若干年化为泡影。当横跨加拿大的公路网在苏必利尔湖的北部延伸时，加拿大人便在发现铜矿石几年之后开始在萨德伯里地区开采镍矿和铜矿。

“真北之邦自由刚强”的空间神话及其隐含意义对经济命脉的影响颇为可观，对区域发展的模式和节奏也产生了具体的影响。波弗特海发现了石油和天然气，但是开采的难度比预想的还要大。在石油开采项目上投入数十亿元后血本无归；为鼓励开发而让公司和个人减少探索费用，以此为目的设计的方案又浪费了更多的资金。1968年，北美发现了最大天然气田，27家大型石油公司提出一个议案，建设48英尺高的压力输油管道，从阿拉斯加的普拉德霍湾开始，到阿尔伯塔的卡尔加里，再分叉通往加利福尼亚和美国中西部。这将是私有资金资助的最大型的项目。但是，由加拿大政府委托的伯杰调查对这个议案进行的质询就变成了媒体的一场盛大的表演。在这场盛会中，以开发为宗旨的各个公司迎面撞上由土著居民、本地居民、环境保护主义者以及南方民众构成的联盟。南方民众认为，开采石油就等于榨取加拿大的灵魂以谋求私利。伯杰调查在电视上轮番播送，传递的是加拿大根深蒂固的浪漫神话，也是南方人介入并保卫的浪漫神话。反开发的力量成功地利用了加拿大人心目中的北方形象，利用潜在的民族主义的神话去对抗跨国公司的计划。这些投资者误解了（至少是忽视了）北方在加拿大人脑海中的历史重要性（Page 1986：2）。因此，官方同意暂停开发，这个提案延误了十年，后来又因经济原因而失败。世界石油价格下跌，所以，在北极开采石油和天然气不仅艰难，有风险，而且无利可图。美国恳请加拿大改变河道，以此为美国西部容易干旱的各州供给淡水，而且计划开辟共同的经济市场（这一计划在 20 世纪 90 年代变为现实）。针对这样的要求和计划，加拿大顺理成章地在充满激情的呐喊中用颇具感染力的纯粹的数据进行了一番辩论。最近美国又提出申请，希望加拿大考虑向南建设一个输油管道通往美国的市场，这又掀起一场争论。

从历史的角度来观察，我们可以知道加拿大的南方人对北方持有三个主要立场：（1）崇拜北方，认为它是纯净的荒原地带，一个未被玷污的（纯粹的）文化"腹地"。（2）认为北方是资源丰富的让开发者一夜暴富的边陲地带；（3）因北方与自己的日常生活毫无关联而知之甚少。在话语上强调第一个立场；第二个立场会周期性地爆发。第三个立场会引向个体实践，但是实践是一幅艰难的画面。此三种立场共存了很多年，它们存在于实践、偏见、机构政策和个体行为这些复杂、充满矛盾、不断变化的构形里。到目前为止所综述的文献对这种复杂性要么视而不见，要么含糊其辞。在前文中，我们拓展了论题，认为北方参与了某种空间化，奠定了加拿大民族意识形态的根基；下文我们会对北方的意象进行更充分的解读。

意象的民族主义“传统”

> 有人说，那个国家，那个帝国来自北方。北方人一直是“勇气”“坚不可摧”的代名词。他们体魄强健，朝气蓬勃，意志顽强。
>
> （斯特拉斯科纳勋爵[Lord Strathcona]写给威廉·加森[William Garson]的书信，引自 Willson 1915:601）

自 20 世纪 70 年代以来，北方神话元素（加拿大人对北方的真实想象）作为一种民族主义意识形态已经明显地在大众中间复兴。在这种情况下，空间化明显体现在意识形态里。说起对北方的民族主义想象，历史学家莫顿（W.L. Morton）是一个极为重要的人物。莫顿在他的著作《加拿大身份》（*The Canadian Identity* 1961）中认为，加拿大地盾的前寒武纪可怖的马蹄形地貌（包括沙土灌木地）是人们对加拿大认识的根本。加拿大的这块文化腹地是一片险恶的荒原，与美国形成鲜明的对比。曾经从这片荒原跋涉而过的有毛皮贩子（男性）、伐木工人、探矿者、采矿者，他们“从这里攫取加拿大一直赖以生存的自然资源”，然后他们总是回到圣劳伦斯河谷里或者草原上自己的家里（那里有家人和女人），因为在那里他们才能有饭吃。莫顿认为，“穿越荒原，回归文明，如此循环往复，这是加拿大生活的基本节奏”（Morton 1961:5），因此，自然与文明的带有性别倾向的对立成为加拿大日常生活永恒的定律。莫顿的著作标志着早期的气候决定论向地理决定论的彻底转变，认为蕴含力量的是土地不是天气。以这种方式看问题，南方的加拿大人便把传统上对地方守护神——地方精神——的本土解读融入自己的神话里。这一想象将人们对北方的解读系统化为一个单纯的偶像和地域，产生一种对加拿大日常生活的有序叙事；这一叙事将理想化的典型加拿大人的习惯和看法与真北之邦的存在维系在一起。然而，要想求得发展，纯洁会遭到破坏，加拿大民族的核心会遭到大肆洗劫，所有的问题和亵渎行为是必然的结果。

莫顿认为："加拿大历史最终极的无所不容的精神可以在北方找到，而北方一直没有加拿大的历史。"(1970：40)但是，将所谓的历史原动力的意义和意识移位到毫无人烟的北方，这种做法就使塑造加拿大这个民族社会进步的一些基本的社会政治因素变得模糊起来。具有历史意义的原料贸易(起初是皮毛，后来又有小麦和矿物)形塑了加拿大的生活和阶层模式，构成跨国经济。然而，无论是国内的政治，还是跨国经济，均无安身之处；另外，一些伟大的社会斗争(比如争取妇女选举权的运动、工人运动等)也没有历史逻辑。成为加拿大核心的是风景，不是个人。对北方的这样一种想象存在于加拿大人想象背后难以释怀的妄想症里。我们很难看出，这样一种想象如何被奉为加拿大历史毫不含糊的"意义"。

还有其他一些颇具影响力的加拿大学者也秉持环境决定论，比如政治经济学家哈罗德·英尼斯(Harold Innis)①和历史学家唐纳德·克雷顿(Donald Creighton)。克雷顿自 20 世纪 60 年代以来的

---

① 哈罗德·英尼斯(1894—1952)是多伦多大学政治经济学教授，赫赫有名，他曾强烈要求在多伦多成立第一个地理学系。地理学是英尼斯学术生涯中一个至关重要的因素(Sanderson 1982; Dunbar 1985)。他对原材料的贸易和出口模式颇感兴趣，这使他和克雷顿一同提出了"劳伦斯假设"。他们认为，圣劳伦斯河代表了通往北美大陆心脏地带的通道，其本质和位置在很大程度上解释了加拿大的历史。这和年轻的美国在向西部扩张时遭遇的阿巴拉契亚山脉形成的天然屏障构成鲜明的对比；也许和魁北克人对圣劳伦斯的感知也形成对比。圣劳伦斯河在魁北克人眼中多了一个维度，它是一条大街，是沿岸各领地之间的交通要道。(关于这个观点，我要感谢 1987 年 6 月在安大略省哈密尔顿举办的加拿大地理学会会议的参会者。在此次会议上，我们以"重新审视劳伦斯假设"为题专门举办了研讨会)英国地理学家马里恩·纽比金(Marion Newbigin)在她研究加拿大的著作(1927)中也提出这一假设，她强调圣劳伦斯河及其流域内的土地所占有的重要地位(Winks 1966：80)。

研究为民族主义意识形态的阐释奠定了历史基础。这些学者倾向于将北方视为一个起因，他们不认为北方因为是社会空间化的一个元素从而只有一种因果地位。我们可以从知名文学批评家诺思罗普·弗莱(Northrop Frye)的著作中看到这种倾向。弗莱是多伦多大学荣誉退休的英语教授，他认为，来自欧洲的居民把加拿大的自然视为凶神恶煞的利维坦(1977:24—25)。在关于加拿大特性的新闻报道的传统中，"恐惧大自然"是一个重要的因素(也见 Atwood 1979; Moss 1973)。这一观点主要依据"要塞心态"对加拿大进行的阐释。从历史角度看，很多加拿大小说的主人公都会遭遇掠夺性质的、男性化的自然环境，他们退缩在边境的要塞里方得安全。[①] 因此，加拿大有一种反英雄的传统，这种反英雄就是被动的、富有诗意的、性别特征模糊的男性主人公或受害者。这种传统也体现在特纳以边陲为主题的著作中:美国西部边陲代表"知识的边界或控制的边界……相反，北方边陲则象征忍耐的限度……西部边陲是由文化界定的边缘区域，北部边陲则是生存的边缘区域"(McGregor 1985:59)。

上述这句话代表所有这些文献的特征，同时也引出两个问题。第一，这些学者认为边陲"象征"而不是"暗含"或"代表"一个限度。也就是说，"边陲"被赋予一种真实的、物质的实体这一地位，而不是加拿大历史空间化的一个特征;加拿大的历史空间化是依靠人们的想象力而存在的。此外，意义的问题沦为模仿:边陲被视为具有指称意义的能指(正如"树"这个词用于指代一棵真正的树)，不是"限度"的一个隐喻。这就证明了一种特别的空间化，把一个区域视为心灵

① 关于性别化的空间，可参考卡罗琳·安德鲁斯(Carolyn Andrews)和贝斯·穆尔·米尔罗伊(Beth Moore Milroy)于 1988 年编纂的《生活空间:性别、家庭、就业》(*Life Spaces: Gender, Household, Employment*)一书(温哥华:不列颠哥伦比亚大学出版社)，还有索菲·沃森(Sophie Watson)于 1989 年撰写的文章《给烟囱镀金:去工业化区域的符号表征》(Gilding the smokestacks: the symbolic representations of deindustrialised regions)，布里斯托大学社会政策系可提供该文的复印本。

和社会状态的符号，然后将因果力量归结为这个区域本身（没有把发展受挫归因于远离市场）。库克说："人们对地理的阐释方式分别赋予了两个国家[美国和加拿大]不同的文化。"（Cook 1984：11）弗莱做出这样的评论："人们生活的国度滋养他们的心灵和身体：人们在农场、城市里消费国家为他们的身体提供的食物；国家还供应宗教精神和艺术。在所有国家里，物质和想象的消化过程都在进行。"（Frye 1971：199）第二，人们认为存在或身体忍耐的限度与人类生存的限度是一致的。从"存在"到"生存"这个微妙的、未经深思熟虑的修辞假象对这些分析产生重大的影响。

麦格雷戈一直试图将这个"传统"融入统一的神话里，她比任何一位批评家所做的贡献都更为重要。她研究加拿大的文化产品（比如文学文本、诗歌、平面艺术等），试图将影响"加拿大文化意识"（McGregor 1985）的主要结构分离出来。麦格雷戈将加拿大的文化产品视为加拿大语言景观的指示器，或者具有神秘特征的社会过程的指示器。这些文化产品将语言景观"转化为一套符号意象来反映加拿大人对周围环境的体验与适应，甚至与这种环境之间的共谋……对加拿大的文化历史产生决定性的影响"（Ferres 1986：372）。因此，在麦格雷戈看来，景观描述就是一套密码，或者一种编码的语言构建。但是，人们并不认为阅读和阐释是用政治寓意构建世界表征的一种行为，并不认为这种阅读和阐释是有问题的。阐释具有多样性，这个问题尚未得到解决。[①] 她认为，在这种"容器"意象中存在的结构化原理将人的空间经历以及由人物到背景、由内到外的空间

① 更糟糕的是，麦格雷戈在自己的阐释（她认为阐释是没有问题的：意义持久地存在于文本中，而不是存在于读者对文本的反应中。这是一个非常可疑的假设）中很幼稚地相信超验，相信物质性之外存在着生命和价值的永恒领域；这个永恒领域使物质性具有稳定性和可知性。她天真地相信模仿是可能的，相信能指和所指之间有一种自然的相关关系，相信加拿大作品中的体裁混合（"体裁混乱"）表明人们"不愿意"面对事实，相信书籍在现实中得以应用，但是加拿大的书籍无法恰如其分地反映现实。什么

管理都容纳于加拿大艺术里。人们在北部边境的经历会孕育对荒原的恐惧。约翰·理查森(John Richardson)借用自己的小说《瓦库斯塔》([*Wacousta*],写于1832年,号称加拿大的第一部小说)的书名,将这种恐惧之心命名为"瓦库斯塔综合征"①,认为加拿大人世界观的本质是对大自然产生的负面反应。从历史角度看,"凶神恶煞的荒原"一直是加拿大人自我意识的背景,荒原强有力地唤起恐惧之心。理查森的"瓦库斯塔综合征"以荒原唤起的恐惧之心表明人对大自然的反应(McGregor 1985:26):

> 当目光转向森林,便看见一处无趣的幽暗的地方,了无兴致。从这里可以进入蛮荒之境,进入没有人烟的区域,然而,当目光捕捉到湖水时,眼神便充满生机、热切起来,去欣然接受对过去的最生动的回忆,引领自己的想象从记忆深处的每一处风景上方飘然而过。这些风景以前曾有人穿越过,一定有人从这里再次穿越。简而言之,森林成为监狱中那阴森、穿不透的墙,监狱前那一汪明镜般的湖水是守护幸福和自由的唯一通道。
>
> (Richardson 1964:159)

现实?在麦格雷戈看来,所有在加拿大国土上成长起来的作家或艺术家都再现了类型学上的加拿大情结,其核心是对自然的恐惧。这种情况甚至可将索尔·贝娄(Saul Bellow)——人们一般认为他是一位纽约派的犹太作家——包括在内,然而,贝娄只是在人生前六个月生活在蒙特利尔而已。蒙特利尔的犹太作家,魁北克的剧作家,温尼伯的乌克兰裔艺术家,这些都是同一类型的加拿大人。

麦格雷戈坚持设立"美国实践的标准",然后应用于加拿大。她一直认为加拿大"缺失"机会,已经"错失机会",而且"受困""无力""失败""有瑕疵""无能""不胜任"。她三番五次地以赞许的口吻把美国本土的神话视为复乐园,认为美国人是新亚当,同时称赞这些神话赋予美国生活"进取、倔强的人文主义信心"(Davey 1986)。

① 另见M.诺西(M. Northey)撰写的《鬼魂出没的荒原》(*The Haunted Wilderness* 1976),尤其是讲述"加拿大的原型:瓦库斯塔"那部分的内容。另外,也可参考R.马修斯(R. Matthews)的著作《加拿大文学》(*Canadian Literature* 1978),这部著作将"瓦库斯塔"这个概念用作一个结构性主题,第一章就是"瓦库斯塔因素"。

对空间性的这种处理方式使麦格雷戈深受启发，她提出18世纪理性主义的意识形态：物质世界是由一种超验的秩序支撑的。正如美国《独立宣言》所使用的词汇，这些“事实”是“不言而喻的”：经历是可知可控的，是真实的。她假定人性是一致的，不变的，写作时采用御用的“我们”为视角，仿佛人类是异口同声的，而她正是这个人类的代言人(Davey 1986:41)。

在20世纪70年代早期，詹姆斯·雷尼(James Reaney 1979)启动了理查森式的复兴[①]，而麦格雷戈的文本是距离现在最近的理查森式复兴的体现。有些评论家认为，这种类型的“加拿大身份追寻”著作(比如Atwood 1979; Moss 1973)在一定程度上是受美国专横的渊源神话以及超验主义民族身份的压力的驱使，他们从美国的渊源神话和超验主义民族身份中选取自己的研究方法。戴维认为：

> 近期，我们所有自诩为民族主义的文化书籍所做的基本假设是：一种文化必须具有统一的、整体的身份；我们可以在这种文化的最早期阶段、在居民的经历以及文化的演绎过程中找到这种身份。这些假设显然都带有美国特色。
>
> (Davey 1986:40)

这些假设并非具有明确的“美国特色”，但的确与加拿大人明确

---

① 阿特伍德(1973)也许是这个观点最有名的支持者。她笼统地概括道：“加拿大文学，无论是英文的还是法文的，在其核心之处的唯一的、一元化的、起重要作用的象征就是复兴。”(Atwood 1973:32)因此，“我们的故事讲述的可能不是那些到达目的地的人，而是那些历经千难万险(北方、暴风雪、沉船)而返回的人。这些千难万险让其他人殒命，而幸存者谈不上成功或胜利，只是生存这一事实……”(Atwood 1973:33)但是，阿特伍德以批评的方式创作，她只是描述而不是解释这种心态的起源。她认为，我们殖民的心理在一定程度上导致我们的受害者心理，但是她没有解释其中的原因(Moss 1974:2)。由此看来，按照阿特伍德的创作构想，加拿大文学的主人公不是一个国家的胜利者，而是受害者，而且他们有些自命不凡地称这个国家为自己的国家。

的区域身份(Elkins & Simeon 1980)和民族的地方自治主义形成对照。因此,人们用倾斜的加拿大的视角解读文学文本,并滥用证据来支撑这一视角,然而书籍、文献对这些评论却鲜有记载。

这种沉默几乎是共谋的,与之形成对比的是另一种视角:"加拿大人很反常地对这片可能影响他们自身品格的土地缺乏信心,他们对塑造北方发展模式的、与世隔绝的冰封的世界表现出的恐惧永无止息。"(Coates 1985:13)前面提到的第三种立场的模糊性体现在人们对事实的北方总体上的无知。与想象的"真北"形成反差的"事实的北方",在南方人的意识中不具有连续性:

> 南方人对加拿大北方的反应,其特征就是……忽视。在某些短暂的时候,北方的资源似乎直接影响南方的益处,倘若没有这样的时候,北方在国民的意识里几乎没有一席之地。这种偶尔发生的关注,虽然建立在简单的基础之上,却对北方聚居地的发展产生了广泛的影响。尽管加拿大人以虔诚的态度认为自己具有特别的地位,是北方国家的公民,他们却畏避最北部的地区……他们不是实用主义者,而是浪漫主义者;他们充满幻想,传播加拿大人既尊重又刻意摒弃的一个理想。
>
> (Coates 1985:12)

站在民族主义立场上的批评家们引用许多19世纪的文学作品,这些文学作品最初都是以美国人为目标读者的,这些读者离北方的现实更远。出版社喜欢民族主义的著作,这些著作不是挑战而是确认、强化大多数人的想法(Kline 1970)。因此,威廉·希尔兹认为,19世纪晚期的加拿大文学和美国文学没有截然的分界线。轻重缓急该如何把握,加拿大的作家经常优先考虑美国编辑。那时美国人对北方的看法普遍充满矛盾情绪:

> 北极地区荒芜的岛屿和北部内陆人迹罕至的森林，它们原始，广袤，气势恢弘，往往让目击者深感震撼……与此同时，他们又对北方那凶恶残酷的个性无法释怀。他们很多时候都认为这个地区有一种基本的感知力；它已经彻底转变为一种邪恶、神秘而恐怖的力量，它诡计多端，足智多谋，总是施展计谋让没有戒备之人狼狈不堪，或者干脆毁灭他们。人……扮演的是闯入者的角色；他的使命便是征服北方，至少是遏制它，不让它征服人。
>
> (William Shields 1982:18)

威廉·希尔兹强调气候的负面因素，一定程度上是为了刺激读者。“这种首要的关注在许多作家的头脑里扎根，他们便着手对可能遭遇的危险进行煽动性的描绘，以此烘托他们的游记、通俗历史故事、小说的氛围……因此，许多以加拿大北方为主题的作品都把背景设在冬天，就不足为奇了。”(William Shields 1982:19)

> ……在这个时期，加拿大最北部的地区在大众心目中的形象与客观事实几乎无关……即使学术性最强的杂志偶尔也会呈现近乎荒诞的观点供大众消费。这种趋势到 20 世纪早期达到顶峰，其中詹姆斯·奥利弗·柯尔伍德(James Oliver Curwood 1913)、杰克·伦敦(Jack London)、罗伯特·瑟维斯(1907)的作品都起了推波助澜的作用。这些作家进一步提炼当时人们对北方流行的看法，创造了一个神话般神秘的领域。他们从诸多角度观察，北方均似一面屏幕，他们可以把自己对理想化的人类环境的想象投射在这面屏幕上，而他们想象的这种环境仿佛早已被进步和文明的力量所摧毁。
>
> (William Shields 1982:4)

此外，还有一个北方意象的源头，它影响加拿大南方人对北方的理解，那就是好莱坞电影业对北方的描绘。[①] 好莱坞对北方的想象离不开在冰屋里居住、在凛冽的寒风中打猎的北方人。这种想象的特征蕴含许多重复出现的主题：对北方风光和气候心醉神迷；视北方为崇高精神和道德重生的源泉；"因纽特人、印第安人、白人和印第安人的混血儿这些不寻常之人"；那些"赤贫但是体魄雄健的捕兽者"；由哈德逊湾贸易站构成的商业帝国以及西北骑警队的机构体系；"遭受虐待的、英勇的北方女人"（William Shields 1982：106—108）。

人们聆听或阅读北方探险者的英勇事迹，这是一种浪漫的嗜好，可以在家里安全地获得对他们苦难的参与感。他们可以逃避日常生活的困难，躲进疆域化的、毫无人烟的领域里。另外，有一点必须特别提出，"真北"是一个尤其男性化的领域，为坚忍不拔、体魄剽悍的男人的英勇事迹提供了故事背景。瑟维斯和伦敦的著作就是逃避现实的理想去处，读者从居家生活的世界遁入想象的空间：在那里，捕兽者、探矿者、叛逆者与恶劣的气候条件斗智斗勇。加拿大最受欢迎的随笔作家斯蒂芬·利科克在给斯蒂芬森的著作《北极的未解之谜》

---

① 伯顿认为，

> 外来者在本世纪获得的对我们唯一一致的看法均来自电影。书籍、报纸杂志、无线电广播和电视产生的影响几乎没有超越国界。正是电影把我们的形象投射给世界，在很大程度上也投射给我们自身。我这里说的"电影"，不是指加拿大国家电影局摄制的那些严肃认真、往往比较优秀的纪录片，而是指好莱坞出品的商业大片，这其中有很多电影人们至今依然在小屏幕上观看。
>
> (Berton 1975：12)

美国的故事片在塑造美国人、加拿大人的世界观这一方面一直产生重大的影响，但是，伯顿认为在电影时代之前，文字对这种世界观产生的潜在影响是极其微弱的，他这么想是错误的。威廉·希尔兹认为："在世纪之交后的十五年里，加拿大成为通俗小说最喜欢的故事背景，这个背景在边境以南的地方有广大的吸引力。"(William Shields 1982：2)

(*Unsolved Mysteries of the Arctic* 1938)撰写序言时表达了这个观点：

冬天去北极探险是我由来已久的爱好，只要我能坐在火炉前的扶手椅里，这种探险故事几乎是我的最爱……无论夜有多深，任凭暴风雪恣意敲打窗户，屋外的树在凛冽的寒风里时而呻吟，时而嘎吱作响，我都可以泰然自若。一个奇形怪状的玻璃杯里盛着香甜的热酒，酒杯置于壁炉前温着。有了这杯酒的温暖，无论北极过去的冬天多么酷寒，我都能面对。我手持一卷书，阅读北极冒险的故事。我的书房就在雪岭街上，它比任何一座冰屋都更加舒适，惬意。

(Leacock 1938:7)

还有一种阐释：库克认为加拿大人在逐渐适应北美环境的过程中落后于自己南部的邻居。凯瑟琳·帕尔·特雷尔是一位加拿大居民，她和自己的同时代人爱默生、梭罗截然不同，她并未从风景中获得灵感：

鬼魂和精灵仿佛统统被驱逐出境……这片土地太缺乏感情色彩，这些超自然者无法逗留。这里没有历史线索，更没有来过此地的先辈们的传奇故事。想象得到神奇的食物来维持她在这蛮荒之地的生存。

(Parr Traill 1836:153)

但就连她也承认，还有另一个源头可以获得少许“娱乐和兴趣”。“如果它[加拿大]的历史画卷仍然是空白的，那么自然的画卷就是开放的，并且以上帝的手指雄辩地标记出来。”(1836:155，引自 Cook

1984:15)戈尔德温·史密斯(Goldwin Smith 1971)认为，直到19世纪80年代，加拿大事实上就是一个地地道道的北美国家，她接受自己的地理命运并与美国相融，这只是时间问题。[①]英国的机构只是肤浅的虚饰。

库克确实承认:“如果19世纪的美国人通过想象理解北美，加拿大人肯定也开始了这样的过程。”(Cook 1984:17)。加拿大越来越城市化，老观念随之消散。加拿大南部的城市文化在很多方面与美国东部文化很相似，与美国东部紧密地联系起来成为一个毗邻的市场(至少从文化消费上来说是这样的)。城市化与泛神论的怀旧情绪同时存在，稍后出现了达尔文主义者对大自然“战场”的解读，这一切与人口不断脱离乡村、社会空间化的实践和秩序发生变化不谋而合。我们过度简单地对待这一转变，但是到了20世纪初，美国对加拿大文学艺术家的需求和它对美国艺术家的需求一样迫切。加拿大颇负名望的诗人罗伯特·瑟维斯便是一个最佳的例子。他在《育空的魔力》中以诗的语言清晰地表达了社会达尔文主义。库克认为社会达尔文主义同样也是美国人自然观的主要特征(Cosgrove 1982; Cook 1984:17):

> 这就是育空的法则，唯有
> 强者才会兴盛;

① 史密斯在其著作《加拿大和加拿大问题》(*Canada and the Canadian Question* 1891)中认为，加拿大通过保护性关税和洲际铁路立国，这是不自然的，加拿大和美国合二为一会更自然。本书撰写于19世纪80年代那个悲观的时期。当时，这些民族政策已无力带来持续性的繁荣，无力使区域之间融合在一起。在新斯科舍、魁北克以及西部，分离主义情绪高涨。“成千上万年轻的加拿大人投奔美国；当时有一部流行小说就塑造了一个人们耳熟能详的年轻人，他投奔美国、发迹，又回来迎娶自己没有带走的姑娘。”(Berger 1971:vi)

弱者定要灭亡，唯有

适者才能生存。

(Service 1911：18)[①]

欧洲人厌恶荒原，认为用荒原去表达“加拿大的品格、力量、缜密的思维能力以及严酷的自然之美，是完全不合适的”(Harris 1948：29)。第一次世界大战后，人们对自然尤其是北方有了与往日截然不同的发现，摒弃了欧洲人的看法。对于加拿大“七人画派”[②]的艺术家们来说，尤为如此。他们认为北方就是“活泼的白色”，具有“孤独和丰盈……顺从与宣泄……使人净化的张弛有道的节奏”(Harris 1926：85—86)。这个神秘的、通晓神智的北方(Lacombe 1982)有一种精神价值，是文化的一个源泉。它是一个阈限地带，相当于《圣经》中摩西带领以色列人出埃及经过的旷野，人们通过与大自然搏斗、交融而获得救赎。

城市化是影响加拿大人休闲方式的一个重要因素，因此，北方渐渐地开发为一个娱乐区域。旧时的边陲开发成为人们欢度周末或年度假期的休闲区域，这维持了北方原有的地位：它依旧是人们逃离城市寻常工作生活模式的一个非同寻常的去处。霍金斯和霍布斯认为

① 杰克·伦敦在他1903年创作的故事《雪野的寂静》(The White Silence)中写到：

> 大自然施展惯用的伎俩，她让人深信人本身是有限的……不过，最让人心灵战栗、惶惑不安的是面对寂静的雪野这消极被动的现实……即使是窃窃私语，也仿佛会惊扰、亵渎神灵；人战战兢兢……他因自己放肆的行为而惶恐，意识到自己的生命如蝼蚁般微不足道。
>
> (London 1977：72)

② 七人画派(the Group of Seven)是包括富兰克林·卡尔米歇尔、劳伦·斯图尔德·哈里斯和亚历山大·扬·杰克逊在内的七位加拿大风景画画家组成的群体，他们寻找最恰当的形式来再现加拿大风景独特的性格，主要以安大略湖北部的风景为题材。他们的作品大胆而富于色彩，具有表现主义的艺术风格。画派正式成立于1920年，掀起了加拿大艺术领域里第一次主要的全国性运动。——译者注

荒野泛舟和其他娱乐活动大受欢迎，这反映了北方不断变更的意象以及人们赴北方旅行的不同动机（Hodgins & Hobbs 1985）。这些娱乐活动说明，人们追求的是自己认为能够表达北方精神的基本体验，而人们只有用都市生活体验与北方的旅行体验进行对比才能描绘北方的精神（Hodgins & Hobbs 1985：3—4）。“真北”是在与城市体验形成对立的过程中构建的。霍金斯和霍布斯所做的研究说明，第一次世界大战以前的、较早期的探险者均来自海外，旨在探索一个遥远的异域。他们后来计划在赚钱的、受大众欢迎的旅行日志游记里描写自己的探索活动。“在他们看来，加拿大遥远的西北部有塞隆河和波丘派恩河，这些河流可与印度西北边陲的开伯尔山口或者‘最黑暗的非洲’里乌干达的尼罗河上游相提并论。”（1985：39）第二次世界大战之后，市场对多姿多彩的荒原游记的需求逐渐衰退。去北方冒险的人数增加，且来自北美大都市的旅行者骤然增多，这说明休闲时光的充裕和财富的分散。北方在大众媒体里呈现的意象往往是欠发达、与世隔绝、具有古老的异域风光。尽管如此，人们通过年轻人俱乐部（童子军活动、基督教青年会、少年俱乐部等）的活动在各个阶层中交流对近北（属于加拿大地盾的岩石和针叶林湖泊地带）的体验。另外，小汽车的使用、野营的风行让人们有可能来到荒原地带游历。

“人们有了小船和雪地靴便可体验荒原，荒原就莫名其妙地成为并一直是……以城市为中心的加拿大生活方式的一个可笑而又不可或缺的组成部分……城市生活方式，尤其是大都市的生活方式与荒原旅行并行。”划独木舟游览，是对个人的考验；独木舟是“探索心灵风景的工具”（Hodgins & Hobbs 1985：4—5）。詹姆斯（1985）认为，这种范式遵从传统英雄的元神话模式：

> 英雄从平凡的世界出发，走进超自然、神奇的领域：在那里

遭遇神话般的奇异力量，并取得决定性的胜利。英雄在神秘的冒险旅程结束后再度归来，满身都是力量，以福祉惠及自己的同胞。

(Campbell 1956:30，引自 James 1985:9—10)

瑟维斯的诗歌包含同样的主题。他的诗歌里弥漫着逃离社会规则、富有阳刚之气的冒险精神和典故。我们可以认为，他强调北极的凶险，旨在为其中的冒险精神和典故设置背景。

北方这个地方具有自我重塑的自由，它反过来对欧洲有序的心理结构形成一种威胁。作为一种理念，地理位置并不重要，对于高度有序的社会来说，边陲意味着救赎性的混乱(Morton 1971)。但是，在极端状况下，"'混乱'可能具有彻底的摧毁性，即使状况不那么糟糕，留下的若干幸存者也是残缺的"(Moss 1974:7—8)。因此，"真北"的形象反映了压抑的、无意识的紧张情绪；只有当一个人在近阈限的过渡礼仪中经历一次象征性的死亡或自我的重塑时(更极端的例子，可见 Kroetsch 1966)，那种压抑的、无意识的紧张情绪才能得到缓解。"真北"这一意象尤其与个人的娱乐性的旅游实践相契合。城市化的加拿大中部的居民定期逃离日常生活，这种行为渗透在娱乐性的旅游之中(加拿大中部的居民占加拿大总人口的 75.7%，是安大略省总人口的 86.3%；在所有省份中，最能称得上是加拿大中心的便是安大略省。[加拿大统计，1985:39])。这种行为将"真北"从一个单纯的符号(如同尼亚加拉瀑布)彻底转化为已经纳入社会礼仪的一个背景。

对北方的看法，众说纷纭，我们在接受任何一种看法时都必须慎重。人们的说法都有不足，往往为达到自己的目的而言过其实。我们都希望至少要出示一些与城市化有关的数据(而且应当是十分严谨的数据)来支撑上述将北方视为休闲空间的理论，然而，即使我们能够这么做，要列举历史上可用于比较的休闲活动的数据都是极难的。尽管困难重重，我们仍发现有不少加拿大的知识分子和社会科学家在思考“加拿大身份”问题，并在电台、电视上抒发他们的见解（事实上是在游说，为自己的见解建立主导地位），这就把本章的案例分析引入一个新领域。人们热衷于探讨“加拿大身份”问题，所以“瓦库斯塔复兴”才能在大范围内传播。“瓦库斯塔复兴”源于多伦多地区的知识分子，他们利用多伦多电影制片公司，史无前例地使用了加拿大广播公司（CBC）这一国家电台和电视广播系统。[①] 更有趣的是，公共讨论中缺乏可供选择的更加含蓄的观点。因此，当我们考虑北部空间神话的民族主义传统以及加拿大中部思想家扮演的角色时，我们不禁会问：对那些相关的作者来说，阐述这种具体的神话为什么、在多大的程度上是吸引人的有益的活动？关于“真北”的话语很难回避。当人们讨论加拿大北方空间的实际状况和加拿大民族主义时，他们赫然发现，北方，甚至整个加拿大都空间化为“真北之邦自由刚强”，这种空间化在创立隐喻的同时也融入了人们用于描述现实的务实的分类系统。人们发现，这种空间化在报纸、统计报告、年报中以成百上千种方式得到了重申：

> 北方无论是否发达，它对加拿大人的自我形象都极为重要。它使加拿大成为地球上面积第二大的国家……最重要的是，[北方]在这片大陆上以其险要的物质存在提醒加拿大人，他们尚未

① 伯顿、麦格雷戈、弗莱、莫顿、伯杰等这群作家居住在多伦多省和安大略省中南部及两省周围，享有得天独厚的优势，对国家电台晨间谈话节目的利用是无与伦比的，这些谈话节目成为他们广泛传播思想的工具。他们扮演的角色不是科研人员，而是以知识分子的身份毫无保留地宣扬他们著作里的思想。有时出版商也会为了向加拿大公众推广这些知识分子的著作而安排此类电台、电视访谈。例如：盖尔·麦格雷戈于1985年1月16日现身于彼得·佐斯基的招牌节目《向阳》（这是加拿大广播公司的王牌节目，周一至周五每天早间持续三个小时，在全国享有范围广泛的“高端”听众群体）。

征服自己的宇宙。

（加拿大政府，1963：ii；1968：i）

无论在政府资助出版的大开本精装插画图书中，还是在旅游广告、新闻报道和纪录片里，“真北”一直是司空见惯的内容。哈梅林认为：

北方特性体现了加拿大本身的问题，或者，以一个省份为例，就是魁北克省和昂加瓦之间的问题。“低纬度的加拿大”还能以其南方的风格继续拥有北方的广袤无边的特性吗？如果说北方的主要问题是南方，这样说夸张吗？从长久看，如果缔造一种真正的加拿大特性，北方会放弃自己明显的特征而屈从于自己的南部边界吗？倘若北方和南方真正迥异，北方会在外来的政治模式下成功发展吗？

（Hamelin 1979：xii）

加拿大人面对一个受剥削的内部聚居地，总有一种内疚感（Hechter 1975）。加拿大人不是心甘情愿的帝国主义者。毫不奇怪，“真北”神话也掩盖了南方为利益而剥削北方的事实（Coates 1985）。为进一步的研究提出的一个假设是，这样一种空间化被马克思主义者视为幻觉效应，虽然有些让人神经过敏，但它显然是一个民族不可或缺的；核心地带和腹地之间不平等（民主控制、社会服务、人均收入等方面的不平等，另见 Berger 1977；Coates 1985；Page 1986）的鸿沟已使这个民族走向分裂。“这个区域很难摆脱它单一的形象[人们认为它只有单一的风景]……孑然飘零的因纽特人穿越一望无垠的冰天雪地，寒冬的天空中弥漫着淡灰色的薄雾，与白雪覆盖的陆地和海洋别无二致。”（Coates 1985）如果人们真的这么认为，那是因为这样看待北方对南部的加拿大人无比重要。毕竟，正在讨论的是北方在南方人脑海中的意象；缺少媒体、经济实力不足、对政治缺乏控制的北方人无力改变这个意象。科茨认为，“人工岛上的采油装置”等诸如此类的开发项目，在南方人看来“这些垂直而立的铁梁只会强化自然环境一望无际的特性”(Coates 1985：15—16)。“真北之邦自由刚强”就是一个伟大民族奠基神话的具体例证。

从原型上看，自由刚强的真北之邦是无法征服的荒原；从居住中心这一意义看，“真北”没有“地方”；从自然的神智学视角看，“真北”是必须保护、不可开发的最后保护区(Wadland 1985；Drew 1973)。倘若必须要对它进行蚕食，这种蚕食应当是暂时的，而且必须是“只有男人”参与的劳动营：此处仿佛是一个不利于家庭秩序的地带。[①]在北方居住对社会结构和家庭的影响似乎是可怕的，是对人际关系的一个腐蚀过程。“真北”的各种意象无法让人想起加拿大南部城市及乡村地区的厨房里司空见惯的水槽。

只要自由刚强的真北之邦是一个“他者”区域，在加拿大南方人普遍的想象里，“真北”就是一个地极，它能够吸收一切与文明及其价值相对立的事物。这包括土著人的神话(比如克里人的温迪戈神话)[②]、报道中所谓的北美野人以及大灰熊和狼獾等令人毛骨悚然的野兽的生存地点等。这进一步说明北方是一个阈限地带，如同过渡礼仪(见第二章)一样，文明的社会规范在此处被束之高阁：

---

① 具体的影响远不止这些，尚需做全面的研究。尽管北方的发展步伐遵循彻底的资本主义逻辑，但北方的发展和变化风格通过“真北”神话所蕴含的简单逻辑，有助于维持北部和加拿大其他有人口居住的地方的差异。文明和自然是对立的，所以人们更喜欢埃德蒙顿、温尼伯或蒙特利尔提供的工作营，而不是建立像马尼托巴省丘吉尔镇这样起着增长极作用的、永恒的经济城镇。这又回到我的观点：人们把北方视为一个不适宜家庭、不利于文明的地方。

② 温迪戈神话(the Windigo Myth)在加拿大北部克里人的部落里流传，有多个版本。按照米斯塔西尼地区克里人的说法，“温迪戈”是一个迷人心窍的丛林精灵，它使人缄默、内向、孤僻。在大家族群体狩猎的情境下，人们认为被温迪戈附体之人必须按风俗和老规矩处死，否则着魔的人会在发狂时谋杀整个群体。

若说北极是爱斯基摩人的土地，这就是一个拙劣的笑话，人类在这里实施的主权不亚于在地球上任何其他一片土地上实施的主权……大自然在她的北部据点的确风光无限，但是她的美只是展现了残酷、可畏、壮观的一面[原文如此]。面对柔弱的幼子，威严的母亲没有绽放慈眉善目的笑容……

(*Catholic World* 1865:708)

这些神话显然是人们无法逃避的，它们通过文学和媒体的渠道广为流传，和那些有意如实的报道同时存在。当人们竭力精确地呈现北方的环境和生存状况时（比如加拿大国家电影局拍摄的纪录片），北方的荒凉——它那种土生土长的天然的精神——总是与经济开发的报道形成鲜明的对照；经济开发报告都是从务实的角度依据虚构的事实整理出来的数据。如果这些大型项目遭遇挫折（参见媒体对20世纪70年代波弗特海石油和天然气开发进行的报道以及对阿塔巴斯卡油砂无疾而终的石油冶炼项目的报道），人们对此并不诧异。这就是美国评论家所说的“加拿大听天由命的性格”。然而，那些成功的项目没有得到报纸的报道，反而从电视的新闻报道中消失了（英语语言媒体对詹姆斯湾水力发电能源开发项目鲜有报道，对科珀曼和纳尼希维克等若干个北方的采矿项目根本没有报道）。在（公众的）崇敬和（个人的）无知这两者之间肤浅的波动背后，不只是偏执的“对大自然的恐惧”（McGregor 1984），而是把北方构建为一个“他者”地带。这个地带如此格格不入，倘若不是一开始就批评加拿大民族主义的基本原则，这个地带就无法想象。“真北”——被想象调和的现实——在区域不平等的情况下渐渐地被构建为一个带有浪漫意象的空间。20世纪70年代北部开发的新闻报道（比如1977年的伯杰调查）使得区域的不平等更加显著。去避暑屋度假，去钓鱼、狩猎、划船（多数是男人），在这些仪式性的旅游体系中，北方是供人们休闲使用的，这一用途在实际的北方受压抑的现实和“真北”的神话这两者之间进行调和。童子军的过渡礼仪，为老年垂钓者举办的再次坚振礼，都具有深远的意义。然而，这一评价的政治意义是，北方空间神话和相关的社会空间化掩盖甚至加重了北方区域遭受的剥削，迫使北方居民（主要是印第安人、因纽特人、白人和印第安人的混血儿后裔）承受更严重的、强制性的、种族灭绝式的贫困，强化联邦国家的民族统一和加拿大主流意识形态的文化霸权，而这与美国大陆主义的文化形成对照。“真北”神话的魅力让我们明白，加拿大不均衡的疆域图为什么很少吸引社会科学家正面的评论。

关于地方特性及地方对特定活动的适宜性，有一套具有内在联系的假设。如今有一个意义体系为所有可能的阐释提供了范围和限度，既可以将北方阐释为一个神话，又不会挑战具有内在联系的那一套假设。正如我们在前几章里论证的，我们也许不认同北方独特意象的适用性，但是阐释北方的、总体上自然化的（人们已经理解为“自然的”）话语也制约着我们。这种话语既构成空间，又组织空间，同时又间接地将我们定位于空间。个人的“加拿大身份”在一定程度上是通过归属于“真北之邦自由刚强”这一神话而构建的。大众接受这一神话，认为它是民族主义意识形态的一部分，而个人又忽视这一神话的前提，所以，接受与忽视往往相背而行。蕴含加拿大特性的笑话和陈词滥调总会让人们尴尬地放声大笑，“真北之邦自由刚强”的神话从这些笑话和陈词滥调受压抑的地位中迸发出来。因此，公共话语即使受到热烈的辩护，它和个人的投资决定也会产生错位。这只是空间话语在地方上产生的一个影响，更确切地说，是空间隔离在地方上产生的一种影响。这种空间隔离以地理的方式规划现实，使现实在三个维度上协调一致，同时将人们对世界的知识理性化。“真北之邦自由刚强”的神话空间不是封闭的区域，而是以加拿大社会的中心为参照物进行规划的，同时向加拿大社会的中心渗透。这很像索尔仁尼琴对古拉格群岛的评价，他说古拉格群岛就笼罩在莫斯科的街道上，萦绕在俄罗斯人的心头：

> 在神奇的古拉格群岛中，科雷马是最大最有名、凶险至极的岛屿。古拉格在地理上以群岛的形式散落着，但在心理意义上，它却融合成了看不见、难以察觉、只有劳改犯生活的一片大陆。这个群岛颇似装饰的图案，与周围的区域纵横交错；它像一块巨大的拼缀图案，嵌入周围的城市里，悬浮于街道上方。
>
> (Solzhenitsyn 1977：1)

民族主义的传统表达了加拿大的社会空间化，它以北方有利的疆域空间为基础，撑起与美国的大陆主义迥异的、对立的文化身份。以美国大陆主义的眼光看，加拿大只是一个偶然的产物，因为加拿大人在历史上固执己见，拒绝接受北美与欧洲的差异。如果加拿大北方的现实（即"实际的北方"）是一个内部的聚居地（Hechter 1975）、一个遭受全方位剥削的（对矿产财富和人口的剥削）、欠发达的区域，"真北"的概念产生的力量就掩盖了这一现实。"真北"观念堪比 17 世纪对乡村田园风光的诗情画意的想象，完全无视一贫如洗、意志消沉的农民。

多尔夫曼和马特拉认为，每一个伟大的城市文明都创造属于自己的田园神话，是超越社会的伊甸园，它神圣、纯洁。在这里：

> 中心（成年人—城市人—中产阶层）尝试与边缘（孩子—高贵的野蛮人/工人/农民）建立的唯一的关系是观光旅游、追求轰动效应的关系……正是边缘区域的纯真无瑕让迪士尼人物唐老鸭逃离堕落的城市去追寻娱乐，在旅途中得以拯救……返老还童。第三世界国家提供的原始的基础设施成为人们对逝去的质

朴生活、纯真世界怀旧的共鸣……[这个纯真的世界]已沦为一张明信片，以服务为中心的世界就这样欣赏、把玩这张明信片。

(Dorfman & Mattelart 1975：96)

“真北之邦自由刚强”这一神话的流通成为加拿大社会空间化的一部分，掩饰了南北之间的差异，也提供了一个意义体系。凭借北方的文化遗产，所有的人，无论生活在东部还是西部，都是加拿大人：

现在北方对东方和西方来说是共同的，它是连接东西方天然的桥梁。我认为，北方是英联邦统领未来的一个伟大的一体化因素。

(特威兹穆尔勋爵《为麦肯齐·金 1937 年夏在英国的演讲所做的提纲笔记》，引自 Hamilton & Shields 1979：629)

北方用强烈的情感因素使不同的区域利益对立起来，在利益的对比中最重要的是联邦政府“为所有加拿大人而开发北方”(比如将北方视为资源丰富的聚居地)这一政策。尽管加拿大人需要北方，北部区域却得不到其他省份享有的地位。这意味着如果南方放弃对开发和资源的控制，针对所有人的利益这一政策也付诸东流。这不只是权力和经济的问题。倘若加拿大人不折不扣地对北方重新领域化，重新绘制地图，这会突然把北方变成某个个人的地方，这些个人会在这里居住，拥有并使用这里的土地。那么，这个地方不再是“空的空间”，而是一个被领域化、充满了社区的地方，因个人经历而变成一处有意义的风景，而且人们也认为这处风景因个人的经历而意味深长。这几乎是不可想象的，因为当前北方的概念依然是纯洁和神圣。“真北”的话语经济与一系列的非话语实践完全契合，这些非话语实践包括加拿大的联邦机构以及暑期游客的休闲活动。这些游客沉湎于某种类型的过渡礼仪，再次确认他们作为加拿大人的自我形象。“真北”是一个共同的参考“点”，标志着由新人构成的一个看不见的民族社会（B. Anderson 1983）。人们共同诉诸北方，并将北方铭刻“写入”一种领土遗产，使温哥华人和纽芬兰人都成为加拿大人。这进一步说明，倘若我们从想象的角度把加拿大重新定位为一个与挪威而不是与美国有更多共同之处的国家，那么“真北之邦自由刚强”在这个观点中便是一个至关重要、决定性的因素。加拿大人正是经常以此为基础将自己与美国人加以区分的。①

结论

我们以具体实例讨论了人们对加拿大北方的解读：哈梅林等人以“客观的”阐释界定北方的边界，而更加“主观的”或者以文化为中心的研究则将北方的主题与发生的事情进行分类。在“真北之邦自由刚强”的空间神话里，北方既是一个起因也是神话的一部分，这个空间神话所产生的意义和影响尚未得到广泛认可。

以“真北之邦自由刚强”为核心的各种意象构成了一个意义体系，一个需要全面分析的话语表征。然而，这种神话话语只是总体空间化的一部分和一个征兆：一种现代的堪舆术。在这个体系里，地方或区域必须与其他地方一起构成一个意义体系，也就是说，只有当参照其他区域时，北方才有意义。其他区域包括城市丛林、南方的农业带或多伦多城郊带状新开发区商业化的消费景观。这些意象在互相支持的对话交流中互相适应（Bakhtin 1984：10—12）。

“真北之邦自由刚强”这一神话的重要性在于它在矛盾中强化了

① 自从 1981 年的宪法生效并明确一些社会价值观之后，这种状况开始改变。这些社会价值与美国宪法和法律尊崇的价值形成鲜明的对比，因为它们重视社会团结胜过个人自由（强调良好的管治而不是个人权利）、强调公平胜过平等，强调福利网络的提供而不是美国奉行的新自由主义的、个人独立的社会价值。

加拿大人的身份意识,同时掩盖了北方发展落后又遭到过度利用的双重事实。这种重要性的主要体现是:北方作为一个社会奇谈、一个民族神话而存在,同时它也有助于加拿大制度的巩固与安排。然而,这让北方居民付出了沉重的代价。各种叙事与文本象征性地利用北方去表达抽象的思想,或者将北方当作一个转喻词来表达民族主义的含义,而这种含义与北方本身的直接表征无关。人们过度利用北方,这说明空间化是一个极其重要的认知工具。“真北”源自“真正的北方”。北方变成人们心中的北方:在人迹罕至的景观里完成仪式化的旅程、过渡礼仪、再次坚振礼,这突出了本质主义的人性。

但是,“真北”不只是一个神话或故事。它激励并阐明了一系列机构或个人的积极实践,而且与这些实践成为有机的整体。鉴于人们对它的无视(尽管有玩笑和尴尬的陈词滥调),“真北”是一个神话,人们首先实践“真北”这个神话,接着才有意识地思考这个神话。因此,“真北之邦自由刚强”对发展模式产生了实际的效果,对它的居民产生了经济影响,对民族国家具有政治意义,对加拿大的公民产生了文化的陶染。

第五章　英国的南北差异

与加拿大的北方一样，英国北方的边界也不清晰，没有明确界定、规划精准的管辖区域。许多人认为，英国的北方向南可延伸至包括曼彻斯特在内的柴郡边界，也有少数人认为它甚至包括中部“沃特福德以北”[①]所有地区（见图 5.1）。在世人眼中，英国北方是一个无明显特征的整体，和高速公路指示牌上的“北方”一样千篇一律[②]。英国北方是本书第二个北方案例，这是一个满眼田园风光的地区，用于衬托伦敦及英国南部总体上浪漫化的意象。然而，与加拿大的“真北”有所不同，英国北方的意象是在伦敦这一文化中心缔造的，北方人会出于自身或内在的原因接纳、拒绝或重新创造这些意象。英国北方

① “沃特福德以北”（North of Watford）已经变成一个名词短语，它是最古老的高速公路服务站，实际位于沃特福德山口，离沃特福德镇还有相当远的一段距离，在北伦敦外环高速公路上。参见拜伦·罗杰斯的新闻报道。“终于放心了！这是沃特福德山口。”《观察者杂志》（*Observer Magazine* 1986：24）

② 这些标志牌设在伦敦 M25 环形高速路东格林斯特德附近。使用“北方”这个术语指代的是几乎同质的实体或地方，而不是异质的空间。玛丽·布里森指出，在加拿大根本没有“西方”的标志牌，因为西方只是一个相对的空间（人们可以问“向西还有多远?”），将西方当作一个目的地是毫无意义的。“西方”只是一个方向，人们不是去“西方”而是“向西”去一个具体的地方或地区，比如卡尔加里或阿尔伯塔。

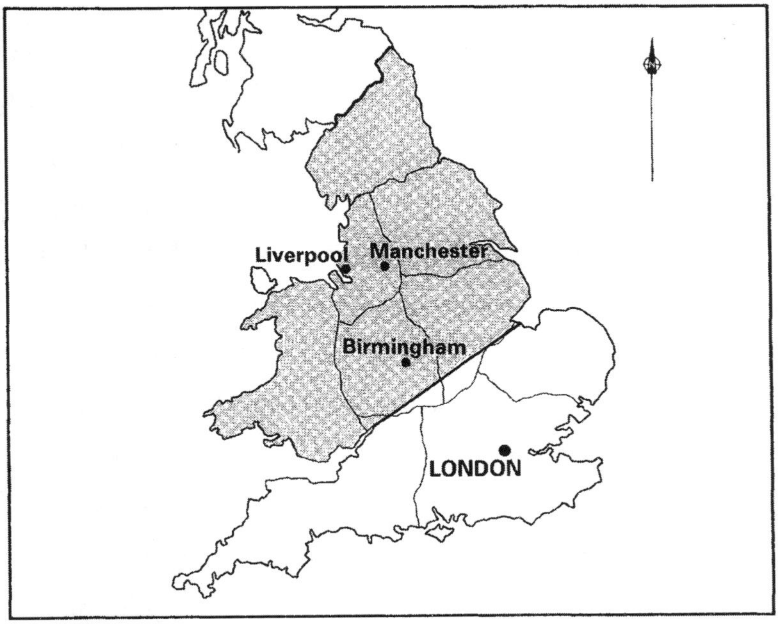

图 5.1　英国北方的面积图

的空间神话与其他空间神话及相关实践以对话的形式互相交织，从整体上涵盖人们态度的形成、制度化的安排以及我们一直称为社会空间化的社会实践。

过去二十年对环境感知的研究表明，英国北方的特征是“已确立的[主要是南部的]知识和文学体系”的一个历史产物。这些体系“在过去 150 年里，都投射出北方一个前后一致的意象，无论是以公开还是隐晦的方式，都与南方的意象形成鲜明的对比，人们一直是以这种方式看待这个国家的”(Pocock & Hudson 1978：111—112)。当代南北二元对立的观点成为 19 世纪文学作品关注的焦点，这些文学作品对北方快速的工业化(以及城市化的实业精英群体的出现)做出了反应(拥有土地的贵族主要集中于伦敦周围各郡，其社会地位因实业精英的出现而受到挑战)。北方的空间和地方已成为 20 世纪 50 年代末及 60 年代英国现实主义电影的一个重要的主题。在所谓的呈现社会现实的电影传统里，有《金屋泪》(*Room at the Top*，导演杰克·克莱顿，1958)、《浪子春潮》(*Saturday Night and Sunday Morning*，导演卡雷尔·雷兹，1960)和《蜜之味》(*A Taste of Honey*，导演托尼·理查森，1961)等。在20世纪80年代中期，这些电影传统与《加冕街》这一类热播的电视连续剧和“高端日报”中关于南北分界的虚华辞藻一样五彩缤纷。我们研究这些案例，旨在构建这个“想象的地理”多层面的图景。在环境感知这一研究领域的著作中，意象并不总是与制度政策和个人实践紧密相连；人们体验地区之间的差异，而制度政策和个人实践构成这种体验的最寻常的结构，这种结构使支撑北方意象的各种话语得以稳定、加强。学者们对北方的空间神话等文化产物进行了大量的分析，但注意力主要集中于阶层分析，鲜有人停下来去严肃认真地思考自己对空间的深刻见解，而这些见解常常是惊人的。我们尚需再次解读、研究这种空间神话跨阶层的一致性，事实上也是关注这个国家社会空间化跨阶层的一致性。

南方和北方：一部文学史

19世纪的工业化加剧了英国的南北差异。区域小说家、诗人和旅行家们描绘了这一意象的各个方面(Laing 1986)①。这个区域和这一北方工人阶级经济体，尽管两者都是粗略的概括，却都获得了一个谬误的、同质化的身份。

> 具有北方特色的环境在19世纪四五十年代愈加明显……于是重心从南到北逐渐转移。商人和工厂主这一新的阶层崛起，全新的、庞大的工人阶级也出现了。工人的工作和生活条件

① 另见尼科尔斯和阿姆斯特朗的研究结果。他们在《分类的工人》(*Workers Divided*)一书中发现，北方一家化工厂的工头在提到其他人[工人]时“常常使用‘北方’‘工人阶级’‘过去’等术语”(Nicholls & Armstrong 1976:130)。

恶劣，再加上规模庞大、高度集中、具有全新性，很快便引起社会评论家的关注。有些人认为小说是一种有效的、虚构的文体形式，可用于说教，唤起社会良知。

(Pocock 1978：3)

蒂洛森(Tillotson 1954：120)以迪斯雷利(Disraeli)在19世纪40年代发表的政治小说三部曲为例，认为小说"是影响人们意见的最佳渠道"。另外，波科克和赫德森对北方的意象做过相当广泛的研究(Pocock & Hudson 1978)，认为北方的现代意象之所以进入大众的想象，文学媒介是最重要的因素。如迪斯雷利的作品《西比尔：两个国度》(*Sybil*：*The Two Nations* 1845/1904)将伦敦的富人与兰开夏郡莫布雷矿区以及伯明翰的伍德盖特金属加工区的穷人做了对比。盖斯凯尔夫人的《玛丽·巴顿：曼彻斯特生活的一个故事》(*Mary Barton*：*A Tale of Manchester Life* 1848/1973)和《北与南》(*North and South* 1855/1973)强调了北方与南方的地区差异。她的女主人公在英国南方的乡村过着诗意的田园生活，"在纯洁无瑕、温暖明媚的阳光里酣睡"，突然，她的父亲辞去教会里的职务，携全家迁至曼彻斯特的弥尔顿，在虚构的"达克郡"(Darkshire，即黑暗郡)安顿下来。女主人公成为一个工厂主的家庭教师，她暗自思忖："工厂主究竟想从古典作品或文学或绅士的造诣中学习什么呢?""关于英国北部、北部的工厂主和民众、荒凉的乡村，她以往所听说的一切，她几乎都很厌恶。"(Gaskell 1973：39)当他们到达虚构的城市弥尔顿时，小说中的描述证明了他们的恐惧：

他们尚未到达弥尔顿，在几里地之外就看到像铅一样浓重的云雾悬挂在地平线上……向城市再靠近一些，空气里就有一丝烟尘的气味儿。他们很快就在又长又直、令人绝望的街道上疾驰，街道两旁砖砌的小房子整齐划一。城市里零星地坐落着长方形的、有众多窗口的大型工厂，俨然一只母鸡傲立于一群小鸡中间，喘着粗气，放肆地呼出黑色的浓烟，在天空中凝成玛格丽特误以为暴雨前滚滚乌云的那团团的烟雾。

(Gaskell 1973：59)

狄更斯在《艰难时世》(*Hard Times* 1854/1966)里描述的“焦煤镇”(兰开夏郡的普雷斯顿)也不例外。它成为19世纪北部工业城镇的典型：

这是一个砌着红砖的城镇。虽说它是一个砌着红砖的城镇，事实上，烟尘和灰尘已经很难让这些砖头保持原有的红色；这个城镇的红与黑极不自然，仿佛一张涂花了的野人的脸。处处是轰鸣的机器，高耸的烟囱，烟囱里冒出的浓烟像长蛇一样蜷曲着，无休止地缠绕，永远无法伸展盘卷着的躯体。城里有一道黑色的污水沟，还有一条紫红的河，河水是刺鼻的染料染红的。庞大的建筑物上都是窗户，不分昼夜地从里面传出颤抖的、咯咯作响的机器声……焦煤镇除了拼命运行的机器之外，你什么都看不到……监狱看似是医院，医院看似是监狱，市政厅看似是医院或监狱，抑或兼顾两者，或者和别的建筑一模一样。

(Dickens 1966：17)

到20世纪末，伦敦东区成为英国最大的城市贫困中心(见Whipple 1966：324)。即使如此，伦敦作为财富和文明的中心与原始的、发展境况惨淡的北方这两者之间的对比已经在人们的头脑中固化，已经牢固地扎根于文艺圈里，并不断强化。这种状况至少持续到布斯(Booth)在世纪之交对伦敦的贫困现象进行调查之时。有很多证据表明，在以农业为主的南方，社会等级更加森严，因此南方的空间位移和苦难比北方更加严重；北方正在开拓新的工作模式和工作关系(Savage 1988：101—102)。强调北方工业状况及其原始风光的文学传统进一步加强，这起到推波助澜的作用，将伦敦和南方的工农业劳动阶层实际的生活状况从我们现在的历史想象中抹去。英国北方的这个空间神话构成"南北差异"理念的基础。

除了盖斯凯尔夫人和狄更斯之外，其他主要小说家的作品里也会蕴含北方的空间神话，直到今天依然如此。阿诺德·本内特的小说《五镇的安娜》(*Anna of the Five Towns* 1917)描绘了诺丁汉郡陶镇的状况。陶镇"长期处于无可挽回的丑陋状态中……昏暗、粗鄙、可憎"，是"一个烟雾弥漫、沙粒遍布的巨型竞技场"(Bennett 1917：25)。D. H.劳伦斯描述的矿区处于诺丁汉郡和德比郡的交界处，矿区遭到城市化的摧毁，"红砖房迅速蔓延，像皮肤病一样"(Lawrence 1915：345，引自 Pocock & Hudson 1978：114)。劳伦斯在小说《查泰莱夫人的情人》(*Lady Chatterley's Lover*)里做了进一步阐述。在这部小说里，居民的个性特征缓和了煤场环境中的产业主义(1929：180)。但公平地说，矿区的风景里蕴藏着一种美，劳伦斯于1930年在《诺丁汉矿乡杂记》(Nottingham and the mining countryside)这篇随笔里表达了这种美：

> 在我的童年和青年时代，我心中的故乡是森林遍布、农田万顷的古老的英格兰……从某种意义上说，矿井只是风景零星的点缀，罗宾汉和他的绿林好汉并不遥远……我们生活在一个奇怪的交叉点上：处于工业主义和古老的农业英格兰、莎士比亚、弥尔顿、菲尔丁和乔治·艾略特之间。
>
> (Lawrence 1977：613—616)

北方人凭借对北方特性的膜拜，认为凡是去南方的人都会遭受某种程度的损害。“膜拜北方特性”是一种自命不凡的心理，促使南北对立的发生，并使之成为现实。因此，北方人热心、友好、勤勉努力；相比之下，他们认为南方人趋炎附势、畏首畏尾、四体不勤(Orwell 1959：112)。当然，倘若将这些同样的特征反过来，南方人则认为自己文明、靠头脑而不是靠体魄生活，而北方人好管闲事、执拗、爱寻衅滋事。北方将自己想象为一个创造财富的地方，将南方想象为挥霍财富的地方。有许多研究者，尤其是波科克和赫德森，特别指出奥威尔(Orwell 1937)引述的上述这一观点在 19 世纪中期以来北方的文学作品里频繁出现，比如，19 世纪许多作家都认为布莱顿是南方人堕落的缩影。“在布莱顿一切尽失……米德尔斯伯勒……为世界的财富增砖添瓦。”(Praed 1863：4，引自 Pocock & Hudson 1978：115)

奥威尔的著作《通往威根码头之路》(*The Road to Wigan Pier* 1959)中对南北差异的主题进行了广泛的探讨，“在伯明翰向北一点的地方划了一条线，勘定‘工业化真正的丑陋’的起点，北方人适应了工业化环境，对周遭的一切已浑然不觉”(Pocock & Hudson 1978：115)。但是，奥威尔作为一个南方人，声称他自己

> 与陌生的北方环境有很大的隔阂，因此，他意识到自己走进了一个陌生的国度。这多半是因为一些真正的差异的确存在，但更重要的原因是南北对立的观念，这一观念在过去很长时间里早已深入我们的骨髓。
>
> (Orwell 1959：106—107)

奥威尔不是把记者的敏感性而是把自己的南方特性视为他独特的洞察力的源泉：他目光敏锐，察觉到“真正的丑陋”，他独特的感知

与居民因适应环境而浑然不觉、视觉迟钝形成鲜明的对照。此处讨论的焦点超越了洞察力的问题。在奥威尔的文本中，对英国北方的真正特征发表见解的权威人士，不完全是以一个陌生人全新的眼光来看风景，他完全是一个来自南方的陌生人。值得注意的是，一个出身于北方的人，无法获得同样的权威来发表对南方的见解。南方一直是绝对的，对其特征的定义只有一点——它绝对异于北方，而对北方的描述则是既定的，模糊的。

这些文学作品以始终如一的本质形成一个传统，与加拿大以北方为主题的民族主义著作一样容易识别。他们煞费苦心地把自己与他人的作品区分开来，但内在的观念和传统是一致的。在这些著作里，北方是劳工阶层的区域，是工业化的、蛮荒的旷野腹地：

> 不甚知名的作品使用欠缺说服力的术语强化这种对立……莫顿在《寻找英格兰》(*In Search of England* 1934)里花费大量笔墨描绘美丽古老的英格兰而不是工业化的英格兰，对柴郡和兰开夏郡交界处的描写……让人想起盖斯凯尔夫人的描绘方式。《不列颠与野兽》(*Britain and the Beast* 1938)用一个章节的篇幅专门论述东北的“山脉与险恶状况”(Sharp 1938：141—159)；《被谋杀的城镇》(*The Town that was Murdered* Wilkinson 1939)则详细叙述了去工业化过程对一个依赖单一工业的城镇产生的威胁。
>
> (Pocock & Hudson 1978：116)

波科克和赫德森等研究环境感知的学者们使用这样的历史资料描述北方的意象，将这些意象与北方的现实做对比，从而确定北方意象的神话性质，认为它们是“欠缺考虑的思维固式”(Pocock & Hudson 1978)。这些学者只是指出南方的政客和实业家制定不利于北方的政策，但是没有弄清楚这些空间神话在过去对社会经济产生的具体影响，也没有从系谱学的角度追溯这些空间神话的源头；他们只是提出假设，认为这些空间神话充分说明了南方人的某些自然偏见。南北差异在上述小说中如此清晰可见，这种差异只是19世纪的发明吗？对北方空间神话进行实证研究，这超出了南北差异研究的范围，但是，倘若我们要理解南北差异的起源及其影响范围，我们就迫切需要实证研究。以前的案例分析已经为研究空间神话、地方神话与区域经济的健康之间的关系提供了丰富的证据。

人们在研究19世纪以前流传下来的意象和神话时（Johnson & Cobbett 1912）对上述话题也有过颇为直接的探讨，这让人吃惊。那些意象、神话与工业发展为狄更斯笔下的描述及意象奠定了基础。随着北方的工业化，一批强有力的、城市化的中产阶层的实业家出现了，他们渴望获得贵族阶层所具有的文化地位。在这种需求的驱动下，来自南方上流社会尤其是来自伦敦的家庭教师、艺术家和学者走进北方新中产阶层的家庭。人们可能会假设，这些新主顾之间的社会关系、他们和劳动者之间的工作关系以及当时反常的雄心壮志——“工厂主究竟想从古典作品或文学或绅士的造诣中学习什么呢？”（Gaskell 1973：59）——使新的城市形式得以诞生（见 Dennis 1984：200—249），崛起的中产阶层对土地贵族产生了政治挑战。这些挑战一直到19世纪末才彻底结束。工业城市遵循工业生产的社会关系的逻辑，其特征就是拼命工作；过度拥挤导致传染病蔓延的威胁；人们对穷人有恐惧之心。这一切让人厌恶城市（Williams 1973）。然而，无论北方的城市还是南方的城市都有这些特征（Kirk 1984）。

依据商品生产和商品交换的新关系来维持秩序的工业社会，它的稳定是不均衡的，而北方的不均衡比南方更显著。这种不均衡的地理状况、对社会反常现象的感知、社会动乱带来的威胁、生活水平的下降、崛起的中产阶层带来的政治挑战，都反映在描述北方的语言里：这语言便是一种空间话语，它将特权授予伦敦这个中心，千方百计将北方重新确立为围绕伦敦这个核心的一个经济文化边缘(Laing 1986)。从地理上看,英国的空间化是围绕伦敦构建的,其边缘区域都拥有与自己复杂的现实毫无关系的神话诗学地位,比如,工业化的、地狱似的北方,满眼田园风光的南方等。另外,自南至北渐次的变化,这标志着人们眼中文化教养层次逐渐降低体现出来的细微差别。北方人常常从事需要体力的户外活动,而南方人的生活则精致到了慵懒的程度。

英国现实主义电影中的北方

这部分主要讨论1958—1963年间英国所谓的"厨房水槽"电影浪潮呈现北方风景的象征手法,这种手法也持续体现在格拉纳达电视台的肥皂剧《加冕街》的电视传统里。[①] 20世纪30年代格里尔森等人在电影纪录片中奉行的现实主义在50年代末的电影里复兴了。人们把50年代末的电影称为"厨房水槽"电影,因为它们缺乏自我意识,具有程式化的美学特征,只求忠实地呈现普通人的日常生活(见图5.2)。[②]但是,

① 本研究旨在提供一个现代的案例,作为研究的背景材料,并非为了全面研究现代英国电影。下一节将分析20世纪80年代英国报纸杂志中描述南北差异的话语特征。

② 希格森(Higson 1984)对这一点的分析颇有见地。一方面,这些电影有清晰的虚构性,使用的叙事手段与好莱坞经典的现实主义电影非常相似。人们将肉眼所见的当成事实的启示。"现实不是表达出来的,它是真实存在的。"在"暂信其真"的状态,注意力从现实表征的产生中移开,转向呈现的内容。另一方面,还有一种表面现实主义的说法,这是"一种象征手法,它真实地再现英国生活方式中视觉、气味的表面现象"。然而,这就不免沉溺于一些细节,这些细节并非融入了叙事中,而是变成了符号,严格地说,成了现实的一个场面(Higson 1984:4)。在20世纪60年代的电影评论家看来,这一说法与道德现实主义结合起来,将英国的优质电影与好莱坞的电影截然分开。也就是说,人们在道德上忠实于一个社会构形,忠实于劳动阶层的尊严。但是,希格森指出,如此忠实于普通生活,"人的社会性就会依据人的普世价值而构建",劳动阶层就会被迫接受这种普世价值,即中产阶层的家庭标准和情感标准。"关注人际关系和价值观,这就会将更大的道德急迫感和同情心赋予这个环境,而具有历史意义的实际存在的环境,即当地的、具体的环境,都证明了这个道德世界的真实性与合理性"(Higson 1984:4—5),而且环境中的人是这个道德世界的焦点(见图5.4)。因此,将社会责任感和事实的准确性当作道德真理,在这种社会学意义的话语条件下,视觉美是有争议的。只有使普通生活变得陌生,具有诗意,这个问题才能解决。

图 5.2 电影《浪子春潮》(*Saturday Night And Sunday Morning*)里务实的北方人
来源:塞缪尔·高德温电影公司

电影《蜜之味》的摄影师沃尔特·拉萨利曾评价说:

> 《长跑者的寂寞》(*The Loneliness of the Long Distance Runner*)和《蜜之味》这两部电影令人拍案叫绝,并非因为电影的选题是劳动阶层的人民和劳动阶层,而是因为它们以非常诗意的眼光看待这个选题。电影根本不是严格意义的现实主义,其视角具有高度的浪漫主义。我认为,正是这一点才吸引我去观看。
>
> (Lassally,引自 White 1974:61,62)

这些电影大多数关注的是英格兰中部地区,摄制于伯明翰,但是它们描述的是英国劳工阶层的区域，沃特福德以北那片区域，它向北方渗透，不可避免地改变了北方的意象，北方被视为单一的、没有特色的环境。这些电影具有明显的纪录片特征，呈现的众多形象是北方的城镇和风光、北方的劳工阶层和社会状况，英国北方的意象直接通过这些电影形象投射出来，影响尤为强烈。这些电影不仅产生美学影响，它们还利用风景和场面调度来烘托真实的氛围（见图 5.3 和 5.4）。

图 5.3　电影《一点爱意》（*A Kind of Loving*）："从那座山上长时间地拍摄我们的小镇。"
来源：塞缪尔・高德温电影公司

安德鲁・希格森一直认为背景或周遭环境不只是镜头移动和镜头角度暗示的一个中立的电影空间，它还蕴含着线索，可以解读为一个实际存在的真实的空间——北方，"在自然主义的传统里，地方变成品格的一个能指，是主人公心境的一个隐喻"（Higson 1984：3）。

图 5.4　电影《蜜之味》：工业资本的风景
来源：温特劳布娱乐公司

克里什把他所称的“从那座山上长时间地拍摄我们的小镇”认定为这类电影中司空见惯的拍摄手法(Krish 1963：14)。这往往是一个小镇的全景镜头，有时候会有与之形成对比的前景事物(雕塑、窗沿、防护矮墙或者栏杆)，周遭环境会因工业烟雾而变得模糊，摄像机焦点会越过小镇本身，对准遥远的地平线(见图 5.3)。[①]

这些镜头设定了行动的总体空间，呈现了北方更宏大、空旷、遥

① 此类例子屡见不鲜。在电影《金屋泪》里有一个镜头，摄影机设在乔·兰普顿住所外面的公共汽车站；在《浪子春潮》的星期天早晨那一部分，拍摄位置在诺丁汉城堡外面的防护矮墙；在《一点爱意》里，有一个镜头的拍摄位置在山顶公园；《蜜之味》有一个场景，拍摄位置则设在乔的母亲租住的公寓厨房的窗口处；在《长跑者的寂寞》里，科林和他的朋友来到一个采石场，拍摄位置就设在采石场的上方。

远、陌生的城市景象。在这样的景观里，地标都模糊了。[①] 就好像在战场上，一位将军以指挥者的角度全景观看一处战场：观众获得一种视角，处于空间上拥有权力和权威的位置。这样的镜头仅通过一个动作地点的选择即可达到叙事的效果(Bordwell & Thompson 1976：42)，然而，其本身仍是一个视觉场景。这些描述性的镜头的存在，与叙事顺序之间产生一种张力，因为观众着迷于下一件要发生的事，但在电影的叙事流动中却出现了暂停。希格森从图像学的角度分析这些电影时认为这种张力

> 因观众审视意象这一道德需求而加剧……这一道德义务的基础是摄影意象的经验主义本体论，而格里尔森在探讨纪录片的理想时表达过这个理念。这种理想建立了一种“观看即是观察”的特定模式，相信如果意象记录的是生活在景观里的人的社会状况，我们可以从这些意象里看见真实性。与此同时，这种理想也赋予意象一种特别的地位：意象具有指示意义，它是有所指的……地方变成了“现实的符号”。
>
> (Higson 1984：9)

镜头在屏幕上停滞很长时间，增强了效果；镜头停留的时间之长

---

① 大约在这个时期，雷蒙德·威廉斯(Raymond Williams)正在撰写《乡村与城市》(*The Country and the City*)一书。在这些电影的叙事设计里，城乡差别非常突出，这也不足为奇。从这些电影来看，城市里居住的都是平民大众，是毫无个性的人；这些电影的主要社会主题是劳动阶层的男青年向社会上层的流动(表达方式是性的流动以及与父辈价值观的代际差异)，他们竭力创造更有个性的身份。希格森论证说，从比喻意义上看，这些电影的主人公都囚禁在肮脏的城市里的大众社会里，渴望在开阔的乡村找到个人主义的自由：“与其说风景指代文本以外实际的地方，还不如说风景在表征的层面上产生意义，体现一个差异体系：城市/乡村、囚禁/逃逸、大众/个体、社会结构/新潮的幻想、快乐的延迟/愿望的满足、日常生活/浪漫情调。”(Higson 1984：11)乡村变成了快乐和满足的一个能指。

足以让观众注意到某种程度的移动，注意到这些镜头是工业劳动的空间：资本主义发展的历史彻底改变了风景（见图 5.4）。高压电线架、煤气厂、破旧的工业大楼在这些电影里构成休闲时刻的背景。因此，文学传统中奠定的北方意象——劳工阶层的区域——与城市工业环境中新的浪漫主义的变化遥相呼应。但是，二三十年后，电影摄影传统就没有那么隐晦了。这些镜头远远不是现实主义的，它们完全是选择性的，是墨守成规的，因为它们没有挑战人们对北方务实的、有民间特色的分类，因此它们对北方的塑造和呈现依然片面。北方在一定程度上和盛满碗碟的厨房水槽一样肮脏、凌乱；在这里，行为规范在对话上的移位和重组将行为置于失当的场景中（浪漫的邂逅发生在煤气厂，见图 5.4），挑战了纯净的、独白式的叙事。英国社会以伦敦为中心，具有社会构建的井然有序，而北方劳工阶层是一项发明，是陌生的“他者”，而且阶层形象再次沦为空间意象。与此同时，这个“他者”被重新利用，被纳入一个文化框架，而且在这个框架里居于从属地位。情节、镜头角度、场面调度以及观众无所不知的视角都促成这个“他者”被重新利用。这表明，安排秩序的权威并非在电影里存在，而是在摄影机背后，永不缺席。电影的现实主义掩饰了导演强有力的地位。但是，视角在电影里呈现出显而易见的自然性，北方的劳工阶层被远距离地处理成同质的“他者”，这只能说明存在着一个更大的框架，而不是用一个独特的视角去看待一个个体。这些镜头的自然性和透明度象征了一个外在的、以伦敦为中心的政治权威和经济力量，这一象征在电影中合理化了。

希格森以及其他许多学者都认为，这些电影用真实的外景拍摄地的景物，以此方式证明电影的真实性，评论家们也将电影的理念合理化。观众不仅能够欣赏这些电影，还能对北方工人阶级的环境、文化和个人生活产生间接的、甚至是窥淫癖式的洞察和认识，而这种认识又因为高举具有社会意识的现实主义的制片旗帜而变得权威、合理。观众处于无所不知的位置，具有在视觉上掌控摄影机提供的叙事这一优势，因此，观众的位置也是父权制社会中的一种阶层位置。在父权制社会里，贴上“工人阶级”标签的人物都被描述为受害者。当我们认同摄影机具有“可靠、包容的视角”(Heath 1981:30)时，这种认同或召唤会促使人们认同城市和环境之外以及之上单一中心的位置(Higson 1984: 18)。在这些电影里，“那个长镜头”为观众提供了有利的观察地点，这个有优势的位置使人对景物的观察井然有序，一览无余：“空间成为一个场景，在观察者的眼前展开。目光和知识汇聚在一起；主体、客体，稳定的观察距离让一方掌握另一方。”(Heath 1981:30)这样一个视角不仅让一个人能够观察，还赋予他一个看似可以掌控全局的机会。[①] 此刻，一个人面对的是以南方为中心的独白式的叙事，这一叙事从空间神话的角度申明了北方在象征意义和实证意义上的身份。希格森从阶层的角度解释这个问题，但是，他在评价里暗示说，只有中产阶层的观众才看现实主义的电影：

> 那个长镜头流露了作者的身份(也流露了那个权威人士身居城市之外的阶层地位以及对城市居民的看法)。在那个长镜头中，主体所处的有利位置与貌似真实的客体之间的距离代表了阶层之间的距离。从城市之外的阶层[观众]来说，城市是不可知的，无法透视的。但是，当镜头展现一个壮观的场面时，距离就被忽视了；真正的活生生的城市所具有的不可穿透性就转变成无须穿透的一个表面、一个表征或一个意象；人们的确可以把城市当作一个意象来凝视，入迷地凝视，甚至到了盲目的境地。
>
> (Higson 1984:21)

---

① 这一观点可进一步得到论证。拉康曾撰文研究充满暴力的“阳具凝视”(见 Jardine 1985)，我们可参考拉康所做的研究。

这种凝视源自一个局外人的角度。但是，阶层外面不是一个传统的社会阶层，可以说只是一个空间阶层。希格森将观众分成中产阶层和劳工阶层两类，这个分类显然过于简单化，不具有说服力。局外人（至少是瞬间的）的凝视是以南方为中心的凝视，是站在南方优越于北方的一个优势位置的凝视。一个厨房水槽般的世界充满了互相冲突的异质的事物和声音，然而一个无所不知的视角、一个独白的位置就使这个活生生的、混乱的世界秩序井然。

在这些电影里，吸引观众注意力的就是一个人物——往往是环境中的一个人——在整部电影中，他/她依照中产阶层的主观性和人道主义固定的普世人文价值观在德行上取得了进步。观众如此轻易地在个人层面上认同电影人物，这强化了所有人——英国人民——的和谐一致，使人们的团结统一感得以升华，使一个人能够理解来自其他阶层背景以及遥远地域的人。这种认同抹去了观众与电影屏幕上具有象征意义的北方之间的距离。但是，电影也会很明确地呼吁人们依据自身在战后走向富足的经历去分享电影人物痛苦难忘的经历：他们背井离乡去另外一个世界（通常是伦敦），克服重重困难，走向成功、富足。即使没有记录显示各阶层观众对电影的接受程度，以这种更加真实的认同为基础的情感宣泄也是合理的，当然有些人对这些电影只是以屈尊俯就的态度冷眼旁观（或者说，鄙夷不屑）。（Higson 1984：10）

这些电影还提供了重新讲述北方古老神话的机会。意象的重述说明，重新讲述这些故事或奇谈（比如与北方工业灾难有关的故事）让人们间接体会现实中的神话元素再次得到肯定，而英国观众都是知情者，他们参与了神话元素再次得到肯定的过程。安东尼·科恩（Anthony Cohen）认为，这些群体故事或奇谈将内部的人（那些知情者）与局外人区分开来，进一步在象征意义上进行社区构建。局外人不了解北方的神话，对电影的理解与知情的内部人截然不同。在这个过程中，在一个“信仰共同体”（见 Cohen 1986：7）里拥有一个知情观众的身份，这一事实得到重新确认。这可以应用于重新确认国家“隐形的共同体”（B. Anderson 1983）的存在并在其中拥有一个身份。民族主义，起初都是一个空间神话，将人民定位于一个空间里。它构建了人民和所处空间之间的身份关系。在这种情况下，共享的奇谈和神话机制（毫无疑问，这种机制有很多）促进了人的空间化过程，将人们定位为共同体和一个民族疆域内的公民。神话的象征主义就反映了这个问题，因为神话占据了一个空间，属于一个特定的人群，比如，工人阶级。一方面，人和一个空间（英国）凝结在一起；另一方面，一个空间（英国的北方）和人结为一体，领域化而成为工人阶级的国度，正如真正英国人的国土一样。这样就为一系列意识形态的暗示、召唤和话语搭建了舞台，操控了与人和土地有关的隐喻。

我们可以在一些文化批评著作中看到学者们对“象征性的共同体”这一概念产生的反应，比如巴特的学术论著（Barthes 1972）等。布伦斯顿和莫利（Brunsdon & Morley 1978）对 BBC 的区域新闻电视节目《全国》（*Nationwide*）做了详细的研究，发现了一个类似的重新确认的过程。他们得出的结论是：

> 国家的社会结构遭到否定；空间差异代替了社会结构，人们认为国家不是由充满了剥削和仇恨的社会单位构成的，而是由地理单位构成的，而这些地理单位常常沦为“人物”的区域固定模式。
>
> （Brunsdon & Motley 1978：87）

他们的研究是电视批评的一座里程碑，但是他们没有系统化地整理自己的思想，也没有特别关注大部分研究对象的空间特性。

《加冕街》里的北方

令人着迷的同舟共济，种种不成文的规则。这是英国北方工人阶级生活背后的驱动力。“弗洛里扎尔街”旨在呈现有这种特性的社区，以飨观众。

（引自“格拉纳达电视台备忘录”对《加冕街》的宣传）

我们可以在格拉纳达电视台的连续剧《加冕街》里找到20世纪50年代现实主义电影流露的信息。许多媒体批评家解读过这部连续剧，他们都喜欢评论该剧中工人阶级的特征而忽视了剧中的北方特性及日常生活的本质所依赖的时空基础。[①]我认为，《加冕街》不应被简单地解读为工人阶级的最后一个社区，因为这部连续剧不承认社会阶层，它颂扬一个与外来官僚作斗争的有机社区。

《加冕街》的开场镜头中出现的是排房的烟囱管帽，对大多数英国人，甚至外国电视观众来说，这个开场镜头人尽皆知，无须赘述。[②]英国人普遍认为它代表了北方工人阶级的生活，它是工人阶级社区的最后一个堡垒；外国观众则认为《加冕街》代表了英国工业社会的面孔。它的具体位置比较隐晦，不过，总的来说，英国人都知道《加冕街》是在曼彻斯特拍摄的，代表的是曼彻斯特以西的索尔福德。它被称为一部狄更斯式的“民谣歌剧，歌颂……英国的普通人”(Granada 1985:94)，它描绘了英国北方工人阶级社区几十年以来不断变化的

---

① 英国电视肥皂剧《东区人》(*East Enders*)是以伦敦码头住宅区的工人阶级为背景的。我最近意识到，我们可以将《东区人》与《加冕街》进行对比，从而将《加冕街》中具体的北方因素分离出来另行考虑。

② 《加冕街》是最受欢迎的英语电视连续剧。有14个国家播放这部电视剧，而且在首次播出25年后依旧经常打破收视记录，国外电视网络和分销商的销售额一直给该剧的监制方格拉纳达电视台带来创纪录的利润。

生活，一直保持很高的收视率。《加冕街》最突出的特色是话语的真实性，它采用《蜜之味》等电影运用的现实主义策略，复制街道和屋顶的景观，让人回忆起 19 世纪晚期工人阶级的住宅区。该剧在真实性上付出了惊人的努力。有人从摄影棚听说作为舞台布景的那条街道就位于一条铺有鹅卵石的真实街道的侧面，在索尔福德破旧废弃的、砖砌的铁路调车场里，这条街道依然可见。调车场的砖块是用砂浆混合了油漆砌成的，这样，砖墙就有了战前单调的黄褐色，而且，使用的都是回收的石板瓦。“竣工的舞台场景[包括]……高架桥，还有罗莎蒙德大街的一部分……曼彻斯特上空布丁袋状的云彩在头顶上方低低地飘浮着，增添了现实主义元素。”(Granada 1985:16)这条街舞台布景的现实和真实细节的准确性，这两者之间的辩证逻辑实现了戏剧效果与张力的有机统一。

我们可能会问：《加冕街》的场景为何设在这里？考虑到这部连续剧各位制片人心目中最初的区域性的观众，北方的有机社区反抗未来的机构性的社会权力(代表人物就是来自南方尤其是伦敦的说标准英语的“局外人”)这一主题就产生了理想的经济意义。这与其他一些分析家的观察相关：

> 格拉纳达电视台……通过自己的网络和局域输出已经奠定了自己的区域身份。它因反映自己的区域基础而满载声誉，这在一定程度上归因于《加冕街》的现实主义……它在自己的特许经营区获得了大量的观众，随后也有很高的广告收入预期；在西北地区，它的收视率几乎一直处于榜首。
>
> (Paterson & Stewart 1980:55)

该剧呈现了工人阶级的形象，但是剧中描绘的人物和活动事实上跨越了传统的工人阶级—中产阶层—上流社会的分界线。比如剧中人物有工厂主，有工厂的管理人员，还有女工。理查德·佩特森和约翰·斯图尔德评论道：

> 意识形态的这种多元化在很大程度上是因为这部连续剧的……源头……就是一个社区故事……在二十多年的时间里，该剧通过生活在英国北方工人阶级社区的一系列的人物来折射社会的变化，它最初的多元化已成倍增加、逐步强化，将神话般的现实具体化，这一现实偶尔与英国的社会分化产生共鸣。然而，这种多元化程度的加强仍受怀旧的社区概念的支撑。这种怀旧的社区概念在20世纪50年代末英国工人阶级生活的表征中发挥着举足轻重的作用。
>
> (Paterson & Stewart 1980：98)

工人阶级生活的表征，以及将该剧视为工人阶级的连续剧这种解读，其源头可追溯至霍加特在《识字的用途》(*The Uses of Literacy* Hoggart 1957)中阐述的人们在战后看问题的视角。在这部连续剧里，这个源头具体化为对常识的强调、工作和政治的缺席、对妇女和妇女力量的重视、怀旧的视角等(Dyer 1980：4)。玛丽·道格拉斯(Mary Douglas 1982)依据网络(以地位、财富等为基础)和群体(以地域性、利益等为基础)对社会制度安排进行了区分。倘若我们使用这种区分，就会发现网络区分(比如社会经济阶层)总体上不存在，而根据在加冕街的远近关系存在着群体的密切关系。阶层归于常识性的"我们-他们"这一分类下；按照这一分类，"局外人"(会打破节目中身份地位的平衡，就这一点来说，一直具有威胁性，是危险的)与加冕街邻里社区内跨阶层的关系相比，在政治上更具有争议。M.

马费索利认为，在多种形式的社会性中，这是一种部落精神，或者现代生活在感官上的精神特质，而不是社会学钟爱的社会结构（可与吉登斯[1984]及其他学者所说的结构-能动性的论证做比较）：

> 如果城市的行政区、邻里社区的习俗以及从习俗中流露的情感可以重获意义，这首先是因为这一切允许关系网络的存在。空间关系学基本上让一个人返回“我们”的最底部，而“我们”构成了任何社交活动的实体……微型群体和部落都是从归属感开始形成的，它们不时地打破空间性，同时发挥特定的伦理道德的功能，而且一直处于一个交流网络的框架里。
>
> ……众多的村子互相交错……城市这个客体是由一系列颇具特色的地方构成的，人在这里几乎是以非系统的方式安身立命的：他们互相依赖、互相保护、互保安全……“村子”一词属于一个思想范畴，是一个象征性的地方——无论它的类型如何，它是真实的。[此外]……此处考虑的部落主义可能完全是转瞬即逝的：当机会出现时，它就（通过迷你电传等手段）自行组织与协调，这样体育活动、友谊、性活动、宗教团体就变成现实。[而且]……尽管这些部落打上了季节性这一印记，并带有悲剧特色，但它们依然控制机制的归属感。
>
> (Maffesoli 1988b:39)

街道变成了社区和归属的一个符号和图标。事实上，二十五年以后，剧中的社区已经扩大，超越了实际街道最初的范围。人物会考虑社区的利益而自我克制，通过集体的团结加强互助、保守的观念。显然，《加冕街》以现实主义的方式唤起了一种生活方式，而且是一种指定的乌托邦式的幻想。《加冕街》清醒务实，实质上是表达一种怀旧情绪，即对一个充满确定性的超然物外的世界的怀旧情绪。比如，在这个对世界外围狭隘的认知中，没有表达人们对元个体问题(比如核废料的处理、切尔诺贝利事件等)的意识。但是，这种乌托邦是模棱两可的：现代的乌托邦依赖进步来实现乌托邦工程——达到某种预先设定的社会状态；与之截然不同的是，这部电视剧中的社会进步是从《加冕街》的剧本中编辑出来的。因此，这部连续剧在未成熟、无意识、无知、奇异的早期状态中就产生了奇特的静态平衡。这部电视剧呈现出一种"生活应当如何"的乌托邦意象，它同样又撤回、抹去了这一意象。从某种程度上说，这是必须的，因为这部连续剧的剧情并非依赖乌托邦意识形态线性的社会时间性，而是完全依赖与社会机构的时间性相对立的、个人生活循环的时间性，因为社会机构独立于一个个体的一生。与乌托邦不同的是，这部连续剧具有伊甸园的特色。而且，很重要的是，这个英国的伊甸园位于名为"北方"的那个想象的空间里。我们已经知道，这个"北方"与北方的关系远远不及与国家的关系。剧中各阶层的融合，即使不甚融洽，也重申了基本统一的理念；并且同时相信，在官僚权威和精英官员的压迫之下，人们共享的"英国性"之精粹显得尤为重要。

当我们考虑该剧的时间性时，一切便豁然开朗。人物有个体的生活节奏，但是又生活在共同的时间性里，解决自身面对的繁杂的问题；这些问题是由社会机构(银行、福利国家的官僚体制等)以及在这些机构里尽职尽责的个体(白领、官员、税务员、书记员)提出来的。在贫民窟清理项目中，街道在某种程度上可能遭遇损毁，诸如此类的话题出现在《加冕街》这部电视连续剧里，因此，它呈现的社区相当于简·雅各布斯探讨过的隐匿的城市社区(参见 Jacobs 1961)。

这个次主题不应当被夸大——剧情的实质可在无休止的、连续的死亡、浪漫故事和讽刺性的误解中找到。但是，倘若考察该剧前二十五年的剧情纲要，就有清晰的理由认为，剧情立足于责任和义务并受责任和义务的驱使；事实上，社会机构构成《加冕街》舞台外的背景，几乎胁迫性地将那些责任和义务强加给人物，而人物常常对这些责任恨之入骨。如在升职和工作变动方面存在的冲突[①]；与学校的考试委员会产生的冲突[②]；更重要的是，与警察[③]、社会工作者[④]、卫生检查员[⑤]，甚至与地方官僚和权威[⑥]之间的冲突。还有居民与国内税收署（1969 年 2 月）、各种领事（1967 年 8 月）、使馆的官员（1971 年

---

① 例如，自 1963 年 6 月起，剧中出现许多类似事件：丹尼斯的新婚之夜（1968 年 5 月）；布莱恩去卡塔尔工作（1982 年 1 月）；布莱恩源于“深切的爱”与留恋决定不回归故里（1982 年 7 月）。

② 例如，埃娜恐吓大学遴选委员会（1970 年 8 月）。

③ 例如，在营业时间以外出售酒类（1964 年 11 月）；无执照营业（1966 年 6 月）；对赌场突袭查抄（1967 年 2 月）；警察对搭救贝蒂的西里尔·特平进行纪律审查（1970 年 5 月）；雷内做报告，支持星期日照常营业（1976 年 6 月）；电视检测车检查电视用户是否按规定缴费（1976 年 2 月）。

④ 剧中的此类问题自 1966 年 4 月开始出现，并持续存在。例如，埃娜擅自出院（1966 年 5 月）；斯坦·奥格登收到必须住院治疗的最后通牒（1969 年 7 月）；旅游车撞车事故导致多位居民入院治疗（1969 年 10 月）。

⑤ 剧中的此类事件开始于 1966 年 9 月，缘起一次食物中毒事件，后来卫生检查员为丹和希尔达的住所灭鼠、消毒（1973 年 4 月）。

⑥ 例如，居民中谣言四起，传说加冕街面临拆毁（1961 年 3 月）；护理人员埃娜居住在福音使命堂的圣具室里，而福音使命堂这栋建筑还有雨衣厂都面临拆除（1968 年 1 月）；贫民窟清理计划（1968 年 3 月）；街道遭遇重新命名的威胁（1962 年 5 月）；房租上升（1963 年 3 月）；执行官驱赶居民（1963 年 4 月）；莱恩·费尔克拉夫参与当地政治，支持加冕街贫民窟的拆除（1966 年 11 月）；肯·巴洛搬入新建的一套复式住宅（1968 年 6 月）；因停车场需要空间，老人俱乐部面临拆除，埃娜参与静坐活动，反对拆除老人俱乐部（1969 年 4 月）；镇政务委员会筹建仓库式收容所，而抗议这一筹建方案的示威活动缺乏支持力度（1971 年 3 月）；社区中心以及社区仓库式收容所里的工作情况（1971 年 4 月）；没有建筑许可证（1972 年 5 月）；社会保障福利不复存在，住在英克曼大街 19 号的那位女士的生活状况有目共睹（1972 年 12 月）；“伦敦开发公司”对加冕街实施拆除计划（1974 年 1 月）；明妮的养老金可能已经减少，阿尔伯特取消了与她的婚约（1974 年 2 月）；斯坦和希尔达在卫生部门有健康不良的记录，因此原本要在社区中心当护理人员的工作机会也被撤销了（1974 年 8 月）；地方纳税人协会成立（1975 年 5 月）；希尔达在抗议中拒绝支付租金（1975 年 8 月）；镇政务委员会迫使斯坦将门牌号恢复为 13 号（1977 年 2 月）；弗雷德·吉为人粗暴，被迫离开社区中心，失去在这里的护理工作（1981 年 11 月）。

11月)、婚姻介绍所(1967年12月)、放高利贷者[1]、宣扬克己的教会[2]之间都产生冲突,当然,这些冲突不甚突出。在本剧的前二十五年里,种族主义以及移民问题只明确地出现过一次(1962年12月)。

除了生活节奏层面上的冲突(生物-社会时间,与日历-法律时间的对立)之外,还有空间化的冲突。社会机构及其代表是外来者,在空间上与加冕街的中心人物格格不入。《加冕街》主要讲述的不是工人阶级的故事,而是机构对个人的骚扰——机构全然是"他者",大多数机构从根本上是以不同的时间、空间模式运行的。《加冕街》描绘了大卫和歌利亚[3]式的社会剧情,即普通人因足智多谋、和邻里团结一致而获胜。普通人通过社交能力在官僚猖獗、社会结构机构化的沙漠里保存了一片邻里社区的绿洲。学术界对该剧的分析强调社会结构(阶层、机构等)的因素和表征,而本书的解读则强调这部连续剧对社会性的呈现,强调了韦伯有关情感社区的旧理念在本剧的吸引力以及自然性中所起的作用。另外,这个社区对世界的理解是有局限的,而且他们的空间实践在很大程度上也局限于这条街。这两个方面促成《加冕街》缩小的空间化。在电影里,人往往从外向内看,而在《加冕街》里,人从内向外看。

从《加冕街》中蕴含的北方意象来看,北方是一个传统的区域,人们生活在关系紧密的工人阶级的社区里,他们的生活以邻里关系和地方上的小酒馆为特色。单调的街道两旁是20世纪工人阶级的开

---

① 例如,希尔达遭受信用不良的风险(1982年5月)。

② 与教会的冲突首次出现在1961年9月;后来,一个天真的教区牧师认为"加冕街物质享乐主义的价值观比它的精神价值观更加重要"(1969年3月);另外一个教区牧师拒绝为迪尔德丽的女儿特雷西施洗(1977年4月)。

③ 《圣经》记载,非利士人和以色列人争战。非利士巨人歌利亚向以色列人挑战,以色列人惊惶,无人应战。歌利亚骂阵,以色列的牧羊少年大卫提出应战,遭到歌利亚的讽刺和谩骂;年轻的大卫把一颗石子放在投石器上,击中歌利亚的头,石子进入颅内,歌利亚扑倒,面伏于地。大卫抽出歌利亚鞘中的剑,割下他的头颅。非利士人见此便不再与以色列人交战。《圣经·旧约·撒母耳记(上)》第17章。——译者注

间别墅，这是加冕街的建筑环境特色。所有人物按照英国的标准有可住房屋，离开了父辈“两上两下”四个房间的排屋。电视人物在约束性的空间化里住在有界的社会环境里，这也是每个观众过去的建筑环境。电视剧对观众说话，无论在共同的记忆和迷恋的怀旧层面，还是在观众当前的生活层面，电视剧一直在申明与观众紧密的联系。因此，《加冕街》的成功在一定程度上源于它呈现的不是少数职业群体（比如矿工、纺织工）构成的社区。相反，剧中人物从事的职业是典型的工人阶级的各行各业。他们大多从事同类型的职业，在工作中缔结友谊，比如妇女在家和社区之外工作，远离以街道为基础的生活。在这部剧里，“妇女的共同体”在社会生活的构建中起着关键的作用，将女性性别的、居家的感觉赋予这条街，这种感觉镶嵌于固有的、男性性别的空间里。对英国观众来说，这个世界就是北方，它意识不到市场逻辑对日常生活各领域超资本主义的渗透。

本剧呈现的区域意象是男性化空间内的一个女性化的居家场所。它是非宗教的，没有以教会为根基的社区纽带去削弱加冕街的优势地位，也没有教会将人物及其有限的世界与加冕街之外任何较大的社区联系起来，甚至连象征意义的联系也没有。特别引人瞩目的是，大众媒体和电视在剧中也是缺失的。本剧否认现代生活中诸如大众媒体和电视等方面对个人日常生活的重要性，它在一个不受大众媒体或广告污染的地带重新构建个人生活。没有“星期日报”或者其他通俗的日报来分散加冕街的注意力。没有国家媒体界定的那种国家的、“想象的共同体”(B. Anderson 1983)，取而代之的是一个当地的社区，它是一个由流言蜚语、闲言碎语界定的至关重要的社区。这促成了这部连续剧伊甸园式的“不合时宜”的特性。

剧中角色都是反英雄。他们不突出，但相当典型，他们的力量在于自己的社区——加冕街，他们竭尽全力地维持现状。剧情三番五次地描绘居民为了追求事业、学业或者陪伴丈夫去伦敦或南方工作而经历的离别之苦。因此，这些人物反复提出同一个问题："某人不在了，我们该如何是好？"本剧将北方男人和女人的忧虑提升至一个中心地位。它成了一间实验室，人们可以在这里测试虚构的、可供选择的解决办法以及策略性的僵持局面，以求得有效的方法去减缓社会变化的发生，应对经济结构调整和随之而来的社会结构侵蚀。

英国的北方

上述研究说明，自 19 世纪以来，与英国南方截然分开的北方一直有一个相对符合逻辑、稳定的意象。本书亦可引用其他一些研究来进一步证实这一意象，比如帕金森(Parkinson 1967)以英国讽刺手法对北方所做的研究。在典型的怀旧话语里，传统的英国工人阶级、与该阶层相关的文化(雪貂、赛鸽、矿场、工厂、炸鱼薯条、区域方言、足球)以及有机社区的故乡就在北方。因此，充满怀旧情绪的话语强化了北方的重要性。北方还是英国工业意象的中心地：矿场、荒凉的城市风景、狂风肆虐的乡村(如约克郡谷地)。最近，它又被称为"英国足球丁级联赛"(Fourth Division England)(《卫报》，1988 年 3 月，2，9，16，23)，其含义为北方拥有失败的、穷困潦倒的社区。北方的户外活动充满狂野的休闲乐趣，与伦敦及其通勤者居住带蕴含高雅文化的、斯文的休闲娱乐形成对照。

英国的北方在 18 世纪末的意象是粗鄙的工人阶级居住的工业区。水力资源、煤矿和铁矿资源的存在首先促进了资源经济的开发，后来，为英国殖民地供应产品的制造业进一步发展，再加上水力资源可供工厂使用，这促成辅助性的经济基地的扩大。农民阶层走向无产阶级化，与此同时，北方的空间和社会经济结构产生剧变。这与南方伦敦周围各郡的农业基础以及伦敦金融资本的出现形成鲜明的对照。北方的景观变成一座座工厂以及与工厂毗邻的村庄和企业城镇;南方(同样也是想象的区域)却保持了田园景观,吸引伦敦的王室贵族流连忘返。南方的田园通过跨功能化的方式代表了南方乡村住宅区所有的休闲娱乐,而北方的工业景观则代表了19世纪工业资产阶级对社会的挑战以及正在变化的经济基地的所有问题。恩格斯记载了这种变化带来的社会影响:没有土地、被剥夺了权利的穷人集中于工业贫民窟里。周围布满煤矿和工厂的城市景观给乡村带来了巨变,社会结构的变化对城市面貌的改变也是巨大的。因此,北方的意象与英国工人阶级的意象密不可分。

北方作为典型的工业中心区,它使英国现代工业的重心相形见绌。英国现代工业的重心包括英格兰中部地区、东南部、M4高速公路沿线希思罗至布里斯托一带。事实证明,北方的工业正在走下坡。旧工厂需要清除,工业城镇变得多样化,所以许多旧的红砖建筑已拆除,但是,城镇的基础设施、酒馆、工人阶级的俱乐部、位于山边的狭窄的排屋,这一切都反映了旧的工业运作方式之间的社会关系。一座崭新的油漆明亮的学校或者轻工业厂房偶尔映入眼帘,人们方才知道这个地区的新发展。过去的迹象笼罩着当今这些城镇,仿佛过去工厂的烟雾弥漫于当时城镇的上空一样。旧的意象与当今的一些区域(比如泰恩赛德)富有的现实相比只有稍许的变化。布雷德福这类城市甚至已经利用它们的工业形象,将自己重新打造为工业传统博物馆(Urry 1990)。工人阶级的伦敦事实上是工人阶级的区域,它是社会经济阶梯上最底层的人们最大的集中地,这一事实是被隐瞒的。在任何一种情况下,北方的意象牢牢地定位于自己的轨道上,围绕伦敦这个文化中心和文化顶峰旋转,位于伦敦的国家媒体提供众多的意象并阐释这些意象(Laing 1986;另见 Pocock & Hudson 1978:111—112;Raleigh 1968:290—328;Leclaire 1954)。人们依据北方这根标杆使用下述对立因素来衡量南方的文明:

北方		南方
边缘地区	——	中心、核心
工人阶级	——	经济、政治精英
荒凉的乡村	——	人造的景观
工业、工厂	——	证券经纪业务、管理
粗犷的休闲活动(足球、在山谷里徒步旅行)	——	高雅文化(戏剧、芭蕾)
潮湿、寒冷的气候	——	温暖的气候
礼俗社会	——	法理社会
社会性、情感社区	——	社会结构、机构

媒体在表达“南北对比”这一主题时,重新宣扬已经得到表达和接受的社会价值体系——总体上看也许是由特权阶层表达出来的,但是被另外一个特权群体接受,这个群体包括政治、社会、经济领域的决策者,这种社会价值通过正规教育(比如英国文学和诗歌)的渠道广为传播。

因此,尽管人们的观念从认为北方是一个同质的、不开化的工业区域,转变为一种更具差异性的观念,即湖区一跃成为一个休闲地带,但是上述的对立模式仍在持续——人们去北方不是为了领略高雅文化,而是为了徒步旅行、钓鱼或者体验英国“未遭蹂躏的大自然”:

> 最重要的景观在人的心灵深处,是想象的景观;因此,在现实和虚构的任何竞争中,虚构可能是有优势的(Prince 1973:17)。另外,对于那些深信眼见为实的人们来说,北方固有的意象仍然通过工人阶级的戏剧、连续剧及其周期性的重映、重播而鲜活地呈现于电视屏幕上。
>
> (Pocock & Hudson 1978:119)

20世纪80年代关于南北差异的讨论

想象的北方这个概念与英国南部截然分离又紧密相连，在20世纪80年代依然活跃。它通常在报纸杂志和广播的评论里出现，因而它作为一个次主题一直顽固地存在着，偶尔还会重新登上公共辩论的中心舞台。想象的北方这个概念是其他社会分类（南方的政治经济精英和北方的工人阶级）的一个隐喻，抑或是虚拟论证的一部分。人们发现，大众常识性的刻板印象有些过分笼统，但很真实。想象的北方这一概念是一个修辞手段，将那些对英国北方的神话知情的听众导入讨论的环境中。严格来说，想象的北方这一概念是一个真实的因素，它用意象的神话因素影响这些讨论，引入谬误的刻板形象来歪曲这些讨论，或者使讨论误入"两个国度"这种陈词滥调的死胡同里。且看下面《经济学人》的这段评述：

> 自布里斯托至沃什湾这条南北分界线将英国一分为二。日渐衰退的、浓烟滚滚的工业，它们的受害者生活在北方；崭新的高科技、金融、科学和服务产业，它们的受益者还有伦敦的文化和政治精英都生活在南方。跨越南北分界线向北走，你就会看见汽车越来越少，人们衣衫愈加破旧却更爱谈天说地。
>
> （1987年2月7日）

这一评述中的许多信息即使没有谬误，也不免主观（人们着装破旧），有误导的嫌疑（比如汽车越来越少）[①]。它重申了南北差异的界

① 《区域趋势》（*Regional Trends*）中的数据显示，北方人均汽车数量愈来愈少，但是，在消费者所有的耐用品中，区域之间汽车消费的趋势愈加平衡。英国保时捷在1986年的年报里特别提到，他们47%的汽车是在北方地区销售的（引自《星期日泰晤士报》，1987年1月11日，第25页）。

线（自布里斯托至沃什湾）以及构成北方神话的一系列意象。这些意象包括北方具有工业特征；受害者不是近期科技进步的受益者，他们还在较早时期的生活条件下生存，他们喜爱谈天说地；总体环境破旧，功能紊乱。《经济学人》这篇文章的实际内容是工业重构以及日渐衰退的浓烟滚滚的工业产生的问题，除此以外，它还提醒读者注意工业化的北方这一社会想象或神话。显然，这种想象的内容已经攫取了作者的想象力，这位作者便将日常生活的意象——汽车、衣衫、谈天说地（友好地说三道四）——堆积起来，以修辞手段描绘一个生动的图景。《经济学人》的国际读者对英国北方或英格兰中部地区大多都没有直接的体验，甚至连通过电视或电影获得的间接体验也没有，这篇文章肯定给他们带来戏剧化的艺术效果。不幸的是，人们只能思考这些负面意象的例子产生的经济效果。但是，仅仅追究这些新闻文章产生的影响，就像将这些动因的状态也归因于这些文章一样，是幼稚的，不成熟的。相反，这些文章是一套更具包容性的体系的体现。这套体系是一套包括空间和地方的编码系统在内的装置，亦即具体的空间化。

尽管北方的工业已走向衰退，北方许多城市的工人阶层人口减少，旧工厂拆除、清理后建设了大型购物中心（比如位于泰恩赛德市盖茨黑德镇的美罗购物中心）和工业博物馆（比如位于布雷德福的国立媒体博物馆），对北方固有的刻板印象已经重新纳入近期对“南北差异”进行的如火如荼的讨论。前文已经说明“南北差异”这个旧术语的复兴过程。它由盖斯凯尔夫人、迪斯雷利经过普里斯特利的“穿越不列颠之行”(1934)演变而来。人们根据这种想象的地理认为，伯明翰以北（甚至伦敦以北）的英国经济生活和社会状况与英国南方有天壤之别。前面几部分主要阐述北方的意象，而这一部分重在考察想象的“差别”。这部分研究主要依据对英国三年多的“高端日报”的综合分析。[①] 这些报纸有:《卫报》《泰晤士报》《金融时报》《每日电讯报》和《独立报》。此外,本研究还从 1986 年至 1987 年间的这些报纸中选取“重要新闻”的文章作为样本进行关键词搜索。这些文章输入 Tex Line 数据库,从中搜寻“北-南”“北和南”“南北分界”“南北差异”和“两个国度”这些短语。本研究还搜索了含有“北”“南”“差异”这三个与英国北方相关的关键词的所有文章。将许多无关的文章剔除之后,就得到另外一系列文章。这些文章虽然没有用到“南北差异”这个短语,但是它们讨论了与“南方与北方之间的划分”有关的事宜(《金融时报》,1985 年 12 月 6 日:9)。这些词语出现的频率以表格形式在本章的注释以及表 5.1 中呈现出来。我们必须牢记,这种有限的量化的样本多少有些不自然的特征,因此,我们对编辑收到的信件以及与生活方式有关的、可能被人们忽视的文章也进行了综合分析。虽然从这个有限的样本出发概括其他媒体有可能很笼统,但是我还是将本研究限制于印刷媒体做出的评论。

这次讨论可视为一种特定的社会空间化的一个指示器。这样的语言我们可能称之为“关于‘差异导致地位区分’的话语”,对这种语言的使用反映了“南北差异”的神话反复地进入人的意识、湮没在人

① 本节的研究依靠计算机对英国“高端日报”的内容进行分析。所选的样本均与英国区域事宜有关,而且这些样本在 1984 年 1 月到 1987 年 6 月均使用了“南北差异”这个术语。下面这张表呈现的是所选样本中文章和信件的数量。

报纸	1984 年 6 月—1985 年 6 月	1985 年 6 月—1986 年 6 月	1986 年 6 月—1987 年 6 月
《经济学人》	0	0	4
《卫报》	0	8	29
《每日电讯报》	1	0	7
《泰晤士报》	3	0	7
《金融时报》	7	8	15
合计	11	16	62

的意识里。也就是说，这种语言在多大的程度上变得清晰明确，又在多大的程度上得到社会行为人的认可。这种程度与它模糊不清、受压抑的境况（比如在加拿大）具有可比性。“南北差异”的神话变成了一个协调性的概念，它影响人们在日常生活中对事物的分类，在个人和政策的决定中是一个有意识的因素。

表 5.1　Tex Line 样本（1985—1987）中提及关键词的次数

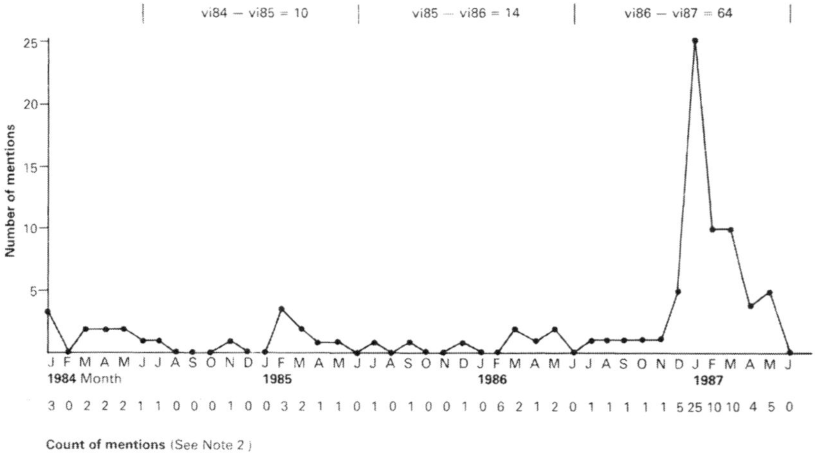

1984 年和 1985 年间鲜有人提及上述短语。即使当人们谈起有差异的国家时，人们所说的也是贫富之间的社会差异，而不是区域之间的地理差异。例如，当尼尔·金诺克（Neil Kinnock）在发表新年演说时说：“在撒切尔夫人的领导下……我们又度过……具有差别的一年。”（引自《金融时报》，1985 年 12 月 31 日：6）同样，在《金融时报》“投资英国”的调查专栏里，探讨区域不平等的文章并没有出现“差异”（divide）、“差别”（division）或“差距”（gap）这些字眼（1986 年 11 月 19 日：7—15）。从 1984 年 6 月到 1985 年 6 月，该报只有十次提及“南北差异”。1985 年，该报偶尔会含沙射影地暗示英国逐渐明显的区域经济差异（在《金融时报》里，特别值得注意的是“南北差异”这个概念是从东北和西北与东南和大伦敦区之间差距逐渐变大这个意义上提到了八次)。这种现象通常在每年的 1 月或 12 月公布年度区域就业率之后发生。“南北差异”这个术语以及如影随形的“差距”“分裂”“差别”等语言在 1986 年春夏期间更加普遍;在 1986 年冬季公布区域失业人数之后①,这些术语便在 1987 年春季的各大报纸流行起来。

---

① 1984 年至 1987 年年中这一时期,“南北差异”这个词语在报纸中出现的频率:

频率表

报纸	日期:页码	注释
《约克郡邮报》(*Yorkshire Post*)	1986-12-01:3	
《观察家报》	1985-03-24:2	
《英国商报》(*British Business*)	1986-02-14:20—21	
《每日电讯报》	1985-02-22:1,欧洲经济共同体	
	1986-08-28	
	1986-12-13:2	
	1987-01-14	
	1987-01-26:20	明福德(P. Minford)教授说:“英国南方和北方在增长速度、就业率方面差距悬殊,其主要原因是人们的需求从传统生产(工厂主要位于北方)向服务业的转移……”
	1987-02-20:4	健康差异
	1987-03-24	
	1987-04-13	
《卫报》	1985-09-25	
	1986-02-11	
	1986-02-15	
	1986-02-22	

报纸	日期:页码	注释
	1986－03－24:5	
	1986－04－11:21	利物浦足球与南北差异
	1986－05－03	
	1986－05－30	
	1986－09－27	巨大的差异……生活在南方/北方
	1986－10－08	
	1986－12－13:2	
	1987－01－02	能源部长提醒人们注意南北差异
	1987－01－08	撒切尔领导下的另一个国度
	1987－01－08	就业数据的南北差异更加明显
	1987－01－10	金诺克提出警示
	1987－01－15	拓荒者:使国家产生差异的力量:南北差距
	1987－01－15	延迟的开发补助金
	1987－01－16	南北差距可能很大
	1987－01－21:3	南北影视业的差异
	1987－01－21	撒切尔拒绝相信南北差异
	1987－01－23	利物浦的主教
	1987－01－24	教会与南北差异(平民百姓)
	1987－01－29	两个国度之间的差距加大
	1987－02－03:1,26	朗西大主教与扬格勋爵的争论
	1987－02－13:4	
	1987－02－24	南北房价的差异
	1987－02－25:17	房价
	1987－02－26	商会拒绝相信南北差异
	1987－03－06	
	1987－03－10	新的区域管理办法

报纸	日期:页码	注释
	1987-03-13	
	1987-03-14	房价
	1987-03-24	
	1987-03-25:17	生活质量调查
	1987-03-28	伊顿公学的学子们对另一个英国瞠目结舌
	1987-04-07	北方驳斥有关经济复苏的断言
	1987-05-06	
《财经周报》(*Financial Weekly*)	1986-12-11:20—27	
	1986-12-14	
	1987-03-26:41	
《金融时报》	1984-01-11:13—18	
	1984-01-12:6	
	1984-01-25:6	
	1984-03-08:31—34	沃灵顿和朗科恩
	1984-03-21:15—19	默西赛德调查
	1984-04-28:4	区域劳动力悬殊
	1984-04-28:21—24	兰开夏郡调查
	1984-11-05: 1, 32	区域发展调查(欧洲经济共同体)
	1985-02-22:6	
	1985-03-14	
	1985-04-17:9	
	1985-07-17	
	1986-02-07:14	西北和东北的问题
	1986-02-21	
	1986-03-17	
	1986-07-31	大批离开:区域趋势(*Exodus: Regional Trends* 21)

报纸	日期:页码	注释
	1986 - 11 - 19	政治市场:南北差异
	1987 - 01 - 02	
	1987 - 01 - 08	南方工作机会比较充足
	1987 - 01 - 09	首相对工作机会的差异做出反应
	1987 - 01 - 15	给编辑的信
	1987 - 01 - 15	补助金延迟
	1987 - 01 - 19:4	就业部的数据
	1987 - 01 - 20	东南地区就业机会不均衡
	1987 - 01 - 21:10	克拉克否认南北差异
	1987 - 01 - 28:8	赫塞尔廷发表评论
	1987 - 01 - 29	《社会趋势》(*Social Trends*)报告
	1987 - 02 - 03:4	朗西大主教与扬格勋爵的辩论
	1987 - 03 - 31:14	英国社会存在许多差别,这些差别自 1979 年开始呈上升趋势……其中最严峻的差别存在于英国人民的脑海里。最典型的例子……就是财富和就业前景的南北差异。这些差别的存在毋庸置疑,而且因失业率的上升而逐渐恶化……不像人们经常描绘的那样简单。南方地区有干瘪的钱袋,北方也有一些人飞黄腾达……位居后 10%的最低薪者的税后收入……在 1979 年至 1986 年间上升了 2.9%,而位居前 10%的最高薪者的税后收入却在此期间上升了 21%。
《泰晤士报》	1987 - 04 - 07	
	1987 - 07 - 10	

表 5.2　英国区域差异

地区	1 失去的工作机会 6月 79—83	2[a] 失去的工作机会 6月 83—86	3[b] 劳动力	4[c] 失业的可能%	5[d] 再就业的可能%	6[e] 生活质量指数	7[f] 房价涨幅
西北部	－374	－41	452.0	5.6	28	＋2.9	未获数据
北部	－191	＋20	237.7	6.8	29	＋11.0	7
约克郡与亨伯赛德郡	－240	＋5	305.8	5.7	32	＋6.3	6
小计	－805	－16	995.5	6.03*	29.6*	＋6.7	6.5
中东部	－132	＋91	202.2	5.0	34	＋1.7	15
中西部	－298	＋78	349.7	4.8	27	＋1.5	13
"北方"小计	－1 235	＋153	1 547.4	5.58*	30*	＋6.5	10.25
西南	－84	＋54	204.7	5.5	40	－8.6	29
东南	－391	＋269	782.3	4.5	38	－10.4	37
东英吉利	－15	＋74	81.3	5.1	42	＋0.1	30
"南方"小计	－490	＋397	1 068.3	5.03*	40*	－6.3	32
英国平均	－2 071	＋500	3 271.2**	未获数据	未获数据	未获数据	未获数据

* 平均数

** 总计

注：

a　数字单位以千计。

b　1985 年的数据(自 1983 年起，这个数据就反映了 1983 年为 60 岁及以上的群体提供预算拨款中的财物供应，这些人无需再去失业办公室登记)。

c　失业人数的增长表达为本年度至 1985 年 10 月平均就业人数占就业和失业人数之和的百分比(《社会趋势》23：101)。

d　失业人口的减少表达为各季度平均失业人数的百分比(《社会趋势》23：101)。

e　生活质量表达为一个人能用当地的平均工资购买的商品(依据洛娃集团的调查)。

f　此处为进行比较而分解了房价涨幅(英镑/每天)。这是 1988 年前半年的数据(源自洛娃集团 1988 年区域生活费用报告，引自《卫报》，1988 年 3 月 22 日：4)。大伦敦区域的生活质量指数＝－25.0；房价涨幅＝＋67。

来源：《社会趋势》21；《社会趋势》23

如表5.2所示，“南北差异”这个概念相当具有真实性。从数据上看，在北方，失业的几率会大一些；一旦失业，再就业更难（北方人再就业的几率只有30%，而南方人却有40%）。差异的神话以及这个词语的重新兴起与地域不平等的统计指数紧密相连。这种紧密的联系不可否认，而且要特别注意：(1) 这些实际存在的差异因为想象的因素而强化；(2) 当人们决定以这种或那种方式行动时，他们不屑于重新考察这些混合在一起的因素。即使我们开口向人们询问，也很难激励他们分辨这些因素，除非我们执意请他们重新分析他们对北方特性的理解。那么，询问的结果与日常生活密切相关，如同迷宫游戏模仿街道一样。

至于那些可以体验的差异，有一些可量化的数据。首先，南方房价上升，人们更难从北方迁移到南方——有一位雇主称之为“沃特福德以南之禁区”（《观察家报》，1987年9月6日：19）。有一家报纸宣称，南方一座经济型房屋的价值可以在北方购置三套豪华房屋（《今日》[*Today*]，1987年2月4日；参见表5.2的第七竖栏）。第二，北方有众多区域正经历工业重组并深受其害，南方一些区域早期也曾遭此难，然而此时的经济正从生产和“浓烟滚滚的工业”向服务业转型，并得益于这一重要转型（参见明福德于1987年1月26日《每日电讯报》第20页的讨论）。“低薪委员会”的一份报告特别指出，北方的低薪与高失业率正“在联合王国内造就两个国度”（引自《金融时报》，1986年3月14日：9）。读者由此可知：

> 南方较早时期曾遭受30%的工作机会的削减（这与其人口的相对比例很不一致），紧接着，它却又获取过去三年内利润的78%，这相当不成比例。因此，南北差异就此形成。

但是，这篇文章认为：“非常清楚的是，即使在南方，这种相对的好运也并没有被平均分配……”文章说，在英国，处于极度贫困状态的二十个地方中有十八个地方“已经依靠钢铁、煤矿或航运走上致富的道路。虽然大多数受害者依然是北方人，但是受害的完整名单上也列着彭赞斯、迪尔等地”(《星期日泰晤士报》，1987 年 1 月 11 日：25)。《星期日泰晤士报》在一篇评论文章中说：

> 现在“南北差异”是一个时髦的术语，政治家和学者动辄说出、写出这个术语，就是为了描述英国的繁荣在地域上不均衡。这个术语和大多数此类笼统的概念一样，无法让人看清问题的实质，反而掩盖了实情……
>
> 英国真正的经济不平等并非这个动辄说出口的“南北差异”，而是一个相当复杂的差别。在单一工业的城镇和日益衰败的内城里，我们看见日渐没落的英国；在欣欣向荣的集市城镇和市郊的乡村以及那些吸引新的服务业和高科技工业的城镇和城市里，我们看见蒸蒸日上的英国……
>
> 衰败景象大多存在于北方，繁荣的景象大多在南方可见，这毋庸置疑，让人们以为英国的“两个国度”是地理因素造成的。但是，在英国几乎所有的地区我们都能看见繁荣与衰退……
>
> (1987 年 1 月 11 日：26)

“差异”这个术语囊括了狄更斯笔下的北方这一伟大的传统主题的所有因素，这个术语很快开始被英国的媒体大肆炒作。讨论结束时，更加平衡的观点便应运而生。构成北方神话的传统意象附加于人们亲身体验的差异。计量经济学报告的细节根据旧的叙事进行了改写，而旧叙事的话语代表一个传统意象储存库，人们为了获取修辞效果不时地动用这个储存库。在对这个术语做出回应的过程中，学者和政治权威人士都参与时事节目，有人给编辑写信，议员在下议院提问、质询。报纸杂志清晰地设定议事日程，电视的新闻报道和纪录片提供视觉证据，都在披露北方工厂关闭的实况，让人们看见失业问题最严重地区的涂鸦墙。

报纸上这样的评论很典型：

> 差别的不断增大有损我们国家的名声，也使越来越多的人深感惊恐。南北分界线一直在向南匍匐前进。失业、工厂关闭的现象渐渐逾越卢顿，南北界线很快就将从波特斯巴镇开始。
>
> （《卫报》，1986 年 2 月 15 日）

人们感觉英国冰封的面积逐渐向南移动，在 1986 年向 1987 年过渡的那个冬季这种感觉尤其难以控制：

> 几乎每一个人都承认，包括英国中部在内的北方与所有大城市、英国东南部之间存在着严重的差别。但是，几乎没有对策可言。事实上，人们有一种普遍存在的宿命感，认为工业衰退不可逆转，采取任何挽救措施都需要额外的公共资金，然而，并没有这笔资金。
>
> （《卫报》，1987 年 3 月 24 日：12）

在本研究中，有一点颇为重要，即不能简单地只计算那些显示“南北差异”的词语出现的次数。媒体重新发现“南北差异”这个术语并大肆鼓吹，很快大部分评论（自 1987 年 1 月以来）都一鼓作气将“南北差异”描绘成一幅漫画。这幅漫画既不真实（“瞧瞧位于曼彻斯特城市边缘的迪兹伯里，生活多舒适啊！还有格拉斯哥的贝尔斯登以及谢菲尔德美丽的哈伦区，这三个地方都富得流油。”［《经济学人》，1987 年 4 月 4 日］），也没有体现重要的差异，而讨论原本是应该围绕重要的差异展开的。请将下面这段总结性的话语与上面的引文进行比较，这两处文字均来自《经济学人》：

> 有一种东西[差异]是存在的：在苏格兰，东部的石油业和金融业兴旺，西部的工程不稳定；兰开夏郡因为历史、板球和奔宁山脉与毗邻的约克郡截然分开；再向南走，可见威尔士人甚至比英格兰北部或苏格兰人更贫穷……到其他地方可知，乡村生活与熙熙攘攘的多种族的城市生活之间的反差远远超过南北差异。
>
> （1987 年 2 月 7 日）

我们可在这段引文中发现，在任何两个相反方向的社会状况中都存在地域上的差异，这与《区域趋势》第 20 号（1985）有关“东西差异”的报告遥相呼应（参见《泰晤士报》，1985 年 5 月 22 日）。这种地理隐喻对学者们来说颇具吸引力。“南北差异”成为一种修辞手段，巧妙地描述了 1982 年之后由东南部引领的经济复苏的不均衡模式，但是“南北差异”这个术语淹没了这场讨论的实际内容，有许多文章认为它所反映的差别“存在于英国人的脑海里而不是现实中”（《金融时报》，1986 年 11 月 19 日；《经济学人》，1987 年 2 月 7 日）。例如，比较洛娃集团的“生活质量”指数时，我们发现北方的指数是最高的，因为当地区平均薪水与地区生活费用制成列联表时，东南部和大伦敦地区就落在地区“排名表”的底部（见表 5.2，第七列）。

我们再看看《星期日泰晤士报》：

> 论及繁荣富足，英国愈来愈是一个分裂的国家。上周公布的失业数据引起广泛关注，然而主要的分歧不是地域性的，而是社会性的。世间并不存在将穷人和富人分开的纯粹的塞汶河-

> 沃什湾分界线……穷人……肯定集中在北方破旧的、单一工业的城镇和日趋衰退的内城里。但是，在伦敦市中心的行政区里，穷人集中体现了一个人口数量更大、同样棘手的问题。
>
> （1987年1月11日：第25页）

所以，论述“南北差异”这一理念的不恰当性时，一直存在富含修辞色彩的看法，但是这些看法总是心照不宣地对北方的神话（这个神话具有诡谲的粗疏的特性）视而不见（《经济学人》，1987年2月21日）。北方传统的神话经过修饰，以一种根本不受挑战的方式重新流通，再度循环；即使它会证明北方与英国区域话语中的刻板形象不一致，它最终还是再次确认了北方在英国区域话语里的地位。陈旧的理念没有改变神话，而是根据上述的二分模式进行修正，在天平的左边（北方）加上“萧条”“失业”，右边（南方）放入“复苏”“增长”“就业”。

只有《泰晤士报》没有使用1986年至1987年那份数据样本中的术语。针对“差异”这一话题的讨论多数出现在《卫报》里，《金融时报》次之，最后是较新的彩色通俗小报《今日》。把英国定义为“两个国度”，这个传统可追溯至狄更斯所著的《艰难时世》：富有的南方和贫穷的北方。这一概念为对立的党派提供了一个预谋的政治（和空间）神话，《卫报》、自由的《独立报》等有进步倾向的报纸常常刊登对这个概念的讨论。具有保守倾向的报纸（《泰晤士报》《每日电讯报》）则慎重使用这些术语。《经济学人》和《金融时报》这些商业报纸不会为了产生共鸣而使用“两个国度”这一概念，也不会将这个术语视为想象和过分夸张的产物而揭穿其真相，而是含糊其辞，敷衍推诿。政府做出官方回应时，一方面否认“两个国度”的存在，另一方面又提出解决办法（《金融时报》，1987年1月21日）。能源部部长彼得·沃克先生认为，英国政府应当付诸行动，防止英国变成“一个分裂的国度”

(《金融时报》,1987 年 1 月 27 日:3;《卫报》,1987 年 1 月 27 日:1)。议员尼古拉斯·里德利先生被委任为代表北方的非官方政府大臣,他承诺要在失业率最高的地区设立开发公司。反对者认为,里德利先生从一开始就犯了错:

> 他在富裕的南方和贫穷的北方制造的敌对关系是我从政生涯中遇到的最危险的事。郡选议员在南方家财万贯,却以牺牲我们利益的方式从英国中部和北部谋取利益,这肯定不对。
>
> (《泰晤士报》,1986 年 12 月 10 日:4)

由保守党执政的政府为消除北方的神话而发布的统计数据凸显了"南北差异"这个术语的政治价值(见《独立报》,1986 年 12 月 18 日:5)。撒切尔夫人否认"南北差异"这个陈词滥调,她说:"人们乐意想象的任何种类的南北差异,我认为都不存在……"(引自《泰晤士报》,1986 年 12 月 12 日:2)若干事实可能会消除一个口号,但事实证明,"南北差异"这个术语比一个口号更强大、更稳固(《观察家报》,1987 年 9 月 6 日:19)。英国政府认为,"在玛格丽特·撒切尔夫人的领导下,南北经济差距一直没有明显增大"(引自《金融时报》,1986 年 12 月 6 日:9)。

当北方人开始反对有人片面地把北方描绘成荒原时,"南北差异"这个术语就丧失了政治价值。在 1986 年 1 月,正当讨论如火如荼之时,《卫报》如此说:

> 英国媒体最近纵情议论南北差异问题,极度陶醉,无法自拔。电视的大部分商业广告甚至连口音都没有变化地全国播放,产品想必很有销路。首都的报纸被视为全国的报纸,在这一点上,西方任何其他大国都无法与之比拟。一位外来的、未来的

政治家如此轻而易举地得到当地人的接纳，这在其他国家实属罕见。

(1986 年 1 月 16 日)

有一封致编辑的信回应 1987 年后来一连串的文章，信中投诉说："南北差异，我们听够了。你们的文章并没有消除这个神话，也没有唤起人们去注意我们的城镇里正在进行的建设性的复兴……"(《卫报》，1988 年 3 月 2 日：12)

地理学家多琳·马西也特别提到，"南北差异"在政治词汇中的重要性已得到提升，"有些因素正重新起作用"(Doreen Massey 1988：12)。她没有在评论中做出明确的结论，却暗示说，正在发生的一切源自伦敦中产阶层首先对南方、最近又对北方(当然她所指的是英国的中部)进行的"殖民"。这种殖民模式回避衰败的地区，挑选古朴幽静的乡村环境，让人注意他们的社会优越性，以此方式宣告自己的身份地位。他们在劳动力市场上的优势使得他们竞相居住在理想的乡村地区，通过住房成本的差异来补充工资差异(如伦敦津贴)。这些差异造就了不公平现象沿地域界线进行改组。南方(其确切的位置和范围从来没有明确说明)是一个通勤者居住带，一直居住着中产阶层的移民，他们千方百计地远离贫穷和破败：

> 在这个草木修剪整齐的、他们以为是乡村的环境里，在人群以社会方式定居在村子这个整体意象里，他们找到了绅士化生活的意象。这样的村子往昔周围的景观就是教堂的尖顶和板球场。人们常常以为这种景观就是典型的英国。因此，他们说自己已经"到家"了。
>
> (Massey 1988：13)

这和我们上面提到的因空间差异而身份不同的话语主题有巧合之处。我们在上文看到，政府发言人在提及各区域时俨然自己就是主体。他们在讨论过程中谴责北方时就使用南方既古朴幽静又富于创业精神的个人主义的表征，把北方描绘成工人阶级阻碍技术进步的一片土地——由工会领导，一切靠劳工阶层投票表决。“要是其他地方能像这样[像南方]，他们也会有工作的。”(Massey 1988:13)但是，1987 年的选举模式没有证明这种意象是正确的(Savage 1987)：

> 北方的意象最近似乎已经得到重新加工。较少有人提及罪恶的工厂。(在南方)更多人谈论乡村多么美好，生活质量多么高……房价多么低……对田园生活的追求向北延伸了，但是和经济发展毫无关系。通勤者居住带的面积在不断扩大……当前对北方意象的重构大多是把一些更具田园风光的地区变成了城市过剩人口的宿舍，而这些人一直在南方工作。
>
> (Massey 1988:17)

这种迁移把北方的工业区域排除在外。这些区域被定义为问题区域，即内城，正遭受工业衰退或规划性的破坏，迫切需要解决问题的对策。

人们如今对早期出现的众多北方的意象进行筛选，强调的因素有所改变，这就促成了南方和北方神话的重构。于是，向北方迁移紧跟这种变化。所强调的因素发生变化，这体现在话语上(比如与“南北差异”有关的政治讨论)，也体现在实践(比如追求田园生活)和政策上(比如使用繁荣富有的南方的表征，将其作为北方重建的模式)。

马西对英国南北区域问题做了很多研究(Massey 1978)，但是，至于哪些国际因素影响了不平等的地域差别，她并未做出评论，因此,拉普对她研究中的漏洞提出了批评(Läpple 1985)。马西为回避这样的批评,从热门话题着手使用"南北差异"这类概念,仍无济于事。上面我们提到,"南北差异"这类概念本身包含诸多意象(从源自狄更斯作品的意象到田园式的意象)和一系列有问题的定义。这一切都说明有一种未加审视的定义,它将两个历史上静态的区域定义为在社会关系上几乎协调一致的两个实体;这一切还说明,有一种次国家层面的分析,用于分析次国家层面的问题(见 Massey 1978:106)。这样的分析一开始就带着这样的先入之见,它严格遵循所涉及的"装置"(即空间化)产生研究结果。这样的空间化包含了问题的常识性定义,因此也就暗示了解决方法,最终成为任何此类研究的摇篮和坟墓。

这在媒体讨论社会和地域的不平等时一直是一个常见的问题。在"报纸都说了什么"这篇综述里,我们能看见作为记忆手段的"南北差异"这个术语受欢迎的程度起伏不定。它之所以是一个记忆手段,是因为它提醒读者注意一个古老的常识性的看法,从而抓住读者的注意力,解释失业数据。"南北差异"这个术语使选民脑海中 19 世纪的工作状况得以复活,左派就在政治辩论中利用它,从而使它更受欢迎。它和《加冕街》里呈现的奇谈或群体讲故事属于同一个类型。这个有感染力的术语力量如此强大,竟然使辩论失控,后来居然需要诸多评论来纠正。这就进一步支撑了第一章提出的论点:空间化至关重要,它是一个因果要素,对概念性的思维产生具体的影响,而且,随着时间的推移,对经济发展也产生非常明确的影响。它一方面起着文化特有的概念速记的作用,使形形色色的差异都聚集在"南北差异"这面旗帜下。另一方面,它具有 19 世纪反映南方和北方的文学作品同样的效果,它扭转讨论的方向,使其朝向讲述"南北差异"历史叙事的隐含意义。

结论

本章所做的述评涉及范围甚广，阐释了英国北方的空间神话如何任凭时间流逝依然经久不衰，始终如一地出现在各种不同的讨论和叙事里。这个拥有神话的北方，其地理区域向南一直包含英国的中部。英国是一个面积小、边界清晰、明显同质化的岛屿国家，它一直有一个拥有神话的北方。北方有传统国度的田园神话，有 19 世纪的工业灾祸，号称工人阶级的国度；它将这些互相矛盾的意象归入一套完整的神话里。所有这一切整合起来，形成一种陪衬，衬托伦敦和南方作为英国文化、精神、政治中心的神话和意象。这里重复了加拿大“真北之邦自由刚强”的主题，只是有一个重要的差异：英国本土的叙事运用并修改北方的神话，已经使具有神秘色彩的北方融入了他们的区域身份，将 19 世纪（南方）的作家首次阐释的北方意象视为珍宝。此外，北方的神话不是纯粹的虚构，而是以一种复杂的方式与实际的状况密切相关。在很多情况下，这些意象强化实际的生活状况；在另一些情况下，这些意象变成自我实现的预言，随着时间的推移，逐渐纳入具体的空间安排的逻辑里（比如建筑、城市规划等）。英国北方的神话不只是简单的空间神话，它代表着工人阶级的国度，同时还象征英国大众的统一。英国北方的神话是社会空间化和文化话语的一个重要因素，而社会空间化和文化话语将英国工人阶级与其他阶层和群体的空间及位置进行比较，尤其是与伦敦这个权威和金融中心以及绅士阶层居住的田园式的南方进行对比，从而在空间和等级上予以定位。

第三部分

第六章　综合分析和研究意义

本书的四个案例在历史、文化、面积和地域上各不相同，但是本研究通过案例分析揭示了一套共有的空间主题和空间实践：理论上的社会空间化在实践上的一致性，即空间性的社会建构及其在世界实际地貌中的实施。再多列举一些例子来充当论据也是可能的，不过，本书的案例足以产生一个定论，以后可在此基础上做进一步的研究。学者们以往在介绍社会空间化时，总认为它是一个不可捉摸、不可言喻的文化构形。我在本书尝试说明，社会空间化通过理伦研究和各种实证的案例分析不仅可视，而且可得到详细的阐释。

读者可能记得，在综述了列斐伏尔、布尔迪厄和福柯著作中的相关理论之后，我们就引入了人类学一贯使用的术语："意象"和"神话"。这些学者的研究虽不相同，但在空间概念及其相关实践的文化意义上，他们的观点趋于相同。借助他们的研究，空间性可以理论化为一种社会建构。人类学领域对阈限性、狂欢活动以及社区的社会建构的研究已经搭起众多桥梁，（与地方和空间性有关的）思想可通过这些桥梁与仪式、空间实践产生密不可分的联系。这一"装置"在容纳思想、理论和行为时，一直在变化，并形成一个合乎逻辑的整体。这个“装置”即社会空间化。

空间化是一种文化构形，本书对空间化的探索是在地方意象和空间意象的框架下进行的。本书的案例分析尝试揭示空间意象和神话如何借用对方表达自己，并从双方相对的差异中获得自身的意义；这种文化构形被描述为神话和意象的荟萃。一个地方的特征会发生翻天覆地的变化，会让我们以为地方神话也会发生变化。即使在这个时候，地方神话不总是发生变化，因为变化不仅需要神话的调整，清除不合适的意象同时设立新意象，还需要对一整套神话进行重构、开拓新的隐喻并使意识形态得以表达。改变一个地方神话与其他地方神话之间的相对位置，这会影响它们的所有含义。因此，地方意象具有顽强的保守性。地方意象是指导性的隐喻，它们为空间实践和思想体系提供了一套行为和程序规则。

综合分析

每一个案例都有自己的遗留问题。简明扼要的重述和综合分析会为新的研究创造条件。就布莱顿来说，风流周末的声誉奇异地包装了这个城镇，将狂欢因素注入它过去具有阈限性的地方神话里，并重新编码。在社会规范和实践层面上，布莱顿是社会创新的自由区域。当我们把风流周末视为布莱顿作为自由区域这一地方神话的核心意象时，风流周末就容易解释和理解。风流周末曾经是特定社会风俗中的一种实践；社会风俗改良之后，它存留下来成为一个神话，使这个城镇狂欢的声誉更加牢固。神话可以不受经济基础和制度基础的约束，布莱顿就是一个显而易见的例子。流传下来的神话有助于保持这个城镇的旅游声誉。布莱顿是在毗邻伦敦的幽静的渔村布莱特赫尔姆斯通的基础上建设的，18 世纪末的花边报刊从话语的角度虚构了这个城市，摄政王和他的圈子还把这个城镇发展成一个活动地点，一个寻欢作乐的中心。但是，布莱顿在地理意义和阈限意义上均处于边缘地带，它展现了一个历史进程：从作为自由区域的海滩，经由治疗仪式管理之下的一个阈限空间，最后成为一个狂欢地点。从布莱特赫尔姆斯通渔业经济的工作海滩到疗愈和治疗仪式的阈限区域，再到狂欢的地点、怪诞的身躯和反权威的反抗仪式，布莱顿海滩的重新领域化反映了范围更广的社会空间化里所发生的变化。在社会空间化里，人们给自己定位时参照的是权力，而在英国的边缘地带，他们可以一同前来享受休闲时光。布莱顿这个案例说明，使地方标签化的话语力量转变成了实际的影响：布莱顿这个城镇吸引着大批游客，成为一个海滨胜地。

在尼亚加拉瀑布这个案例中，自 19 世纪早期开始，工业化就与尼亚加拉瀑布作为旅游目的地这一地位相竞争。当地截然不同的利益团体传播互相矛盾的意象，这些意象产生了模棱两可的地方神话，包含了截然不同的核心意象。瀑布作为大自然的圣地这一地位具有阈限性，是朝圣的目的地，这一地位与人们对瀑布天然能源的利用产生冲突，导致人们的失望情绪以及其他情绪化的旅游经历。尼亚加拉瀑布是圣地，是人们生存的精神支柱或宇宙轴。它在这样的地位上经历了灵韵逐渐的丧失，愈来愈由庸俗的审美和狂欢的环境所主导。这种庸俗的审美滑稽地模仿尼亚加拉推广者道德说教的口吻。充斥着娱乐表演的狂欢环境，瀑布公园委员会维持的公园化区域，距离瀑布仅几个街区的工业化区域，这三者形成强烈的反差。尼亚加拉走向商品化，沦为广告推销的形象。尼亚加拉瀑布的意象、神话、空间化的冲突进一步加剧：作为蜜月过渡礼仪目的地的尼亚加拉突然变成了蓝领阶层在北美的“盛事蜜月”的发生地，这与一波又一波乘坐旅游车前来观瀑的日本蜜月旅行团又形成强烈的对照。在这些日本游客看来，尼亚加拉瀑布堪比落基山脉，包含了大自然的浓缩因素（流水、岩石、树木、天空）。

尼亚加拉瀑布的空间化是日本人高雅文化的一部分，这种空间化与北美低俗文化之间的现代张力说明，当现代多维度延伸的空间化和文化碰撞时，冲突就出现了。尼亚加拉瀑布、迪士尼式的狂欢活动、性暗示、爱河遭受的严重工业污染[①]，这些现象的发生使尼亚加拉成为北美状况的缩影。从严格意义上说，尼亚加拉瀑布对当代文化中的后现代因素做了一个简单的总结。然而，在尼亚加拉，这些因素的出现比其他地方早一百多年。尼亚加拉要清楚地表明身份，这对游客有极大的吸引力，但这样做是困难的，因为它的地位模棱两可，它的地方神话与其他神话诗学地位无法划清界限。这种神话诗学地位至少存在于两个社会空间化里：北美的主流文化和日本的主流文化。

在具有西方空间文化典型特征的事物里，加拿大中部人民"真北之邦自由刚强"的神话形成了对抗性的空间化的一部分。他们不像日本人那样将宏伟的大自然融入高雅文化的审美之中，而是坚持将文明与野蛮的自然区分开来。"真北"是隐喻和意象的重要源头，在加拿大联邦成立之前就已经纳入民族主义的话语。人们已经暗示"真北"是加拿大民族这一概念的理想形式或情感（指的是与一个概念相关的情感）。"真北"这个空间神话是起着统一作用的民族神话，因为它为民族主义和反大陆主义的话语奠定了基础。这说明，加拿大人是由北方的遗产凝聚在一起的，同时又从中获得他们主观身份的某些隐秘的成分。加拿大人的身份由此得以确定，"真北"这个神话在某种程度上促成了一种文化的生存策略。这种文化生存策略是在与美国文化工业的大陆主义相抗衡的过程中形成的——即使加拿大人（尤其在南部城市的加拿大人）和美国人拥有相同的物质文化，

---

① 爱河事件是20世纪70年代发生在美国纽约州尼亚加拉瀑布城的一起化学污染泄漏事件。此事件造成的直接经济损失达到2亿5千万美元，还在美国国内和国际社会造成了重大的影响。——译者注

他们的精神文化却不相同。“真北”是一种空间化里的一个核心的空间神话。这种空间化有助于从认知上把区域、人(本地人、移民和聚居区的居民)和地理聚合在一起,并将其置于这个民族国家统一的地缘制度框架里。在这个框架里,区域、人和地理之间特定的关系即使不是预先决定的,也是由这种文化结构暗示的。

此外,加拿大还有另一系列的紧张局势,并对北方领土内部聚居区怀有一种内疚的野心。北方被加拿大中部的一些知识分子视为加拿大历史的发动机,它通过掩盖由南方商业野心驱使的剥削过程来解决这种内疚问题。北方将人和政治从责任的舞台中心移走,使他们无须担负构建自己的历史之责任。北方的地理决定论在本书的前面未加分析,但是它位于加拿大政治经济学、加拿大文学批评和加拿大历史学的奠基人(Innis, Frye, Creighton)所撰写的著作的核心。这种空间化不是地理决定论,而是民族的幻想,它是一个关键的解释因素,帮助人们认识加拿大对北方的开发政策;它还可以解释人作为个体为何对北方的认识是模糊的,并有助于人们了解北方不只是加拿大的腹地或纯粹的白色荒原这一意象。

论述“真北”这一话题的各种话语,长期以来不受重视。我们可找到其中的部分原因。政治用语和报纸社论的话语场所很充分地代表了这些话语,但是,在日常实践和个人的所作所为中并没有得到特别直接的反应。然而,在案例分析的材料中,就娱乐活动和男性的荒原新生仪式来说,“真北”是人们头脑中内化的根基。用建筑学的比喻来说,“真北之邦自由刚强”首先是“构架”,这一点最为重要。在这个构架里,日常操作和习惯的“混凝土”才得以成形。事成之后,构架就移开,将成形后的混凝土墙壁、地板、门槛等日常生活的隐喻性结构暴露出来。因此,“真北”不是有意识地表达出来的,而是一个由因及果的构架,影响个人和机构的实践。

英国对“南北差异”和不平等的区域差别进行的讨论,和“真北之邦自由刚强”如出一辙，它倾向于将因果力量归为空间本身；以务实的角度看待西方社会空间化共享的空间性，在这个视角中，盲目崇拜、抽象概念的实体化是一个核心过程。北方显然是伦敦这个文化中心的衬托。该案例说明，空间化是有因果关系的文化构形，一个具体的抽象概念，不是偶然的结果，不是可以忽视的空洞的抽象概念，但是它尚不足以构成一个因果力量。我们必须将空间性视为一个具体的抽象概念来对待——将概念和思想转换到真正的差别、移动和物质建构的画面上。北方工人阶级的国度与南方高雅文化这两者之间的南北对立，与加拿大北方这个案例中特别提到的自然与文明的对立，两种对立并驾齐驱。在北方想象的地图的魔咒之下，发生了许多事情；无论工业化的状况如何，“南北差异”随着岁月流逝已持久地延续下来。

英国大众及其传统文化有一套非空间性的神话，构成一套讲述民族起源的共享叙事。这些叙事强化多样性的统一感，同时唤起对过去、对孩童般天真无邪状态的怀旧情绪，在极端的情况下甚至唤起对缩小的空间化的怀旧情绪（参见《加冕街》）。“南北差异”的神话显示了对这套非空间性神话的空间编码。

“差异性的区别”和社区身份

此处运用的方法以及对空间性的强调并没有解决很多问题，而是展示了新的细节和联系。比如喧闹的摩登派和摇滚派在滨海区域的狂欢活动，还有海边更传统的银行假日活动，这种结合已经表明是前后一致的，将狂欢的布莱顿置于英国空间化的荒谬与理性这二者的总体差别中（第二章），其目的不是为了取消阶层或性别等问题，而是为了说明空间问题可以将其他的过程转码，从而揭示某些相交的现象。比如，在尼亚加拉瀑布这个案例中，揭示的现象是阶层联合与地方神话的交集（第三章），在揭示这些相交现象时，并非以该过程也在别处发生为前提。

总体上看，这些案例说明在理性与荒谬、文明与不文明之间存在着典型的张力。这种对立可呈现为：

理性 —— 荒谬

文明 —— 自然

中心 —— 边缘

社会秩序 —— 狂欢化

平常 —— 阈限

这些案例采用空间差别的形式展示文明与野蛮的区别。空间的差别包含并说明这两种神话诗学立场的对立。在空间化的结构里，双方都暗示对方的存在。地理上的差别象征性地表达社会差异，并使这种差异具体化。我们可以凭借地方之间相对的差异来辨别这些地方，空间比喻和空间化的反差也用于区分光怪陆离的社会现象。对空间所做的案例分析（第四章和第五章）证明了最初的假设：想象的差异变成体制化的或自然的差异，因而成为更多差异的因果源头。在人们的错误认知的过程中，地理的区别变成更多区别的新源头，更重要的是，变成经济差异和社会隔阂的新源头。因此，空间化在社会因果关系中扮演极重要的角色，应纳入因果关系的社会科学讨论中。正如赛耶所论证的，社会空间化是“具体的抽象概念”而不是偶然的（Sayer 1985），但是它又不像列斐伏尔和苏贾的辩证立场所言的那样具有因果力量（Lefebvre 1974；Soja 1980）。研究发现，意象和神话与事实和实践存在着复杂的、随着历史变迁而变化的关系。在一些情况下，意象保留了过去的实践；在另一些情形下，意象严格跟随不断变化的现实。在这些案例分析中，正题和反题（比如古老的空间布局挑战现代的趋势和物质影响）没有在社会和空间性之间的因果关系中辩证地摇摆，而是在张力中共存；这种张力又无法贴上合题的标签。空间化存在内部的分裂和对立的边缘，因而被当作社会事实来对待。尽管如此，空间化仍具有一定程度的活力；空间化一旦发生，便产生实际的影响——成为人们做决定时的先入之见。

我们在这四个案例中均已找到阈限性、自然性、荒谬性与理性、文明在空间上的区分。这些区分以实践的形式出现在治疗仪式和假日传统的阈限、荒谬的实践里，也出现在边缘处的地方和空间的意象与神话里。倘若一种文化充分利用空间来表达观念上的差别，这个文化就给自己的成员和参与者提供了触手可及的证据，让他们再次确定日常生活中这些抽象的对立。当文化张力融入地域差别、空间实践，渗透在人们言行举止和群体的实践中时，这些张力的空间化就成为具身记忆的一种形式，人的身体在角色、日常生活的正确操作中获得指导。

只有在某些情形下，对于那些具有某种特权的特定个体（比如游客）来说，这种差别就拥有了列斐伏尔（1974）强调的那种形式，这种形式存在于生产和消费的政治经济里，如下所示：

生产 —— 消费

（工作）——（玩耍）

（理性）——（荒谬）

生产和消费的二元对立代表了政治经济整个进程的主要特征，它是具有奠基作用、组织功能的二元主义；人们区分生活的方方面面时，普遍地应用二元主义。当列斐伏尔决定使用马克思主义对空间形式进行分析时，他使用了商品形式这个模型，二元区分便经过塑造融入列斐伏尔的空间研究准则中。然而，二元区分的益处不再清晰可见。例如，使用二元主义分析休闲活动，就会遭受消费行为的桎梏，让人难以理解生产者和消费者之间的交换以及荒谬活动的生产本质。

第二个重要的专题是空间神话变成所谓奇谈的倾向。在案例中，神话和意象是内部人讲述的故事，尽管在个人经历的层面上意象蕴含多重声音，神话和意象仍属于社区象征性构建的一部分。核心意象在不同的叙事里一直重复出现。它们随着时间而变化，只是比外围的更个体化的形象变化稍慢，因为它们使意象群更加牢固，这些意象群用以描述地方的经历。倘若你了解这些群体神话，这标志着你是某个社区的成员，是内部人。在“真北”和“南北差异”的空间神话里，这些奇谈再次确认了一个国家隐匿的社区。加拿大“真北”的公共意象与个人实践（北方的投资尚未到来；许多个人将公共的、民族主义的神话视为周期性的过渡礼仪的基础，但是在其他时候则忽视北方）之间的不一致支撑了科恩（Cohen 1986）的论题：社区身份通过神话和群体故事进行象征性的建构。这些神话属于相对霸权的话语，甚至在面对相反的证据或个人经验时也得到认可，它们跨越了地理的心智地图文献特别强调的“格/群”差别。在面对竞争性的、个人层面的认知图绘所带来的混乱时，社会层面的一致性有助于带来秩序感。在一些情形下，神话成为行动的基础；而另外一些情形下，个人经历居于最优先地位。

这再次证明，想象的地理的社会层面超越个体差异的复调性。人们为了和更大的社会群体保持密切的关系从而超越、压抑自己的经历。人们不仅竭力与自己的圈子（“群”）或阶层（“格”）保持一致，而且千方百计地肯定社区、区域和民族身份及联盟。空间化融入并加强人们感知到的社会团体、社区和民族的统一性。这方面的研究意义重大，有待社会科学做进一步持续的研究。福柯拒绝接受“社会”或“社区”概念，认为这些概念是社会学的假设。我们看到福柯这样的态度，但是我们认为“社会”和“社区”身份极其重要，因而特别说明，这些身份是创造出来的，是开放性的个体意义和经验的总结。这些身份未必是人们一致同意的，但它们是合乎规范的，而且，如前所述，在实践上也会产生具体的效果。倘若人们愿意在行事为人时考虑到想象的社区，实现这样的文化身份，那么我们可以得出结论："社会"这个术语的确拥有真实的意义，在实践上是真实的，是一个能产生结果的构形。福柯谨慎地摒弃社会整体性，我们对他的观点提出的驳论只能到此为止，不能再追究下去。但是，倘若驳论能进一步拓展，它会对福柯的方法和观点做出重要的完善。

在本书案例中的"北方""南方"这些空间身份的空隙内，各种张力和共同因素构成一个质地密实的网络，充满了截然不同的意义。就布莱顿风流周末的神话来说，海滨的喜庆活动蕴含阈限性和老传统的狂欢色彩，这些喜庆活动以男女表演通奸这个特异的、狂欢的方式进行了重新编码。有了这些异常现象、矛盾和重新编码的现象，任何对空间化简单的结构性的理解都会漏洞百出。因此，我们需要超越空间化的视角，因为这个视角设想了一系列可能要使用的认知计算程序。比如，当人们选择度假目的地时，他们可能会借助一系列的认知计算程序。神话以礼仪和空间实践的形式变成现实，在空间里上演，如在大型购物中心里出现的群体游手好闲的行为（见第一章）。人类学家一直将特权赋予仪式，认为仪式是神话的象征意义的承载物。但是，对日常生活的研究除了法语文献（列斐伏尔、德·塞托、马费索利和布尔迪厄）以外，英语文献甚少。人们往往在思想和行动之间寻求秩序和一致性，这促成日常的实践和空间的常规。什么是洞察世界、行事为人的自然的方式？哪种类型的行为和举止是文明的？日常的实践和空间的常规与人们对这些问题的思考相吻合。蜜月旅行、风流周末这些仪式也说明人的活动往往构成思想和话语的背景，吉登斯提出过这个论点，布尔迪厄在研究柏柏尔人的房舍时也对此进行了论证（Bourdieu 1971c；1977，35—36）。

空间化自始至终定性为一个笼统的过程，容纳了存在于社会构建的神话诗学立场之间的区别和差异。空间化范围甚广，包容各种对立的事物，成为差异概念化的一个模板或模具。空间化可能是理论化的，出现在语言学的概念和比喻里，但它不是一个概念或逻辑过程。社会空间化的理论涉及话语和实践两个方面，为意识形态的阐释奠定基础；它认为，空间化通过对习惯、手势、空间实践的具身记忆而内化。在社会空间化里，宇宙观延伸至世上的实体地点和空间；在世上安居的是人的心灵，这个世界容纳的是地方以及呈现地方特质的居民。希腊人仰望星空，他们在天空的穹顶上看见有神秘轮廓的星座（星系和星辰远近各异）；同样，今天人们在看一张世界地图时就看见类似的、并非出自实际经验的格式塔群集：有好的地方，也有坏的地方。实际的空间具体化为想象的空间关系的象征性领域。这个世界在认知上被领域化，因此，在实体地理知识的数据里，这个世界被重新编码为一系列的空间和地方，寓意丰富的特征、蕴含情感的联想，笼罩着这些空间和地方。

因果关系的构形——一半为拓扑结构，一半为隐喻——被描述为情感秩序或编码的地理。它在仪式中通过行为变成现实，并且用指导性的隐喻进行编码。这些指导性的隐喻界定了我们与这个世界的关系。空间化逾越了环境认知文献中论证的那些错误的刻板形象和错误的逻辑，我们不能将它降至非理性的地位，必须把它视为我们在这个世界的生存过程中的一个基本元素。空间化正是大脑和社会的认知图绘，詹姆森（Jameson 1984）认为打破这种认知图绘是后现代性的一个至关重要的经历。我们现在可以说詹姆森在寻求新的社会空间化，这是一个复杂的有风险的事业，它不是在个体的层面上进行的，而是由群体逐步完成的。那么，后现代性的反传统可能正是这样：人们故意要弄传统文化结构里各种不同的因素，在这些神话诗学的因素和立场之间寻求新的关系，并对这些神话诗学的因素和立场进行重新评估。他们有理由对这些神话诗学因素和立场做出反应，并指导他们现代的日常生活。

前面的章节和评论已经综合分析了观察和结论的高原区，说明这里确实存在可以提出假设、进一步调查研究的肥沃的平原区。现在我们有可能面朝地平线，一览无余，专门提出可以“从头再来”的重要意义。那么，接下来的不是结论，而是纲领性的说明，这些内容将在以后的著述中跟进。我们不可能界定这些研究影响的范围，但是，这些关于社会空间化的结论很清晰地影响三个领域：(1) 对人这个主体的理解；(2) 关于能动性和结构的讨论；(3) 对空间性在社会理论中重要地位的讨论。事实上，这些领域在一连串的问题中是紧密相连的。这些问题包括：(1) 与主体性相关的问题；(2) 与社会秩序有关的主体的权力；(3) 与秩序本身有关的问题。

研究意义

空间中的身体：个体还是人格面具？

主体这个问题对人类的科学又产生更多的问题。这些案例说明，倘若不使用互为关系的术语(比如“这儿”和“那儿”；“里面”和“外面”)，要讨论自我是不可能的；即使当我们的文化向我们确保那个自我是完整的、自足的(参见 Silverman 1983：154)，不使用互为关系的术语去讨论它也是不可能的。认可并反思我们的“自我”，就会使我们失去想象中的圆满的自我专注和自我满足。比如，我们说“站在”我们自己的“外面”，讨论我们是否“像别人看我们那样看我们自己”。这就不可避免地用“缺少”“失去”，最后用“欲望”来进行解释，这正如拉康和弗洛伊德的心理分析范例一样。

人文主义对“自我”秉持空间化的观点，认为“自我”是在自给自足的身体容器内部的自我，存在于一个外部的、客观的真实世界里。自我与身体、社会环境之间的关系这种表征只是一系列空间差别中的一个，它是强加给一个人的。这些空间差别在私人领域和公共领域、文明和自然、内部人与外部人之间又建立了一系列的对立关系。拉康和弗洛伊德都认为，主体是个体的一个想象的能指。它是一个虚拟的形象，就像镜中的形象。镜像所具有的一致性和统一性，主体事实上是没有的。主体把镜像当作自己的身份，对镜像付出了时间和精力。这种幻觉是个体化工程以及整体人生故事建构的一部分，这又为当事人主观地解释自己的行为奠定基础。

为了避开本体论的论述，本书第一章提到福柯拒绝接受人文主义的主体。本体论提出社会或心理的身份问题，包括阶层、社区、社会和主体。我在前一部分论证过，我们已经看到，个体能动者将社会空间化这个装置中的意象和神话变成现实，因此，我们可以提出与福柯的研究方法不同的意见，而这个反对意见有着深远的影响。个体将自我和社区身份的神话变成实践，这的确是抽象的。所有这些社会的虚构的事，福柯一概不承认。个人和群体根据抽象的社会事实组织他们的仪式和行动。福柯摒弃想象的事物这个总体类别，认为对抽象的社会事实进行综合分析和描述就变成了毫无意义的胡言乱语。由此看来，福柯的本体论研究方法更加耸人听闻。批判性理解的进展遭到妨碍，最终我们的自我理解也会受到阻碍。

但是，福柯批判性地分析唯意志论，拒绝接受主体和社会整体性，这的确让他从流动和权力这一开放领域的视角重新描述了个体与社会之间的关系。个体与社会就进入一种全新的关系，不像人文主义视角下被塑造成截然相反的两个极端。这样就可以毫无阻碍地讨论一个问题：实践的能动性以什么方式或形式塑造它出现、介入和运用的结构性环境？用这种方法思考问题，结构就无法被视为是由一种能动性直接引起的（唯意志论认为结构只是能动性的表达）。本书案例分析的意义是，这一切朝着相反的方向发展：我们不应当只是把主体视为结构的表达。福柯排除了个体化过程依赖的因素，仅仅出于这个原因，这种相反的方向对他来说就是极困难的。

鲍德里亚(Baudrillard 1982; 1983)也遭遇了同样的难题，他认为主体已经发展到单纯地表达媒体混乱信息这个地步，而主体自身就存在于媒体混乱的信息中。克罗克和库克(Kroker & Cook 1988: 26)认为："在侵略的标志之下，身体就变成粒子物理的虚拟文本。"也就是说，经典物理学依据经验质量详细地论述真实的身体；量子物理学使作为质量的物体黯然失色，从而关注作为能量的物体。就个人的身体来说，它们不可再被视为物质实体，而应视为原子核：

> 一个可以无限渗透的、空间化的领域，其边界……在力量的微观物理中是可以自由穿透的。一旦物质性/主体性的雾霭被穿越(并放弃)之后，真实的身体就消失在高度写实主义引起的恐慌里。现在，后现代的身体作为空间而存在，由力场联系在一起，最终能够仅以碎片形实体的形式体现出来。因此，后现代的自我，作为一个碎片形的主体——在现代文化的混乱无序的状态里成为一个微型的、短暂的、有序的组合。
>
> (Kroker & Cook 1988: v)

从尼采的立场看，自我是一个空洞的符号：被人文主义的免疫和辨别能力从内部占据，外部又受风尚和媒体意象的诱惑。

> 内爆的自我在一片拓扑空间里散开，它充满能量，在一个能量网络上产生运动，而在这个能量网络里，所有的本体都仅仅是地方上"灾难"发生的地点。获得文化特征的不是自我，也不是他者，而是半个客体/主体，它在从一个节点到另一个节点穿梭的过程中获得了文化特征。[对于这个没有任何主体存在的身体来说，]穿越能量场的每一次运动，都在人的身体上刺了图案，

最终完成了能量场本身的地图绘制。

（Serres 1982，引自 Kroker & Cook 1988：26）

19世纪独立自主的个体显然已经被取代了；当然，个体与社会之间的关系正在发生巨变。然而，后结构主义的立场无法完美地解释西方文化中绵延不绝的个人主义和私人主义的意识形态，也无法解释本书案例中出现的个体化以及群体认同的仪式。碎片化的主体认同人与人之间积极的陪伴关系，认为这种关系的性质是互惠互利，而不是极端孤立；而后结构主义者福柯、鲍德里亚和克罗克的决定论立场产生的结果就是极端的孤立。将一种身份归于这种碎片化的主体，这是否可能？也就是说，我们需要理解现代文化中身份强烈的流动性以及行动者（到尼亚加拉度蜜月的人、在加拿大北方驾驶独木舟的游客、在布莱顿海滩沐浴的游客，所有那些认同民族主义身份神话的内部人）突出的创造性。

这里需要将福柯描述的力量流动进行一定程度的倒转。这一视角源自列斐伏尔的著作（Lefebvre 1981：第三章）。在这一视角下，作为个体的主体被描绘为信息流动和内生欲望的汇集地。但是，个人是一个独一无二的节点，容纳了流动的所有元素，并给这些因素重新指引方向，与福柯所描述的被这些元素践踏、征服的情形恰好相反。身体不必关闭传统的个体，而是在自己的环境里延伸——通过四肢使用工具，通过感官接收信息等——环境通过毛孔和五官穿透同一个躯体。同样，主体在环境、情绪、记忆中得到表达，与地方和地方典型的气味和声音密不可分，甚至成为地方及其气味、声音的转喻。家和卧室这样的私人场所由纪念品来装点，成为记忆的一个延伸。纪念品的拼装是对自我的提醒，在连贯的个人生平叙事中充当支撑材料。但是，这无需是线性的统一的叙事，可以分成不同的阶段和交替更迭的身份。对某些社会群体来说，个体并非随着时间变化呈现统一身份，身份是以人格面具的形式呈现出来的，个体拥有多个像面具一样的身份(剧中人物)，这些身份在不同的环境下可以变成现实，然而，个体对任何一种身份的态度都不明朗，都不介意。主体性处于讽刺的模式。主体现在登上舞台成为一个自我意识的场面，拥有触觉的表面和面具，不再努力树立刻板的身份形象或者具体说明自己的身份，挑战任何试图给实际的主体进行定位的、深浅不一的阐释(Maffesoli 1988b)。人格面具至少暂时享受人们忠诚的守护，在不同的场合投入精力，将身份变成现实。身体不只是行动的承受者，也是一个有破洞的/多重的行动者。这个行动者可能充满矛盾，但是一直将结构代码变成现实或者进行扭曲；因此，任何一场演出都是由社会礼仪和人际交往来支撑的，不同的人格面具在这些礼仪和交往中得到确认。有一句俗话，人在不同的环境就戴不同的帽子。一个人不只是完成一个社会功能，而是在不同的群体里，戴不同的面具，扮演不同的角色。

关于这种倒置可以找出更多的例证，它超越了主体作为一个统一的整体这一空间类别。但是，因为能动者在他们的自我形象和面具的环境里制订策略，将主体视为一个正式的表征体系来研究，这个研究方法不能彻底摒弃。身体和环境已经通过一系列场域不同的空间隐喻转换代码，不再把身体比喻为主体的容器。我们不能只是关注人文主义一体化的、以经验为依据的身体；另外，只是注意个体的流动，这还不够，还要关注碎片化的主体作为一个更抽象的、盖然性的剧中人物表、一个多重的能动者所产生的身份效应。这使笛卡尔所做的区别变得模糊了，但是它使主体与外部的客观世界之间的关系重新连接，并且在理论上得到思考。它没有取代笛卡尔由内到外的标准，它只是重新提出主体内部的关系和主体之间关系的问题，并延伸了对主体的想象。

结构和能动者

本书多次间接提到结构-能动性的讨论:讨论涉及个体享受作为能动者的自由,反对当今有名的结构主义决定论。人们已经重新强调创造性的行为和个体动机所起的作用:创造新的社会安排,抵御行为的结构性决定因素。厄里(Urry 1982)认为,有人试图在结构和能动性之间进行调和,这包括吉登斯、巴斯卡(Bhaskar)、布尔迪厄和图海纳(Touraine)。正如本书第一章所讨论的,这些学者提出了不同版本的结构二元论,也就是说,结构是活动的中介和结果,行动者在日常社交中通过活动有见识地将社会生活进行再生产。然而,这些学者受到了批评,因为他们提出的创造性行动理论缺乏说服力,与主导性社会结构强有力的理论之间缺乏令人满意的连接(Storper 1985)。我也认为,布尔迪厄的一些阐述仅仅提出了调和性的结构,这些结构推迟了社会结构终将决定个体这一过程。

吉登斯的研究尝试使用他的时空伸延理论将结构和能动性理论化。我在其他地方(Shields 1986)有过论证,认为吉登斯没有详细说明为何用这样的术语重新描述结构和实践。讨论变得混沌不清,因为吉登斯一方面认为社会结构只是个体社会实践惯常的体系产生的偶然的、转瞬即逝的影响;另一方面,他又提出主体行动的行为主义模式(Jensen-Butler 1981)。他在应用哈格斯特朗(Hagerstrand)的时间地理学时将这个思想引入自己的研究(Giddens 1984:116—117)。从人的能动性而来的结构性变化瞬间土崩瓦解,变成日常活动的意外结果。

吉登斯的研究一直得到学界的褒扬,因为他从后结构主义社会理论的困境中开辟了一条通路。但是,他的研究保持传统的理论立场,这些立场是独立自主的主体在面对约束性的环境时持有的立场。他将结构-能动性这种区别置入他的理论框架,因此,他就更加难以说清楚这两个极端(能动性和结构)的互动情况以及共有的自我暗示。所以,与主体和客体、结构和能动性并行的是一系列可疑的二元论。在前面几章里,我们认为这样的二元论均与占主导地位的西方的空间化互相连接,而西方的空间化的主要特征就是二元区分(文明的/自然的;理性的/荒谬的,等等)。这种可疑的二元论本身就有一种内在的趋势,暗示对人的主体持一种唯意志论的观点。在这种趋势下,需要投入大量的工作去支持非意志论的作为人的能动性,同时确切地定义那位能动者的权力是什么。结构-能动性的区分在质疑两个极端立场的特征时,它自身很少受到质疑。结构-能动性这个名称使其区分合理化,将它们分离,使它们的互动成为一个困难的话题。事实上,两个位置之间的无人地带神不知鬼不觉地就进入了人们的争论中。因差异而有区别的一个基本的空间隐喻使"结构"和"能动性"这两个术语不必为了对方而存在。前面几节所做的论述是,这样的一个差异依赖的是差异所具有的空间逻辑。在这种情况下,就有一个问题:结构与能动性之间的差异并非极其有用,而是重新生产了两者之间的隔阂。结构和能动性的二元对立重新生产了令人尊重的、中产阶层的个人与社会的转义词。结构主义的思想,再加上它在语言和言语之间奠基性的区别,追踪一条相似的道路,最终的结果是"一元的自我"(monadic ego)面对一个被隔离的意义体系。

走出这个困境还有另外一种方式,即设立不同的空间标准。依照这个标准,将主体视为一个场域的一个节点。社会结构,倘若不是人创造的,就不会存在;倘若不是变成现实或者付诸实践,就不会继续存在。同样,社会结构变成现实,它的发生在很大程度上归因于能动者将标准和可操作的范式在头脑里内在化了。无论在何处,实际的结构或体系皆存在于能动者或主体的立场中:

> 个体,即使在梦里也渗透了社会性;事实上,一个人不是悖

逆社会性而是通过社会性发展自己的个性。构建自我的过程……涉及听取、吸收其他人的词语和话语……所有的词语都在对话中得到处理，从某种意义上说，这些词语变成了自己的词语。

(Stam 1988:119)

但是，我们不能因为主体的立场是想象的表征、无法构成牢固的理论基础就将其摒弃。在社会理论中，主体和结构都面临本质的困难，但是人们在行事为人时的确依赖结构这个人文主义的建构。一个个体有需求、欲望、价值观、风险和机会评估等体系，同时，与社会秩序和实践传统有关的众多结构化的叙事也在这个个体身上相交。这些叙事可能以碎片的形式进入人的记忆，或者以我前面提到的具身记忆的形式惯例化，或者体系化为理论知识和实践指南。我同意吉登斯的观点(Giddens 1984)：结构并非客观、独立的社会力量，它只有“虚拟的存在”——更像拉康的主体的镜像。想象的身份掩饰了一个社会群体内的变化无常与差异。因此，在本书前面几章里，我认为，一个人了解与社区相关的奇谈，这可以强化或者表达这个人的身份，标志着一个人具有内部人的地位，可增强对这个社区的归属感。巴赫金有类似的思想：个体对主体的自我意识是永远去中心化的，因为意义和“符号只有在个体之间的领域才出现”(Bakhtin 1981:345)，而个体间的领域需要社会建构的具有语言能力的说话者和听众。巴赫金(1973)假定意识是一个社会意识形态的事实，不是自生的自我的产物，因为自我意识必须在社会生成的符号媒介里得以建构。这种符号媒介可以是内在言语，也可以是与他人的口头交流。斯塔姆说：

自我的形成，需要在自己的世界里习得周围的语言和话语。在这个意义上，自我是制度和话语实践的合成物，带有家庭、阶

> 层、性别、种族、年代和地方的色彩。为了在形形色色的用语言表达的观点以及意识形态里的观点中获得支配权，我们一直在进行公开的、激烈的斗争。意识形态的发展就是以这样的方式产生的。
>
> (Stam 1988:120)

斯塔姆接着又引用巴赫金的观点，说巴赫金认为“意识能在其周围陌生的话语世界里觉察到独立的意识形态生活，而且它从一开始就无法与之分开”(Stam 1981: 345)。

结构-能动性的讨论有助于分辨这两个术语的对比和联系。倘若我们要超越这个“鸡与蛋”的构想，最终讨论的条件就必须改变。一个有趣的问题是这两个表征所代表的力量和能力的互动。还有一个问题(我们对这个问题只是做了一定程度的研究)是：这两个表征因为构成元素之间有“间隔”，从而产生了二元性，这种二元性是否具有合理性呢？这种空间化首先使人难以想象此处提到的这两个术语或者两个理论立场之间的和睦关系。

二元论将二元分裂强加给我们对社会疑难问题的理解。因此，我建议我们的分析应当超越二元论，转向关系实践，探讨人文主义视角下能动者内在的结构化，探讨能动者与所谓的外在的结构(行为的制度规范、物质环境、神话和信仰等)之间的关系。社会空间化涉及一系列元素之间关系的建构和合理化，不只是限于结构和能动性。可以简单地总结为：

1. 在主体和身体之间形成一个想象的、统一的、通过压抑来维持的自我。若用计算机信息处理技术的术语来比喻，空间化就是一个启动主体、使合乎逻辑的主体性得以形成的过程。文化可能书写在这个主体性上，意识形态也在这个主体性上运行。

2. 在主体与其他主体之间有一种基本的社交形式。

3. 主体与社会机构之间的关系，在一定程度上是由空间性的表征维持的。

4. 主体与群体之间的关系，属于个体和整体之间的关系。

5. 主体与世界或现实之间的关系，其媒介是与可能性有关的话语，列斐伏尔称之为表征的空间。

现代性的标志是对立，个体要在大众社会里找到一个地方，这里曾经充满互相竞争的阶层。正如波德莱尔所说：

> 就完美的漫游者而言，对热情的旁观者来说，在转瞬即逝和无穷无尽中、在运动的涨落起伏中、在众人的心中安居乐业，这其中蕴含着极大的快乐。离开家又感觉处处是家；看世界，身处世界的中心，又从这个世界逃遁。
>
> (Baudelaire 1964：9)

在后现代，有一种类似的身份丧失——中心性与边缘性并存。但是，相比之下，后现代性中个体的安全身份是模糊的。个人不是独立自主的个体，而是面具、意象或人格面具的总和。在这种情况下，人们不再想当然地认为一个单纯的演员是存在的。有时候，我们发现一个个体陶醉于将自我丧失于其他人构成的现代群体中；在另一些时候，这个个体漫不经心地体会在他们自己的群体里沉沦的可能性。这在一定程度上涉及个体新的空间化，从一个"容纳"自我或"我"的身体过渡到"支撑"多种"面具"的一个身体。(Maffesoli 1988b)

社会理论和空间领域

文化是区域化的，正如威廉斯(1981)所说，文化在一个特定的地点和情境下变成现实，在此之前它是一个模糊的抽象的概念，是“一丝的虚无”。因此，空间性——既是这个世界里的场所又是对这个世界的社会想象——是所有文化和社会行动研究的一个关键因素。空间构成文化模式的表达体系，与时间的更迭体系形成对比。在空间场域和空间组合中，在社会空间化的时间节点、类别和立场中，空间表达体系和时间更迭体系结合起来了。哈维曾认为，不了解地理，资本主义就不可能发展（Harvey 1982）。事实证明，空间性的话语作用是分类的基础，从比喻意义上说是概念表达的基础，社会差别和隔阂就是以这种方式得到表达的。空间化的“工具箱”将社会可能的未来限制在那些可以想象、可以描绘的事物范围内，从而参与社会想象的形成。因此，理解空间化的话语角色，对理解当前的制度安排及其发展、潜在的变化方向具有重要的意义。在社会空间化理论中，这一文化维度与哈维和政治经济学家们强调的地理空间非话语的、物质的和制度的现实已经密切地联系在一起。这两个方面的联系牢不可破，构成与文化和历史有特定关系的“装置”，是对制度化的角色、社会策略、合理化的实践和概念等进行的安排和布置。

事实证明，本书提出的综合法并没有混淆分析法对经济基础和上层建筑在范围上的区分，而是呈现了偶发事件、地方上的安排和因果元素。当然，分析法的理论是现代社会科学共同的信仰，但是，总体来说，分析法对这些偶发事件、地方上的安排、因果元素视而不见。本书的案例分析将材料与源自实践的文化因素联系起来，把最晦涩难解的文化礼仪和文化信条的具体特质展现出来。本书没有把由因及果的优势赋予经济“最终决定论”，在此提出的观点是各种互相的、互惠的决定因素组成的一个并列结构。我们是在地方上的偶发事件以及历史中根深蒂固的安排和措施这一层面上理清这些决定因素的。在任何时候、任何具体的事例、政治行动或者社会过程中，我们都很难凭经验将经济因素和意识形态因素截然分开。既然如此，我们认为经济基础-上层建筑二元论没有非常重大的意义，且在社会表征和神话研究中尤其显得可疑。

现代性的另类地理：后现代的视角

本书的策略是将焦点放在边缘处的空间和地方。在这四个案例中，我们并非以窥淫癖者的心理担任旅游向导、窥视反常现象和阈限行为；相反，我们以批判的视角洞察、分析了与这四个地方息息相关的经济和文化中心的状况。位于边缘处，意味着被排斥在中心之外。但是，社会、政治和经济关系将边缘与中心连接起来，使它们紧密结合于一系列的二元关系里，不允许它们全然分离。鉴于此，边缘成为中心否认或压抑的一切事物的能指；边缘作为"他者"，成为所有社会和文化实体的可能性条件。在这些中心里，以自我为中心的根深蒂固的群体在必要时借助思想禁锢和放逐，将他们的思想当作普世价值观来宣扬，掩盖了中心和边缘之间的差异(Bauman 1988：25—26)。

现代的西方社会一直在自我发现，发现自身的可能性条件以及西方文化身份建构中一直遭到否认的事物。所有这一切可以在这些现象里找到：边缘群体和地方的"他者性"；游客的阈限仪式；丧失的边缘化艺术作品的复兴；破败的边缘城区的绅士化改造。商业电影、纪录片以及其他影视形式已经探索了边缘性的魅力(比如英国现实主义的电影)。[①]在西方文化和思想中，边缘性是一个中心主题。詹姆森总结了七个后现代性特征，"身处边缘"之感是其中的一个特征

---

① 近来，边缘人物成为好莱坞影视的一大看点：强奸案的受害者(《被告》[*The Accused*]，1988)；贫穷的畸形人(《面具》[*Mask*]，1987)；罪犯(见于多部电影)；民族亚文化(《为所应为》[*Do the Right Thing*]，1989；《我美丽的洗衣店》[*My Beautiful Laundrette*]，1985)；宗教亚文化(《证人》[*Witness*]，1984)。此类影视作品数不胜数，可谓是西方文化"他者"的名副其实的寓言集。

(Jameson 1984)。德·塞托进一步认为：

> 今天，边缘性不再限于少数群体，其规模庞大，无所不在；文化的非生产者们进行的这项文化活动，没有署名，无法解读，没有符号。对于所有那些依然会购买、支付花哨产品（生产性经济是通过花哨的产品表达自己的）的人们来说，这是唯一一项可能的文化活动。边缘性越来越普遍。边缘群体已成为沉默的大多数。
>
> (De Certeau 1984：xvii)

乔治·尤迪思(George Yúdice 1989：214)说，边缘性是一个跨越现代性和后现代性的概念；它在现代多元主义的乌托邦和后现代激进的异托邦中都是一个中心意象；它在乌托邦里遵循排他性吸收的逻辑，在异托邦里遵循独特性这一方针。现代自由的多元主义需要将边缘性吸收进一个可以同化边缘性的非政治化框架里。多元主义是增殖的、包容的，允许其他声音进入主流。虽然多元主义宣称是受控的、和谐的多重声音，但它必须延伸到不和谐的、充满矛盾的众声喧哗中去；在众声喧哗里，每一种声音都强劲有力，每一个立场都离不开声音的交换，没有哪个对话者一成不变(Stam 1988：131)。在曼海姆(Mannheim)看来，知识分子是一个永恒的漂泊者，无处不在的陌生人，一个永远的流亡者，他/她宣扬普世的基本原则，反对地方上的价值观，对抗真相制度。后现代出谋划策的人常常使用边缘性为他/她潜在的颠覆性辩护，修改曼海姆提出的知识分子概念。在这一典型的转变中，从边缘处看问题成为有普遍约束力的真相唯一的决定因素。齐美尔(Simmel)通过边缘化的陌生人的临界距离为更大的认知自由以及对真相的恐惧划分属性(1971：143—144)，这一研究进一步为当代社会思想的政治立场奠定基础，尤其体现在后结构主义者的研究中(Deleuze & Guattari 1976)。

那么，边缘处既是一个排他的位置，又是一个权力和批评的位置。边缘处让世人看见中心区域所有根深蒂固的、普世化的价值观具有的相对性，让世人看见文化身份的相对性。文化身份意味着它们否认、排斥、视为反常的任何特征其实都有它们的影子。雷蒙德·威廉斯在一篇论文里如此评论：

> 人们信以为真的普遍真理属于历史的一个阶段，这一阶段在创造性上被超越，被继承……任何主要的文化阶段都有这样的特征：当地可追本溯源的立场是普通适用的。这一点一直不证自明。现代主义在过去很清楚地看见了这一点，只是一直不肯承认。接下来会发生什么，这还不清楚，好坏难测。从最初阶段开始，一直如此。但是，倘若社会陌生性和社会接触在一个历史阶段把艺术孤立起来，仅仅视其为一个媒介，那么，可以预测，这样的历史阶段终将结束，即使在大都市里依然如此。
>
> (Williams 1985：24)

我们正是从边缘处的一个地方最清晰地看见现代性具有相对的所谓后现代的特征。“后现代”这个术语在中心区域的知识分子中间是逐渐流行的。从这个意义上看，在这个术语开始流行之前，边缘已经具有后现代的特征。这非常突出地体现在尼亚加拉瀑布这个案例中。事实证明，通俗文化与所有形式的高雅文化或精英文化之间的交流已经长达一个世纪。另类地理开始从边缘处诞生，它挑战了中心区域的自我定义，解构了文化霸权，将西方现代性通用的、同质的、空间化的地图重新绘制，把异质的地方显现出来。这种制图方式绘制了裂缝，强调了众说纷纭的地方和空间之间的关系；这些地方和空间在民族国家这样统一的面具下是缝合在一起的。

参考文献

THEORETICAL WORKS

Addison, W. 1953. *English Fairs and Markets* (London: Batsford)

Agulhon, M. 1982. *The Republic in the Village* J. Lloyd, trans. (Cambridge: Cambridge University Press)

Allen, J.L. 1969. *American Images of the American Northwest 1673–1806: An Historical Geosophy* PhD. dissertation, Dept of Geography, Clark University.

Altheide, D.L. 1986. *Media Power* (Beverly Hills, Cal.: Sage)

Altman, I. and Chemers, M. 1980. *Culture and Environment* (Belmont, Cal.: Wadsworth)

American Institute of Architects' Journal 1979. 'Canadian spaces: special issue' (Dec.).

Anderson, B. 1983. *Imagined Communities* (London: Verso)

Anderson, J. and Bower, G. 1973. *Human Associative Memory* (Washington DC: Winston)

Anderson, P. 1983. 'Modernity and revolution' in *New Left Review* 144 (March–April) 96–113.

Andréesco-Miereanu, I. 1982. 'Espace et temps de la magie dans un village roumain actuel' in *Cahiers internationaux de sociologie* 73:2 (July–Dec.) 251–266.

Andrews, J. 1966. *Frontiers and Men* (London: F.W. Cheshire Ltd.)

Andrews, W. 1887. *Famous Frosts and Frost Fairs* (London)

Appleton, J. 1978a. 'The urban political context of architecture' in *Edinburgh Architecture Research* 6. 87–98.

Appleton, J. 1978b. *The Poetry of Habitat* (Hull: Landscape Research Group Dept of Geography, University of Hull) Miscellaneous Series No. 20.

Appleyard, D. 1970a. 'Styles and methods of structuring a city' in *Environment and Behaviour* 2. 100–117.

Appleyard, D. 1970b. 'Notes on urban perception and knowledge' in J.

Archea and C. Eastman, eds. *EDRA 2: Proceedings of the Second Annual Environmental Design Research Association Conference* (Strodsburg, Penn.: Dowden, Hutchinson Ross) 97–101.
Archer, M.S. 1983. 'Process without system' in *European Journal of Sociology* 24. 196–221.
Ardener, S., ed. 1983. *Women and Space* (Cambridge: Cambridge University Press)
Auchlin, P. 1978. 'Ralentir enfants! Vers un approche sémiologique de l'analyse de l'espace à travers des dessins d'enfants' in *Geographica Helvetica* 33. 67–74.
Bachelard, G. 1958. *La Poétique de l'espace* (Paris: Presses Universitaires de France) translated as *The Poetics of Space* (New York: Basic)
Bailly, A.S. 1974. 'Introduction' in *L'Espace Géographique* special issue 'Paysages et sémiologie' 2 (June) 113–151.
Bailly, A.S. 1977. *La Perception de l'espace urbain* (Paris: Centre de recherche d'urbanisme)
Bailly, A.S. 1981. 'La géographie de la perception dans le monde francophone' in *Geographica Helvetica* 36 (March).
Bailly, A.S. 1986. 'Subjective distances and spatial representations' in *Geoforum* 17:1. 81–88.
Bakhtin, M.M. 1973. *Problems of Dostoevsky's Poetics* R.W. Rotsel, trans. (London: Ardis)
Bakhtin, M.M. 1981. *The Dialogic Imagination* M. Holquist, ed. C. Emerson and M. Holquist, trans. (Austin Tex.: University of Texas Press)
Bakhtin, M.M. 1984. *Rabelais and his World* H. Iswolsky, trans. (Bloomington, Ind: Indiana University Press)
Ball, D.W. 1973. *MicroEcology: Special Situations and Intimate Space* (Indianapolis: Bobbs-Merill)
Barnbrock, J. 1976. *Ideology and Location Theory: a critical inquiry into the work of H.J.H. Von Thunen,* Doctoral dissertation, Johns Hopkins University (Baltimore, Md.: Johns Hopkins University Press)
Barnouw, E. 1970. *The Image Empire: A History of Broadcasting in the United States from 1953* (New York: Oxford University Press)
Barrell, J. 1980. *The Dark Side of the Landscape: The Rural Poor in English Painting* (Cambridge: Cambridge University Press)
Barrett, J. 1988. 'Fields of Discourse: reconstituting a social archaeology' in *Critique of Anthropology* 7:3. 5–16.
Barthes, R. 1964. 'Eléments de sémiologie' in *Communications* 4. 91–135.
Barthes, R. 1971. 'Sémiologie et urbanisme' in *Architecture Aujourd'hui* 153. 11–13.
Barthes, R. 1972. *Mythologies* translation of *La Tour Eiffel* 1965 Paris: Delpire (London: Paladin)
Barthes, R. 1980. *La Chambre claire* (Paris: Seuil)

Baudelaire, C. 1964. 'The painter of modern life' in *The Painter of Modern Life and Other Essays* J. Mayne, trans and ed. (London: Phaidon) 1–40.
Baudrillard, J. 1968. *Le Système des objets* (Paris: Gallimard)
Baudrillard, J. 1972. *Pour une critique de l'économie politique du Signe* (Paris: Gallimard)
Baudrillard, J. 1975. *Le Miroir de la production* (Paris: Telos)
Baudrillard, J. 1976. *L'Economie politique du signe* (New York: Colophon)
Baudrillard, J. 1982. *In the Shadow of the Silent Majorities* (New York: Semiotexte)
Baudrillard, J. 1983. *The Precession of Simulacra* (New York: Semiotexte)
Bauman, Z. 1988. 'Strangers: the social construction of universality and particularity' in *Telos* 78. 1–42.
Beazley, C.R. 1949. *The Dawn of Modern Geography* Vol.2 (New York: Peter Smith)
Bel, J. 1980. *L'Espace dans la société urbaine japonaise* (Paris: Publications orientalistes de France)
Bell, D. 1972. *Cultural Contradictions of Capital* (New York: Harper-Torch)
Benedetta, M. 1936. *The Street Markets of London* (London: Miles)
Benjamin, W. 1973a. *Reflections: Essays, Aphorisms, Autobiographical Writings* E. Jephcott, trans. (New York: New Left Books)
Benjamin, W. 1973b. *Charles Baudelaire: Lyric Poet of Nineteenth Century High Capitalism* Q. Hoare, trans. (London: New Left Books)
Benjamin, W. 1975a. 'The storyteller' in *Illuminations* (London: Fontana)
Benjamin, W. 1975b. 'The work of art in the age of mechanical reproduction' in *Illuminations* (London: Fontana)
Benjamin, W. 1978. 'Passagen Werk' in *Gesammelte Schriften* Vol 5. R. Tiedemann and H. Schweppenhauser, eds (Frankfurt: Suhrkamp Verlag)
Benjamin, W. 1979. 'A small history of photography' in *One Way Street and Other Writings* (London: New Left Books)
Bennet, J. 1970. 'The difference between right and left' in *American Philosophical Quarterly* 7. 175–191.
Bense, M. 1968. 'Urbanismus und Semiotik' in *Arch+* 23–25.
Bense, M. 1969. *Einführung in die informationstheoretische Aesthetik* (Reinbek: Rowohlt)
Bense, M. 1971. *Zeichen und Design. Semiotische Aesthetik* (Baden-Baden: Adis)
Bense, M. and Walther, E., eds 1973. *Wörterbuch der Semiotik* (Köln: Kiepnheurer & Witsch)
Benveniste, G. 1966. *Problèmes de Linguistique Générale* (Paris: Gallimard)
Berce, Y.-M. 1976. *Fête et Révolte* (Paris: Hachette)

Berdolay, V. 1976. 'French possibilism as a form of neo-Kantian philosophy' in *Proceedings of the Association of American Geographers.* 176–9.
Berger, P.L. and Luckmann, T. 1967. *The Social Construction of Reality: a Treatise in the Sociology of Knowledge* (New York: Anchor)
Bergson, H. 1948. *Essai sur les donnés immédiates de la conscience* (Paris: Presses Universitaires de France)
Berlyne, D.E. 1971. *Aesthetics and Psycho-biology* (New York: Appleton-Century-Crofts)
Berman, M. 1982. *All That is Solid Melts into Air* (New York: Simon & Schuster)
Berman, M. 1983. 'The signs in the streets' in *New Left Review* 144. 114–123.
Berque, A. 1982. *Vivre l'espace au Japon* (Paris: Presses Universitaires de France)
Berrong, R.M. 1985. *Every Man for Himself. Social Order and its Dissolution in Rabelais* (Saratoga, Calif.: Anma Libri Stanford French and Italian Studies 38)
Berrong, R.M. 1986. *Rabelais and Bakhtin: Popular Culture in Gargantua and Pantagruel* (London: University of Nebraska Press).
Bezzola, G. 1982. 'A Milano, La Galleria' in *Abitare* 201 Jan–Feb.
Blanchot, M. 1968. *Les Espaces littéraires* (Paris: Mouton)
Blonsky, M. 1985. *On Signs* (London: Basil Blackwell)
Boudon, P. 1979. *Essai de Sémiologie de l'architecture* (Paris: Dunod)
Bourdieu, P. 1968. 'Structuralism and theory of sociological knowledge' in *Social Research* 35. 681–706.
Bourdieu, P. 1969. 'Intellectual field and Creative Project' in *Social Science Information*' 8:2. 89–119
Bourdieu, P. 1971a. 'Reproduction culturelle et reproduction sociale' in *Social Science Information* 10:2. 45–79.
Bourdieu, P. 1971b. 'Genèse et structure du champ religieux' in *Revue Française de sociologie* 12. 295–334.
Bourdieu, P. 1971c. 'The Berber house or the world reversed' in M. Douglas, ed. *Rules and Meanings* (Harmondsworth: Penguin) 98–110.
Bourdieu, P. 1971d. 'Disposition esthétique et compétence artistique' in *Les Temps Modernes* 295 (Feb.). 1,345–1,378.
Bourdieu, P. 1972. *Esquisse d'une théorie de la pratique* (Paris: Presses Universitaires de France)
Bourdieu, P. 1974. 'The school as a conservative force: scholastic and cultural inequalities' in J. Eggleston, ed. *Contemporary Research in the Sociology of Education* (London: Tavistock)
Bourdieu, P. 1977. *Outline of a Theory of Practice* R. Nice, trans. (Cambridge: MIT Press)

Bourdieu, P. 1984. *Distinction: A Social Critique of the Judgement of Taste* (London: Routledge)
Bourdieu, P. 1985. 'The social space and the genesis of groups' in *Theory and Society* 14. 723–744.
Bourdieu, P. and Passeron, J.-C. 1977. *Reproduction in Education, Society and Culture* (London: Sage)
Bristol, M.D. 1983. 'Acting out Utopia: the politics of carnival' in *Performance* I:6. 13–28
Broadbent, G. 1981. *Signs, Symbols and Architecture* (Cambridge, Mass.: MIT Press)
Bronowski, J. 1973. *The Ascent of Man* (Boston, Mass.: Little, Brown)
Burgel, G., Burgel, G. and Dezes, M.G. 1986. 'Interview with Henri Lefebvre' E. Kofman, trans., in *Society and Space* 5:1. 27–38. Orig. published in *Villes en Parallèle* 7 special issue on 'Marxisme et géographie urbaine' (1983).
Bürger, P. 1984. *Theory of the Avant Guarde* (Minneapolis, Minn.: University of Minnesota Press)
Buroker, J.V. 1981. *Space and Incongruence: The Origin of Kant's Idealism* (Boston, Mass.: D. Reidel)
Buttimer, A. 1969. 'Social space in interdisciplinary perspective' in *Geographical Review* 59. 417–426.
Buttimer, A. 1971. *Society and Milieu in the French Geographical Tradition* (Chicago: Rand McNally)
Buttimer, A. 1974. *Values in Geography* (Washington, DC: Association of American Geographers Resource Paper 24)
Callaghan, B. 1987. 'Honeymoon Suite. Niagara Falls' in *Saturday Night* (Jan.) 154–158
Canter, D.V., ed. 1975. *Environmental Interaction* (London: Surrey University Press)
Canter, D.V. and Tagg, S.K. 1975. 'Distance estimation in cities' in *Environment and Behaviour* 7. 59–80.
Cantor, J. 1981. *The Space Between* (London: Johns Hopkins University Press)
Câpek, M. 1976. *The Impact of Physics on Philosophy* (New York: Van Nostrand, Boston Studies in the Philosophy of Science)
Carignan, D. 1984. Review of *Nordicité Canadienne* in *Canadian Journal of Political Science* 17:2. 397–398.
Carpenter, E. 1973. *Eskimo Realities* (New York: Dutton)
Carpenter, E. and McLuhan, M., eds. 1960. *Explorations in Communication* (Boston, Mass.: Beacon Press)
Cassirer, E. 1945. 'Structuralism in modern linguistics' in *Word* 1. 99–120.
Castells, M. 1976a. 'Is there an urban sociology?' in Pickvance 1976.

Castells, M. 1976b. 'Theory and ideology in urban sociology' in Pickvance 1976.
Castells, M. 1976c. 'The wild city' in *Kapitalistate* 4. 2–30.
Castells, M. 1977. *The Urban Question* (London: Edward Arnold)
Castells, M. 1983. *The City and The Grassroots* (Los Angeles: University of California Press)
Chang, Ching-Yu 1984. 'Japanese spatial conceptions' in three parts in *JA* 324, 325, 326. April, May, June, resp.
Change 1983. Special issue: 'L'Espace amérique' L. Zufosky, ed. (Paris)
Chapin, F. and Brail, R. 1969. 'Human activity systems in metropolitan United States' in *Environmental Behaviour* 1:1. 107–130.
Chomsky, N. 1968. *Language and Mind* (New York: Harcourt & Brace)
Cixous, H. and Clément, C. 1975. *La Jeune née* (Paris: 10/18)
Cixous, H. and Foucault, M. 1978. 'A propos de Marguérite Duras' in *Cahiers Renaud Barrault* 89.
Clark, K. and Holquist, M. 1984. *Mikhail Bakhtin* (Cambridge, Mass.: Belknap Press, Harvard University Press)
Clark, M. 1983. *Michel Foucault: An Annotated Bibliography. Tool Kit for a New Age* (New York: Garland Publishing)
Clark, P. 1983. *The English Alehouse: A Social History 1200–1830* (London: Longman)
Claval, P. 1975. 'Contemporary human geography in France' in *Progress in Geography* 7. 268–70.
Claval, P. 1977. *Espace et pouvoir* (Paris: Presses de la Université de Paris-Sorbonne (Paris IV))
Claval, P. 1980. 'L'évolution récente des recherches sur la perception' in *Rivista Geografica Italiana* 87 (March) 28ff.
Clifford, J. and Marcus, G.E. 1986. eds. *Writing Culture. The Poetics and Politics of Ethnography* (Chicago: University of Chicago Press)
CNRS. 1981. *Espaces vécus et civilizations* (Paris: CNRS)
Cohen, A.P. 1986. *Symbolizing Boundaries* (Manchester: Manchester University Press)
Cohen, G. 1978. *Karl Marx's Theory of History* (Oxford: Oxford University Press)
Cohn-Bendt, D. 1968. *Obsolete Communism: The Left-Wing Alternative* (London: Deutsch)
Coleman, A. 1985. *Utopia on Trial* (London: Hilary Shipman)
Collège de France. 1971. *Prospectus* (Paris: Collège de France)
Collins, C.O. and Holt Sawyer, C. 1984. 'Teaching from television: M*A*S*H as geography' in *Journal of Geography* (Nov.–Dec.). 265–268
Colombo, J.R., ed. 1974. *Colombo's Canadian Quotations* (Edmonton: Hurtig Publishers)
Communications 1977. Special issue: 'Sémiotique de l'espace' (Paris: Ecole des Hautes Etudes en Sciences Sociales)

Connell, R. 1983. *Which Way is Up? Essays on Sex, Class, and Culture* (Sydney: Allen & Unwin)
Cook, R.W. 1984. 'Imagining a North American garden' in *Canadian Literature* 103 (Winter) 32–38.
Cooke, P. ed. 1984. *Locality* (London: ESRC)
Cooper, B. 1981. *Michel Foucault: An Introduction to the Study of his Thought* (Toronto: Edwin Mellen)
Cooper, G. 1961. *Festivals of Europe* (London: Percival Marshall)
Cosgrove, D. 1982. *Social Formation and Symbolic Landscape* (London: Croom Helm)
Cousin, J. 1980. *L'Espace vivant* (Paris: Ed. du Moniteur)
Cousins, M. and Hussain, A. 1984. *Michel Foucault* (London: Macmillan)
Cox, K. and Golledge, R., eds 1969. *Behavioural Problems in Geography Northwestern Studies in Geography* 17. (Evanston, Ill.: Northwestern University Press)
Craik, K.H. 1970. 'Environmental psychology' in *New Directions in Psychology* Vol. 4 (New York: Holt) 1–121.
Crewes, F. 1986. 'In the big house of theory' in *The New York Review* 33:9 (May 29) 36–42.
Cunningham, H. 1980. *Leisure in the Industrial Revolution* (London: Croom Helm)
Darke, R. and Darke, J. 1981. 'Towards a sociology of the built environment' in *Architectural Psychology Newsletter* 11:1,2. 8–16.
Davis, M. 1985. 'Urban renaissance and the spirit of postmodernism' in *New Left Review* 151, May–June. 106–114.
Davis, S.G. 1985. 'Popular uses of public space in Philadelphia, 1800–1850' in V. Mosco and J. Wasko, eds, *The Critical Communications Review Vol. 3*: 'Popular culture and media events' (Washington, DC: Ablex)
Dayan, D., Katz, E., and Kerns, P. 1984. 'Armchair pilgrimages' mimeo. Paper presented at the annual conference of the American Sociological Association, San Antonio, Tex.
Dear, M. and Scott, A., eds 1981. *Urbanization and Urban Planning in Capitalist Society* (New York: Methuen)
Debord, G. 1972. *La Société du spectacle* (Paris: Minuit) translated 1973 as Society of Spectacle (London: Black and Red Books)
De Certeau, M. 1968. *La Vie quotidienne* (Paris: Mouton) translated 1984 as *Daily Life* (Cambridge Mass.: MIT Press)
De Certeau, M. 1984. *The Practice of Everyday Life* S.F.Rendall, trans. (Berkeley: University of California Press)
De Certeau, M. 1985. 'Practices of space' in Blonsky 1985. 122–145.
Deleuze, G. 1970. 'Un nouvel archiviste' in *Critique* 274 (March) 195–209
Deleuze, G. 1986. 'Le nouveau cartographe' in *Foucault* (Paris: Minuit)

Deleuze, G. and Guattari, F. 1976. *The Anti-Oedipus* (Paris: Minuit)
Denis, M. 1975. *Représentations imagées et activité de mémorisation* (Paris: CNRS)
Derrida, J. 1974. *Of Grammatology* G.C. Spivak, trans. Orig. published as *De la grammatologie* (Baltimore, Md.: Johns Hopkins University Press)
Derrida, J. 1975. *Introduction to Husserl's 'The Origins of Geometry'* (London: Oxford University Press)
Derrida, J. 1980. *La Carte postale* (Paris: Flammarion)
Descombes, V. 1980. *Modern French Philosophy* (Cambridge: Cambridge University Press)
Dilthey, W. 1900. 'Die Entstehung der Hermeneutik' in *Gesammelte Schriften* 1921–1958. Vol. 5. (Leipzig: Teubner)
DiMaggio, P. 1979. 'Review essay: on Pierre Bourdieu' in *American Journal of Sociology* 84. 1,460–1,474.
Disher, M.W. 1950. *The Pleasures of London* (London: Hale)
Douglas, M. ed. 1973. *Natural Symbols: Explorations in Cosmology* (Harmondsworth: Penguin)
Douglas, M. 1978. *Purity and Danger: An Analysis of Concepts of Pollution and Taboo* 2nd edn (London: Routledge & Kegan Paul)
Douglas, M., ed. 1982. *Essays in the Sociology of Perception* (London: Routledge & Kegan Paul)
Downs, R. 1970a. 'The cognitive structure of an urban shopping centre' in *Environment and Behaviour* 2. 13–39.
Downs, R. 1970b. 'Geographic space perception: past approaches and future prospects' in *Progress in Geography* 2. 65–108.
Downs, R. and Stea, D., eds 1973. *Image and Environment* (Chicago: Aldine)
Downs, R. and Stea, D. 1977. *Maps in Minds: Reflections on Cognitive Mapping* (New York: Harper & Row)
Dreyfus, H.L. and Rabinow, P. 1982. *Michel Foucault: Beyond Structuralism and Hermeneutics* (Chicago: University of Chicago Press)
Duncan, S.S. 1985. 'What is locality?' University of Sussex Working Papers in Urban and Regional Studies (Brighton: University of Sussex)
Durkheim, E. and Mauss, M. 1963. *Primitive Classification* (Chicago: University of Chicago Press)
Dwyer, K. 1977. 'The dialogic of anthropology' in *Dialectical Anthropology* 2. 143–151.
Dymza, W. 1972. *Multinational Business Strategy* (New York: McGraw-Hill)
Dyos, H.J. and Wolf, M. 1973. *The Victorian City* (London: Routledge & Kegan Paul)
Eagleton, T. 1983. *Literary Theory: An Introduction* (Minneapolis, Minn.: University of Minnesota Press)

Eco, U. 1968. *La Struttura Assente Introduzione alla Ricerca Semiologica* 3rd edn (Milan: Bombiani)
Eco, U. 1977. 'A photograph' reprinted in *Faith in Fakes* (London: Secker & Warburg). 213–217.
Eco, U. 1985. *Truths and Transgression* (New York: Harper)
Eco, U., Ivanov, V.V. and Rector, M. 1984. *Carnival* (New York: Mouton)
Edel, M. 1977. 'Rent theory and working class strategy: Marx, George and the urban crisis' in *Review of Radical Political Economy* 9.
Edel, M. 1981. 'Capitalism, accumulation and the explanation of urban phenomena' in Dear and Scott 1981.
Edel, M. 1982. 'Home ownership and working class unity' in *International Journal of Urban and Regional Research* 6. 201–221.
Einstein, A. 1961. *Relativity: the special and general theory* R. Lawson, trans. Orig. published 1916 (New York: Crown)
Ellis, A. 1956. *The Penny Universities: A History of the Coffee-Houses* (London: Secker & Warburg)
Ericksen, E.G. 1980. *The Territorial Experience* (Austin, Tex.: University of Texas Press)
Eyles, J. 1985. *Senses of Place* (Warrington, Cheshire: Silverbrook Press)
Faccani, R. and Eco, U., eds 1969. *I Sistemi di Segni e la Struturalismo Sovietico* (Milan: Bompiani)
Finquelievich, S. 1981. 'Urban social movements and the production of urban space' in *Acta Sociologica* 24: 4. 239–249.
Fiske, J. 1986. *Television Culture* (London: Macmillan)
Forster, H., ed. 1983. *The Anti-Aesthetic: Essays on Postmodern Culture* (San Francisco: The Bay Press)
Forster, K. 1981. 'Residues of a dream world' in *AD* 51:6/7.
Foucault, M. 1964. 'Langage de l'espace' in *Critique* 203 (April). 378–382.
Foucault, M. 1970a. 'History discourse and discontinuity' in *Salmagundi* 20 (Summer–Fall) 225–248. A.M. Nazarro, trans. of 'Réponse à un question' in *Esprit* 371 (May 1968) 850–874.
Foucault, M. 1970b. *The Order of Things* (New York: Random House)
Foucault, M. 1972. *The Archaeology of Knowledge* A.M. Sheridan Smith, trans. of *Archéologie du savoir* 1969 (New York: Colophon)
Foucault, M. 1973a. *Discipline and Punish* (London: Allen Lane)
Foucault, M., ed. 1973b. *Moi, Pierre Rivière, ayant égorgé ma mère, ma soeur et mon frère... Un cas de parricide dans le dix-neuvième siècle* (Paris: Gallimard)
Foucault, M. 1975. *The Birth of the Clinic: An Archaeology of Medical Perception* A.M. Sheridan Smith, trans. of *Naissance de la clinique* (New York: Vintage/Random House)
Foucault, M. 1977. 'Entretien: Le jeu de Michel Foucault' in *Ornicar* 10. 63-64.

Foucault, M. 1979. *History of Sexuality Vol. 1 An Introduction* (London: Allen Lane)

Foucault, M. 1980a. 'Questions on geography' in *Power/Knowledge* (New York: Pantheon) 63–77.

Foucault, M. 1980b. 'Two lectures' in *Power/Knowledge* (New York: Pantheon) 78–108.

Foucault, M. 1982. 'Space, knowledge and power' in *Skyline* (March) reprinted in P. Rabinow, ed. 1984. *The Foucault Reader* (New York: Random House) 239–256.

Frampton, K. 1982. *Modern Architecture and the Critical Present* (New York: AD Profiles)

Frampton, K. 1983. 'Critical regionalism: towards an architecture of resistance' in Forster 1983.

Francaviglia, R.V. 1970. *The Mormon Landscape: Existence Creation and Perception of a Unique Image in the American West* PhD, University of Oregon.

Frank, M.E. 1971. 'The use and abuse of psychology in history' in *Daedalus* 100. 187–213.

Fraser, R. 1984. *In Search of a Past: The Manor House, Amnersfield 1933–1945* (London: Verso)

Gadamer, H.-G. 1975. *Truth and Method* (London: Sheed & Ward)

Gans, H. 1967. *The Levittowners* (New York: Pantheon)

Garnham, N. and Williams, R. 1980. 'Pierre Bourdieu and the sociology of culture: an introduction' in *Media, Culture and Society* 2. 209–223

Geertz, C. 1966. *Person, Time, and Conduct in Bali: An Essay in Cultural Analysis* (Detroit, Mich.: Yale University Southeast Asia Studies, Cultural Report Series No. 14 and The Cellar Book Shop)

Geertz, C. 1973. *The Interpretation of Cultures* (New York: Basic)

Geertz, C. 1983. *Local Knowledge* (New York: Basic)

Geist, J.F. 1983. *Arcades* J.O Newman and J.H. Smith, trans. (Cambridge, Mass.: MIT Press)

Gibson, E.J. 1970. 'The development of perception as an adaptive process' in *American Scientist* 58. 98–107.

Giddens, A. 1976. *New Rules of Sociological Method: A Positive Critique of Interpretative Sociologies* (London: Hutchinson)

Giddens, A. 1979. *Central Problems in Social Theory: Action, Structure and Contradiction in Social Analysis* (London: Macmillan)

Giddens, A. 1984. *The Constitution of Society* (London: Harper)

Giedion, S. 1941. *Space Time and Architecture* (Cambridge, Mass.: MIT Press)

Gilbert, A. 1986. 'L'Analyse de contenu des discourse sur l'espace: une méthode' in *Canadian Geographer* 30:1 (Spring) 13–25.

Gill, A.M. 1982. *Residents' Images of Northern Canadian Resourse*

Communities PhD, University of Manitoba.
Goffman, E. 1963. *Behaviour in Public Places* (Glencoe, Ill.: Free Press)
Goffman, E. 1973. *The Presentation of Self in Everyday Life* (Woodstock, NY: Overlook Press)
Gold, J.R. 1984. 'Behavioural geography in Western Europe. Reflections on research in Great Britain and the francophone nations. 25–31. in T.F. Saarinen, D. Seamon, and J.L. Sell, eds, 1984. *Environmental Perception and Behaviour: an inventory and prospect* (Chicago: University of Chicago Press). 25–31.
Golledge, R.G. and Zannaras, G. 1973. 'Cognitive approaches to the analysis of human spatial behaviour' in Ittleson 1973.
Golledge, R.G., Briggs, R., and Demko, D. 1969. 'The configuration of distances in intra-urban space' in *Proceedings of the Association of American Geographers* 1. 60–66.
Gorz, A. 1982. *Farewell to the Working Class* M. Sonenscher, trans. (London: Pluto)
Gottdiener, M. 1985. *The Social Production of Urban Space* (Austin, Tex.: University of Texas Press)
Gottdiener, M. 1986. 'Recapturing the centre: a semiotic analysis of the shopping mall' in M. Gottdiener and A.-Ph. Lagopoulos, eds. *The City and the Sign* (New York: Columbia University Press). 288-302.
Gould, J. 1975. *People in Information Space: The Mental Maps and Information Surfaces of Sweden* (Lund: Royal University of Lund, Dept of Geography)
Gould, J. and White, R. 1974. *Mental Maps* (Harmondsworth: Penguin)
Goux, J.J. 1973. *Economie et symbolique* (Paris: Seuil)
Grant, G. 1969. *Technology and Empire* (Toronto: House of Anansi).
Gregory, D. 1978a. 'The discourse of the past: phenomenology, structuralism and historical geography' in *Journal of Historical Geography* 4:2. 161–173.
Gregory, D. 1978b. *Ideology, Science, and Human Geography* (London: Hutchinson)
Gregory, D. 1981. 'Human agency and human geography' in *Transactions of the Institute of British Geographers* (New Series) 6 (March) 1–18.
Gregory, D. and Urry, J., eds. 1985. *Social Relations and Spatial Structures* (London: Macmillan)
Greimas, A.J. 1976. *Sémiotique et sciences sociales* (Paris: Seuil)
Guelke, L. 1978. 'Geography and logical positivism' in D.T. Herbert and R.J. Johnston, eds *Geography and the Urban Environment. Progress in research and applications* Vol. 1 (New York: Wiley) 35–61.
Guerin, J.P. and Gumuchian, H. 1977. 'Les mythologies de la montagne: étude comparée de deux textes publicitaires (application

de la methode AAAD75)' in *Revue de Géographie Alpine* 65. 385–402.
Habermas, J. 1983. 'Modernity, an incomplete project' in Forster 1983.
Habermas, J. 1984. 'Les Néo-Conservateurs americains et allemands contre la culture' in *Les Temps Modernes* winter. 1111–1137
Hall, E.T. 1966. *The Hidden Dimension* (Chicago: University of Chicago Press)
Hall, S. forthcoming. *Thatcherism and Other Essays* (London: New Left Books)
Hanson, N.R. 1958. Patterns of Discovery: An Inquiry into the Conceptual Foundations of Science (Cambridge: Cambridge University Press)
Harbison, R. 1977. *Eccentric Spaces* (New York: Avon)
Harris, M. 1973. *The Dilly Boys: Male Prostitution in Piccadilly* (London: Croom Helm)
Harrison, F. 1982. *Strange Land: The Countryside: Myth and Reality* (London: Sidgewick & Jackson)
Harrison, R.T. and Livingston, D.N. 1982. 'Understanding in geography: structuring the subjective' in D.T. Herbert and R. J. Johnston, eds, *Geography and the Urban Environment* Vol.5 (Chichester: John Wiley). 1–39.
Harvey, D. 1973. *Social Justice and the City* (Baltimore, Md.: Johns Hopkins University Press)
Harvey, D. 1975. 'The geography of capitalist accumulation: a reconstruction of Marxian theory' in *Antipode* 7. 9–21.
Harvey, D. 1982. *The Limits to Capital* (Chicago: University of Chicago Press)
Hay, A.M. 1979. 'Positivism in human geography: response to critics' in R.J. Johnston and D.T. Herbert, eds, *Geography and the Urban Environment. Progress in Research and Applications* Vol. 1 (New York: Wiley) 1–26.
Heathcote, R. 1965. *Back of Bourke: A Study of Land Approval and Settlement in Semi-Arid Australia* (Melbourne: University Press)
Hechter, M. 1975. *Internal Colonialism* (London: Routledge & Kegan Paul)
Heidegger, M. 1959. *An Introduction to Metaphysics* R. Mannheim, trans. (Hartford, Conn.: Yale University Press)
Heidegger, M. 1962. *Being and Time* J. Macquarrie and E. Robinson, trans. Orig. published 1927. (New York: Harper & Row)
Heidegger, M. 1968a. 'Building dwelling thinking' in *Basic Writings of Martin Heidegger* A. Hofstadter, trans. Orig. published as 'Bauen, Wohnen, Denken' in *Vörtrage und Aufsätze 1934–1954* (New York: Academic Press) 323–339.
Heidegger, M. 1968b. *What is Called Thinking* J. Glenn Grey, trans. (New York: Harper & Row)

Hern, A. 1967. *The Seaside Holiday: The History of the English Seaside Resort* (London: Cresset Press)
Higgonnet, A., Higgonnet, M.L., and Higgonnet, P. 1984. 'Façades: Walter Benjamin's Paris' in *Critical Inquiry* 10:3, March pp.1ff.
Hill, C. 1972. *The Trinidad Carnival* (Austin, Tex.: University of Texas Press)
Hindess, B. and Hirst, P. 1977. *Modes of Production and Social Formation* (London: Macmillan)
Hirst, P.Q. 1976. 'Althusser and the theory of ideology' in *Economy and Society* 5. 385–412.
Hodgins, B.W. and Hobbs, M. 1985. *Nastawgan: The Canadian North by Canoe and Snowshoe* (Toronto: Betelgeuse)
House, J.W., ed. 1982. *The UK Space* (London: Weidenfeld & Nicolson)
Howard, A. 1964. *Endless Cavalcade: A Diary of British Festivals and Customs* (London: Arthur Barker)
Howkins, A. 1981. 'The taming of Whitsun: the changing face of a nineteenth century rural holiday' in E. Yeo and S. Yeo, eds, *Popular Culture and Class Conflict* (Brighton: Harvester)
Huizinga, J. 1924. *The Waning of the Middle Ages* (London: Edward Arnold)
Hull, C.L. 1943. *Principles of Behaviour* (New York: Appleton-Century-Crofts)
Hull, C.L. 1951. *Essentials of Behaviour* (New York: Appleton-Century-Crofts)
Hull, C.L. 1952. *A Behaviour System* (New Haven, Conn.: Yale University Press)
Husserl, E. 1907. *The Idea of Phenomenology* W.P. Alston and G. Nakhnikian, trans. 1973 (The Hague: Martinus Nijhoff)
Husserl, E. 1970. *The Crisis of European Science and Transcendental Phenomenology* (Evanston, Ill.: Northwestern University Press)
Inhelder, B.A. and Piaget, J. 1964. The Early Growth of Logic in the Child (London: Routledge)
Innis, H.A. 1950. *Empire and Communications* (Toronto: University of Toronto Press)
Institut Quebecoise de Recherches sur Culture. 1983. *Architectures: La Culture dans l'espace, questions de culture, 4* (Quebec City: Editions Lemeac)
Isard, W. 1956. *Location, The Space-Economy* (Cambridge, Mass.: MIT Press)
Iser, W. 1978. *The Act of Reading: A Theory of Aesthetic Response* (London: Routledge & Kegan Paul)
Ittelson, W.H., ed. 1973. *Environment and Cognition* (New York: Seminar Press)
Jackson, J.B. and Zube, E.H. eds 1970. *Landscapes* (Boston, Mass.:

University of Massachusetts Press)
Jackson, P. 1981. 'Phenomenology and social geography' in *Area* 13:4. 299–305
Jackson, P.J. and Smith, S.J. 1984. *Exploring Social Geography* (London: George Allen & Unwin)
Jacobs, J. 1961. *The Death and Life of the Great American Cities* (New York: Random House)
Jameson, F. 1983. *The Prison-House of Language: A Critical Account of Structuralism and Russian Formalism* (Princeton, Mass.: Princeton University Press)
Jameson, F. 1984. 'Postmodernism, or the cultural logic of late capitalism' in *New Left Review* 146. 53–92.
Jardine, A. 1985. *Gynesis* (Cambridge, Mass.: Harvard University Press)
Jauss, H.R. 1982. *Toward an Aesthetic of Reception* T. Bakhti, trans. (Minneapolis, Minn.: University of Minnesota Press)
Jaynes, J. 1976. *The Origin of Consciousness in the Breakdown of the BiCameral Mind* (Boston, Mass.: Houghton Mifflin)
Jenkins, R. 1982. 'Pierre Bourdieu and the reproduction of determinism' in *Sociology* 16. 270–281.
Jensen-Butler, C. 1981. *Behavioural Geography: An Epistemological Analysis of Cognitive Mapping and Hagerstrand's Time-Space Model* (London: Institute of British Geographers)
Johns, E. 1965. *British Townscapes* (London: Arnold)
Johns, E. 1969. 'Symmetry and asymmetry in the urban scene' in *Area* 1:2. 48–56.
Johnston, R.J. 1979. *Geography and Geographers: Anglo-American Human Geography since 1945* (London: Edward Arnold)
Kant, I. 1922. *Kant: Gesammelte Schriften* (Berlin: Suhrkamp Verlag)
Kant, I. 1952. *Critique of Judgement* J.C. Meredith, trans. (Oxford: Clarendon)
Kant, I. 1953. *Prolegomena to any Future Metaphysic* G.R. Lucas, trans. (Manchester: University of Manchester Press)
Kant, I. 1965. *Critique of Pure Reason* N.K. Smith, trans. (New York: Macmillan and St Martin's Press)
Kant, I. 1968. 'Concerning the ultimate foundations of the differentiation of regions in space' (inaugural lecture) in *Selected Pre-Critical Writings*, G.H.R. Parkinson, selector; G.B. Kerferd and D.E. Walford, trans.; G.R. Lucas, contributor (Manchester: University of Manchester Press) xii–xvii.
Karabel, J. and Halsey, A.H. 1977. 'Education research: a review and interpretation' in J. Karabel and A.H. Halsey, eds, *Power and Ideology in Education* (New York: Oxford University Press). 1–85.
Keat, R. and Urry, J. 1982. *Social Theory as Science* 2nd edn (London: Routledge & Kegan Paul)

Keifer, G.R. 1970. *Zur Semiotisierung der Umwelt. Eine exemplarische Ertürung der sekundären Architektur* PhD dissertation, University of Stuttgart.
Kennet, J. 1973. 'The sociology of Pierre Bourdieu' in *Education Review* 25. 237–249.
Kern, S. 1983. *The Culture of Time and Space* (London: Weidenfeld & Nicolson)
Kesten, J. 1959. *Dichter im Cafe* (Wein: K. Desch)
King, A. 1983. 'Culture and the political economy of building form' in *Habitat* Fall. 7:5–6. 237–248.
Kirby, A. 1982. *The Politics of Location* (London: Methuen)
Knox, P. 1982. 'The social production of the built environment' in *Ekistics* 295. 291–297.
Kockelmans, J.J., ed. 1967. *Phenomenology: The Philosophy of Edmund Husserl and its Interpretation* (New York: Anchor-Doubleday)
König, R. 1973. *The Restless Image. A Sociology of Fashion* R. Bradley, trans. (London: George Allen & Unwin)
Koffka, K. 1935. *Principles of Gestalt Psychology* (New York: Kegan Paul, Tench, Trubner)
Kohler, W. 1947. *Gestalt Psychology* (New York: Liveright)
Kolaja, J.T. 1969. *Social System and Time and Space: Introduction to the Theory of Recurrent Behavior*
Kosslyn, S. and Pomerantz, J. 1977. 'Imagery, propositions and the form of internal representations' in *Psychology Bulletin* 78. 155–158.
Kottak, C.P. 1979. 'Rituals at McDonalds' in *Natural History* 87. 75ff.
Koyré, A. 1957. *From the Closed World to the Infinite Universe* (New York: Harper)
Krampen, M. 1979. *Meaning in the Urban Environment* (London: Pion)
Kristeva, J., 'Women's time' A. Jardine and H. Blake, trans. in *Signs* 7:1. (Autumn). 13–35.
Kroker, A. and Cook, D. 1988. *The Postmodern Scene Excremental Culture and Hyper-aesthetics* (Toronto: New World Perspectives and Macmillan)
Kuhn, T.S. 1970a. *The Structure of Scientific Revolutions* 2nd edn (Chicago: University of Chicago Press)
Kuhn, T.S. 1970b. 'Second thoughts on paradigm' in *The Essential Tension* (Chicago: University of Chicago Press)
Laclau, E. 1979. *Politics and Ideology in Marxist Theory* (London: Hutcheon)
Lakoff, G. and Johnson, M. 1979. *Metaphors We Live By* (Chicago: University of Chicago Press)
Lasch, C. 1980. *The Culture of Narcissism* (New York: Warner)
Lash, S. and Urry, J. 1986. *The End of Organized Capitalism* (London: Polity)

Latimer, D. 1984. 'Jameson and post-modernism' in *New Left Review* 148. 116–128.
Lauzen, F.E. 1982. 'Marketing the image of the last frontier' in *Alaska Journal* 12:3 (Spring) 13–19.
Lavenda, R.H. 1980. 'The festival of Progress: the globalizing world-system and the transformation of the Caracas Carnival' in *Journal of Popular Culture* 14:3. 465–475.
Lawson, H. 1986. *Reflexivity: The Post-Modern Predicament* (London: Hutchinson)
Leclaire, L. 1954. *Le Roman régionaliste dans les Isles Britanniques, 1800–1950* (Clermont-Ferrand: Editions G. de Bussac)
Lee, T.R. 1970. 'Perceived distance as a function of direction in the city' in *Environmental Behaviour* 2. 40–51.
Lefebvre, H. 1939. *La Conscience mystifiée* (Paris: Gallimard)
Lefebvre, H. 1946. *Logique formelle, logique dialectique* (Paris) reprinted 3rd edn 1982 (Paris: Editions Sociales)
Lefebvre, H. 1958. *Critique de la vie quotidienne vol. 1* (Paris: Presses Universitaires de France)
Lefebvre, H. 1961. *Fondement d'une sociologie de la quotidienneté* (Paris: L'Arche)
Lefebvre, H. 1968. *La Vie quotidienne dans le monde moderne* (Paris: Gallimard)
Lefebvre, H. 1970a. *Du rural à l'urbain* (Paris: Anthropos)
Lefebvre, H. 1970b. *La Révolution urbaine* (Paris: Gallimard)
Lefebvre, H. 1972. *La Pensée marxiste et la ville* (Paris: Casterman)
Lefebvre, H. 1974. 'La production de l'espace' in *Homme et la société* 31–32. 15–32.
Lefebvre, H. 1975. *Le Droit à la ville* (Paris: Editions Anthropos)
Lefebvre, H. 1976. 'Reflections on the politics of space' M. Enders, trans. in *Antipode* 8. 31ff.
Lefebvre, H. 1978. *De l'état* vol. 4. 'Les contradictions de l'état moderne (Paris: Union Générale d'Editions)
Lefebvre, H. 1979. 'Space: social product and use value' in J. Freiberg, ed. *Critical Sociology, European Perspectives* (New York: Irvington)
Lefebvre, H. 1981. *La Production de l'espace* 2nd edn. Orig. published 1974 (Paris: Anthropos)
Le Goff, J. and Nora, P., eds 1985. *Constructing the Past: Essays in Historical Methodology* (Cambridge: Cambridge University Press)
Leitch, V.B. 1983. *Deconstructive Criticism: An Advanced Introduction* (London: Hutchinson)
Lévi-Strauss, C. 1958. 'La notion de structure en ethnologie' in *Anthropologie Structurale* (Paris: Plon). 303–351.
Lévi-Strauss, C. 1964. *Mythologiques I: Le Cru et le cuit* (Paris: Plon)
Lévi-Strauss, C. 1966. *Du Miel aux ceindres* (Paris: Plon).

Lévi-Strauss, C. 1971. *Mythologiques IV: L'Homme nu* (Paris: Plon).
Lewin, K. 1935. *A Dynamic Theory of Personality* (New York: McGraw-Hill)
Lewin, K. 1936. *Principles of Topological Psychology* (New York: McGraw-Hill)
Lewin, K. 1951. *Field Theory and Social Science* (New York: Harper)
Lewis, G.M. 1962. 'Changing emphasis in the description of the natural environment of the Great Plains area' in *Institute of British Geographers Transactions* 30.75–90.
Ley, D. 1977. 'Social geography and the taken-for-granted world' in *Transactions of the Institute of British Geographers* New Series 2:4. 498–512.
Ley, D. and Samuels, M.S., eds 1978. *Humanistic Geography: Prospects and problems* (London: Croom Helm)
Lösch, A. 1954. *The Economics of Location* (New Haven, Conn.: Yale University Press)
Lowe, D.M. 1982. *History of Bourgeois Perception* (Chicago: University of Chicago Press)
Lowenthal, D., 1961. 'Geography, experience and imagaination: towards a geographical epistemology' in *Annals of the American Association of Geographers* 51. 241–260.
Lucas, G.R. 1984. *Space, Time and Causality* (London: Oxford University Press)
Lynch, K. 1956. *The Image of the City* (Cambridge, Mass.: MIT Press)
Lynch, K. 1981. *A Theory of Good City Form* (Cambridge, Mass.: MIT Press)
Lyotard, J.-F. 1974. *Economie libidinale* (Paris: Minuit)
Lyotard, J.-F. 1976. *Discours figure* (Paris: Minuit)
Lyotard, J.-F. 1979. *La Condition postmoderne* (Paris: Minuit)
Lyotard, J.-F. 1980. *The Post-Modern Condition* G. Bennington and B. Massumi, trans. (Minneapolis, Minn.: University of Minnesota Press)
Lyotard, J.-F. 1983. 'The avant garde and the sublime' in *Art Forum* (Summer)
Lyotard, J.-F. 1984. 'Le Différend' translated 'The Différend, the Referent, and the Proper Name' in *Diacritics* special issue on Lyotard (Minneapolis, Minn.: University of Minnesota Press)
Maclaren, I.S. 1984. 'David Thompson's imaginative mapping of the Canadian Northwest' in *Ariel* 15. 89–106.
MacLulich, T.D. 1985. 'Reading the land' in *Journal of Canadian Studies* 20 (Summer). 29–44
Maffesoli, M. (1985), *L'Ombre de Dionysos. Contribution à une sociologie de l'orgie* (Paris: Gallimand)
Maffesoli, M. 1988a. 'Daily Life' University of Sussex, Sociology Faculty Seminar, Jan.
Maffesoli, M. 1988b. *Le Temps du tribus* (Paris: Gallimard)

Major-Poetzl, P. 1983. *Michel Foucault's Archaeology of Western Culture. Toward a New Science of History* (Brighton: Harvester)
Maldonado, T. 1973. 'Objekte, Waren Bedürfnisse. Zu gegenwärtigen Diskussion um eine marxistische Anthropologie' in *Semiologie und Theorie der Architekture* M. Krampen, ed. Berichte über ein Seminar an der Ecole d'Architecture, Université de Genève (mimeo)
Mandel, E. 1977. *Late Capitalism* (London: New Left Books)
Manning-Sanders, R. 1951. *Seaside England* (London: Batsford)
Marchand, B. 1978. 'A dialectical approach in geography' in *Geographical Analysis* 10. 105–119.
Marcus, J.T. 1960–61. 'Time and sense of history: East and West' in *Comparative Studies in Society and History* 123–39.
Marin, L. 1978. *Utopiques: jeux d'espaces* (Paris: Editions de Minuit)
Markus, T.A., ed. 1982. *Order in Space and Society: Architectural Form and its Context in the Scottish Enlightenment* (Edinburgh: Mainstream)
Markusen, A. 1978. 'Regionalism and the capitalist state: the case of the United States' in *Kapitalistate* 7. 39–62.
Martensson, S. 1979. *On the Formation of Biographies in Space-Time Environments* (Lund: Royal University of Lund, Dept of Geography)
Martins, M.R. 1982. 'The theory of social space in the work of Henri Lefebvre' in R. Forrest, J. Henderson and P. Williams, eds, *Urban Political Economy and Social Theory* (Epping, UK: Gower) 160–185.
Massey, D. 1984. *Spatial Divisions of Labour: Social Structures and the Geography of Production* (London: Macmillan)
Massey, D.B. and Morrison, W.I., eds 1975. *Industrial Location: Alternative Frameworks. Proceedings of a Workshop held at the Centre for Environmental Studies* Dec. 1974.
Mattelart, A. 1980. *Mass Media, Ideologies and the Revolutionary Movement* M. Coad, trans. Orig. published by Anthropos, Paris 1974 (Brighton: Harvester)
McKinley, R. 1983. 'Culture meets nature on the Six o'clock News: American cosmology' in *Journal of Popular Culture* 17. 109–114.
Meethan, K. 1989. *Welfare Policy in Brighton* D.Phil. thesis, Unit of Anthropology, University of Sussex, Brighton.
Meinig, D.W., ed. 1979. *The Interpretation of Ordinary Landscapes: Geographical Essays* (New York: Oxford University Press)
Merleau-Ponty, M. 1962. *Phenomenology of Perception* C. Smith, trans. (London: Blackwell)
Merleau-Ponty, M. 1964. *Sense and Non-sense* H.L. Dreyfus and P.A. Dreyfus, trans. (Evanston, Ill.: Northwestern University Press)
Merrell, H. 1984. 'Writing riots: representations of the riotous body' M.A. thesis, University of Sussex, Brighton.
Meyrowitz, J. 1985. *No Sense of Place* (London: Oxford University Press)
Millington, B. and Nelson, R. 1985. *Boys from the Black Stuff* (London:

Comedia)
Mills, W.J. 1982. 'Metaphorical vision; changes in western attitudes to the environment' in *Annals of the Association of American Geographers* 72. 237–53.
Moles, A.A. 1972. *Théorie des objets* (Paris: Editions Universitaires)
Moles, A.A. 1982. *Labyrinthes du vécu. L'Espace: matière d'actions* (Paris: Meridiens)
Moles, A.A. and Rohmer, E. 1978. *Psychologie de l'espace* (Paris: Casterman)
Moore, G.T. and Golledge, R.G., eds 1976. *Environmental Knowing* (Stroudsburg, Pa.: Dowden, Hutchinson & Ross)
Moriarty, B. 1981. 'Future research directions in American human geography' in *The Professional Geographer* 33:4. 484–88.
Morot-Sir, E. 1971. *La Pensée française d'aujourd'hui* (Paris: Presses Universitaires de France)
Morris, C. 1955. *Signs, Language and Behavior* (New York: George Braziller)
Mosco, V. and Wasko, J. eds 1985. *The Critical Communications Review Vol 3.* (Washington DC: Ablex)
Mukarovsky, J. 1970. *Kapitel aus der Aesthetik* (Frankfurt aM: Edition Suhrkamp)
Mumford, L. 1934. *Technics and Civilization* (New York: Harcourt, Brace & World)
Musson, R.W.M. 1979. *The Perception of Geographic Distance and the Philosophy of Space* PhD. dissertation, Edinburgh University.
Needham, R. 1973. *Right and Left: Essays on Dual Symbolic Classification* (Chicago: University of Chicago Press)
Nerville-Havins, P.J. 1976. *The Spas of England* (London: Hale Press)
Norberg-Shultz, C. 1965. *Intentions in Architecture* (Cambridge, Mass.: MIT Press)
Norberg-Shultz, C. 1980. *Genus Loci* (New York: Rizzoli)
Olivier, B. 1977. 'Des réponses aux questions de Michel Foucault' *Hérodote* 6. 3–39.
Olson, D.R. and Bialystok, E. 1983. *Spatial Cognition: The Structure and Development of Mental Representations of Spatial Relations* (Hillsdale, NJ: Lawrence Erlbaum Assoc.)
Olsson, G. 1974. 'The dialectics of spatial analysis' in *Antipode* 6:50–62.
O'Riordan, T. 1976. *Environmentalism* (London: Pion)
Orleans, P. 1973. 'Differential cognition of urban residents: effects of social scale on mapping' in Downs and Stea 1973
Orwell, G. 1949. *Down and Out in London and Paris* (London: Secker & Warburg)
Outhewaite, W. 1987. *New Philosophies of Social Science: Realism, Hermeneutics and Critical Theory* (London: Macmillan)

Pailhous, J. 1970. *La Représentation de l'espace urbain: l'exemple du chauffeur de taxi* (Paris: Presses Universitaires de France)
Paivio, A. 1969. 'Mental imagery in associative learning and memory' in *Psychological Review* 76. 241–263.
Pastier, J. 1977. 'An evaluation: San Francisco's Hyatt Regency Hotel as a spatial landmark' in *Journal of the American Institute of Architects* (Oct.).
Paterson, J.L. 1984. *David Harvey's Geography* (London: Croom Helm)
Peet, R. 1983. 'Introduction to the global geography of contemporary capitalism' in *Economic Geography* 59:2 (April) 105–111.
Peirce, C.S. 1960. *Collected Papers* 6 vols. C. Hartshore, P. Weiss and A.W. Burkes, eds (Cambridge, Mass.: Harvard University Press)
Perec, G. 1974. *Espèces d'espaces* (Paris: Editions Galilee, collection L'espace critique)
Perrin, C. 1977. *The Politics of Zoning* (Baltimore, Md.: Johns Hopkins University Press)
Petchevsky, R. 1981. 'NeoConservatism and the New Right' in *Marxist Feminist* (Fall).
Pickles, J. 1981. *Phenomenology, Science and Geography* (Cambridge: Cambridge University Press)
Pinxten, R., van Dooren, I. and Harvey, F. 1983. *The Anthropology of Space* (Philadelphia: University of Pennsylvania Press)
Pitt-Rivers, J.A. 1971. *The People of the Sierra* 2nd edn (Chicago: Chicago University Press)
Pocock, D.C.D., ed. 1981. *Humanistic Geography and Literature: Essays on the Experiences of Place* (London: Croom Helm)
Pocock, D.C.D. 1982. 'The view from the bridge: experience and recall of landscape' Dept of Geography, Occasional Publications (New Series) 17 (Durham: University of Durham)
Pocock, D.C.D. and Hudson, R. 1978. *Images of the Urban Environment* (London: Macmillan)
Podgorecki, A. 1975. *Practical Social Sciences* (London: Routledge & Kegan Paul)
Podgorecki, A. and Shields, R. 1985. 'Sociotechnics: a paradigm for planned social action' Carleton University, Dept of Sociology Working Papers 85–8, Ottawa.
Poggioli, R. 1969. *Theory of the Avant-Garde* (New York: Belknap/Harvard University Press)
Portoghesi, P. 1982. *Post Modernism* (New York: Rizzoli)
Portoghesi, P. 1983. *Postmodern: The Architecture of the Postindustrial Society* (New York: Rizzoli)
Postel, J. 1977. *Esprit* n.s. 1. 294–296.
Poster, M. 1975. *Existential Marxism in Postwar France* (Princeton, NJ: Princeton University Press)

Poulet, G. 1977. *Proustian Space* E. Coleman, trans. (Baltimore, Md.: Johns Hopkins University Press)

Preziosi, D. 1981. *Semiotics of the Built Environment* (Minneapolis, Minn.: University of Minnesota Press)

Prieto, L.J. 1966. *Messages et Signaux* (Paris: Presses Universitaires de France)

Prieto, L.J. 1971. 'Notes pour une sémiologie de la communication artistique' in *Werk* 4. 248–251.

Prieto, L.J. 1973. 'Signe et instrument' in *Littérature, Histoire, Linguistique. Receuil d'Etudes Offert à Bernard Gagnebin* (Paris: Editions de Minuit)

Prieto, L.J. 1975a. *Etudes de Linguistique et de sémiologie générales* (Paris: Droz)

Prieto, L.J. 1975b. *Pertinence et pratique* (Paris: Minuit)

Pritchard, A. 1984. 'West of the Great Divide' in *Canadian Literature* 102 (Autumn) 36–53.

Raleigh, J.H. 1968. 'The novel and the city: England and America in the nineteenth century' in *Victorian Studies* 52. 290–328.

Rapoport, A. 1982. 'Sacred places, sacred occasions and sacred environments' in *AD* n.9–10:75–82.

Reiss, T.J. 1982. *The Discourse of Modernism* (Ithaca, NY: Cornell University Press)

Relph, E.C. 1970. 'An inquiry into the relations between phenomenology and geography' in *Canadian Geographer/Géographe canadien* 14:3. 193–201.

Relph, E.C. 1976a. *Place and Placelessness* (London: Pion)

Relph, E.C. 1976b. 'The phenomenological foundations of geography' University of Toronto, Dept of Geography Discussion Paper.

Relph, E.C. 1977. 'Humanism, phenomenology and geography' in *Annals of the Association of American Geographers* 67:1 (March) 177–179.

Relph, E.C. 1981. *Rational Landscapes and Humanistic Geography* (London: Croom Helm)

Resnikow, L. 1968. *Erkennungtheoretische Fragen der Semiotik* (Berlin: VEB Deutscher Verlag der Wissenschaften)

Richardson, W. 1963. *Heidegger through Phenomenology to Thought* (The Hague: Mouton)

Ricoeur, P. 1973a. 'The task of hermeneutics' in *Philosophy Today* 17:2–4 (Summer) 112–128.

Ricoeur, P. 1973b. 'The hermeneutical function of distanciation' in *Philosophy Today* 17:2–4 (Summer) 129–141.

Ricoeur, P. 1977. *The Rule of Metaphor* R. Czerny, trans. (Toronto: University of Toronto Press)

Rochberg-Halton, E. 1986. *Meaning and Modernity: Social Theory in the Pragmatic Attitude* (London: University of Chicago Press)

Rorty, R. 1979. *Philosophy and the Mirror of Nature* (Princeton, NJ: Princeton University Press)
Rorty, R. 1981. 'Beyond Nietzsche and Marx' in *London Review of Books* (19 Feb.). 5–6.
Rose, G. 1978. *The Melancholy Science: An Introduction to the Thought of Theodor W. Adorno* (London: Macmillan)
Rose, G. 1985. *Dialectic of Nihilism* (Oxford: Basil Blackwell)
Rossi-Landi, F. 1968. *Il Linguaggio come Lavoro e come Mercato* (Milano: Bompiani)
Rossi-Landi, F. 1972. 'Omologia della riproduzione sociale' in *Ideologia* 16/17. 43–103.
Rossi-Landi, F. 1975. *Linguistics and Economics* (The Hague: Mouton)
Rozelle, R.M. and Baxter, J.C. 1972. 'Meaning and value in conceptualizing the city' in *Journal of the American Institute of Planners* 38. 116–122.
Rudolfsky, B. 1969. *Streets for People: A Primer for Americans* (New York: Doubleday)
Saarinen, T.F. 1976. *Environmental Planning: Perception and Behaviour* (Boston, Mass.: Houghton Mifflin)
Saarinen, T.F., Seamon, D. and Sell, J.L. 1984. *Environmental Perception and Behaviour: An Inventory and Prospect* (Chicago: University of Chicago Press)
Sack, R.D. 1980. *Conceptions of Space in Social Thought* (Minneapolis, Minn.: University of Minnesota Press)
Saïd, E. 1978. *Orientalism* (New York: Vintage)
Salter, C.L. 1971. *The Cultural Landscape* (Belmont, Cal.: Duxbury Press)
Sartre, J.P. 1960. *Critique of Dialectical Reason* (Paris: Presses Universitaires de France)
Saunders, P. 1981. *Social Theory and the Urban Question* (London: Hutchinson)
Saussure, F. de 1971. *Course in General Linguistics* Wade Baskin, trans. (London: Fontana)
Sawatsky, H.L. and Lehn, W.H. 'The cultural geography of the Arctic mirage' in *Proceedings of the Canadian Association of Geographers Annual Meeting, Vancouver 1975*. 29–36.
Sayer, A. 1985. 'The difference that space makes' in Gregory and Urry 1985. 49–66.
Sayer, A. 1987. 'Realism and space' paper presented to the 2nd Annual Conference on Realism, University of Sussex, Sept.
Schleiser, R. 1988. 'Lévi-Strauss' Mythology of the Myth' in *Telos* 77 (Fall). 143–157.
Schlesinger, P. 1978. *Putting 'Reality' Together. BBC News* (London: Constable)
Schön, D. 1983. *The Reflective Practitioner: How Professionals Think in*

Action (New York: Basic)
Schrag, C.O. 1958. 'Phenomenology, ontology and history in the philosophy of Heidegger' in J.J. Kockelmans, ed., 1967. *Phenomenology: The Philosophy of Edmund Husserl and its Interpretation* (New York: Anchor-Doubleday) 277–293.
Schutz, A. 1967. *The Phenomenology of the Social World* (Evanston, Ill.: Northwestern University Press)
Schwartz, B. 1981. *Vertical Classification* (Chicago: University of Chicago Press)
Seamon, D. 1976. 'Phenomenological investigation of literature' in Moore and Golledge 1976. 273–285.
Seamon, D. 1979. *A Geography of the Lifeworld* (New York: St Martins Press)
Serres, M. 1968. 'D'erehwon à l'antre du cyclope' in *Hermès ou la communication* (Paris: Editions de Minuit). 167–206.
Serres, P. 1972. *Hermès II: La Communication* (Paris: Editions de Minuit)
Serres, M. 1982. *Hermes: Literature, Sciences, Philosophy* (Baltimore, Md.: Johns Hopkins University Press)
Sheridan, A. 1980. *Michel Foucault: The Will to Truth* (London: Tavistock)
Shields, R. 1985. 'The importance of problem stories: reflections and expansion on Schön's analysis of problem definition' in V. Subramaniam, ed., 1986. *Problem Recognition in Public Policy and Business Management* (New Delhi: Ashish) 176–188.
Shields, R. 1986. *Towards a Theory of Social Spatialisation: Henri Lefebvre, the Question of Space and the Postmodern 'Hypothesis'* MA thesis, Dept of Sociology and Anthropology, Carleton University, Ottawa.
Shields, R. 1989. 'Social spatialisation and the built environment: the West Edmonton Mall' in *Society and Space* 7:2. 147-164.
Sidro, A. 1979. *Le Carnaval de Nice et ses fous* (Nice: Editions Serre)
Silverman, K. 1983. *The Subject of Semiotics* (New York: Oxford University Press)
Simmel, G. 1971. *On Individuality and Social Forms* (Chicago: University of Chicago Press)
Skinner, B.F. 1953. *Science and Human Behaviour* (London: Macmillan)
Smith, N. 1983. *Uneven Development* (Oxford: Basil Blackwell)
Smith, P. 1974a. 'Familiarity breeds contentment' in *The Planner.* 901–904.
Smith, P. 1974b. 'Human rights in architecture' in *The Planner.* 953–955.
Smith, P. 1977. *The Syntax of Cities* (London: Hutchinson)
Soja, E.W. 1980. 'The socio-spatial dialectic' in *Annals of the American Association of Geographers* 70:2. 207–225.
Soja, E.W. 1985. 'The spatiality of social life' in Gregory and Urry 1985.90–127.
Soja, E.W. 1987. 'The reassertion of space in social theory: the next fin

de siècle' ms.
Solzhenitsyn, A. 1977. *The Gulag Archipelago* (New York: Harper & Row)
Sorokin, P.A. 1943. *Sociocultural Causality, Space, Time* (Durham, NC: Duke University Press)
Spencer, S. 1971. *Space, Time and Structure in the Modern Novel* (Chicago: Swallow)
Stallybrass, P. and White, A. 1986. *The Poetics and Politics of Transgression* (London: Methuen)
Stamm, K.R. 1985. *Newspaper Use and Community Ties* (Washington, DC: Ablex)
Stam, R. 1988. 'Mikhail Bakhtin and left cultural critique' in K.A. Kaplan, ed. *Postmodernism and its Discontents* (Minneapolis,Minn.: University of Minnesota Press) 116–145.
Stedman-Jones, G. 1971. *Outcast London* (Oxford: Clarendon)
Stedman-Jones, G. 1981. 'Class and Leisure' in A. Tomlinson ed. *Leisure and Social Control* BSA and Leisure Assoc. Joint Study Group, University of Birmingham CCCS (Brighton: Brighton Polytechnic). 162–170.
Steiner, G. 1975. *After Babel: Aspects of Language and Translation* (London: Oxford University Press)
Storper, M. 1985. 'The spatial and temporal constitution of social action: a critical reading of Giddens' in *Society and Space* 3:4. 407–424.
Strauss, A. 1968. *The American City: A Source-Book of Urban Imagery* (Chicago: Aldine)
Streatfield, D.C. and Duckworth, A.M. 1981. *Landscape in the Gardens and Literature of Eighteenth-Century England* (Los Angeles: WA Clark Memorial Library, UCLA)
Sulkunen, P. 1982. 'Society made visible – On the cultural sociology of Pierre Bourdieu' in *Acta Sociologica* 25. 103–115.
Suttles, G. 1985. 'Cumulative texture of local urban culture' in *American Journal of Sociology* 90:2. 283–304.
Tafuri, M. 1976. *Architecture and Utopia* B. Luiga La Penta, trans. (Cambridge, Mass.: MIT Press)
Tafuri, M. 1980. *Theories and History of Architecture* G. Verrecchi, trans. (New York: Granada Publishing through Harper & Row)
Tedlock, D. 1979. 'The analogical tradition and the emergence of a dialogical anthropology' in *Journal of Anthropological Research* 35. 387–400.
Teymur, N. 1980. *Environmentalism* (Edinburgh: University of Edinburgh Press)
Tolman, E.C. 1932. *Purposive Behaviour in Animals and Men* (New York: Appleton-Century-Crofts)
Tolman, E.C. 1948. 'Cognitive maps in rats and men' in *Psychological Review* 55. 189–208.

Tolman, E.C. 1952. 'A cognition-motivation model' in *Psychological Review* 59. 389–400.

Tolman, E.C. 1963. 'Principles of purposive behaviour' in S.Koch, ed. *Psychology: Study of a Science* Vol. 5. (New York: McGraw-Hill)

Touraine, A. 1971. *Post-Industrial Society* (New York: Harper)

Trowbridge, C.C. 1912. 'On fundamental methods of orientation and imaginary maps' in *Science* 38. 888–897.

Tuan, Y.-F. 1976. 'Literature, experience, environmental knowing' in Moore and Golledge 1976. 260–272.

Tuan, Y.-F. 1977. *Space and Place: The Perspective of Experience* (London: Edward Arnold)

Tunstall, J. 1983. *The Media in Britain* (London: Constable)

Turner, V. 1974. *Dramas, Fields and Metaphors* (Ithaca, NY: Cornell University Press)

Turner, V. 1979. *Process, Performance and Pilgrimage* (New Delhi: Concept)

Tymiencka, A.T. 1962. *Phenomenology and Science in Contemporary European Thought* (New York: Noonday Press)

Uexküll, J. von. 1940. 'Bedeutungslehre' in *Bios* (Leipzig) 10.

Uexküll, T. von. 1973. 'Information als Mitteilung und Formung' in *Praxis der Psychotherapie* 18. 137–150.

Urry, J. 1981. 'Localities, regions, and social class' in *International Journal of Urban and Regional Research* 5. 455–473

Urry, J. 1982. 'Duality of structure: Some critical issues' in *Theory, Culture and Society* 1:2 (Sept.). 100–106.

Van Gennep, A. 1960. *The Rites of Passage* M.B. Vizedom and G.L. Caffee, trans. (Chicago: University of Chicago Press)

Van Paassen, C. 1957. *The Classical Tradition of Geography* (Groningen: J.B. Wolters) reprinted 1976.

Veblen, T. 1963. *The Theory of the Leisure Class* (New York: Mentor)

Wachtel, E.A. 1981. *Visions of Order* PhD. thesis, Dept of History, City University of New York.

Wallerstein, I. 1974. *The Modern World System* (New York: Academic Press)

Walther, E. 1969. 'Abriss der Semiotik' in *Arch+* 2. 8.

Walther, E. 1974. *Allgemeine Zeichenlehre. Einführung in die Grundlagen der Semiotik* (Stuttgart: Deutsche Verlaganstalt)

Walvin, J. 1978. *Leisure and Society 1830–1950* (London: Longman)

Ward, C. and Hardy, D. 1986. *Goodnight Campers! The History of the Holiday Camp* (London: Mansell)

Watson, J.W. 1969. 'The role of illusion in North American geography' in *Canadian Geographer* 13:1. 10–27.

Wayne, D.E. 1984. *Penshurst: The Semiotics of Place and the Poetics of History* (London: Methuen),

Weber, M. 1978. *Economy and Society: An Outline of Interpretative Sociology* G. Roth and C. Wittich, eds (Los Angeles: California University Press)

Werkmeister, O.K. 1982. 'Walter Benjamin, Paul Klee, and the Angel of History' in *Oppositions* 25, (Fall).

White, H. 1978. *Tropics of Discourse* (Baltimore, Md.: Johns Hopkins University Press)

Whitney, H.A. 1984. 'Preferred locations in North America: Canadians, clues, and conjectures' in *Journal of Geography* (Sept.–Oct.). 221–225.

Williams, R.H. 1982. *Dream Worlds: Mass Consumption in Late Nineteenth-Century France* (Los Angeles: University of California Press)

Williams, R. 1973. *The Country and the City* (London: Chatto & Windus)

Williams, R. 1981. *Culture* (London: Fontana)

Williams, R. 1985. 'The metropolis and modernism' in E.Timms and D. Kelley, eds, *Unreal City. Urban Experience in Modern European Literature and Art* (Manchester: Manchester University Press). 13–24.

Williams, S.H. 1954. 'Urban aesthetics' in *Town Planning Review* 25. 95–113.

Wonders, W.C. 1962. 'Presidential address: our northward course' in *Canadian Geographer* 6:3–4. 96–105.

Wonders, W.C. 1984. 'The Canadian north: its nature and prospects' in *Journal of Geography* 83. 226–233.

Worster, D. 1977. *Nature's Economy. A History of Ecological Ideas* (London: Cambridge University Press)

Wright, J.K. 1947. 'Terrae incognitae: the place of imagination in geography' in *Annals of the American Association of Geographers* 37. 1–15.

Wrightson, K. 1981. 'Alehouse, order and reformation in rural England, 1590–1660' in E. Yeo and S. Yeo, eds, *Popular Culture and Class Conflict* (Brighton: Harvester)

Yúdice, G. 1989. 'Marginality and the ethics of survival' in A. Ross, ed. *Universal Abandon? The Politics of Postmodernism* (Minneapolis, Minn.: University of Minnesota Press)

Zevi, B. 1969. *Architecture as Space* (Princeton, NJ: Princeton University Press)

BRIGHTON AND THE 'DIRTY WEEKEND'

Aitchison, G. 1926. *Unknown Brighton* (Brighton: John Lane)

Awsiter, J. undated. *Thoughts on Brighthelmstone* pamphlet (no publisher)

Bainbridge, C. 1986. *Pavilions on the Sea* (London: Hale)

Barker, P. and Little, A. 1964. 'The Margate offenders – a survey' in *New Society* 4:96 (July) 189–192.

Becker, B. 1884. *Holiday Haunts* (London: no publisher)

Bennett, A. 1910. *Clayhanger* (London: Methuen)

Bennett, A. 1911. *Hilda Lessways* (London: Methuen)

Beresford, P. and Croft, S. 1985. *Extracts from Patch in Brighton* (Brighton: Lewis Cohen Urban Studies Centre)

Betjeman, J. and Gray, J.S. 1972. *Victorian and Edwardian Brighton from Old Photographs* (London: Batsford)

Brake, M. 1985. *Comparative Youth Culture* (London: Routledge & Kegan Paul)

Brent, C.E. 1979. *A Short Economic and Social History of Brighton, Lewes and the Downland Region between the Adur and the Ouse 1500–1900* (Lewes: E. Sussex County Council)

Bridgeman, H. and Drury, E. 1977. *Beside the Seaside: A Picture Postcard Album* (London: Elm Tree)

Brighthelmstone Intelligence 1784 Pamphlet (Brighton: no publisher)

Brighton and Hove Gazette and Herald 1982. 'Why do they all knock Brighton?' in *Brighton and Hove Gazette and Herald* 15 Oct. (Brighton). Earlier published as *Brighton Herald.*

Brighton Borough Council 1972. *Central Whitehawk Redevelopment versus Modernization* 2 vols (Brighton: Brighton Borough Council)

Brighton Borough Council 1978. *Brighton Central Area District Plan* (Brighton: Brighton Borough Council)

Brighton Borough Council 1980/81. *Annual Report* (Brighton: Brighton Borough Council)

Brighton Borough Council 1984. *Brighton towards 2000* (Brighton: Brighton Borough Council)

Brighton Environmental Committee 1972. *Transport and the Quality of the Environment in Brighton: Some New Assumptions and Some Practical Proposals* (Brighton: Brighton Environmental Committee)

Brighton Magazine 1874. 'Our Season' in *Brighton Magazine.* 289–290.

Brighton Polytechnic, Geographical Society 1979. *Countryside Research* (Brighton: Brighton Polytechnic)

Brighton Society 1974. *Brighton Going?* (Brighton: Brighton Society)

Brighton Society 1979. *Riding out the Storm? The West Pier* (Brighton: Brighton Society)

Brighton Tourism Committee 1937–1968. *Official Guidebook to Brighton* Yearly Pamphlet (Brighton: Brighton Council)

Brighton Transport Study Group 1979. *Feet First* (Brighton: Brighton Transport Study Group)

Brighton Voice 1981. *Brighton Voice: Index 1973-1980* (Brighton: *Brighton Voice)*

Browne, T.J. and Fielding, A.J. 1986. *Brighton and Hove Census Atlas* (Research Papers in Geography 18, University of Sussex)

Burns, D. 1975. *Social Movements and Political Action*: 6 cassettes. Cassette 5: 'Brighton Voice' (Lecture, University of Sussex)

Clare, B. and Kedward, C. 1982. *The Needs of Young People* (Brighton: Brighton Council for Voluntary Service and National Council for Voluntary Organisations)
Cloud, Y. ed. 1934. *Beside the Seaside* Review in *Times Literary Supplement*. 608.
Clunn, H.P. 1929. *Famous South Coast Resorts* (Brighton: H.P. Clunn)
Clunn, H.P. 1953. *The Capital by the Sea* (Brighton: H.P. Clunn)
Cobbett, W. 1912. *Rural Rides* 2 vols (London: Dent)
Cochran, C.B. 1945. *The Showman Looks On* (London: Dent)
Cohen, S. 1972. *Folk Devils and Moral Panics* (London: MacGibbon & Kee)
Dale, A. 1947. *Fashionable Brighton 1820–1860* (London: Country Life)
Dale, A. 1950. *History and Architecture of Brighton* (London: Bredon)
Dale, A. 1976. *Brighton Town and Brighton People* (London: Phillimore)
Dale, A. 1980. *The Theatre Royal, Brighton* (Brighton: Oriel Press)
Dickens, P. and Gilbert, P. 1979. 'The state and the housing question' Urban and Regional Studies Working Paper 13, University of Sussex.
Dinkel, J. 1983. *The Royal Pavilion, Brighton* (London: Philip Wilson)
Dudeney, H. 1928. *Brighton Beach* Review in *Times Literary Supplement* 1928:360
Eliot, T.S. 1922. *The Waste Land* (London: Faber & Faber)
English Tourist Board. Research Services Branch 1984. *Brighton Tourism Study* (London: English Tourist Board)
Erlich, V. 1980. *Russian Formalism: History-Doctrine* 4th edn (The Hague: Mouton)
Evans, J. 1821. *Recreation for the Young and Old* (Chiswick: C. Whittingham)
Evening Argus 1964. 'Beats of Arch 141' in *Evening Argus* 10 Nov. (Brighton)
Evening Argus 1986. 'The unsung attractions' and 'Leave us out . . . ' in *Evening Argus* 27 Oct. (Brighton)
Farrant, J.H. 1985. *The Rise and Decline of a South Coast Seafaring Town: Brighton 1550–1750* (London: Society for Nautical Research)
Farrant, J.H. and Farrant, S. compilers 1979. *Brighton before Dr. Russell* (Brighton: The Centre)
Farrant, S. 1977. *A Guide to Printed Sources for the Study of Brighton* (Brighton: University of Sussex Centre for Continuing Education)
Farrant, S. 1980. *Georgian Brighton 1740–1820* (Brighton: University of Sussex Centre for Continuing Education)
Farrant, S., Fossey, K. and Peasgood, A.N. 1982. 'The growth of Brighton and Hove 1810–1939' (Brighton: University of Sussex Centre for Continuing Education Working Paper)
Ford, J. and Ford, J. 1981. *Images of Brighton* (Richmond-upon-Thames: St Helena Press)

Fraser, R. 1984. *In Search of the Past: The Manor House at Amnerfield 1933–1945* (London: Verso)
Friend, D.B. 1886. *D.B. Friend's Handy Guide to Brighton* rev. edn (Brighton: D.B. Friend)
Gaskell, E.D. 1966. *Letters* J.A.V. Chapple and A. Pollard, eds (Manchester: Manchester University Press)
Geographical Association 1964. *A Bibliography for Local Studies* (London: Geographical Association)
Gibbon, E. 1923. *Letters of Edward Gibbon* J.B. Holroyd and J. Murray, eds, 3 vols: Orig. published 1896 (London: Cassell)
Gilbert, E.W. 1939. 'The growth of inland and seaside health resorts in England' in *Scottish Geographical Magazine* 55. 16–35
Gilbert, E.W. 1954. *Brighton: Old Ocean's Bauble* (London: Methuen)
Granville, A.B. 1971. *Spas of England and Principal Sea-bathing Places* 2 vols. Orig. published 1841 (London: Adams & Dart)
Graves, R. and Hodge, A. 1950. *The Long Weekend: A Social History of Great Britain 1918–1939* (London: Faber)
Greene, G. 1936. *Brighton Rock* (London: Heinemann)
Hennessy, J. 1974. *Social Movements and Political Action:* 6 cassettes. Cassette 6: 'The Marina in Brighton: planning controls and democratic input' (Lecture, University of Sussex)
Herbert, A.P. 1934. *Holy Deadlock* (London: Methuen)
Hern, A. 1967. *The Seaside Holiday: The History of the English Seaside Resort* (London: Cresset)
Hindley, C. 1875. *The Brighton Murder. An Authentic and Faithful History of the Atrocious Murder of Celia Holloway* (no publisher)
Huizinga, J. 1924. *The Waning of the Middle Ages* (London: Edward Arnold)
Hume, M. 1984. *After the Brighton Bomb* (London: Revolutionary Communist Party)
Hunter, L. 1959. *The Road to Brighton Pier* (London: Barker)
Ivanov, V. 1974. 'The significance of M. Bakhtin's ideas on sign, utterance and dialogue from modern semiotics' in H. Baran, ed. *Semiotics and Structuralism* (New York)
Kimball, P. 1969. 'Coastal home for Commuters' in *The Times* (30 Apr.)
Lennard, R. ed. 1931. *The Englishman at Rest and Play: Some Phases of English Leisure 1558–1714* (Oxford: Clarendon)
Lowerson, J. and Howkins, A. 1981. 'Leisure in the Thirties' in Tomlinson 1981. 72–85.
Lustgarten, E. 1951. *Defender's Triumph* (London: no publisher)
MacCannell, D. 1976. *The Tourist: A New Theory of the Leisure Class* (London: Macmillan)
Mackenzie, S.D. 1983. *Gender and Environment: Reproduction of Labour in Post-War Brighton* D.Phil, Urban and Regional Studies, University of

Sussex, Brighton.
MacLaren, P. 1987. 'The anthropological roots of pedagogy: the teacher as liminal servant' in *Anthropology and Humanism Quarterly* 12:3–4 (Sept. and Dec.) 75–85.
MacLaren, P. 1988. *Rituals of Resistance* (Chicago: University of Chicago Press)
Manning-Sanders, R. 1951. *Seaside England* (London: Batsford)
Mawer, A. and Stenton, F.M. 1930. *The Place-Names of Sussex* Vol.VII Pt.II (Cambridge: Cambridge University Press)
Melville, L. 1909. Brighton Review in *Times Literary Supplement* 1909:187.
Merifield, M.P. *c.* 1855. *Brighton Past and Present: A Handbook for Visitors and Residents* (Brighton: Hannah Wallis)
Municipal Journal 1964. '"Beachniks" – Brighton . . . ' in *Municipal Journal* (Feb. 14) London 3.
Musgrave, C. 1970. *Life in Brighton from the Earliest Times to the Present* (London: Faber) 2nd edn 1981 (London: Rochester)
Neville Havins, P.J. 1976. *The Spas of England* (London: Robert Hale)
Nuttall, J. 1969. *Bomb Culture* (London: Paladin)
Office of Population, Censuses and Surveys, Great Britain 1981. *Census 1981: Small Area Statistics: Brighton* (London: Office of Population, Censuses and Surveys)
Pimlott, J.A.R. 1975. *The Englishman's Holiday* Orig. published 1947 (Hassocks: Faber)
Preston, H. 1928. *Memories* (London: no publisher)
Queenspark Rates Book Group 1983. *Brighton on the Rocks: Monetarism and the Local State* (Brighton: Queenspark Books)
Rackham, J. 1977. 'Foreign tourists and students . . . ' in *The Times* (London) 24 Aug. 11.
Report of the Census 1851–1852. (London: HMSO)
Repton, H. 1808. *Designs for the Pavilion at Brighton* (London: Stadler)
Rojek, C. 1985. *Capitalism and Leisure Theory* (London: Tavistock)
Ross, C.H. 1881. *The Book of Brighton, as it was and as it is* ms. (Brighton: Brighton Public Library)
Roth, C. 1941. *The Sassoon Dynasty* (London: Hale)
Royal Pavilion, Art Gallery and Museums 1971. *Follies and Fantasies: Catalogue of an Exhibition* (Brighton: Brighton Art Gallery and Museum)
Royal Pavilion, Art Gallery and Museums (De Mare, E. and Higginbottom, D.) 1977. *The Royal Pavilion, Brighton: Photographs* (Brighton: Brighton Borough Council Amenities Committee)
Southern Weekly News 26 May 1928. 'Local News' column (Brighton)
Schnyder, L. 1912. 'Le cas de Renata: Contribution à l'étude de l'hystérie' in *Archives de Psychologie* 12. 201–262.
Stevenson, J. and Cook, C. 1979. *British Historical Facts 1760–1830*

(London: Macmillan)
Stokes, A. 1947. *The Very First History of the English Seaside* (London: Sylvan Press)
Tomlinson, A., ed. 1981. *Leisure and Social Control* BSA and Leisure Studies Assoc. Joint Study Group, University of Birmingham CCCS (Brighton: Brighton Polytechnic)
Walton, J.K. 1983. *The English Seaside Resort: A Social History 1750–1914* (Leicester: University of Leicester Press)
Weiner, M. 1960. *French Exiles, 1789–1815* (London: Murray)
Willis, P. 1978. *Profane Culture* (London: Routledge & Kegan Paul)

NIAGARA FALLS

Adamson, J.E. 1985. *Niagara: Two Centuries of Changing Attitudes, 1697–1901* (Washington, DC: Corcoran Gallery of Art)
Anon. 1905. *Niagara in Summer and Winter* (no publisher)
Architectural Concepts 1979. 'Nouvel étage à la tour d'observation de Niagara Falls' in *Architectural Concepts* 35 (Jan.–Feb.) 9.
Ariès, P. 1974. *Western Attitudes toward Death: From the Middle Ages to the Present* P.M. Ranum, trans. (Baltimore, Md.: Johns Hopkins University Press)
Balliers, G. 1962. 'More tourism Niagara goal' in *Financial Post* 56 (24 Mar.) 12.
Bannon, A. 1982. *The Taking of Niagara: A History of the Falls in Photography* Exhibition catalogue (Buffalo, NY: Buffalo Media Study Group)
Barry, E. 1978. 'Herman Melville; the changing face of comedy' in *American Studies International* 16 (Summer) 22–33.
Boorstein, D. 1961. *The Image: A Guide to Pseudo-Events in America* (New York: Harper & Row)
Braider, undated. *The Niagara* (no publisher)
Butor, M. 1965. *6,810,000 litre d'eau par seconde* (Paris: Gallimard). Also available as *Niagara* E.S. Miller, trans. (Chicago: Regnery Press, 1969)
Callwood, J. and Frayne, T.G. 1950. 'Honeymoon at the Falls' in *Maclean's Magazine* 63 (1 Aug.) 10–11, 43–44.
Campbell, M. 1958. *Niagara: Hinge of the Golden Arc* (no publisher)
Campell, M.F. 1960. 'The day Niagara stood still' in *Canadian Geographical Journal* 50 (Jan.) 28–33.
Canada Magazine 1938. 'More power from Niagara' in *Canada Magazine* 89 (Jan.) 24.
Canadian Geographical Journal 1954. 'Niagara Falls remedial program' in *Canadian Geographical Journal* 49 (Sept.) 118–124.
Canfield, W.W. 1902. *The Legends of the Iroquois Told by 'The Cornplanter'* (New York: Wessels)

Catton, B. 1964. 'The thundering water' in *American Heritage* 15 (June).
C-I-L Oval 1966. 'New look-out for Niagara Falls (Skylon Tower) in *C-I-L Oval* 35 (Summer) 15.
Coffey, B. 1939. 'Beautiful Niagara becomes more beautiful' *Saturday Night* 54 (O 21) 27
Cohen, E., Ben-yehuda, N., and Aviad, J. 1987. 'Recentering the world: the quest for "elective" centers in a secularized universe' in *Sociological Review* 35:2. 320–346.
Commissioners for Niagara Falls Park 1886. 'Preliminary Report for 1885' in *Papers Relating to the Niagara Falls Park* (1885–6) in *Ontario Sessions Papers* v. 18 pt. 6 1886. No. 77 (Toronto: Warwick & Sons)
Conrad, P. 1980. *Imagining America* (Oxford: Oxford University Press)
Cooper, J.F. 1821. *The Spy: A Tale of the Neutral Ground* W. Haffner, ed. reprinted 1960 (New York: Hafner)
Cooper, W. 1810. *Guide in the Wilderness* (Dublin: no publisher)
'Cousin George' 1846. *Sketches of Niagara Falls and River* (Buffalo: no publisher)
Cruikshank, E.A. 1930. *Records of Niagara: A Collection of Contemporary Letters and Documents, 1790–1792* (Niagara, Ontario: Niagara Historical Society)
Curtis, G.W. 1852. *Lotus-Eating* (no publisher)
Danard, J. 1983. 'Niagara Falls aims to light up your night life' in *Financial Post* 77 (24 Dec.) 28.
Davison, G.M. 1933. *The Fashionable Tour. An Excursion to the Springs, Niagara, Quebec, and Boston* 3rd edn (Boston: no publisher)
Donaldson, G. 1979. *Niagara! The Eternal Circus* (Toronto: Doubleday)
Dow, C.M. 1921. *Anthology and Bibliography of Niagara Falls* 2 vols (Niagara Falls: no publisher)
Downes, P.G. 1943. Sleeping Island (New York)
Edwards, F. 1939. 'City behind the Falls' *Maclean's Magazine* 52 (15 Dec.) 12–13, 30–31.
Epp, A. 1964. 'Revolving dining room will top tallest tower at Niagara Falls' in *Financial Post* 58 (24 Oct.) 12.
Ewen, D., ed. 1966. *American Popular Songs from the Revolutionary War to the Present* (New York: Random House)
External Affairs 1969. 'Niagara cataract to be restored' in *External Affairs* 21 (July) 296
Financial Post 1954. 'New lighting more colours for Niagara' in *Financial Post* 51 (5 Oct.) 22.
Financial Post 1957a. 'Niagara: tourist, power and steel' in *Financial Post* 53 (23 May) 35.
Financial Post 1957b. '"New Light" on Niagara Falls' in *Financial Post* 51 (19 Oct.) 50 and 65.
Financial Post 1957c. 'Tourist lures overseas threaten honeymoon city'

in *Financial Post* 51 (23 Nov.) 15.
Financial Post 1962a. 'Tourism just one of 71 industries in Niagara Falls' in *Financial Post* 56 (3 Mar.) 55.
Financial Post 1962b. 'Record tourist influx in honeymoon capital' in *Financial Post* 56 (1 Sept.) 56.
Financial Post 1965. 'Falls still tops "must" list' *Financial Post* 59 (24 Apr.) Supp. 22–3.
Financial Post 1987. 'Boom in the frog and bust business' in *Financial Post* 81 (12 July) 3.
Forrester, G.C. 1928. *Falls of Niagara* (New York: Van Nostrand)
Frank, M. 1977. 'Niagara's fallen arch' in *Weekend Magazine* 27 (3 Dec.) 10d.
Gilman, C. 1838. *The Poetry of Travelling* (New York: Colman)
Greenhill, R. and Mahoney, T.D. 1969. *Niagara* (Toronto: University of Toronto Press)
Grenier, S. 1980. 'Niagara Story' in *L'Actualité* 5 (6 and 9 Mar.) 6,9.
Hennepin, L. 1698. *A New Discovery of a Vast Country in America* (London: British Library)
Henning Christensen Graphics 1981. *Niagara Falls* (Agincourt, Ont.: GLC Publishers)
House, A.W. 1953. 'Beauty treatment for Niagara' in *Industry Canada* 53 (Mar.) 51–53.
Howard, R.W. 1969. *Niagara Falls* (Niagara Falls, NY: Franklin Watts Inc.)
Howells, W.D. 1808. *Their Wedding Journey* (New York: Random)
Howells, W.D. 1893. *The Niagara Book* 2nd edn (New York: Doubleday)
International Joint Commission 1975. *Preservation and Enhancements of the American Falls at Niagara*
Irwin, J. 1959. 'Kings, presidents and Mr. K. are boosting Niagara Falls' in *Financial Post* 53 (26 Sept.) 35.
Jackson, B. 1968. 'Three-way plan would harvest lost power from Niagara Falls' in *Financial Post* 62 (13 July) 17.
Jacobson, D. 1971. 'The Falls' in *The Listener* 25 Nov.
Jameson, A.B.M. 1838. *Winter Studies and Summer Rambles in Canada* (London)
Jamieson, L. 1981. 'More than just the waterfall at Niagara' in *Financial Post* 75 (23 May) Supplement 10.
Katz, S.M. 1951. 'Why Red Hill did it (Attempt to shoot Niagara Fall)' in *Maclean's Magazine* 64 (1 Nov.) 7–9, 38–40.
Kendall, A. 1970. *Medieval Pilgrims* (London: Wayland)
Kilan, G. 1978. 'Mowat and a park policy for Niagara Falls, 1883–1887' in *Ontario History* 70 (June) 115–135.
Lash, S. 1987. 'Critical theory and postmodernist culture: the eclipse of aura' in *Current Perspectives in Social Theory* 8. 197–213.

Las Vergnas, R. 1956. *Mystère Niagara* (no publisher)
Lee, B. 1973. 'Farewell to Mrs. Elizabeth Henry of Niagara Falls, Ontario' in *Maclean's Magazine* 86 (3 Jan.) 40–43.
Leighton, T. 1984. 'Pandemonium inc.' in *Equinox* 4 (Jan.–Feb.) 87–94.
Levin, H. 1970. *The Power of Blackness* (New York: Alfred Knopf)
Lewis, C.O. 1971. *Niagara, Maid of the Mist, and famous Niagara News Stories* (Niagara, Ontario: Kiwanis Club of Stamford)
MacCannell, D. 1976. *The Tourist* (New York: Schocken)
McCausland, W. 1947. 'Honeymoons at Niagara Falls' in *American Notes and Queries* 6 (Jan.) 17–24.
McGreevy, P. 1985. 'Review of *Niagara Falls: Icon of the American Sublime* by E. McKinsey' in *Journal of Historical Geography* 13:1. 97–98.
McGreevy, P. 1987. 'Imagining the future at Niagara Falls' in *Annals of the Association of American Geographers* 77:1 (March) 48–62.
McKinsey, E.R. 1985. *Niagara Falls: Icon of the American Sublime* (Cambridge: Cambridge University Press)
Maclean's Magazine 1955. 'The day Niagara Falls stopped' in *Maclean's Magazine* 68 (26 Nov.) 64.
McLeod, D.W. 1955. 'Niagara Falls was a hell raising town' in *Maclean's Magazine* 68 (26 Nov.) 22–3,64.
Marshall, T. 1988. *Voices on the Brink* (Toronto: Macmillan Canada)
Martin, E.S. 1893. 'As it rushes by' in Howells *et al.* 1893
Marx, L. 1975. *The Machine in the Garden: Technology and the Pastoral Ideal in America* 2nd edn (London: Oxford University Press)
Montgomery, L.M. 1942. *Anne of Green Gables* (Toronto: Ryerson Press) Orig. published 1908.
Monthly Anthology and Boston Review 1806. 'Extracts from a journal' in *Monthly Anthology and Boston Review* 3 (Sept.) 457–458.
Neumann, E. 1955. *The Great Mother: An Analysis of the Archetype* (New York: Pantheon)
Newman, M. 1988. 'Wandering through the museum: experience and identity in a spectator culture' in *Borderlines* 12 (Summer) 20–27.
New York Historical Society 1974. *Early travels in New York State* (New York: New York Historical Society)
Niagara Falls Tourism and Convention Bureau 1949–1986. 'Niagara Falls Honeymoon Register'. Unpublished folios
Nystrom, C. 1978. 'Space and situations' in *ETC. Journal of General Semantics* 35:3 (Sept.) (Palo Alto, Calif.: State University of California Press)
Ontario Ministry of Education 1973. 'Research resources for the Niagara Peninsula' 2 vols (Toronto, Ontario: Government of Ontario)
Parsons, H. 1836. *The Book of Niagara Falls* (no publisher)
Rogerson, W. 1949. *Panorama* 2 (Aug.–Sept.) Harry Shaw Newman

Gallery, New York 1–2.
Rothman, E. 1984. *Hands and Hearts: A History of Courtship in America* (New York: Basic)
Rowell, G. 1974. *Hell and the Victorians* (Oxford: Clarendon)
Saturday Night 1945. 'Niagara enhanced by exquisite garden setting' in *Saturday Night* 60 (16 June) 4.
Schupp, P. 1960. 'Les Chutes du Niagara et la future tour Seagram' in *Arch-Bat-Constrir* 15 (Dec.) 397.
Seibel, G.A., coord. 1978. *300 Years since Father Hennepin: Niagara Falls, in Art: 1678–1978* (Niagara Falls, Ont.: Niagara Falls Heritage Foundation)
Severance J. undated. *Niagara Frontier* pamphlet.
Shepard, P. 1967. *Man in the Landscape: A Historic View of the Esthetics of Nature* (New York: Knopf)
Smith, L. *et al.* 1950. 'Falls: roaring trade; Niagara–St. Catharines–Welland' in *Saturday Night* 66 (14 Nov.) 8–10,31.
Thompson, G.R., ed. 1974. *The Gothic Imagination: Essays in Dark Romanticism* (Pullman, Washington: Washington State University Press)
Tocqueville, A. de 1983. *Oeuvres complètes* Part 1. Correspondance. J.P. Mayer, ed. (Paris: Gallimard)
Tovell, W.M. 1966a. 'Beauty and the Falls' in *Canadian Auditing* 28 (March–April) 46–47.
Tovell, W.M. 1966b. *Niagara Falls: Story of the River* (Toronto: Royal Ontario Museum)
Turner, V. 1973. 'The centre out-there: the pilgrim's goal' in *History of Religion* XII. 191–230.
Turner, V. 1988. *The Anthropology of Performance* (New York: Performing Arts Journal Publications)
Turner, V. and Turner, E. 1978. *Image and Pilgrimage in Christian Culture: Anthropological Perspectives* (New York: Columbia University Press)
Tyler, S. 1986. 'Post-Modern Ethnography: From Document of the Occult to Occult Document' in J. Clifford and G.E. Marcus eds. *Writing Culture. The Poetics and Politics of Ethnography* (Chicago: University of Chicago Press)
Urry, J. 1987. 'Cultural change and contemporary holiday-making' Lancaster Regionalism Group Working Paper (University of Lancaster)
Van Steen, M. 1962. 'Ask booster button men where to go, what to do' in *Financial Post* 56 (26 May) 28.
Weber, E. 1963. 'Niagara Falls in history; a bibliography' in *Ontario Library Review* 47 (Aug.) 107–111.
Wells, H.G. 1908. *The War in the Air* (London: Bell & Sons)

Willis, N.P. 1840. *American Scenery* (London: Virtue)
Wilson, A. 1818. 'The Foresters: A Poem descriptive of a pedestrian journey to the Falls of Niagara, in the Autumn of 1804' in *Port Folio* New Series 1–3 (June 1909–March 1910), reprinted in Grosart, A.B. ed. 1876. *The Poems and Literary Prose of Alexander Wilson, American Ornithologist* (Paisley, NY: Gardner)
Wilson, A. 1988. 'The view from the road: tourism in the interwar years' in *Borderlines* 12 (Summer) 10–14.
Wood, E.B. 1873. *Royal Commission Report on the State of Niagara Falls* (Ottawa: Government of Canada)

THE TRUE NORTH STRONG AND FREE

Armour, L. 1981. *The Idea of Canada* (Ottawa: Steel Rail)
Atwood, M. 1973. *Surfacing* (Don Mills, Ont.: Paperjacks)
Atwood, M. 1979. *Survival* (Toronto: Anansi)
Atwood, M. 1987. 'True North' in *Saturday Night* (Jan.) 141–148.
Becker, B.K. 1986. 'Signification actuelle de la frontière: une interprétation géopolitique à partir du cas de l'Amazonie Brésilienne' in *Cahiers des Sciences Humaines* 22:3–4. 297–317.
Berger, C. 1966. 'The True North Strong and Free' in Russell 1966. 4–19.
Berger, C. 1971. 'An introduction' in Goldwin Smith, *Canada and the Canadian Question* M. Bliss, ed. (Toronto: University of Toronto Press)
Berger, C. 1976. *The Writing of Canadian History* (Toronto: Oxford University Press)
Berger, C. and Cook, R., eds 1976. *The West and the Nation: Essays in Honour of W.L. Morton* (Toronto: McClelland & Stewart)
Berger, T. 1977. *Northern Frontier, Northern Homeland: The Report of the Mackenzie Valley Pipeline Inquiry* (Ottawa: Supply and Services Canada)
Berton, P. 1956. *The Mysterious North* (Toronto: McClelland & Stewart)
Berton, P. 1975. *Hollywood's Canada: The Americanization of Our National Image* (Toronto: McClelland & Stewart)
Berton, P. 1982. *Why We Act like Canadians* (Toronto: McClelland & Stewart)
Brimelow, P. 1986. *The Patriot Game* (Toronto: Key Porter)
Burpee, L.J. undated. *Henry Hudson Ryerson Canadian History Readers Series* (Toronto: Ryerson)
Campbell, J. 1956. *The Hero with a Thousand Faces* (New York)
Catholic World 1865. 'A vanishing race' 1:5 (Aug.) 1865. 705–711.
Christy, J. 1980. *Rough Road to the North* (Toronto: Doubleday)
Clement, W. 1983. 'Canadian class cleavages: an assessment and

contribution' in W. Clement, *Class, Power and Property* (Agincourt, Ont.: Methuen), 134–171.
Coates, K. 1985. *Canada's Colonies* (Toronto: Lorimer)
Cook, R. 1984. 'Imagining a North American garden' in *Canadian Literature* 103 (Winter) 10–21.
Creighton, D. 1957. *Dominion of the North*, 2nd edn (Toronto: Macmillan)
Creighton, D. 1970. *Character and Circumstance* J.S. Moir, ed. (Toronto: Macmillan)
Creighton, D. 1974. *Towards the Discovery of Canada: Selected Essays* (Toronto: Macmillan)
Creighton, D. 1980. *The Passionate Observer* (Toronto: McClelland & Stewart)
Cruikshank, J. 'Myths and futures in the Yukon Territory: the inquiry as a social dragnet' in *Canadian Issues* 2:2. 15–19.
Curwood, J.O. 1913. *The Honor of the Big Snows* (New York: A.L. Burt)
Dacks, B. 1981. *A Choice of Futures* (Toronto: Methuen)
Dagenais, P. 1959. 'Le mythe de la vocation agricole du Québec' in R. Blanchard *Mélanges* (Québec) 193–201.
Davey, F. 1986. 'Critics' folly', in *Canadian Forum* 66 (Nov.) 40–41.
Davis, A. 1982. *A Distant Harmony* (Winnipeg: Winnipeg Art Gallery)
Department of Northern Affairs and Natural Resources 1958. *This is the Arctic* (Ottawa: Crown Printer)
Dickens, C. 1855. 'Comments' in *Household Words* (5 Feb.) 1–2.
Diubaldo, R.J. 1978. *Stefansson and the Canadian Arctic* (Montreal: McGill-Queen's University Press)
Dorfman, A. and Mattelart, A. 1975. *How to Read Donald Duck* (New York: International General)
Dorion, H. 1962. 'Connaissances des frontières canadiennes' in *Cahiers de géographie de Québec* 11. 147–148.
Downes, P.G. 1943. *Sleeping Island* (New York)
Doxman, E.J. 1976. *The Arctic in Question* (Toronto: Oxford University Press)
Drew, W. 1973. *The Wabeno Feast* (Toronto: University of Toronto Press)
Dunbar, G.S. 1985. 'Innis and Canadian geography' in *Canadian Geographer* 29:2. 159–164.
Dunn, R. 1904. 'The spirit of the north' in *Outing* 45:3 (Dec.) 320.
Eggleston, W. 1957. *The Frontier and Canadian Letters* (Toronto: Ryerson)
Elkins, D.J. and Simeon, R. 1980. *Small Worlds* (Toronto: Methuen)
Ferres, J. 1986. Review of *The Wacousta Syndrome* by Gaile McGregor in *American Review of Canadian Studies* 16:3 (Autumn). 371–3.
Frye, N. 1971. *Stubborn Structure: Essays on Criticism and Society* (London: Methuen)

Frye, N. 1977. 'Haunted by lack of ghosts: some patterns in the imagery of Canadian poetry' in D. Staines, ed. *The Canadian Imagination: Dimensions of a Literary Culture* (Cambridge, Mass.: Harvard University Press).

Geddes, G., ed. 1975. *Skookum Wawa* (Toronto: Oxford University Press)

Gold, G.L. 1984. *Minorities and Mother Country Imagery* (St John's, Nfld: Institute of Social and Economic Research, Memorial University)

Government of Canada 1963; 1968. *Canada Pent-annual Report* (Ottawa: Supply and Services Canada)

Government of Canada 1983. *Tourism in Canada: Past, Present and Future* Canadian Government Office of Tourism, Policy, Planning and Coordination Group (Ottawa: Supply and Services Canada)

Government of Canada 1987. 'Canadian travel survey' Mimeo, Canadian Government Office of Tourism, Policy, Planning and Coordination Group (Ottawa: Supply and Services Canada)

Government of the Northwest Territories 1986. 'Sale of NWT Sport Fishing Licences' Mimeo, Dept of Economic Development and Tourism Dec. 1986 (Yellowknife: Government of the Northwest Territories).

Government of the Northwest Territories 1987. *Growth in the Northwest Territories Tourism Facilities,* Dept of Economic Development and Tourism (Yellowknife: Government of the Northwest Territories)

Griffiths, F., ed. 1987. *Politics of the Northwest Passage* (Toronto: McGill-Queen's University Press)

Hamelin, L.-E. 1974. 'Perception et géographie: le cas du Nord' in *Canadian Geographer* 18:3. 185–200.

Hamelin, L.-E. 1977. *Le Mot Nord et son language* (Québec: Editeur officiel, Office de la langue française)

Hamelin, L.-E. 1979. *Canadian Nordicity* (Montréal: Hurtubise HRH)

Hamelin, L.-E. 1980. *Nordicité Canadienne* 2nd edn (Montréal: Hurtubise HRH)

Hamelin, L.-E. 1984. 'Managing Canada's north: challenges and opportunities: rapporteur's summary and comments' in *Canadian Public Administration/Administration Publique du Canada* 27:2 (Summer) 165–181.

Hamilton, R.M. and Shields, D. 1979. *The Dictionary of Canadian Quotations and Phrases* (Toronto: McClelland & Stewart)

Hare, F.K. 1972. 'Introduction' in J.B. Bird, *The Natural Landscapes of Canada* (Toronto: Wiley)

Harris, L. 1926. 'Revelation of art in Canada' in *The Canadian Theosophist* 7:15 (July) 85–86.

Harris, L. 1948. 'The Group of Seven in Canadian history' in *Report of the Canadian Historical Association* 29. 1–12.

Hawthorn, H.B. 1973. 'Northern views' in K.R. Greenaway, ed. *Science and the North* (Ottawa: Department of Indian and Northern Affairs)

Hearne, S. 1795. *A Journey from Prince of Wales Fort in Hudson's Bay to the Northern Ocean in the Years 1769–70–71* (London: no publisher)

Hinz, E.J. 1978. 'The masculine/feminine psychology of American/Canadian primitivism: deliverance and surfacing' in R.W. Winks, *Other Voices, Other Views: An International Collection of Essays from the Bicentennial* (Westport, Conn.: Greenwood Press) 75–96.

Hodgins, B.W. and Hobbs, M. 1985. eds *Nastawagan: The Canadian North by Canoe and Snowshoe* (Toronto: Betelgeuse)

Hopkins, C. 1904. *Canadian Annual Review 1903* (Toronto: Canadian Press)

Ibsch, E. 1982. 'Historical changes of the function of spatial description in literary tests' in *Poetics Today* 3:4 (Autumn) 97–114.

Irvine, L. 1986. 'The real Mr. Canada' in *Canadian Literature* 108 (Spring) 68–79.

James, P.E. 1967. 'On the origin and persistence of error in geography' in *Annals of the Association of American Geographers* 57. 1–24.

James, W.C. 1985. 'The quest pattern and the canoe trip' in B.W. Hodgins and M. Hobbs eds. *Nastawagan: The Canadian North by Canoe and Snowshoe* (Toronto: Betelgeuse) 8–20.

Kemp, D.D. 1987. 'Attitudes to winter in the northwest fur trade' in *Canadian Geographer* 31:1 (Spring) 49–56

Keon, D.J. 1975. *The New World Idea in British North America: An Analysis of some British Promotional, Travel and Settler Writings 1784 to 1860* MA thesis, University of Toronto.

Kilbourn, W. 1970. *Canada: A Guide to the Peaceable Kingdom* (Toronto: Macmillan)

Kline, M. 1970. *Beyond the Land Itself: Views of Nature in Canada and the United States* (Cambridge, Mass.: Harvard University Press)

Klinge, M. 1987. 'Nord, nature et pauvreté, facteurs fondamentaux de l'identité nordique' in *Lumières du Nord* (Paris: Association français d'action artistique)

Knelman, M. 1983. 'It's the new Bob and Doug movie, eh?' in *Atlantic Insight* 5 (Oct.) 28–29.

Konrad, V. guest ed. 1986. 'Nationalism in the landscape of Canada and the United States' in *Canadian Geographer* 3:2. 167–180.

Kroetsch, R. 1966. *But We Are Exiles* (Toronto: Macmillan)

Lacombe, M. 1982. 'Theosophy and the Canadian idealist tradition: a preliminary exploration' in *Journal of Canadian Studies* 17 (Summer) 100–118.

Lauzen, R.E. 1982. 'Marketing the image of the last frontier' in *Alaska Journal* 12:3 (Spring) 13–19.

Leacock, S. 1938. 'Introduction' in V. Stefansson *The Standardization of Error* (London: Kegan Paul)

Leacock, S. 1957. 'I'll stay in Canada' orig. published 1936 in J. Klinck and S. Watters, eds, *Canadian Anthology* (Toronto: McClelland & Stewart) 210–216.

London J. 1977. 'The White Silence' in *Irving Stone's Jack London: His Life – Sailor on Horseback and 28 Selected Jack London Stories* I. Stone, ed. (Garden City, NY: Random House)

Luste, G. 1985. 'History, travel and canoeing in the barrens' in B.W. Hodgins and M. Hobbs eds. *Nastawagan: The Canadian North by Canoe and Snowshoe* (Toronto: Betelgeuse)

McGregor, G. 1985. *The Wacousta Syndrome* (Toronto: University of Toronto Press)

McGregor, J.G. 1984. 'North west of sixteen' (Tokyo, Japan and Rutland, Vermont: C.E. Tuttle & M.G.Hurtig)

McKay, I. 1988. 'Twilight at Peggy's Cove: towards a genealogy of "Maritimicity"' in *Borderlines* 12 (Summer) 30–37.

Mackenzie, A. 1801. *Voyages from Montreal on the River St. Lawrence, through the Continent of North America, to the Frozen and Pacific Oceans; in the Years 1789 and 1793. With a Preliminary Account of the Rise, Progress and Present State of the Fur Trade of that Country* (London: T. Cadell)

MacLaren, I.S. 1977. *The Influence of Eighteenth-Century British Landscape Aesthetics on Narrative and Pictorial Responses to the British North American North and West 1769–1872* PhD. thesis, University of Manitoba.

Maclean's 1964. 'The double image: the vision, the reality' special issue 77 (17 Oct.)

McCleary, R. 1981. *Beyond Survival: The Making of an Artist out of the North in Men* MA thesis, Dept of English Literature, University of Manitoba.

Milne, G., Sheridan, W., and Shields, R. 1982. *Beaufort Sea Regulatory Issues* Mimeo (Ottawa: Nepean Development Consultants)

Mitcham, A. 1974. 'Northern mission: priest, parson and prophet in the north: a study in French and English-Canadian contemporary fiction' in *LUR* 3 (Nov.) 25–31

Morisset, J. and Pelletier, R.-M., eds 1986. *Ted Trindell. Métis Witness to the North* Prose Series, Vol. 3 (Vancouver, BC: Tillacum Library)

Morrissonneau, C. 1978. *La Terre promise: le mythe du Nord québecois* (Montréal: Hurtubise HMH)

Morton, W.L. 1961. *The Canadian Identity* (Madison, Wisc.: University of Wisconsin Press)

Morton, W.L. 1969. *The Kingdom of Canada* 2nd edn (Toronto: McClelland & Stewart)

Morton, W.L. 1970. 'The "North" in Canadian historiography' in *Transactions of the Royal Society of Canada* Series IV:8. 31–40.
Morton, W.L. 1971. 'The relevance of Canadian history' in Eli Mandel, ed. 1971 *Contest of Canadian Criticism* (Chicago: University of Chicago Press)
Morton, W.L. 1976. *The West and the Nation* (Toronto: McClelland & Stewart)
Moss, J.G. 1973. 'Canadiana frontiers: sexuality and violence from Richardson to Kroetsch' in *Journal of Canadian Fiction* 3 (Summer). 36–41.
Moss, J.G. 1974. *Patterns of Isolation in English Canadian Fiction* (Toronto: McClelland & Stewart)
Mowat, R. 1976. *Canada North Now* (Toronto: McClelland & Stewart)
Neatby, L.H. 1966. *The Conquest of the Last Frontier* (Athens, Ohio: Ohio University Press)
New, W.H. 1972. *Articulating West: Essays on Purpose and Form in Modern Canadian Literature* (Toronto: New Press)
Newbigin, M. 1927. *The Great River, the Lands and the Men* (New York: Harcourt, Brace, Jovanovich)
O'Malley, M. 1976. *The Past and Future Land* (Toronto: PMA)
Ornstein, M. 1983. 'The development of class in Canada' in J.P. Grayson, ed. *Introduction to Sociology* (Toronto: Gage) 216–258.
Page, R. 1986. *Northern Development: The Canadian Dilemma* (Toronto: McClelland & Stewart)
Panitch, L. 1981. 'Dependency and class in Canadian political economy' in *Studies in Political Economy* 6 (Autumn) 7–33.
Parr Traill, C. 1836. *The Backwoods of Canada* (London: C. Knight)
Porteous, J.D. 1986a. 'Bodyscape: the body-landscape metaphor' in *Canadian Geographer* 30:1 (Spring) 2–12.
Porteous, J.D. 1986b. 'Inscape: landscapes of the mind in the Canadian and Mexican novels of Malcolm Lowry' in *Canadian Geographer* 30:2 (Summer) 123–131.
Purdy, A. 1967. *North of Summer* (Toronto: McClelland & Stewart)
Puxley, P. 1986. 'Review of B. Lopez *Arctic Dreams* and F. Daniel *Discovery of the North* and R. Page *Northern Development: The Canadian Dilemma*' in *Canadian Forum* (Aug./Sept.) 1986. 25–27.
Rae, J. 1855. 'Report on the fate of the Franklin Expedition' in *Journal of the Royal Geographical Society* 25. 246–270.
Rasmussen, K. 1927. *Across Arctic America* (New York: G.P. Putnam & D. Meakin)
Rasmussen, K. 1931. *The Netsilik Eskimos: Social Life and Spiritual Culture: Report of the Fifth Thule Expedition 1921–24* Pamphlet (Ottawa: National Library of Canada)
Reany, J. 1979. *Wacousta!* (Toronto: Press Porcépic)

Rich, E.E. 1953. *John Rae's Correspondence 1844–1855* (London: Hudson Bay Record Society)
Richardson, J. 1964. *Wacousta* (Toronto: University of Toronto Press)
Rimbert, S. 1971. 'Essai méthodologique sur des stéréotypes régionaux au Canada' in *Cahiers de géographie du Québec* 36. 523–536.
Roberts, D. 1980. 'Dickens and the Arctic' in *Horizon* (Jan.) 70–71.
Rohmer, R. 1970. *Essays on Mid-Canada* (Toronto: Anansi)
Russell, P. 1966. *Nationalism in Canada* (Toronto: University League for Social Reform)
Salutin, R. 1981. 'The Great White North' in *This Magazine* 15 (Dec.–Jan.). 28–29.
Sanderson, M. 1982. 'Giffith Taylor: a geographer to remember' in *Canadian Geographer* 26. 293–299.
Savard, P. dir. 1980. *Aspects de la civilisation canadienne-française* (Montréal: CRCCF / Presses de l'Université d'Ottawa)
Sawatsky, H.L. and Lehn, W.H. 1975. 'The cultural geography of the Arctic mirage' in *Proceedings, Canadian Association of Geographers Annual Meeting Vancouver 1975* (Toronto: University of Toronto Press) 29–36.
Schmitt, P.J. 1969. *Back to Nature: The Arcadian Myth in Urban America* (New York: Oxford University Press)
Schwartz, M.A. 1967. *Public Opinion and Canadian Identity* (New York: University of California Press)
Scott, F.R. 1981. *The Collected Poems of F.R. Scott* (Toronto: McClelland & Stewart)
Senate 1888. *Report of the Select Committee Appointed to Inquire into the Resources of the Greater Mackenzie Basin* (Ottawa: Crown Printer).
Service, R. 1907. *The Collected Poems of Robert Service* (New York: Harper)
Service, R. 1911. *Songs of the Sourdough* 30th edn Orig. published 1906 (New York: Hunt)
Shields, W.R. 1982. *Some American Perceptions of the Canadian North, 1850–1915* MA thesis, Dept of History, Queen's University, Kingston, Ontario
Sitwell, O.F.G. 1981. 'Elements of cultural geography as figures of speech' in *Canadian Geographer* 25:2. 167–179.
Smith, G. 1971. *Canada and the Canadian Question* M. Bliss, ed. (Toronto: University of Toronto Press)
Statistics Canada 1985. *Canada Yearbook 1985* (Ottawa: Supply and Services Canada)
Stefansson, V. 1923. *The Northward Course of Empire* (London: Harrap)
Stefansson, V. 1938. *The Standardization of Error* (London: Kegan Paul)
Stefansson, V. 1945. *The Arctic in Fact and Fable* (New York: no publisher)
Stratton, J. 1989. 'Deconstructing the territory' in *Cultural Studies* 3:1 (Jan.) 38–57.

Thompson, D. 1962. *David Thompson's Narrative 1784–1812* R. Glover, ed. (Toronto: The Champlain Society).
Thompson, D. 1971. *Travels in Western North America 1784–1812* V.G. Hopwood, ed. (Toronto: Macmillan)
Underhill, F.H. 1964. *The Image of Canada* (Toronto)
Wadland, J. 1985. 'Wilderness and culture' in B.W. Hodgins and M. Hobbs eds. *Nastawagan: The Canadian North by Canoe and Snowshoe* (Toronto: Betelgeuse)
Warburton Pike. 1896. *Through the Subarctic Forest. A Record of a Canoe Journey from Fort Wrangel to the Pelly Lakes and Down the Yukon River to the Bering Sea* (London: Edward Arnold).
Warwick, J. 1968. *The Long Journey: Literary Themes of French Canada* (Toronto: University of Toronto Press)
Watson, J.W. 1969. 'The role of illusion in North American geography' in *Canadian Geographer – Le géographe canadien* 13:1. 10–27.
Weiss, K. and Goodgold, E. 1972. *To Be Continued . . .* (New York: Crown)
White, H.S. 1910. *The Great White North: The Story of Polar Exploration* (New York: Macmillan)
White, P.J. 1979. *A Heartland–Hinterland Analysis of Images of Northern Canada as a Frontier, Wilderness, and Homeland* MA thesis, Canadian Studies, Carleton University, Ottawa.
Whittington, M.S. 1985. *The North Research Report for the MacDonald Commission* (Ottawa: Government Publications Centre, Supply and Services Canada)
Willson, B. 1915. *Life of Lord Strathcona and Mount Royal* (London: Cassell)
Winks, R.W., ed. 1966. *The Historiography of the British Empire-Commonwealth* (Durham, NC: Duke University Press)
Wonders, W.C. 1962. 'Presidential address: our northward course' in *Canadian Geographer* 6:3–4. 96–105.
Wonders, W.C. 1984. 'The Canadian North: its nature and prospects' in *Journal of Geography* (Sept.–Oct.) 226–233.
Wrightman, W.R. 1982. *Forever on the Fringe: Six Studies in the Development of the Manitoulin Island* (Toronto: University of Toronto Press)
Zaslow, M. 1971. *The Opening of the Canadian North, 1870–1914* (Toronto: McClelland & Stewart)

THE 'NORTH–SOUTH DIVIDE' IN ENGLAND

Barthes, R. 1972. *Critical essays* (New York: Northwestern University Press)
Barthes, R. 1981. 'Narrative space' in Heath 1981. 22–30.

Benevolo, L. 1977. *History of Modern Architecture* 2 Vols (Cambridge, Mass.: MIT Press)

Bennett, A. 1917. *Anna of the Five Towns* Orig. published 1902 (London: Methuen)

Bordwell, D. and Thompson, K. 1976. 'Space and narrative in the films of Ozu' in *Screen* 17:2 (Summer) 42.

Brunsdon, C. and Morley, D. 1978. *Everyday Television: 'Nationwide'* (London: British Film Institute)

Dear, M.J. 1986. 'Postmodernism and planning' in *Society and Space* 4:3. 367–384.

Dennis, R.J. 1984. *English Industrial Cities in the Nineteenth Century* (Cambridge: Cambridge University Press)

Dickens, C. 1966. *Hard Times* Orig. published 1854 (London: Norton)

Disraeli, B. 1904. *Sybil: The Two Nations* in *The Collected Works* (London: Dunne)

Dorfman, A. and Mattelart, A. 1975. *How to Read Donald Duck* (New York: International General)

Dyer, R., ed. 1980. *Coronation Street* (London: British Film Institute Television Monograph)

Gaskell, E. 1973. *North and South* A. Eason, ed. Orig. published 1855 (London: Oxford University Press)

Gaskell, E. 1976. *Mary Barton: A Tale of Manchester Life* S. Gill, ed. Orig. published 1848 (Harmondsworth: Penguin)

Granada Television 1985. *Coronation Street: 25 Years* (Manchester: Granada Publishing)

Heath, S. 1981. *Questions of Cinema: Communications and Culture* (London: Macmillan)

Higson, A. 1984. 'Space, place, spectacle' in *Screen* 25:4–5 (July–Oct.) 2–21.

Hoggart, R. 1957. *The Uses of Literacy* (London: Chatto)

Hudson, B. 1982. 'The geographical imagination of Arnold Bennett' *Transactions of the Institute of British Geographers* New Series 7. 365–379.

Kirk, N. 1984. *The Growth of Working Class Reformism in Mid-Victorian England* (London: Croom Helm)

Krieger, M.H. 1986. 'Ethnicity and the frontier in Los Angeles' in *Society and Space* 4:3. 385–389.

Krish, J. 1963. 'Introduction' in *SFTA Journal* special issue on The New Realism in British Films (Spring) 1–15.

Laing, S. 1986. *Representations of Working-Class Life 1957–1964* (London: Macmillan)

Läpple, D. 1985. 'Internationalization of capital and the regional problem' in J. Watson, ed. *Capital and Labour in the Urbanized World* (London: Sage) 43–75.

Lawrence, D.H. 1929. *Sea and Sardinia* (London: Martin Secker)

Lawrence, D.H. 1930. 'Nottingham and the mining country' in The New Adelphi (June–Aug.)
Leclaire, L. 1954. *Le Roman régionaliste dans les Isles Britanniques, 1800–1950* (Clermont-Ferrand: Editions G. de Bussac)
Massey, D. 1978. 'Survey: regionalism: some current issues' in *Capital and Class* 6. 106–125.
Massey, D. 1988. 'A new class of geography' in *Marxism Today* (May) 12–17.
Maugham, S. 1952. *The Razor's Edge* (London: Vanguard)
Morton, H.V. 1934. *In Search of England* (London: Methuen)
Nicholls, T. and Armstrong, P. 1976. *Workers Divided* (London: Fontana)
Orwell, G. 1949. *Down and Out in London and Paris* (London: Secker & Warburg)
Orwell, G. 1959. *The Road to Wigan Pier* (London: Secker & Warburg)
Parkinson, C.N. 1967. *Left Luggage: From Marx to Wilson*
Paterson, R. and Stewart, J. 1980. 'The production context of *Coronation Street*' in R. Dyer ed. 1980. *Coronation Street* (London: British Film Institute Television Monograph): 55–69.
Pocock, D.C.D. 1974. 'The nature of environmental perception' Dept of Geography, University of Durham, Occasional Publications (New Series) 4.
Pocock, D.C.D. 1978. 'The novelist and the North' Dept of Geography University of Durham, Occasional Publications (New Series) 12.
Priestley, J.B. 1934. 'Journey through Britain' in *English Journey* (London: Heinemann)
Raleigh, J.H. 1968. 'The novel and the city: England and America in the nineteenth century' in *Victorian Studies* 52. 290–328.
Savage, M. 1987. 'Understanding political alignments in contemporary Britain: do localities matter? Both high and low' in *Political Geography Quarterly*.
Savage, M. 1988. *The Dynamics of the Working Class* (Cambridge: Cambridge University Press)
Schlereth, T. 1983. 'Material culture studies and social history research' in *Journal of Social History* 16. 111–432.
Schlereth, T. 1985a. *Material culture: a research guide* (Lawrence, Kansas: University Press of Kansas)
Schlereth, T. 1985b. 'Review of views and view makers of urban America. Winterthur Portfolio: A' in *Journal of American Material Culture* 20. 205–207.
Shankman, P. 1984. 'The thick and the thin: on the interpretive theoretical program of Clifford Geertz' in *Current Anthropology* 25. 261–279.
Sharp, T. 1938. 'Hills and hells' in C. William-Ellis, J.W. Keynes *et al.* *Britain and the Beast* 2nd edn (London: Dent) 141–159.

Tillotson 1954. *Novelists of the 1840s* (London: Oxford University Press)
Urry, J. 1990. *The Tourist Gaze* (London: Routledge)
Walmsley, D.J. 1980. 'Spatial bias in Australian news reporting' in *Australian Geographer* 14. 342–349.
Watney, S. 1983. 'Gardens of speculation: landscape in *The Draughtsman's Contract*' in *Undercut* 7–8 (Spring) 4–9.
Whipple, E.P. 1966. 'On the economic fallacies of *Hard Times*' in C. Dickens, *Hard Times* (London: Norton) 323–330.
White, B. 1974. 'Interview with Walter Lassally' in *Journal of the University Film Association* (USA) 26:4.
Wilkinson, E. 1939. *The Town that was Murdered* (London: Gollancz)
Williams, R. 1973. *The Country and the City* (London: Chatto)
Wollen, P. 1980. 'Introduction: place in the cinema' in *Framework* 13. 10–25.

《城市研究系列》总目

☑ 已出版，☐ 待出版

☑ 马克思主义与城市
☑ 保卫空间
☑ 城市空间的社会生产
☑ 城市：非正当性支配
☑ 现代性和大都市
☑ 驱逐：全球经济中的野蛮性与复杂性
☑ 浮现的世界：21 世纪的城市与区域
☑ 空间问题：文化拓扑学和社会空间化
☑ 文化崩溃：创意阶层的衰落
☑ 城市的视角
☑ 世界城市网络：一项全球层面的城市分析
☑ 社会理论与城市问题
☑ 全球城市政治：国家的非正规化
☑ 城市理论与城市经验：遇见城市
☑ 未来是什么？
☑ 贫困资本：小额金融与促进发展
☑ 在线游戏的社会与文化意义
☑ 新国家空间：城市治理与国家形态的尺度重构
☑ 阁楼生活方式：城市变化中的文化与资本
☑ 边缘处的地方：现代性的另类地理
☐ 城市发展的基本趋势
☐ 大都市与精神生活
☐ 新城市空间：城市理论与尺度问题
☐ 城市发展史
☐ 空间、城市和社会理论
☐ 全球资本主义中的城市
☐ 拱廊街计划
☐ 支离的都市
☐ 伍尔夫与伦敦：城市的性别政治
☐ 郊区化的世界：自外向内打造世界城市